7、地区生产总值（现价）：2154070万元

第一产业增加值；167168万元

第二产业增加值：1064437万元

第三产业增加值；922469万元

人均国内生产总值：58672元

8、全部财致收人：645762万元

一般公共预算收入：401017万元

公共财政预算支出：546152万元

9、城镇化率：60.33%

10、全社会固定资产投资：2139133万元

11、农村居民可支配收入：15256元

12、城镇居民可支配收入：36718元

13、在岗职工年平均工资：64157元

14、社会消费品零售总领：770826万元

15、实际利用外资：2033万美元

16、人民币存款余额：5250708万元

17、人民币贷款余额：4706453万元

18、全县各类学校总数：142所

在校学生数：62278人

专任教师：4174人

19、医疗卫生机构数：427个

卫生机构床位：2469张

卫生技术人员：2030人

20、全县公路里程：1050.51公里

大、中、小载货汽车：4663辆

大、中型载客汽车：84辆

香河年鉴

2017

香河县地方志编纂委员会　编

方志出版社
Publishing House of Local Records

图书在版编目（CIP）数据

香河年鉴. 2017 / 香河县地方志编纂委员会编. —
北京：方志出版社，2017.12
ISBN 978-7-5144-2850-6

Ⅰ. ①香… Ⅱ. ①香… Ⅲ. ①香河县-2017-年鉴
Ⅳ. ①Z522.24

中国版本图书馆CIP数据核字（2017）第314861号

香河年鉴（2017）

编　　者：	香河县地方志编纂委员会
责任编辑：	刘方圆
出 版 人：	冀祥德
出 版 者：	方志出版社
	地址　北京市朝阳区潘家园东里9号（国家方志馆4层）
	邮编　100021
	网址　http://www.fzph.org
发　　行：	方志出版社图书经销中心
	电话　（010）67110500
经　　销：	各地新华书店
印　　刷：	廊坊市国彩印刷有限公司
开　　本：	889×1194　　1/16
印　　张：	21.625
字　　数：	525千字
版　　次：	2017年12月第1版　　2017年12月第1次印刷
印　　数：	001～800册

ISBN　978-7-5144-2850-6　　　　定价：268.00元

香河县地方志编纂委员会

主　　　任：王文强　县政府县长
常务副主任：齐建光　县委常委、常务副县长
副　主　任：韩　超　县委常委、县人武部部长
　　　　　　田立军　县委常委、县委办公室主任
　　　　　　张浩波　县人大常委会副主任
　　　　　　李一超　县政协副主席
　　　　　　刘奖波　县政协副主席兼县政府办公室主任
委　　　员：孙宏伟　县委组织部常务副部长、县人社局局长
　　　　　　王立生　县委宣传部常务副部长
　　　　　　夏亦飞　县委党史办主任
　　　　　　李　杰　县保密局局长
　　　　　　高景全　县地方志办公室主任
　　　　　　冯国祥　县发改局局长
　　　　　　刘　宇　县财政局局长
　　　　　　沈雪松　县审计局局长
　　　　　　高立军　县建设局局长
　　　　　　姜建明　县教育局局长
　　　　　　蔡学平　县民政局局长
　　　　　　康会伟　县统计局局长
　　　　　　李　月　县工商局局长
　　　　　　白颖浩　县交通局局长
　　　　　　李朝民　县文广新局局长
　　　　　　史长承　县电视台台长
　　　　　　姚立民　县工信局局长
　　　　　　赵树军　县农业局局长
　　　　　　石宝智　县科技局局长
　　　　　　肖凤双　县档案局局长
　　　　　　张　勇　县文联主席
　　　　　　陈光华　县公安局副政委
　　　　　　樊振华　人行香河支行行长

《香河年鉴（2017）》编辑人员

主　编：高景全
副主编：李志楠　王树春
编　辑：王树春　闫振春　陈述龙　杜怀银　刘士刚　张和华　马　军
排　版：李学涛　孟艳双
校　对：张　丹

香河县地方志编纂委员会办公室

主　　　任：高景全
副　主　任：李志楠
副主任科员：王树春
成　　　员：周洪秀　张　丹　闫振春

编辑说明

一、《香河年鉴》旨在为各级领导决策提供依据，为社会各界和国内外人士了解和研究香河提供信息，为续修《香河县志》积累资料。《香河年鉴》创办于2004年，每两年一卷，第一卷为《香河年鉴（2002—2003）》，连续内部出版四卷。2009年，因启动第二轮《香河县志》编修工作，《香河年鉴》编纂工作暂停；《香河年鉴（2017）》为恢复年鉴编纂工作后第一部，并改为每年一卷，公开出版。

二、《香河年鉴（2017）》以马克思列宁主义、毛泽东思想、邓小平理论、“三个代表”重要思想、科学发展观、习近平新时代中国特色社会主义思想为指导，坚持辩证唯物主义和历史唯物主义的立场、观点和方法，客观、翔实地记载2016年度香河县经济和社会发展的基本情况及大事、要事、新事。

三、《香河年鉴（2017）》采用分类编纂法、条目式记事体，个别相关或相近部类合并立目。主体部分框架结构由类目、分目、条目三个层次组成。

四、为提高全书质量，增加信息量，增强可读性，《香河年鉴（2017）》对篇目的框架和内容同前四部年鉴相比进行了较大调整，在体例、文风上进行了大胆改革，做到客观、完整反映所记事项。

五、《香河年鉴（2017）》采用法定计量单位，但为了确保数据的准确性和人们认知的习惯性，农田土地面积仍使用“亩”为计量单位。

六、《香河年鉴（2017）》所用数字以香河县统计局数字为准，并经统计局审核。“香河数字 2016”为最终审核数。所用稿件大部分由各承编单位撰写并经单位负责人审核。部分稿件参考《新香河》、工作简报等信息。

《香河年鉴2017》撰稿人员名单

(以下排名不分先后)

魏建玲	孙　浩	刘春林	王斌石	郑肃然	尹淑娟	彰文娟	李树明
胡亚超	陈卫彬	孟宪东	张海鑫	吴　姣	杨　波	胡春爽	杜振江
朱金栋	刘　颖	马冬伟	张卫新	马宇龙	曹雪梅	周凤伟	张淑娟
何建妤	苏绍辉	吕　剑	陈　萍	白瑛彪	李士丽	邱雅楠	靳雪丽
黄德军	庄英艳	马　丹	张肖霞	王　冉	郭　灿	高鑫淼	陈彩霞
宋国凤	李鹏飞	徐　阳	李万勇	安　娜	马瑞庆	李竹青	尹　超
任海龙	石克景	杨雪莲	王立辉	李　娜	成志云	芮文颖	谷美娟
袁宝军	刘　硕	魏迎杰	冯晓明	赵春森	赵默然	程金友	刘洪霞
康亚静	阮思琪	王立昆	崔向明	张艺馨	石　磊	宋邦杰	李　盼
张　靖	杨艳晶	贾金红	孔昭丹	马丽娜	周梦洁	胡炜东	刘新梅
卢雨莲	周月如	张玉华	周海川	后瑞新	关建新	马　静	宋　雷
王树营	吕兴凡	张玲玲	李春杰	谢宏伟	刘亦兵	姬亚民	杜旭霞
周朋霏	王　楠	奇兆发	淩　昔	王翠鑫	韩海丽	张　微	孙文静
杨福祥	李建忠	刘建蓬	靳善雯	王树春	魏　静	韩金凤	付　奎
吴　华	郎瑞芸	张　鑫	李文来	王仕磊	刘文彪		

目　录

特　载

创新驱动　绿色崛起　建设美丽幸福新香河 ……………… 李桂强（1）
政府工作报告 ……………… 王文强（14）
关于香河县2016年国民经济和社会发展计划执行情况与2017年国民经济和社会发展计划（草案）的报告 ……………… 冯国祥（25）
关于香河县2016年全县总预算及县本级预算执行情况和2017年全县总预算及县本级预算草案的报告 ……………… 刘　宇（29）

大事记

1月 ……………… （32）
2月 ……………… （33）
3月 ……………… （34）
4月 ……………… （34）
5月 ……………… （35）
6月 ……………… （35）
7月 ……………… （36）
8月 ……………… （37）
9月 ……………… （38）
10月 ……………… （39）
11月 ……………… （40）
12月 ……………… （40）

香河概况

自然地理 ……………… （43）
区域位置 ……………… （43）
地质地貌 ……………… （43）
水文水系 ……………… （43）
自然资源 ……………… （44）
土地资源 ……………… （44）
水资源 ……………… （45）
地热资源 ……………… （45）
生物资源 ……………… （46）
气候 ……………… （46）
概况 ……………… （46）
气温 ……………… （46）
降水 ……………… （46）
异常天气 ……………… （46）
行政区划 ……………… （47）
人口 ……………… （49）
民族宗教 ……………… （49）
民族 ……………… （49）
宗教 ……………… （49）
经济和社会发展 ……………… （49）
概况 ……………… （49）
农业 ……………… （50）
工业和建筑业 ……………… （50）
固定资产投资 ……………… （50）
国内贸易 ……………… （50）
对外经济 ……………… （50）
交通和邮电业 ……………… （50）

财政和金融……………………………………（51）
教育、文化、卫生事业……………………………（51）

政 治

中国共产党香河县委员会………………………（52）
常委会会议……………………………………（52）
县委办公室工作…………………………………（64）
概况……………………………………………（64）
文稿起草………………………………………（64）
信息工作………………………………………（64）
督查工作………………………………………（64）
会务、公务工作…………………………………（65）
保密、机要工作…………………………………（65）
队伍建设………………………………………（65）
党史研究…………………………………………（65）
概况……………………………………………（65）
编写二卷本党史…………………………………（66）
整理党史大事记…………………………………（66）
组织工作…………………………………………（66）
概况……………………………………………（66）
党员发展………………………………………（66）
基层组织建设……………………………………（66）
干部培训………………………………………（68）
干部考核………………………………………（68）
干部监督………………………………………（68）
“两学一做”学习教育活动……………………（69）
人才队伍建设……………………………………（69）
自身建设………………………………………（70）
宣传工作…………………………………………（70）
概况……………………………………………（70）
理论工作………………………………………（71）
文化建设………………………………………（71）
对外宣传………………………………………（72）
解放思想大讨论…………………………………（72）
社会主义价值观宣传教育………………………（72）
党报党刊发行工作………………………………（72）
宣传队伍建设……………………………………（73）
纪检监察工作……………………………………（73）
概况……………………………………………（73）
落实“两个责任”………………………………（73）
党风廉政建设……………………………………（74）
贯彻中央“八项规定”精神……………………（74）
案件查办………………………………………（75）
信访工作………………………………………（75）
干部队伍建设……………………………………（75）
统战工作…………………………………………（75）
概况……………………………………………（75）
民族宗教工作……………………………………（76）
非公经济组织……………………………………（76）
党外干部队伍建设………………………………（77）
整合机构………………………………………（77）
县直工委…………………………………………（77）
概况……………………………………………（77）
开展“两学一做”学习教育活动………………（78）
思想建设………………………………………（78）
组织建设………………………………………（78）
作风建设………………………………………（79）
民兵武装建设……………………………………（79）
信访工作…………………………………………（79）
概况……………………………………………（79）
排查矛盾纠纷……………………………………（79）
领导干部大接访…………………………………（80）
综合施治解决信访问题…………………………（80）
案件督查督办工作………………………………（81）
农村工作…………………………………………（81）
概况……………………………………………（81）
美丽乡村建设……………………………………（81）
村务公开………………………………………（83）
农宅合作社试点…………………………………（83）
综合调研………………………………………（83）

老干部工作……………………………………（83）
概况 ……………………………………（83）
政治待遇……………………………………（84）
生活待遇……………………………………（84）
党支部建设……………………………………（84）
发挥余热……………………………………（84）
发挥团体作用……………………………………（85）
党校工作……………………………………（85）
概况 ……………………………………（85）
培训工作……………………………………（85）
理论研究……………………………………（85）
阵地建设……………………………………（86）
机构编制……………………………………（86）
概况 ……………………………………（86）
行政管理体制改革 ……………………………（86）
事业单位管理体制改革 ………………………（86）
登记管理……………………………………（86）
香河县人民代表大会常务委员会…………（7）
综述 ……………………………………（87）
县人民代表大会会议 …………………………（88）
县人大常委会会议 ……………………………（88）
县人大常委会会议主要工作 ………………（90）
监督检查……………………………………（90）
视察调研……………………………………（91）
督办议案……………………………………（91）
换届选举……………………………………（92）
代表工作……………………………………（92）
指导基层人大工作 ……………………………（92）
评选先进……………………………………（92）
信访工作……………………………………（92）
任前考法……………………………………（93）
人事任免……………………………………（93）
香河县人民政府 ……………………………（93）
县政府常务会议 ………………………………（93）
县长办公会议 …………………………………（93）
政府办公室工作 ……………………………（94）
概况……………………………………（94）
政务信息……………………………………（94）
调查研究……………………………………（94）
办文办会……………………………………（94）
政务督查……………………………………（95）
建议提案承办……………………………………（95）
应急管理……………………………………（95）
金融信用……………………………………（96）
农业产业化……………………………………（96）
行政服务和公共资源交易中心…………（96）
中国人民政治协商会议香河县委员会
……………………………………（96）
综述……………………………………（96）
县政协委员会会议 ……………………………（97）
县政协常委会会议 ……………………………（98）
县政协主要工作 ……………………………（98）
政治协商……………………………………（98）
民主监督……………………………………（99）
参政议政……………………………………（99）
文史资料……………………………………（100）
党政机关、直属事业单位、党派团体和部分中央县直属单位及其领导人…………（100）

社会团体

香河县总工会 ……………………………（110）
概况……………………………………（110）
基层组织建设……………………………………（110）
扶贫济困活动……………………………………（110）
职工文化生活……………………………………（111）
劳动模范评选……………………………………（112）
劳动模范救助……………………………………（112）
普惠化服务……………………………………（112）
共青团香河县委员会 ………………………（112）
概况……………………………………（112）

主题教育实践活动…………………………（112）
青年志愿者活动…………………………（113）
团干部培训………………………………（113）
青年创业活动……………………………（113）
青年文明行动……………………………（114）
青少年维权行动…………………………（114）
香河县妇女联合会……………………（114）
概况 ……………………………………（114）
素质教育培训……………………………（115）
双学双比活动……………………………（115）
巾帼建功活动……………………………（116）
文明家庭创建……………………………（116）
美丽庭院创建活动………………………（116）
维护妇女儿童合法权益 …………………（116）
关注关爱儿童……………………………（117）
香河县科学技术协会…………………（117）
概况 ……………………………………（117）
科普益民、惠农项目 ……………………（117）
科普活动…………………………………（118）
香河县文学艺术联合会………………（118）
概况 ……………………………………（118）
文学艺术发展……………………………（119）
开展文学艺术辅导活动 …………………（119）
文艺作品…………………………………（119）
香河县工商业联合会…………………（120）
概况 ……………………………………（120）
参政议政…………………………………（120）
服务非公企业……………………………（120）
发展光彩事业……………………………（120）
香河县计划生育协会…………………（121）
概况 ……………………………………（121）
宣传工作…………………………………（121）
奖扶及爱心救助…………………………（121）
幸福家庭创建……………………………（122）
香河县残疾人联合会…………………（122）
概况 ……………………………………（122）
扶贫助残…………………………………（122）
残疾人康复………………………………（123）
残疾人就业………………………………（123）
残疾人住房保障 …………………………（123）
残疾人基层组织建设工作………………（123）

军　事

香河县人民武装部……………………（124）
概况………………………………………（124）
思想政治建设……………………………（124）
军事训练…………………………………（124）
民兵预备役建设…………………………（124）
征兵工作…………………………………（124）
安全管理…………………………………（125）
后勤综合保障……………………………（125）
双拥工作…………………………………（125）
国防教育…………………………………（126）
党管武装…………………………………（126）
国防教育………………………………（127）
概况………………………………………（126）
自身建设…………………………………（127）
国防教育宣传……………………………（127）
国防教育工作开展 ………………………（127）

法　治

政法委及综治工作……………………（129）
概况………………………………………（129）
基层基础工作……………………………（129）
严打整治专项治理 ………………………（129）
社会治安综合治理 ………………………（129）
稳定工作…………………………………（129）
安保工作…………………………………（130）

法治建设……………………………………（130）
法治队伍建设………………………………（130）
法治政府建设………………………………（130）
公安………………………………………（130）
概况 …………………………………………（130）
刑事打击……………………………………（131）
维护稳定……………………………………（131）
严打整治……………………………………（131）
治安防范……………………………………（132）
社会管理……………………………………（132）
安全保卫……………………………………（132）
信息化建设…………………………………（133）
队伍建设……………………………………（133）
检察………………………………………（134）
概况 …………………………………………（134）
工作职能……………………………………（134）
刑事检察……………………………………（134）
贪污贿赂检察………………………………（134）
控告申诉检察………………………………（135）
民事行政检察………………………………（135）
预防职务犯罪预防检查 ……………………（135）
监所检查……………………………………（135）
法律监督……………………………………（135）
自身建设……………………………………（135）
法院………………………………………（136）
概况 …………………………………………（136）
刑事审判……………………………………（136）
民商事审判…………………………………（136）
行政审判……………………………………（136）
执行工作……………………………………（136）
深化审判公开………………………………（136）
服务社会发展………………………………（137）
队伍建设……………………………………（137）
司法行政…………………………………（138）
概况 …………………………………………（138）
公证工作……………………………………（138）
普法工作……………………………………（139）
人民调解……………………………………（140）
法律服务……………………………………（140）
司法援助……………………………………（141）
社区矫正……………………………………（141）
规范化司法所创建 …………………………（142）

综合经济管理

发展计划…………………………………（143）
概况…………………………………………（143）
争取项目建设资金 …………………………（143）
争列省市重点建设项目……………………（143）
项目建设工作 ………………………………（143）
项目招商工作 ………………………………（143）
统计………………………………………（144）
概况…………………………………………（144）
基层统计建设 ………………………………（144）
统计执法检查 ………………………………（144）
第三次全国农业普查前期准备……………（144）
完善服务业统计 ……………………………（144）
审计………………………………………（145）
概况…………………………………………（145）
政策落实审计 ………………………………（145）
财政资金审计 ………………………………（145）
经济责任审计 ………………………………（145）
固定资产投资审计 …………………………（145）
财务收支审计 ………………………………（145）
建立中介机构备选库 ………………………（145）
国土资源管理……………………………（146）
概况…………………………………………（146）
服务项目建设 ………………………………（146）
耕地资源保护 ………………………………（146）
土地执法监察 ………………………………（146）
不动产登记 …………………………………（147）

地理信息工作……（147）
地籍管理工作……（147）
物价管理……（147）
概况……（147）
价格调整……（148）
价格认定……（148）
价格监督检查……（148）
工商行政管理……（148）
概况……（148）
推进商事制度改革……（149）
工商业监管……（149）
优化市场经济秩序……（149）
增强消费维权效能……（150）
食品药品监督管理……（150）
概况……（150）
食品安全监管……（150）
提升监管效能……（150）
规范药械市场秩序……（151）
质量技术监督……（151）
概况……（151）
标准化管理……（151）
产品质量管理……（151）
产品质量认证……（151）
规范市场秩序……（151）
计量监督检查……（151）
特种设备安全监管……（152）
安全生产管理……（152）
概况……（152）
落实安全生产责任制……（152）
乡镇安全监管规范化……（152）
开展“安全生产月”活动……（152）
各类从业人员培训……（153）
应急救援体系建设……（153）
城市综合管理……（153）
概况……（153）
网格化管理……（153）
全天候全面管控……（154）
户外广告规范化管理……（154）
大气污染治理……（154）
规范渣土车辆运输……（154）
便民市场建设……（154）
市政设施监察……（155）

农　业

综述……（156）
种植业……（156）
概况……（156）
土地经营权确权颁证……（156）
落实惠民政策……（156）
无公害蔬菜品种认证……（157）
农民负担监测……（157）
农药化肥监管……（157）
优良种子引进……（157）
林果业……（157）
概况……（157）
植树造林……（157）
果树技术培训……（158）
林木管护……（158）
病虫害防治……（158）
绿化亮点工程……（159）
畜牧水产业……（159）
概况……（159）
动物疫病防控……（159）
畜禽屠宰监管……（160）
畜禽食品安全……（160）
动物源性食品安全……（160）
水产品监管……（160）
休闲渔业……（160）
水务……（160）
概况……（160）

水利资金引进……………………………（161）
北运河生态治理…………………………（161）
橡胶坝景观建设…………………………（161）
水利桥闸建设……………………………（161）
防汛抗旱…………………………………（161）
实施河长制………………………………（161）
征收水费…………………………………（161）
农业开发…………………………………（162）
概况 ………………………………………（162）
土地治理项目建设………………………（162）
产业化项目建设…………………………（162）
信息宣传…………………………………（162）

工 业

综述 ……………………………………（163）
企业管理…………………………………（163）
概况 ………………………………………（163）
惠企政策发布……………………………（163）
企业培训…………………………………（163）
企业产品展览……………………………（163）
实施品牌战略……………………………（164）
特色产业…………………………………（164）
概况 ………………………………………（164）
汽车配件业………………………………（164）
金属制品业………………………………（164）
印刷包装业………………………………（164）
家具制造业………………………………（164）

园区建设

家具城 …………………………………（165）
概况 ………………………………………（165）
获得荣誉…………………………………（165）
家居文化节………………………………（165）
专业培训…………………………………（165）
品牌推广…………………………………（165）
消防安全…………………………………（166）
河北香河经济开发区 …………………（166）
概况………………………………………（166）
招商引资…………………………………（166）
优化投资环境……………………………（167）
项目建设…………………………………（167）
节能减排环保……………………………（167）
香河县农业高新技术园区………………（168）
概况………………………………………（168）
技术培训…………………………………（168）
河北香河环保产业园区 ………………（168）
概况………………………………………（168）
基础设施建设……………………………（169）
招商引资…………………………………（169）
在建项目…………………………………（169）
美丽乡村建设……………………………（169）
卫生环境…………………………………（169）
大气污染治理……………………………（169）
辖区社会稳定……………………………（169）
社会保障惠民生…………………………（170）
计生工作…………………………………（170）
河北香河新兴产业示范区………………（170）
概况………………………………………（170）
基础设施建设……………………………（170）
项目引进…………………………………（170）
天网广播宣传平台………………………（170）
互联微信平台……………………………（171）

建设 环保

城乡规划…………………………………（172）
概况………………………………………（172）

编修规划……（172）
规划管理……（172）
城乡建设……（172）
概况……（172）
市政设施建设……（172）
农村危房改造……（173）
人防工程……（173）
建筑业……（173）
概况……（173）
安全生产监管……（173）
建筑节能监管……（173）
建筑市场稽查……（173）
房地产管理……（173）
概况……（173）
预售审批管理……（174）
规范房地产市场……（174）
房地产市场监管……（174）
物业管理……（174）
住房公积金管理……（174）
概况……（174）
贷款发放……（174）
提取金额……（174）
园林绿化……（175）
概况……（175）
城区绿化建设……（175）
园林绿化管护……（175）
园林式单位小区创建……（175）
环境保护……（175）
概况……（175）
散烧煤清洁化……（176）
燃煤锅炉提标改造……（176）
有机物（VOCS）污染治理……（176）
水环境质量改善……（176）
打击环境违法行为……（176）
项目建设环评……（176）
生态环境创建……（176）
环境卫生管理……（177）
概况……（177）
垃圾收集设施……（177）
环卫宣传……（177）

交通　电力

交通……（178）
概况……（178）
公路建设……（178）
公路养护……（178）
公路管理……（178）
客运……（179）
货运……（179）
电力……（179）
概况……（179）
安全生产……（179）
电网建设……（180）
营销服务……（180）
企业文化……（180）

信息化建设

邮政……（181）
概况……（181）
邮政体制改革……（181）
业务发展……（181）
联通公司……（182）
概况……（182）
设施建设……（182）
业务发展……（182）
行风建设……（182）
移动公司……（182）
概况……（182）

业务发展……………………………………………（182）
行风建设……………………………………………（182）
电信公司……………………………………………（183）
概况 ……………………………………………（183）
网络设施建设……………………………………（183）
行风建设……………………………………………（183）

商贸服务业

商业 ……………………………………………（184）
概况 ……………………………………………（184）
招商引资……………………………………………（184）
农村电子商务……………………………………（184）
外经外贸……………………………………………（184）
商贸流通……………………………………………（184）
市场监管规范有序………………………………（185）
供销 ……………………………………………（185）
概况 ……………………………………………（185）
组织体系建设情况 ………………………………（185）
服务体系建设情况 ………………………………（185）
金融体系建设情况 ………………………………（185）
管理体系建设情况 ………………………………（185）
经营体系建设情况 ………………………………（185）
盐政管理……………………………………………（186）
省市获奖名录……………………………………（186）
粮食 ……………………………………………（186）
概况 ……………………………………………（186）
粮食企业经营……………………………………（186）
危仓老库改造工程 ………………………………（187）
龙头企业培树……………………………………（187）
军粮供应……………………………………………（187）
市场监测……………………………………………（187）
安全生产管理……………………………………（187）
烟草专卖……………………………………………（187）
概况 ……………………………………………（187）
业务经营……………………………………………（188）
专卖稽查……………………………………………（188）
石油……………………………………………（188）
概况……………………………………………（188）
油气回收改造升级 ………………………………（188）
市场供应保障 ……………………………………（188）

财政　税务

财政……………………………………………（189）
概况……………………………………………（189）
财政收支较快增长 ………………………………（189）
财政保障能力不断增强…………………………（189）
全力支持县域经济发展…………………………（190）
财政制度不断完善 ………………………………（191）
国家税务管理 ……………………………………（192）
概况……………………………………………（192）
国税征收……………………………………………（192）
营业税改增值税 …………………………………（192）
完善征管手段 ……………………………………（192）
优化纳税服务 ……………………………………（193）
地方税务管理 ……………………………………（193）
概况……………………………………………（193）
地税征收……………………………………………（193）
征收管理……………………………………………（193）
优化纳税服务 ……………………………………（194）

金融　保险

中国人民银行香河县支行…………………（197）
概况……………………………………………（197）
搭建政银企沟通平台 ……………………………（197）
防范化解金融风险 ………………………………（197）
外汇管理工作 ……………………………………（197）

金融服务和管理……………………………（197）
强化内部管理……………………………（198）
文明单位创建和职工之家建设………（198）
党建工作…………………………………（199）
党风廉政建设……………………………（199）
中国工商银行股份有限公司香河支行
……………………………………………（199）
概况 ……………………………………（199）
贷款业务…………………………………（200）
存款业务…………………………………（200）
多元发展 提升创收 ……………………（200）
夯实基础 构建和谐 ……………………（201）
中国建设银行股份有限公司香河支行
……………………………………………（201）
概况 ……………………………………（201）
业务拓展…………………………………（201）
房改资金监管……………………………（202）
专业营销…………………………………（202）
小企业营销业务…………………………（202）
拓宽业务渠道……………………………（202）
风险防控…………………………………（203）
监督检查工作……………………………（203）
抓党建，强队伍，保动力 ……………（203）
中国农业银行股份有限公司香河县
支行 ……………………………………（203）
概况 ……………………………………（203）
体制改革…………………………………（203）
工作创新…………………………………（203）
业务拓展…………………………………（204）
员工素质建设……………………………（204）
党风行风建设……………………………（204）
中国农业发展银行香河县支行…………（204）
概况 ……………………………………（204）
存款 ……………………………………（204）
贷款 ……………………………………（205）
业务拓展…………………………………（205）
员工素质建设……………………………（205）
党风廉政建设……………………………（206）
中国银行股份有限公司香河支行………（206）
概况………………………………………（206）
存款………………………………………（206）
贷款………………………………………（206）
其他业务…………………………………（206）
工作创新…………………………………（207）
业务扩展…………………………………（207）
员工素质建设……………………………（207）
党风行风建设……………………………（207）
香河县农村信用合作联社………………（207）
概况………………………………………（207）
坚持存款立社……………………………（208）
调整信贷结构……………………………（208）
清收不良贷款……………………………（208）
拓展中间业务……………………………（208）
“营改增”工作 …………………………（209）
企业文化…………………………………（209）
中国邮政储蓄银行股份有限公司香河县
支行………………………………………（209）
概况………………………………………（209）
存款………………………………………（209）
贷款………………………………………（209）
其他业务…………………………………（209）
电子银行业务……………………………（209）
工作创新…………………………………（210）
贷款业务创新……………………………（210）
香河益民村镇银行股份有限公司………（210）
概况………………………………………（210）
金融服务…………………………………（210）
益民送温暖………………………………（210）
文化搭台经济唱戏 ……………………（210）
企业文化…………………………………（211）
服务宗旨…………………………………（211）
战略目标…………………………………（211）

存款 ……………………………………………… (211)
贷款 ……………………………………………… (211)
工作创新…………………………………………… (212)
党风行风建设……………………………………… (212)
河北银行股份有限公司香河支行……… (212)
概况 ……………………………………………… (212)
公司业务及小企业业务 ………………………… (212)
个人业务…………………………………………… (212)
体制改革…………………………………………… (212)
工作创新…………………………………………… (213)
业务拓展…………………………………………… (213)
员工素质建设……………………………………… (213)
党风行风建设……………………………………… (213)
沧州银行股份有限公司香河支行……… (213)
概况 ……………………………………………… (213)
金融服务创新……………………………………… (213)
加强员工素质建设………………………………… (214)
加强内控管理……………………………………… (214)
扶助县域经济……………………………………… (214)
廊坊银行股份有限公司香河支行……… (214)
概况 ……………………………………………… (214)
业务扩展…………………………………………… (214)
服务“三农” …………………………………… (214)
员工素质建设……………………………………… (215)
党风行风建设……………………………………… (215)
制度建设…………………………………………… (215)
张家口银行股份有限公司香河支行
…………………………………………………… (216)
概况 ……………………………………………… (216)
体制改革…………………………………………… (216)
工作创新…………………………………………… (216)
业务扩展…………………………………………… (216)
员工素质建设……………………………………… (216)
党风行风建设……………………………………… (216)
中国人民财产保险股份有限公司香河
支公司…………………………………………… (216)
概况………………………………………………… (216)
农村保险业务开展 ……………………………… (217)
提升服务水平 …………………………………… (217)
扩展业务…………………………………………… (217)
中国人寿保险股份有限公司香河
支公司…………………………………………… (217)
概况………………………………………………… (217)
新农合意外险业务 ……………………………… (217)
小额保险业务 …………………………………… (218)
诚信服务…………………………………………… (218)

科学技术

香河县科学技术局 …………………………… (219)
概况………………………………………………… (219)
科技项目研究 …………………………………… (219)
科技示范与普及 ………………………………… (219)
科技成果…………………………………………… (219)
科技拓展…………………………………………… (219)
地震工作………………………………………… (220)
概况………………………………………………… (220)
地震群测群防网络 ……………………………… (221)
地震灾害预防 …………………………………… (221)
防震减灾宣传……………………………………… (221)
地震应急救援……………………………………… (221)
地震应急准备 …………………………………… (221)
应急救援演练……………………………………… (221)
地震灾害队伍建设 ……………………………… (221)
气象……………………………………………… (221)
概况………………………………………………… (221)
拓展公共气象服务 ……………………………… (222)
气象防灾减灾工作 ……………………………… (222)
气象社会管理职能落地…………………………… (222)

基础业务工作……………………………………（222）
基建工作…………………………………………（222）
气象安全宣传……………………………………（223）
“两学一做”学习教育活动…………（223）
精神文明建设……………………………………（223）
和谐单位创建……………………………………（223）

文化

文化工作……………………………………………（224）
概况 ……………………………………………（224）
文化宣传…………………………………………（224）
文化惠民…………………………………………（224）
文化市场管理……………………………………（225）
文物管理…………………………………………（225）
除隐患保安全……………………………………（225）
旅游 ……………………………………………（226）
概述 ……………………………………………（226）
旅游景区…………………………………………（226）
旅游示范点………………………………………（227）
乡村旅游…………………………………………（227）
文学艺术……………………………………………（228）
概况 ……………………………………………（228）
文化活动…………………………………………（228）
文学艺术创作……………………………………（229）
摄影家协会工作…………………………………（229）
影视家协会工作…………………………………（229）
作家协会换届……………………………………（229）
广播电视……………………………………………（229）
概况 ……………………………………………（229）
新闻宣传…………………………………………（230）
自办栏目…………………………………………（230）
安全播出…………………………………………（230）
获奖节目…………………………………………（230）
地方志工作…………………………………………（231）
概况………………………………………………（231）
年鉴编修工作……………………………………（231）
《香河县志（1979—2008）》编修工作
……………………………………………（231）
方志馆建设………………………………………（231）
理论研究…………………………………………（231）
档案管理……………………………………………（232）
概况………………………………………………（232）
档案接续工作……………………………………（232）
档案信息化建设…………………………………（232）
档案工作管理……………………………………（232）
档案开放、利用工作 …………………………（232）
档案接收…………………………………………（232）
完善社区建档工作 ……………………………（233）
精神文明建设………………………………………（233）
概况………………………………………………（233）
文明单位创建……………………………………（233）
省级文明县城创建 ……………………………（233）
正能量街道………………………………………（233）
未成年人思想道德建设…………………………（234）
阵地建设…………………………………………（234）
附：“最美香河人”事迹介绍…………（234）

教育

概况………………………………………………（236）
重点工程建设……………………………………（236）
电代煤气代煤工程 ……………………………（236）
提升幼教水平……………………………………（236）
招生工作…………………………………………（236）
高考成绩…………………………………………（236）
职业教育…………………………………………（236）
师资队伍建设……………………………………（237）

教育政策资金落实 …………………………（237）
校园周边环境整治 …………………………（237）
香河县教师进修学校 ……………………（238）
概况 ………………………………………（238）
校园建设……………………………………（238）
党风廉政建设………………………………（238）
教学教研……………………………………（238）
特色教学……………………………………（238）
校本教研……………………………………（239）
香河县职业技术教育中心 ………………（239）
概况 ………………………………………（239）
校园建设和专业设置 ………………………（239）
党风廉政建设………………………………（239）
教研教学部设置 ……………………………（239）
创新教学内容………………………………（240）
成绩与荣誉…………………………………（240）
创新办学……………………………………（240）
河北省香河县第一中学 …………………（240）
概况 ………………………………………（240）
党风廉政建设………………………………（240）
教研推动教学………………………………（240）
“激励式”成人教育 ………………………（241）
校园环境硬件建设 …………………………（241）
高考准备……………………………………（241）
成绩与荣誉…………………………………（241）
校园简介……………………………………（242）
香河县直第一幼儿园 ………………………（242）
香河县直第二幼儿园 ………………………（242）
香河县城内第一小学 ………………………（242）
香河县城内第二小学 ………………………（243）
香河县城内第三小学 ………………………（243）
香河县城内第四小学 ………………………（243）
香河县第二中学 ……………………………（243）
香河县第三中学 ……………………………（244）
香河县第四中学 ……………………………（244）
香河县第五中学 ……………………………（244）
香河县第六中学 ……………………………（244）
香河县第七中学 ……………………………（244）
香河县第八中学 ……………………………（244）
香河县第九中学 ……………………………（245）
香河县第十中学 ……………………………（245）
香河县第十一中学 …………………………（245）
香河县第十二中学 …………………………（245）
教育机构简介 ……………………………（245）
淑阳镇中心总校 ……………………………（245）
安平镇中心总校 ……………………………（246）
钳屯镇中心总校 ……………………………（246）
安头屯镇中心总校 …………………………（246）
五百户镇中心总校 …………………………（246）
刘宋镇中心总校 ……………………………（246）
渠口镇中心总校 ……………………………（246）
钱旺镇中心总校 ……………………………（246）
蒋辛屯镇中心总校 …………………………（247）
淑阳镇成人学校 ……………………………（247）
安平镇成人学校 ……………………………（247）
钳屯镇成人学校 ……………………………（247）
安头屯镇成人学校 …………………………（247）
五百户镇成人学校 …………………………（247）
刘宋镇成人学校 ……………………………（247）
渠口镇成人学校 ……………………………（247）
钱旺镇成人学校 ……………………………（248）
蒋辛屯成人学校 ……………………………（248）
廊坊广播电视大学香河分校…………………（248）
香河县特殊教育学校 ………………………（248）
香河县青少年活动中心………………………（248）

卫生　体育

卫生…………………………………………（249）
概况…………………………………………（249）
项目建设……………………………………（249）

中医事业发展……………………………（250）
医疗机构整治……………………………（250）
公共卫生体系建设………………………（250）
卫生应急…………………………………（250）
医疗机构管理……………………………（251）
打击非法行医……………………………（251）
计划生育…………………………………（252）
全面两孩政策落实情况…………………（252）
计划生育法规落实情况…………………（252）
计划生育工作常态化……………………（252）
流动人口计划生育管理…………………（252）
综合治理出生人口性别比………………（252）
惠民工程…………………………………（253）
医改工作…………………………………（253）
县级医院改革……………………………（253）
妇幼卫生…………………………………（253）
孕产妇保健………………………………（254）
儿童健康管理……………………………（254）
农村孕产妇住院分娩补助………………（254）
农村妇女增补叶酸项目…………………（254）
新生儿出生缺陷干预工程………………（254）
宣传培训…………………………………（254）
疾病预防控制……………………………（254）
健康教育…………………………………（254）
免疫规划…………………………………（255）
卫生应急…………………………………（255）
结核病防治………………………………（255）
慢性病管理………………………………（255）
职业病防治………………………………（255）
公共卫生…………………………………（255）
爱国卫生运动……………………………（256）
概况………………………………………（256）
农村改厕…………………………………（256）
香河县人民医院…………………………（256）
概况………………………………………（256）
优异成绩…………………………………（256）
香河县中医院……………………………（256）
概况………………………………………（256）
特色门诊…………………………………（257）
科研成果…………………………………（257）
荣誉称号…………………………………（257）
香河县气管炎哮喘医院…………………（257）
概况………………………………………（257）
哮喘专科…………………………………（257）
荣誉称号…………………………………（257）
镇级医疗机构……………………………（257）
刘宋中心卫生院简介……………………（257）
安平中心卫生院简介……………………（258）
渠口中心卫生院简介……………………（258）
安头屯镇卫生院简介……………………（258）
钱旺镇卫生院简介………………………（258）
五百户镇卫生院简介……………………（258）
钳屯镇卫生院简介………………………（259）
蒋辛屯镇卫生院简介……………………（259）
淑阳镇卫生院简介………………………（259）
一级医疗机构……………………………（259）
渠口镇石虎医院简介……………………（259）
渠口镇东鲁口医院简介…………………（259）
淑阳镇金辛庄医院简介…………………（259）
五百户镇李庄医院简介…………………（260）
五百户镇香城医院简介…………………（260）
蒋辛屯镇梁家务医院简介………………（260）
香河县疾病预防控制中心………………（260）
概况………………………………………（260）
荣誉称号…………………………………（260）
体育………………………………………（260）
概况………………………………………（260）
全民健身…………………………………（261）
第七届全民运动会………………………（261）
县外赛事…………………………………（261）

居民生活

人力资源和社会保障 …………………… (262)
概况 …………………………………… (262)
城乡就业…………………………………… (262)
社会保险…………………………………… (262)
职称评定…………………………………… (263)
考核奖惩…………………………………… (263)
工资管理…………………………………… (263)
劳动仲裁…………………………………… (263)
民政 ………………………………………… (263)
概况 …………………………………… (263)
城乡低保…………………………………… (264)
困难群众医疗救助 ……………………… (264)
农村五保供养…………………………… (264)
救灾工作…………………………………… (264)
优抚、安置工作 ………………………… (264)
老龄工作…………………………………… (264)
殡葬管理…………………………………… (265)
福彩助学…………………………………… (265)
婚姻登记…………………………………… (265)
民间组织…………………………………… (265)
地名工作…………………………………… (265)

镇城区概况

淑阳镇 ……………………………………… (266)
概况 …………………………………… (266)
基层党建…………………………………… (266)
民主法治…………………………………… (266)
农业基础设施建设 ……………………… (266)
违建拆除…………………………………… (266)
农村环卫工作…………………………… (267)
大气污染防治…………………………… (267)
信访稳定工作 ………………………… (267)
各项事业…………………………………… (267)
计划生育 ………………………………… (267)
重点企业…………………………………… (267)
安平镇…………………………………… (268)
概况…………………………………… (268)
新农村建设 ……………………………… (268)
美丽乡村建设 ………………………… (268)
大气污染防治 ………………………… (269)
计划生育 ………………………………… (269)
精神文明建设 ………………………… (269)
重点企业…………………………………… (269)
农展室…………………………………… (270)
钳屯镇…………………………………… (270)
概况…………………………………… (270)
基层组织建设 ………………………… (270)
民主法治建设 ………………………… (271)
农业基础设施建设 …………………… (271)
农村容貌改造提升 …………………… (271)
农村环境卫生管理 …………………… (271)
大气污染治理 ………………………… (271)
综合治理…………………………………… (272)
新农村建设…………………………………… (272)
社会保障…………………………………… (272)
计划生育…………………………………… (272)
美丽乡村建设 ………………………… (273)
招商引资 ………………………………… (273)
五百户镇…………………………………… (273)
概况…………………………………… (273)
基层组织建设 ………………………… (273)
民主法治建设 ………………………… (274)
农业基础设施建设 …………………… (274)
农村容貌改造提升 …………………… (274)
农村环境卫生管理 …………………… (275)
大气污染治理 ………………………… (275)
稳定工作 ………………………………… (275)

社会保障工作…………………………（275）
重点村……………………………………（275）
重点企业…………………………………（276）
刘宋镇……………………………………（276）
概况………………………………………（276）
基层组织建设……………………………（276）
民主法治建设……………………………（277）
农业基础设施建设………………………（277）
严格公共性住房把关申报………………（277）
推进农村危房改造………………………（277）
落实各项惠农政策………………………（277）
农村容貌改造提升………………………（278）
农村环境卫生管理………………………（278）
大气污染治理……………………………（278）
安全生产工作……………………………（278）
新农村建设………………………………（279）
社会保障…………………………………（279）
计划生育…………………………………（279）
万亩荷塘建设……………………………（279）
安头屯镇…………………………………（280）
概况………………………………………（280）
基层组织建设……………………………（280）
民主法治建设……………………………（280）
农业基础设施建设………………………（280）
农村容貌改造提升………………………（281）
农村环境卫生管理………………………（281）
大气污染治理……………………………（281）
社会稳定…………………………………（281）
农村文化建设……………………………（281）
社会保障…………………………………（281）
计划生育…………………………………（282）
文化活动…………………………………（282）
渠口镇……………………………………（282）
概况………………………………………（282）
基层组织建设……………………………（282）
民主法治建设……………………………（283）
农业基础设施建设………………………（283）
农村容貌改造提升………………………（283）
农村环境卫生管理………………………（283）
大气污染治理……………………………（284）
社会稳定…………………………………（284）
新农村建设………………………………（284）
社会保障…………………………………（284）
计划生育…………………………………（284）
美丽乡村建设……………………………（284）
招商引资…………………………………（285）
钱旺镇……………………………………（285）
概况………………………………………（285）
基层组织建设……………………………（285）
民主法治建设……………………………（286）
农业基础设施建设………………………（286）
农村容貌改造提升………………………（286）
农村环境卫生管理………………………（286）
大气污染治理……………………………（287）
社会稳定…………………………………（287）
新农村建设………………………………（287）
社会保障…………………………………（287）
计划生育…………………………………（287）
蒋辛屯镇…………………………………（287）
概况………………………………………（287）
获得荣誉…………………………………（288）
基层组织建设……………………………（288）
民主法治建设……………………………（288）
农业基础设施建设………………………（288）
路网工程…………………………………（289）
美丽乡村建设……………………………（289）
农村环境卫生管理………………………（289）
大气污染防治……………………………（289）
信访稳定…………………………………（289）
新农村建设………………………………（289）
社会保障…………………………………（290）
计划生育…………………………………（290）

乡村旅游……………………………………（290）
湖北新城社区……………………………（290）
重点企业…………………………………（290）
新开街道办事处……………………………（291）
概况 ………………………………………（291）
惠民工程…………………………………（291）
环境整治…………………………………（291）
大气污染防治……………………………（292）
社区建设…………………………………（292）
基层党建…………………………………（292）
安全生产…………………………………（292）
信访工作…………………………………（293）
村级组织及文化建设 ……………………（293）
民生工程…………………………………（293）
新华街道办事处……………………………（294）
概况 ………………………………………（294）
安全稳定…………………………………（294）
环境卫生…………………………………（294）
大气污染防治……………………………（294）
计划生育…………………………………（294）
综合治理…………………………………（295）
平安街道办事处……………………………（295）
概况 ………………………………………（295）
基层党建…………………………………（295）
社区管理…………………………………（295）
惠民工程…………………………………（296）
街道文化…………………………………（296）
环境整治…………………………………（296）

人 物

先进人物事迹简介 …………………………（297）
孝老爱亲　道德模范 ……………………（297）
——记香河县环保产业园区黄院村支委妇联主任顾娟
不忘初心　砥砺前行 ……………………（297）
——记香河县人民法院李芳
扎根村小，矢志奉献 ……………………（298）
——记香河县蒋辛屯镇北吴村小学梁艳清
情系城管　默默奉献 ……………………（299）
——记香河县城市管理行政执法局张学忠
身残志坚　爱岗敬业 ……………………（300）
——记香河县广播电视台董万水
爱岗敬业　和睦家庭 ……………………（301）
——记淑阳镇政府石印坤
奉献自己　美丽香河 ……………………（302）
——记香河县环境卫生局王海龙
助人为乐　大爱无疆 ……………………（303）
——记香河县志愿者协会副会长王宏伟
公婆最爱　患者最亲 ……………………（304）
——记香河县中医院骨伤科甄静
展巾帼风采　舞文明新风…………………（305）
——记香河舞蹈家协会主席、香河华鑫集团总经理胡秀清
2016 年专业副高职及以上人员统计表 （307）

特 载

创新驱动 绿色崛起
建设美丽幸福新香河

——在中国共产党香河县第十一次代表大会上的报告

（2017年2月21日）

李桂强

中国共产党香河县第十一次代表大会，是在香河改革发展关键时期召开的一次承前启后、凝心聚力、开拓奋进的重要会议。大会的主题是：**紧密团结在以习近平同志为核心的党中央周围，坚持创新驱动，实现绿色崛起，建设美丽幸福新香河！**

过去五年的工作总结

县第十次党代会以来的五年，是全县上下积极应对“土地风波”后异常复杂局面，在曲折道路中逆势奋进、砥砺前行的五年；是经济社会各项事业不断迈出坚实步伐，在克难攻坚中阔步前进、勇创辉煌的五年。五年来，特别是党的十八大以来，我们紧密团结在以习近平同志为核心的党中央周围，在市委的正确领导下，认真贯彻落实党中央和省市委决策部署，紧紧围绕“中国家具之都、现代产业高地、休闲商务新城、生态宜居家园”发展定位，抢抓机遇，团结拼搏，进位争先，取得了令人瞩目的新业绩。

——党的建设不断加强。县委常委会以上率下，及时传达学习、深入贯彻落实习近平总书记系列重要讲话精神，用党的最新理论成果武装头脑、指导实践、推动工作。扎实开展党的群众路线教育实践活动、“三严三实”专题教育和“两学一做”学习教育，各级党员干部政治意识、大局意识、核心意识、看齐意识不断增强，坚决与党中央保持高度一致，与省市委同心同德。严格落实中央提出的好干部标准和省委“五个重用、五个不用、五个调整”要求，创新动态考核办法，干部队伍建设不断加强。全面强化从严治党主体责任，坚持把纪律和规矩挺在前面，认真落实中央八项规定精神和反“四风”要求，坚决执行党内政治生活若干准则、廉洁自律准则、纪律处分条例、党内监督条例，制定出台促进干部担当办法、为官不为行为问责办法等规范性文件，党风政风和社会风气明显好转，政治生态持续优化。

——综合实力大幅攀升。坚持把建精品园区、上高端项目、育优势产业作为壮大县域实力、加快转型升级的核心抓手，下大力理顺园区开发机制，基础设施日趋完善，大批优质产业项目强势汇聚。装备制造、健康养老、食品加工、商贸物流、现代农业“五大产业集群”初步形成，以高端制造业和现代服务业为主体的现代产业体系初步建立。三次产业比由2011年的14.6∶53.2∶32.2优化到7.8∶49.4∶42.8。2016年，全部财政收入和一般公共预算收入分别完成64.6亿元和40.1亿元，比2011年分别增长了2.8倍和2.5倍，总量分别跃升至全省第4位和第3位；地区生产总值完成215.4亿元，比2011年增长了83%；固定资产投资完成213.9亿元，比2011年增长了1.6倍；规模以上工业增加值完成77.4亿元，比2011年增长了29.6%；城镇居民人均可支配收入和农村居民人均可支配收入分别达到36718元和15256元，比2011年分别增长了43.6%和47.6%。成功跨入全国综合实力百强县行列。

——**深化改革稳步推进**。坚持把“增添经济发展动力、促进社会公平正义、增强人民群众获得感、调动广大干部群众积极性”作为改革主推方向，推动以“多证合一”“营改增”“行政许可系列改革”“土地出让制度改革”为代表的经济体制改革，为市场激活力、为发展添动力；推动以“法治政府建设”“司法体制改革”“无邪教创建”为代表的管理体制改革，使公平正义深入人心、融入社会；推动以“公共文化服务示范区”“县级公立医院改革”“城乡居民医疗保险整合”“医患纠纷调解委员会”为代表的民生领域改革，让百姓更有获得感；推动以“农村‘三支队伍’建设”“农村土地确权”“村干部职业化”为代表的农村和基层建设改革，让群众更有干劲、干部更有担当。

——**城乡面貌焕然一新**。新城广场、规划展馆等一批标志性工程建成投入使用，文化艺术中心、便民服务中心等一批功能性设施主体完工，钳屯、钱旺撤乡设镇，预计全县城镇化率由2011年的53%提高到60.33%。潮白河、青龙湾和引沟入潮河堤顶路全线贯通，通唐线、大香线、府前街等一批重点路网工程改造升级，累计新建、改建城乡路网686公里，全县等级公路里程达到1051公里，京哈高速香河二出口、密涿高速香河段建成通车。铺设各类管网880公里，新增供水保障能力6万吨、供电保障能力15万千伏安、集中供暖面积569万平方米。新建公园、游园13个，公园绿地面积扩大4.3倍，人均公园绿地面积达到12.7平方米，城区重点公共场所免费Wi-Fi实现全覆盖，“大环卫”体系有效建立运转，城区环境秩序持续改观，被评为“省级园林县城”和全省首批“十佳洁净城市”。以“环境美、产业美、精神美、生态美”为目标，坚持新民居建设和美丽乡村建设两手齐抓、同步推进。建成潮北新城、运河新村等8个新型农村回迁社区，16个村街1999户6617人实现回迁；18个旧城改造项目完成回迁楼建设，15个城中村2722户9341人实现回迁；创建省级重点村街92个，所有村街全部建立环境卫生长效保洁机制，城乡面貌发生喜人变化。

——**生态环境明显改善**。按照“平原森林城市”和“京津绿色走廊”定位，大规模开展全县域植树造林活动，五年造林16.5万亩，森林覆盖率达到40%，比2011年提高了20.1个百分点，被评为“全国绿化模范县”。举全县之力开展大气污染防治专项行动，严格落实大气污染防治强化措施，建立重污染天气应急响应机制，加强环保执法检查，强化污染源管控，污染物减排任务圆满完成，空气质量持续改善。潮白河、北运河综合开发深入实施，3道橡胶坝建成投入使用，潮白河滨河森林公园建成开放。新建污水处理厂4座，城市建成区污水处理实现全覆盖。开展河道干支渠清淤活水工程，清淤河渠191公里。深入开展“荷花之乡”创建，形成了第一城百亩精品荷花园、潮白河千亩荷花景观带、刘宋万亩荷塘三大景观，潮白河、大运河湿地公园成功获批省级湿地公园和国家级湿地公园（试点）。

——**民生福祉持续增进。**始终把发展的出发点和落脚点落实到改善民生上，每年完成一批关系群众切身利益的实事工程，累计投入各类民生支出110亿元，城乡医疗、养老保险实现全覆盖，低保、大病、危房改造等社会救助政策全面落实，弱势群体得到妥善照顾，累计发放低保金、救助金、廉租补贴等1亿多元。制定出台《振兴教育事业二十条办法》《鼓励和发展民办教育实施办法》等系列文件，完善教师队伍补充交流机制，全面提高教师待遇，兴建教育工程45项，四小、二幼等一批教育工程投入使用，中高考成绩不断攀升，职业教育焕发生机与活力，高标准通过“义务教育发展基本均衡县”评估验收。在省市率先启动公立医院改革，率先实行县、镇、村三级医疗机构基本药物“零差率”销售，率先实现镇村卫生服务一体化管理，率先实现村街卫生室全覆盖，医改经验在全省推广，被评为“省级卫生县城”和“全国农村中医药工作先进县”。大力开展全民运动会、广场舞大赛等群众性文体活动，相继举办京津冀中华大庙会、中国草莓音乐节及春节、元旦、中秋节庆晚会等多项大型文化活动，进入“全省文化产业十强县”行列。坚持用群众工作统揽信访工作，组织开展“大调研、大化解、大推动”等系列活动，圆满完成党和国家重大活动期间安保任务，全县信访形势平稳，进京非访、赴省集体访持续保持省市较低水平。大力开展社会治安综合治理，加大食品药品监管力度，严格落实安全生产责任制，被评为“全国法制宣传教育先进县”和“全省首批食品药品安全县”，连续四届十六年被评为“全国平安建设先进县”，荣获全国综治工作最高奖“长安杯”。

五年来，全县上下本着实事求是、勇于担当的精神，全面治理整顿建设领域问题项目，成功化解了一大批群众关切的历史遗留问题。同时，本着打基础、利长远的态度，制定出台了一系列规范性文件，全面实行了政府法律顾问制度，法治建设不断深化，法治意识普遍增强，工作的规范化、制度化、法治化水平显著提升。

这些成绩的取得，得益于上级党委的密切关注、正确领导，得益于四大班子的精诚团结、顾全大局，得益于各级各部门的勇于担当、拼搏实干，得益于广大党员干部群众的勤勉敬业、无私奉献，得益于各界人士的积极参与、鼎力支持。这些成绩的取得，饱含着广大党员干部的心血和努力，凝聚着全县人民的智慧和汗水。在此，我代表中共香河县第十届委员会，向全县人民以及所有关心、支持香河发展的各界人士，表示衷心的感谢，并致以崇高的敬意！

五年来，县委常委会总揽全局、协调各方，在困难面前反思总结，在机遇面前乘势而上，在责任面前敢于担当，取得了宝贵的经验。我们的主要体会是：**困难从来不可怕。**只要有勇气、有方法、有毅力，就没有什么困难能够阻挡香河向前进。承认困难是勇气，直面困难是担当；解决困难不能瞎干蛮干，必须讲策略、讲方法，必须找准根、把准脉，条分缕析、抽丝剥茧。**群众利益大于天。**我们工作的一切出发点都要以群众愿意不愿意、满意不满意为遵循。有益于群众的事，就是有再大的困难也要矢志不渝地抓下去；伤害群众利益的事，就是有再大的诱惑也坚决不能去做。既要把当前的事做好，更要把长远的事做对。必须通过我们的努力，使群众生存更有尊严、生计更有保障、生活更有盼头。**无规矩不成方圆。**发展愿望再好也不能急于求成乱了章法，必须从实际出发，遵循发展规律，分清轻重缓急，有所为有所不为。只有在法治和规矩的框架内去想事情、做决策，发展才不至于跑偏。**队伍建设是关键。**谋事在人，成事也在人。我们的干部队伍，是我们事业最可依赖的主力军。实践表明，经过了许多磨难的摔打，经过了许多战斗的锤炼，我们这支队伍是完全可以信任的。只要我们继续以好的作风去管理好这支队伍、教育好这支队伍，激发出干事创业的热情，香河的事业就将无往而不胜。这几点体会既是过去五年实践的经验总结，也是指导我们今后发展的宝贵财富，为我们开启新征程、开创新局面加满了油，打足了气，激励着我们以崭新的姿态投身到新一轮发展热潮，努力实现跨越赶超、加速崛起！

在肯定成绩的同时，我们也清醒地认识到，香河经济社会发展中还存在诸多不容忽视的矛盾和问题。“土地风波”深层次影响还未彻底根除，资源环境约束趋紧，土地管理还需规范，生态环境建设、大气水系治理任务艰巨。经济转型相对迟缓，房地产业在财政税收中占比偏高，工业基础还很薄弱，新兴产业偏少，发展质效不高。创新发展的环境和机制仍不完善，创新能力不强，创新氛围不浓。民生事业仍存短板，公共服务能力不足，基础设施欠账较多，建设品质水平不高，城乡差距依然较大。基层基础工作有待加强，营商环境尚需改善，党员干部的能力素质、工作作风与群众期盼还有差距。这些问题，需要我们在今后的工作中着力加以解决。

今后五年的发展目标和主要路径

今后五年，是全面建成小康社会的决胜阶段，也是我们大有可为的重要战略机遇期。

从发展形势看，我们的机遇千载难逢，利好叠加，必须紧紧抓住、乘势而上。中央大力推进京津冀协同发展，已经在交通、生态、产业等方面先行先试、率先突破，必将给香河带来不可估量的发展势能。北京非首都核心功能疏解和产业转移不断加快，供给侧结构性改革等国家重大政策相继出台，为我们乘势而上、加速崛起创造了难得机遇。北京城市副中心加快建设，京唐城铁、密涿高速等重大基础工程全面实施，香河的区位优势更加彰显，内引外联能力极大增强。只要我们抓住机遇、乘势而上，香河的产业就一定能够在承接转移中转型升级，香河的城市就一定能够在同城一体中华丽转身，进而带动全县各个领域、各个层面、各个环节实现质的飞跃。

从发展基础看，我们的家底日益雄厚，充满活力，必须再接再厉、再攀高峰。过去的五年，我县财政收入一直保持30%左右的高速增长，用于城乡建设、改善民生的投入越来越多，发展承载力越来越强。五年来，我们倾心打造的园区平台，精心培育的产业基础，苦心营造的生态优势，特别是党的群众路线教育实践活动、“三严三实”专题教育和“两学一做”学习教育所空前凝聚的干事创业氛围，为我们顺势发力、跨越赶超提供了有力支撑。可以说，我们实现更好更快发展、创造更加美好前景，其时已至、其势已成。

从发展要求看，我们的使命无限光荣，重任在肩，必须振奋精神、主动作为。当前的香河，比历史上任何一个时期都更有信心推进大发展快发展好发展，更有信心率先全面建成小康县，更有信心实现美丽幸福的香河梦。作为全省对接京津的前沿和窗口，我们能不能在京津冀协同发展中抢占先机、赢得主动，关键就在今后这五年；能不能在新一轮改革发展大潮中开创各项工作新局面，关键也在今后这五年；能不能带领全县36万人民过上美丽幸福的新生活，关键还在今后这五年。站在新的起点上，只要我们解放思想、振奋精神，团结奋进、创新攻坚，就一定能开创率先发展的新局面，谱写跨越崛起的新篇章。

今后五年工作的指导思想是：**全面贯彻落实党的十八大和十八届三中、四中、五中、六中全会以及省第九次党代会精神，积极适应和引领经济发展新常态，抢抓京津冀协同发展重大机遇，坚持创新驱动，加快转型升级，强化基层基础，实现绿色崛起，率先全面建成小康县，建设美丽幸福新香河！**

要坚持创新驱动。省委明确廊坊“创新驱动经济强市”发展定位，我们必须落实新定位、担当新使命。要把创新作为推动发展的第一动力，贯彻到产业发展、城市管理、社会治理等各个方面，不断树立新思维，创造新举措，破解新制约。要深入推进改革创新，用改革的办法激发活力、增强动力，紧跟中央和省市全面深化改革步伐，大力推进重点领域和关键环节改革，积极推行“互联网+政务服务”，创造宽松的营商环境。要深入推进科技创新，强化企业创新主体地位，鼓励支持企业加大研发投入，建立研发机构，引进新工艺，研发新产品，创建新品牌。要深入推进协同创新，瞄准京津创新源头，建设一批协同创新共同体，打造一批高端众创空间、孵化平台。要深入推进大众创业、万众创新，不断催生新经济、新业态、新模式、新产业，提高经济增长的质量和效益。要深入推进理念方法创新和体制机制创新，大力弘扬创新精神，不断破除保守思想、思维定式和路径依赖，营造鼓励创新、支持创新、尊崇创新、竞相创新的浓厚氛围，让创新在全社会蔚然成风。

要加快转型升级。转型升级，是破解产业结构不合理、产业发展水平不够高、资源环境压力趋紧等突出问题，实现由低水平发展向高水平发展跃升的关键。我们必须坚定不移走好省第九次党代会确定的发展新路，推进新旧动能转换，把改善供给侧结构作为主攻方向，加快传统产业改造提升，坚决淘汰落后产能，推动县域经济朝着更高质量、更有效率、更加公平、更可持续的方向发展。要构建新兴产业体系，坚持量质并重，更加突出提质增效，在做大增量的同时，切实调优存量、提高质量，大力振兴实体经济，加快构建以高端制造业和现代服务业为主体的新兴产业体系。要加速园区平台打造，转变管理方式和服务理念，全面提升建管水平，着力提高土地利用效率，准确定位、合理布局、精准招商、深度挖潜，真正把园区建成高端发展的主战场和转型升级的推动器。

要强化基层基础。基础不牢，地动山摇。全县上下一定要牢固树立“强化基层基础”的鲜明导向，把从严治党向基层延伸，坚持重心下移、关口前移，强化问题导向、责任倒逼，用责任传导压力，用压力推动落实。要调整理顺条块关系，资源力量向镇村倾斜，充分调动和激发广大基层干部群众干事创业的积极性、主动性、创造性，让每名基层干部都尽职尽责，让每名共产党员都发挥先锋模范作用。要提高基层执行力，疏通“神经末梢”，大力解决工作落实过程中的“中梗阻”问题，把声音传递到基层、部署落实到基层、效果体现在基层，确保上级政策和县委决策快捷、精准、深入地在基层落地生根、开花结果。

要实现绿色崛起。绿水青山就是金山银山。要坚持生态优先，切实把全县人民对清新空气、洁净水源、安全食品、优美环境的期盼纳入总体部署和行动计划，追求绿色发展、绿色崛起。要发展绿色经济，培育新兴产业，推广清洁能源，以生态工业、生态农业、生态旅游、健康服务为着力点，加快构建科技含量高、资源消耗低、环境污染少的产业体系，为经济增长保持较高速、产业发展迈向中高端提供强大动力。要践行绿色理念，引导每个公民、每个家庭、每个单位都自觉选择节约环保、低碳排放的消费模式，让自然、环保、节俭、健康的生活方式成为社会主流，使绿色生活深入人心、变成潮流。要加强生态建设，严守生态红线，深入实施蓝天行动、碧水行动、净土行动，坚决打赢污染治理攻坚战，让城乡水系串联互通、清水长流，让河渠田路绿树成荫、节点成景，让洁净环境回归生活、成为常态。

要建设美丽幸福新香河。“人民对美好生活的向往,就是我们的奋斗目标。”美丽幸福新香河，与生态香河、产业香河、品质香河一脉相承、层次递进，建设“三个香河”是实现香河美丽幸福的发展阶段，建设美丽幸福新香河是建设“三个香河”的发展目标。**“美丽”**，就是内强素质、外树形象，推进经济社会各项事业全面升级，实现环境美、形象美、产业美、生活美、精神美。“美丽”将成为未来香河人民对全面小康的最直观印象。**“幸福”**，就是民生条件极大改善，文明程度显著增强，人民群众有更多获得感；社会治安和谐安定，稳定局面持续巩固，人民群众有更大安全感；生活质量不断提高，生活水平大幅攀升，人民群众有更强幸福感。“幸福”将成为未来香河人民对全面小康的最强烈感受。**“新”**，就是理念要有新提升，改革要有新突破，发展要有新气象，城乡要有新面貌，干部要有新形象，群众要有新希望，全面掀开香河跨越发展的新篇章。我们力争通过五年的不懈努力，让一个富强、民主、文明、和谐的美丽幸福新香河崛起于世人面前，让每个香河人都能为家乡的发展变化而骄傲，让每个外来人都能为身在香河、融入香河而倍感自豪！

建设美丽幸福新香河，具体到发展实践中，体现出来的是：综合实力更强、产业结构更优、生态环境更美、城乡品质更高、人民生活更好。

【综合实力更强】主要经济指标增速位居省市前列，地区生产总值年均增长10%左右，财政收入年均增长15%以上，发展质量和效益明显提高，综合经济实力保持全国百强行列，在全省进位争先。

【产业结构更优】供给侧结构性改革扎实推进，产业结构调整迈出坚实步伐，承接京津产业转移成果显著，传统产业转型升级步伐加快，现代产业集群不断发展壮大，全县产业结构进一步优化。

【生态环境更美】环境治理和生态修复取得重大突破，气、水、林、田综合治理成效显著，空气质量明显改善，地表水质全面提升，地下水开采得到严格管控，农业面源污染有效治理，“两河”开发取得重大进展，国家园林县城和国家级湿地公园全面建成，“荷香•香河”生态品牌在京津周边全面创响。

【城乡品质更高】以人为核心的新型城镇化取得重大进展，城市功能品位明显提升，成为承接北京功能疏解的“微中心”“卫星城”，以城带乡、城乡一体发展格局全面形成，特色小镇建设迈出坚实步伐，美丽乡村和新型农村社区实现全覆盖。

【人民生活更好】社会保障能力全面增强，基本公共服务均等化水平大幅提高，城乡居民收入年均增长10%左右，社会治理、民主法治、公共文化体系建设全面加强，社会主义核心价值观深入人心，社会文明程度、公民道德素质普遍提升，党风政风和社会风气持续好转。争取2018年全面实现小康目标，让全县人民共享小康成果。

宏伟目标召唤着我们，人民期待鞭策着我们。只要我们坚定信心、齐心协力、不懈奋斗，我们的任务就一定能完成，我们的目标就一定能实现！

今后五年的主要任务和总体部署

今后五年，我们要率先全面建成小康县，建设美丽幸福新香河，让全县人民过上更好的生活，必须明确重点，抓住关键，奋力开创各项事业发展的新局面。

一、聚力协同发展，打造现代高端产业集群

按照“三区一基地”总体要求，进一步明晰定位、追求高端，大力推动产业体系上档升级，在服务京津中主动融入，在对接京津中加快发展。

推动三产大迈进。把现代服务业作为产业转型升级的战略重点，加快发展新经济、新产业，培育新动能、新业态，拓展新领域、新内涵，瞄准现代物流、金融服务、文化创意、旅游休闲、健康养老等重点行业，努力打造新的经济增长极。高标准编制物流产业发展规划，以家具城、建材城、汽配城为龙头，加快推进大型综合及专业性物流园区建设，积极承接北京物流功能疏解，打造覆盖京津、辐射华北、高效畅通的现代商贸物流圈。以第一城、国华影视基地为依托，创新发展文化产业，加快大运河文化创意产业带建设，集中发展一批主题游乐园、滨水度假酒店、总部基地、沿河商业、游艇码头、文化创意街区等项目，加快影视制作、动漫游戏、演艺娱乐等产业发展，打造一批文化强县龙头企业，建设效益高、前景好、具有香河特色的文化产业基地。以大爱城为重点，完善设施，提升服务，加快健康养老产业发展。严格土地规划管控和产业项目准入，进一步规范房地产市场，引导房地产业健康发展。

推动二产新优化。突出园区在产业承接和转型发展中的主战场地位，创新园区开发理念，加快园区转型升级。编制全县产业布局整体规划，加快实施“一区三园”改革，建设一批园中园、区中园，推进园区协调互补、突出特色、错位发展，筑牢协同发展承载平台。制定低端产业腾退计划，坚持实体为先、企业为本，加快城区“退二进三”，实施园区“腾笼换鸟”，大力发展装备制造、食品加工、生物医药、节能环保等实体工业。研究制定高层次人才引进政策，不断加大高端人才引进力度，密切与哈工大、中关村、中科院等高等院校、科研单位的联系合作，实现科技与市场的紧密融合，大力推进企业研发中心、产学研基地建设，加快科技成果就地孵化转化。持续开展对企帮扶活动，坚持因企施策、分类指导，鼓励企业强强联合重组一批、改造升级提升一批、淘汰关停取缔一批，推进家具、钣金、印刷、包装等传统产业转型升级、提质增效。

推动一产出特色。全面深化农村改革，落实集体所有权、稳定农户承包权、放活土地经营权，积极发展多种形式适度规模经营，加快推进土地向专业合作社、家庭农场流转，构建集约化、专业化、组织化、产业化相结合的新型农业经营体系，促进农业与第二、三次产业对接融合发展，让农民获得更大收益、更多实惠。完善农业园区管理机制，推进万亩荷塘景观区、精品果蔬种植区和北运河生态观光农业带、潮白河现代设施农业带建设，发展高效、优质、生态、品牌农业。积极推进农业供给侧结构性改革，打造大城市周边现代农业发展新模式，全面加快以观光、体验、休闲、民宿、养生养老为主要内容的乡村旅游发展，打造乡村旅游精品片区，实现连线成带、连片成区，推进全域旅游建设进程。

二、聚力城乡统筹，打造宜居宜业新型城镇

置身京津冀世界级城市群，借力北京城市副中心建设，以打造文明城市、智慧城市、园林城市、洁净城市、海绵城市为目标，加快城镇提升拓展步伐。

优化城乡发展布局。按照京津冀区域整体功能定位和《京津冀协同发展规划纲要》，加强与北京和天津的规划对接，完成城乡总体规划、控制性详细规划和各专项规划修编，实现“多规合一”。坚持集约发展，框定总量、限定容量、盘活存量、做优增量、提高质量，提升老城区，拓展新城区，确保城市可持续发展。有序推进镇域规划体系建设，制定出台镇区改造提升五年规划，坚持试点先行、分步实施，加快打造一批产业鲜明、环境优美，具有文化符号和乡土风情的特色小镇，提升镇区发展水平。

完善城乡功能设施。坚持适度超前、集中集约，完善城市功能，提高承载能力。加快推进金融、商业、文化、体育、休闲等设施建设，打造一批景区级城市公园绿地。加强地下空间开发利用，推广城市综合管廊建设，提升城市发展品质。强化供水供电保障，科学建设全县给排水和垃圾处理设施，扎实推进农村水、电、气、暖改造。坚持把路网建设作为先导性工程，以提高通行能力为核心，以沿路美化和全域旅游为目标，加快完成所有乡村公路升级、拓延、改建，构建县域“四横四纵”路网主框架，高标准打造县域新通道和城区大外环。深入推进公共交通体制机制改革，实现城乡客运公交网络全覆盖。坚持政府投入与市场运作相结合，采用 PPP 模式破解融资难问题，力争实现各类基础设施覆盖无死角、网络无弱点、运行无障碍。

提升城乡管理水平。创新城市管理方法，建立城市数字化管理平台，以智慧政务、智慧社区、智慧管理为重点，加快推进智慧城市建设，促进城市管理精细化、公共服务便捷化、基础设施智能化。加快老旧社区改造，打造一批让群众满意的美丽社区。切实加强土地和建筑市场整治，持续开展市容环境综合整治，大力提升园林绿化和城市管理水平。实施城市全覆盖网格化管理，加大非法经营、乱停乱放整治力度，合理划定停车区域，提高道路通行能力。高标准建设城乡公共服务设施，健全运营维护管理体制，构建权责明晰、服务为先、管理优化、执法规范、安全有序的城市管理体系。

全面建设美丽乡村。按照“高端设计、分步实施、片线结合、凸显特色、全面覆盖”的原则，坚定不移推进美丽乡村建设。探索多元化投融资机制，集中力量建设一批农业文化旅游“三位一体”、生产生活生态同步改善、一产二产三产深度融合的特色村镇，打造一批精品村街、精品线路，形成一批美丽乡村示范片区。把新民居建设作为美丽乡村建设的重要载体，加强体制机制创新，完善社区建设激励约束、开发企业引进退出、集体资产保值增值、群众利益分配保障等相关机制，发挥政策导向作用，扎实推进回迁、拆改、复垦各项工作，确保一批新型农村社区出成果见实效。健全完善村规民约和村街建管机制，引导群众树立文明新风，共建美好家园。力争通过五年的努力，让一座座生态、田园、美丽、人文的新农村成为都市人的羡慕向往之地。

三、聚力生态建设，打造天蓝地绿水秀环境

站在事关全县发展大局的高度看待生态建设，坚定不移地走生态优先、绿色发展道路。

加强水生态治理。以国家级湿地公园建设为统揽，发挥多河富水生态优势，加快河渠坑塘联网，建设北方特色水乡。抓住节水、净水、治水、兴水、调水等主要环节，全面实现水资源集约开发利用、地下水采补平衡、水景观综合打造。出台水资源利用和改造整体规划，大力实施“两河”开发，深入推进河渠清淤工程，引水入城、引水入村、引水入园，构建全县域网状生态水系。加快大运河通航工作的上下游对接，努力把北运河、潮白河打造成为北方首屈一指的生态涵养带、滨河风光带、旅游休闲带，创响“荷香•香河”生态品牌。

打造园林式景观。坚持增加绿量、提升质量的总体思路，以建设国家园林城市为目标，树立“还绿于民”理念，拆村植绿、拆违建绿、拆墙透绿、见缝插绿，构建更加美丽、更加宜居、更加幸福的人居环境，让绿色融入生活、遍布城乡。坚持以县城为中心，以公路、河道为辐射线，以村庄为节点，建设可观赏、能休闲的生态长廊和环城环村林带。坚持多树种、多层次、精致化、园林化造林方式和政府主导、多元投入造林机制，打造有纵深、有构图、有内涵、有效益的园林效果，鼓励发展林下经济、林业旅游，推动植树造林可持续发展。

建设环保型社会。树立全员参与、人人上阵的理念，促进人与自然和谐共生。大力推进产业生态化、生态产业化，积极发展循环经济，建立循环型产业体系。鼓励支持家具、钣金等传统产业更新改造工艺技术设备，全面推进绿色清洁生产。建设节约型城市，全面推行用水定额管理，升级城乡供水、供暖系统，推进雨污分流、因用供水，实现资源循环利用、空间复合利用。发展绿色出行公共交通体系，加强城乡慢行系统建设，鼓励绿色出行、低碳生活。实施全民节能行动计划，增强城乡居民节能、节水、节电、节地、节材意识，倡导合理消费，力戒奢侈浪费，推动形成勤俭节约的社会风尚。

打好污染防治攻坚战。以提高环境质量为核心，全面落实各项环境保护制度，形成政府、企业、公众共治的环境治理体系。坚持城乡大气、水、土壤治理同谋划、同部署、同推进，深入实施各项污染防治行动计划，提高城区、镇区、园区污水处理厂水准，加快搭建互联互通的污水处理网络。推进农村清洁能源开发利用，高标准完成“气代煤”“电代煤”工作。提高垃圾处理现代化水平，推进垃圾处置的减量化、无害化和资源化。加强工程扬尘监管、工业企业排放整治和机动车污染防治，严禁露天烧烤、垃圾焚烧、秸秆焚烧，有效治理道路、建筑等噪声污染。统筹农村饮水安全、改水改厕、垃圾处理，鼓励引导种养业建立废弃物资源化利用机制，打好污染防治的人民战争。

四、聚力民生改善，打造普惠共享服务体系

紧紧盯住医、学、娱、保等惠民实事和扶贫济困、促民增收等重点任务，逐步缩小与京津公共服务落差，确保群众生活水平大幅提升，幸福感、获得感明显增强。

优先发展教育事业。以“让孩子有学上、上好学”为目标，科学规划教育用地，改造升级农村中小学，合理调整幼儿园、小学、初中学校布局，逐步缓解城区就学压力。推进义务教育均衡发展，增加学前教育资源，普及高中阶段教育，加快发展现代职业教育，逐步缩小城乡办学差距。坚持“多条腿走路”，强化域外优质教育资源引进，鼓励企业、社区联合办学，扶持民办教育，促进普惠式民办幼儿园健康发展，满足群众差异化教育需求。深入实施“名校创建工程”，推动各级各类学校上档升级。加强以师资师德师风为核心的教师队伍建设，完善教师补充机制，健全教师培训轮训制度，解决教师工作生活实际困难，努力打造一支素质优良、甘于奉献、爱岗敬业的教师队伍。

提高卫生服务质量。按照“让群众能治病、保健康”的原则，积极与京津知名院所合作对接，探索运用对口支援、共建共管、远程会诊、整体搬迁、建立分院等方式，吸引京津优质医疗卫生资源向香河转移。加大对县级医院高端诊疗技术的投入，实现医院管理法制化、科学化、规范化、精细化、信息化，提高县级医院

综合服务能力，实现“小病不出乡、大病不出县”。深化医药卫生体制改革，探索医养结合新模式，加快推进分级诊疗，提高镇卫生院、村街卫生室、社区卫生所服务标准，构建覆盖城乡的医疗卫生服务体系。探索县镇村一体化药品配送模式，实现公立医院回归公益性质、医生回归看病角色、药品回归治病功能，切实改善群众就医感受。坚持计划生育基本国策，在实施全面两孩政策基础上，深化服务管理改革，构建家庭发展支持体系，促进人口长期均衡发展。创新监管模式，坚持关口前移，加强对药品市场、医疗服务、公共卫生执法、餐饮卫生领域的动态监管，建立全程可追溯制度，全面提升食品药品安全保障水平，提高群众满意度。

繁荣发展文体事业。立足“让群众能休闲、享快乐”，实施文化强县战略，编制文化产业专项规划，出台支持文化产业发展政策，创新管理体制机制，加强文化阵地建设，切实发挥传播声音、引导方向、凝聚力量的作用。以县文化艺术中心为龙头，大力推进县、镇、村三级公共文化设施建设，构建覆盖城乡、便捷高效、普惠均等、群众满意的现代公共文化服务体系。加强宣传文化和意识形态工作，把握正确舆论导向，坚持创新载体、寓教于乐，通过文艺会演、电视广播、微信微博等多种方式，弘扬主旋律，传播正能量，树立好风气，在休闲娱乐中普及政策法规，提升道德素质。实施文化惠民工程，以“书香香河”建设为抓手，推动全民阅读。加强便民体育设施建设，高标准建设县体育馆、体育公园和镇村体育健身活动中心，大力推广和实施全民健身运动，促进群众体育和竞技体育全面发展。

浓厚创业就业氛围。坚持“让群众好就业、有平台”，按照“大众创业、万众创新”要求，科学制定就业创业优惠政策，多渠道开发就业创业岗位，全面提升就业创业规模。完善创业扶持政策，鼓励以创业带就业，建立社会化创业服务平台，支持众创空间、创客基地、孵化平台做大做强。搭建用工单位和求职者对接平台，完善就业实名制动态管理办法，做好返乡农民工、高校毕业生、城镇困难人员、退役军人等重点群体就业工作，努力形成就业体系完善、服务质量提升、创业规模增加的新格局。构建和谐劳动关系，维护劳动者平等就业权利和职工合法权益。

提高社会保障能力。以“让群众有尊严、有保障”为追求，按照人员全覆盖、标准多层次、政策可持续的原则，推进全民参保计划，实施社会保障兜底工程，推进社会保险扩面提标，提高城乡居民医疗保险报偿比例，全面建成覆盖城乡居民的社会保障体系。完善社会救助体系，提高城乡低保标准，支持社会互助、志愿服务活动，强化部门、政策衔接，确保低保人员、困难群众小康路上不掉队。

五、聚力社会治理，打造法治公平正义格局

法治公平正义是最强的力量，是社会和谐稳定的根本。全县上下要坚持以群众工作为统揽，以“长治久安、维护稳定、打击犯罪，让人民更有安全感”为核心，在社会治理上下功夫，在社会秩序上用心思，确保社会大局和谐稳定。

健全群众工作网络。加强社会管理基础性建设，着力健全和完善群众工作中心各项运行机制，深度整合与群众工作紧密相关的职能部门资源，构建群众工作大数据平台，切实将矛盾隐患发现在基层、解决在基层，将党的各项政策宣传到各家、传达到各户。创建“为人民服务网”，推动建立志愿者服务网络和慈善公益网络建设。建立全县统一的政务服务应用软件平台，消除部门间的信息壁垒，实现互联互

通。发挥工会、共青团、妇联、文联、工商联等人民团体、群众组织作用，最广泛地把群众组织起来、动员起来、团结起来。

完善信访维稳机制。坚持以群众工作统揽信访工作，着力打造阳光信访、责任信访、法治信访。制定出台信访工作规范化建设实施意见，坚持情、理、法相结合，建立多见面、常联系制度，畅通规范群众诉求表达、利益协调、权益保障渠道。建立重大事项社会稳定风险评估机制，着力加强源头性、基础性工作，大力提升预测预警预防能力。按照“属地管理、分级负责，谁主管、谁负责，依法、及时、就地解决问题与疏导教育相结合”的工作原则，落实好开门接访、包案督访、约访下访等工作制度，努力实现“一厅式接访、一次性调查、一揽子解决”，切实把信访突出问题处理好，把群众合理合法利益诉求解决好。坚持依法治访，打击缠访闹访，进一步规范信访秩序。

深化平安社会建设。始终保持对各类违法犯罪的高压态势，完善反恐防暴应急保障体系，提高突发事件处置能力，做好重要节点安全保卫工作，进一步提高维护公共安全能力和水平。加强社会矛盾源头治理，健全多元化矛盾纠纷排查化解机制，构建人民调解、行政调解、司法调解“三位一体”格局。将人防与技防紧密结合起来，坚持走群众路线，打人民战争，实现群防群治。严格落实安全生产监管职责，完善治理体系，推进安全生产隐患排查和标准化建设，打造“党政齐抓共管、部门依法监管、企业全面负责、群众积极参与、社会广泛支持”的安全生产工作体系。深入推进天网工程建设，切实提高街面见警率，形成“天上有眼、地上有人”的立体化治安防控格局。推进军民融合发展，加强全民国防教育和后备力量建设，广泛开展拥军优属活动，密切军政军民关系。

提高法治建设水平。加强党对法治工作的领导，全面推进法治香河建设。稳妥推进司法体制改革，优化司法职权配置，完善司法管理体制和司法权力运行机制，深化司法公开，提高司法公信力。积极推进法治政府建设，全面推行县、镇、村三级法律顾问和公职律师制度，加强镇司法所建设，用法治观念、法治思维和法治方式推动各种问题解决。完善重大决策听取意见和听证制度，把公众参与、专家论证、风险评估、合法性审查和集体讨论决定作为重大决策的必经程序。扎实做好“七五”普法工作，坚持“谁执法谁普法”普法责任制，推动法治教育进机关、进乡村、进社区、进学校、进企业、进家庭，增强全民法治意识。推进公共法律服务体系建设，扩大法律援助范围。加强政法队伍建设，打造一支信念坚定、执法为民、勇于担当、清正廉洁的政法队伍，让每一名司法干警都成为社会公平正义的守护者。

六、聚力党的建设，打造干事创业干部队伍

党的十八届六中全会以全面从严治党为主题，明确习近平总书记的核心地位，是党心所向、民心所向，意义重大、影响深远。我们必须自觉维护、绝对服从、坚决捍卫习近平总书记在全党的核心地位，坚持党要管党、从严治党，把全县各级党组织和干部队伍建设得更加坚强有力，扎实营造风清气正的政治生态。

加强思想政治建设。把思想政治建设放在首要位置，严明政治纪律和政治规矩，不断增强“四个意识”，特别是把核心意识和看齐意识落实到各项工作中，自觉向以习近平同志为核心的党中央看齐，向党的理论和路线方针政策看齐，向党中央决策部署看齐，做到党中央提倡的坚决响应、党中央决定的坚决执行、党中央禁止的坚决不做。加强理论武装，严格落实党内学习制度，组织引导广大党员干部深入

学习习近平总书记系列重要讲话精神，学习党章、党规和党史，增强中国特色社会主义道路自信、理论自信、制度自信、文化自信，做到以信念、人格、实干立身。深化中国特色社会主义和中国梦宣传教育，做到贴近性、对象化、接地气。深化拓展香河好人等主题实践活动，广泛开展文明城市、文明行业、文明单位、文明镇村、文明社区、道德模范评选活动，在全县树立一批道德标杆，营造见贤思齐、人心向善的道德风尚。

严格党内政治生活。把落实《关于新形势下党内政治生活的若干准则》作为重要政治任务，深刻领会《准则》阐述的重要观点，严格执行《准则》提出的基本规范，自觉抵制《准则》反对和禁止的错误思想和行为，坚持党的政治路线、思想路线、组织路线、群众路线，着力增强党内政治生活的政治性、时代性、原则性、战斗性。认真落实“三会一课”、民主生活会和组织生活会、领导干部双重组织生活、民主评议党员、谈心谈话等各项制度，开展严肃认真的批评与自我批评。贯彻民主集中制原则，坚持集体领导和个人分工负责相结合，重大问题按照集体领导、民主集中、个别酝酿、会议决定的原则作出决定。强化组织观念，落实重大问题和个人有关事项报告制度。认真执行党内监督条例，全面落实党内监督责任，突出监督重点，织密监督之网，促进党内监督同有关国家机关监督、民主党派监督、群众监督、舆论监督等相结合，形成监督合力，增强监督实效。

践行正确用人导向。把新时期好干部标准贯穿干部工作始终，坚持“看业绩、看能力、看表现、看公论”，注重在基层一线、发展一线、维稳一线发现干部、历练干部、使用干部。建立领导班子综合研判机制，定期对领导班子开展全方位“体检”，及时解决日常运行中存在的突出问题，着力选优配强各级领导班子。积极推进干部能上能下，合理推动干部轮岗交流，给想干事的人以机会，给能干事的人以舞台，给干成事的人以激励。完善干部考核评价体系，推进实施分类化、差别化、绩效化考评机制，探索实行部门内部点评、组织部门备案制度，扩大干部选用视野，激发干事创业热情。创新干部教育培训机制，通过高校增智健脑、专家精讲解读、一线挂职锻炼、开设领导干部大讲堂、读书会等形式，增强党员干部成事本领。认真落实习近平总书记“三个区分”要求，注重对干部使用的风险评估，在从严要求前提下，为敢于担当的干部担当，为勇于负责的干部负责，积极营造鼓励创新、勇于担当、宽容失误、爱护干部的从政环境。

夯实基层战斗堡垒。以“推动工作、提供保障、服务发展”为目标，不断提升基层党建科学化水平。全面推行村干部“两考三评一定”绩效考核办法，通过细化考核指标，真正压实工作责任，激发农村、社区干部干事创业热情。大力推行亮牌示岗、承诺践诺、设岗定责、联户服务等举措，发挥党员先锋模范作用。坚持“树导向、重基层、有作用”的原则，选优配强农村和社区干部队伍。把好党员入口关，把优秀人才纳入党员队伍，不断优化队伍结构。建立失联党员通报制度和党员违法、违纪、违规、违信惩戒机制，从严从实管理党员队伍。持续加大财政投入力度，加强农村、社区组织活动场所建设，完善配套设施，发挥组织群众、服务群众、宣传群众主阵地作用，确保有资源、有能力为群众服务。牢固树立群众观点，认真践行群众路线，落实镇村干部“亲情代办”“轮流坐班”等工作机制，真正让干部沉下去，把服务送到位。探索推行基层组织工作综合监督机制，通过开通微信平台、安排专人接访、组织干部下访等举措，将监督关口前移，畅通党建信息反馈渠道。结合美丽乡村建设，统一规划、统一标准，成片连线打造一批立得住、叫得响的党建示范区，发挥党建示范引领作用。大力推行社区党建“服务升级”工程、非公党建“组织覆盖”工程、机关党建“规范提质”工程，统筹推进各领域党建工作，全力打造香河党建品牌。

推进党风廉政建设。坚持全面从严治党，严格落实“两个责任”，深入贯彻党中央和省市委关于加强党风廉政建设的各项要求。针对责任落实中存在的突出问题，建立落实责任纪实制度，全程记录、全程留痕，开列清单、逐级承诺，强化明责、督责、考责、问责，切实将全面从严治党要求延伸到基层、落实到村街。要在常和长、严和实、深和细上下功夫，坚持点面结合，主动出击，强化日常监督，分系统、分领域开展巡察，把落实中央八项规定精神和纠正“四风”问题往深里抓、实里做，让好的作风成为习惯，让好的习惯变成自然。深化机关作风整顿，促进企业联合协作，改善营商环境，形成不欺生、不排外、不内斗，开放包容、服务高效、合作共赢的发展氛围。运用好监督执纪“四种形态”，开展“中梗阻”“微腐败”专项整治，严查小官贪腐、官商勾结等侵害群众利益的典型案件。健全完善问责机制，对不担当、不作为、庸懒散拖的干部，坚决予以问责。扎实推进县级纪检监察机构改革，规范乡镇纪委书记履职要求，全力支持纪委充分发挥监督执纪问责职能。持续开展党风党纪教育、警示教育和岗位廉政教育，加强廉政文化建设，创造良好舆论环境，以党风政风的持续改善，带动乡风民风的不断好转，实现干部清正、政府清廉、政治清明。

同志们，新使命催人奋进，新征程任重道远。回首过去，我们攻坚克难、砥砺前行；面向未来，我们重任在肩、激情澎湃。让我们更加紧密地团结在以习近平同志为核心的党中央周围，高举中国特色社会主义伟大旗帜，不忘初心，继续前进，深入解放思想，抢抓发展机遇，走好发展新路，为率先全面建成小康县，建设美丽幸福新香河而努力奋斗！

政府工作报告

——2017年2月27日在香河县第十五届人民代表大会第一次会议上

代县长 王文强

过去五年工作回顾与总结

过去的五年，是香河发展史上极具挑战、极不平凡、极富成效的五年。五年来，在县委的坚强领导下，在县人大、县政协的监督支持下，我们团结和依靠全县人民，抢抓京津冀协同发展重大机遇，扎实推进稳增长、促改革、调结构、优环境、惠民生等各项工作，在错综复杂的宏观形势下，较好完成了十四届人大历次会议确定的目标任务，经济社会发展呈现积极向好的喜人局面。

五年来，我们坚定不移抓园区，上项目，调结构，增活力，综合实力跃上新台阶。地区生产总值、固定资产投资达到215.4亿元和213.9亿元，分别是2011年的1.8倍和2.6倍。财政收入和一般公共预算收入年均增长30.3%和28.2%，总量达到64.6亿元和40.1亿元，分别跃居全省第4位和第3位。我县综合实力、投资潜力和新型城镇化质量均进入全国百强，县域发展实现历史性突破。围绕建强园区平台，系统梳理开发协议，健全完善要素倾斜、投资督导、绩效考核等相关机制，平台公司积极性有效激发，五年完成基础投入47.1亿元，承载能力明显提升。围绕优化产业结构，务实精准招商选资，机器人产业园、牛栏山生产基地、国际建材交易中心、好莱坞影视特效基地等一批重点项目建成运营，中粮可口可乐、爱晚国家养老示范基地、京津冀汽车零部件物流交易中心等一批龙头项目开工建设，初步形成了装备制造、健康养老、食品加工、商贸物流、现代农业等特色产业集群，以高端制造业和现代服务业为主体的现代产业体系逐步建立，三次产业比由2011年的14.6∶53.2∶32.2优化为7.8∶49.4∶42.8。围绕激发经济活力，深入开展“进百企、访千户”等系列帮扶活动，160家企业实施技改升级，68家企业跨入规上企业行列，12家企业获评高新技术企业，国安创客基地跻身国家级众创空间，我县连续多年被评为全省民营经济发展先进县。

五年来，我们集中精力抓建设，强管理，提品位，树形象，城乡环境展现新面貌。城区面积和人口规模达到34平方公里、15万人，分别是2011年的2.8倍和1.9倍，城镇化率提高到60.3%，超全省平均水平7.3个百分点。着眼强化基础支撑，投资32.8亿元，全面推进“路水电气讯”等基础设施建设，累计新增供电保障能力15万千伏安、供水保障能力6万吨、集中供暖面积569万平方米，新建改建城乡路网686公里，潮白河、青龙湾减河、引沟入潮河堤顶路全线贯通，京哈高速香河二出口、密涿高速香河段建成通车。着眼完善城市功能，统筹推进城市配套设施和公共服务体系建设，新城广场、规划展馆等标志性工程建成投入使用，文化艺术中心、便民服务中心等功能性设施主体完工，天网工程、数字城管等智慧服务管理平台投入运行，公园绿地面积扩大

4.3倍，我县被评为“省级园林县城”“十佳洁净城市”。着眼改善镇村面貌，扎实推进新民居和美丽乡村建设，运河新村等8个新型农村社区相继建成，16个村街1999户村民喜迁新居，92个省级重点村街和2个精品片区创建完成，镇区改造同步实施，钳屯、钱旺撤乡设镇，淑阳、安平和五百户进入全国千强镇行列。

五年来，我们全力以赴抓整治，促提升，强开发，创品牌，生态建设积蓄新优势。将生态资源保护与开发作为促进协同发展、放大竞争优势的重要抓手，以坚定的决心狠抓治污减排，重拳打击环境违法行为，有效落实大气、水污染防治措施，914台燃煤锅炉完成拆改治，3.1万户城乡居民实施“气代煤”改造，4座污水处理厂建成运行，全县环境质量持续好转，被评为“全省环境保护目标管理先进县”。以空前的力度提升生态品质，投资19.2亿元，累计造林16.5万亩，是过去五年的4.1倍，全县森林覆盖率达到40%，比2011年提高了20.1个百分点，被评为“全国绿化模范县”。潮白河3道橡胶坝建成蓄水，191公里河渠完成清淤疏浚，70余公里堤岸同步绿化美化，水清河畅、岸绿景美的北方特色水乡已现雏形。以灵活的机制推进资源开发，采用PPP合作模式，加速生态环境改善，放大发展比较优势，大运河生态整治项目正式动工，潮白河综合治理工程启动规划设计，刘宋荷花产业园获批省级现代农业园区，潮白河大运河湿地公园列入国家级试点，“两河”开发与“荷花之乡”创建取得突破性进展，大批周边游客慕名而来，“荷香•香河”成为享誉京津的闪亮品牌。

五年来，我们不遗余力增投入，惠民生，保稳定，促和谐，社会发展开创新局面。各类民生支出达110亿元，是过去五年的3.1倍。对比2011年，城镇和农村居民人均可支配收入分别增长43.6%和47.6%，人均汽车保有量和居民储蓄余额均实现翻番。将繁荣社会事业作为改善群众生活的核心抓手，大力实施《振兴教育事业二十条办法》，安平一小、县直二幼等40余项重点教育工程投入使用，583名新聘教师充实教学一线，全县教育教学水平明显提升，一中高考成绩更是一年一大步，三年大跨越，群众对教育工作的认可度、满意度大幅提升。医药卫生体制改革扎实推进，在全省率先实行县镇村三级医疗机构基本药物“零差率”销售，率先实现镇村卫生服务一体化管理，率先完成卫生计生机构整合，我县被评为“全国农村中医药工作先进县”“省级卫生县城”，顺利通过“全国计生优质服务先进单位”验收。国家公共文化服务体系示范区创建圆满完成，全民运动会等文体惠民活动蓬勃开展，国际家居文化节、京津冀中华大庙会成为人们耳熟能详的区域性文化品牌，我县进入“全省文化产业十强县”行列。将强化社会保障作为实现民生普惠的现实举措，累计发放低保金、救助金1.1亿元，改造农村危房1556户，分别是过去五年的1.9倍和2.3倍。高龄老人生活补贴、农民工工资保障等系列制度全面建立，城乡居民医疗、养老等社会保险提标扩面，群众生活得到更多保障。将维护安全稳定作为增进社会和谐的重要途径，严格落实安全生产责任制，大力推进社会治安防控体系和矛盾纠纷排查调解体系建设，安全生产大检查、食品药品安全专项整治、身边小案集中破案等系列行动扎实开展，非法传销、非法集资等违法行为得到有效遏制，社会局面愈发和谐稳定。我县先后荣获“全国平安建设先进县”“法制宣传教育先进县”等国省级荣誉44项，连续两次荣获全国综治工作最高奖“长安杯”。同时，统计、县志、物价、民宗、国防动员等工作也取得显著成绩。

五年来，我们驰而不息转作风，提效能，

强担当，促落实，政府自身建设得到新加强。大力推进学习型、责任型、法治型、效能型、和谐型、廉洁型“六型”政府建设，驾驭发展、服务发展的能力水平不断提高。我们注重改革创新，通过嫁接改造、腾笼换鸟，盘活低效闲置用地1400余亩，一城酒业、凯华齿轮等一批优质企业增资扩产。推行“五证合一”“营改增”等体制机制改革，激发市场主体活力，全县登记注册企业达到4866家，是2011年的4.4倍。通过政府购买服务、建立县镇村三级便民服务平台，提高行政效能，一批重点领域阻滞环节破题增效。我们坚持依法行政，建立了政府法律顾问、政府常务会议集中学法和人大政协领导列席政府常务会议制度，修订完善了政府工作规则，依法清理了各项政策文件，政府工作的规范化、法治化水平不断提升。我们强化责任担当，以对历史、对群众负责的态度，全面治理整顿历史遗留问题和违规建设项目，一批社会高度关注、群众反映强烈的突出问题得到解决，最大限度地保障了群众利益，实现了土地、建筑领域由乱到治的转变。我们持续转变作风，深入开展党的群众路线教育实践活动、“三严三实”专题教育、“两学一做”学习教育，严格落实中央“八项规定”精神和各项廉政规定，自觉接受县人大、县政协和社会各界监督，认真办理人大代表建议和政协委员提案，为民、务实、清廉的政府形象愈发深入人心。

各位代表，五年的成就令人振奋，五年的经验弥足珍贵。我们深切体会到，发展的道路虽然曲折坎坷，但**只要我们解放思想不守旧，勇于担当不畏难**，始终紧跟发展大势，坚持正确导向，直面问题挑战，在经济下行中奋发作为，在负重爬坡中昂扬斗志，在处理难题中勇于担当，时刻满怀信心、满怀激情、满怀责任地干事创业，就没有过不去的火焰山。**只要我们咬定目标不放松，创新实干不懈怠**，始终遵循发展规律，找准发展路径，盯紧发展目标，勇于冲破思想障碍、打破体制束缚、突破瓶颈制约，用改革的思维、创新的理念、务实的举措谋发展、抓落实，就没有啃不下的硬骨头。**只要我们牢记宗旨不忘本，砥砺奋进不停步**，始终坚持群众观点，践行群众路线，时刻带着深厚感情做好群众工作，主动服务群众、教育群众、团结群众，集全县人民之力，抢抓机遇，拼搏进取，破难攻坚，就没有圆不了的香河梦。

各位代表，道不行不至，事不为不成。五年来，我们和衷共济、风雨前行，一步一个脚印，一年一个台阶，共同谱写了香河发展史上的精彩华章。这些成绩的取得，是县委审时度势，总揽全局的结果，是县人大、县政协监督支持的结果，是全县人民顽强拼搏、团结奋进的结果。在此，我谨代表县政府，向各位代表、各位委员、各位离退休老同志，向全县人民以及所有关心支持香河发展的各界人士，表示衷心的感谢并致以崇高的敬意！

在肯定成绩的同时，我们也清醒看到，全县经济社会发展仍存在一些不容忽视的问题：“土地风波”深层次影响还未彻底根除，用地规模不足，发展空间受限，土地管理还需规范。生态环境建设、空气质量改善、水网水系治理任务艰巨。经济转型相对迟缓，传统产业质效不高，新兴产业规模不大，实体产业支撑不足，房地产业占比偏高。创新发展的配套环境和激励机制仍不完善，创新氛围不浓，创新能力不强。民生事业仍存短板，在教育、医疗、社保等公共服务供给上与广大群众期盼和全面小康要求尚有一定差距。市政、交通、供电等基础设施欠账较多，城乡差距依然较大，城市建设与管理品质水平不高。营商环境尚需改善，干部队伍的能力素质、进取精神和工作作风还需强化提升。这些问题，我们将在今后的工作中着力加以解决。

今后五年发展目标和总体要求

各位代表，今后五年将是我们适应经济发展新常态，推进供给侧结构性改革，壮大新产业，培育新动能，实现县域经济跨越崛起的黄金发展期；将是我们抢抓协同发展新机遇，全面融入京津冀城市群，展现新作为，打造新优势，提升香河整体战略地位的重要机遇期；将是我们顺应广大群众新期盼，统筹发展各项社会事业，增进新福祉，创造新生活，率先全面建成小康县的攻坚决胜期。面对新形势、新任务、新要求，我们既要清醒看到宏观经济下行、资源环境趋紧、社会矛盾凸显等诸多困难挑战，更要看到，北京城市副中心加快建设，京唐城铁、密涿高速等重大基础工程相继实施，为我们乘势而上，加快发展创造了难得机遇。多河富水的良好生态、特色鲜明的产业基础、日趋成熟的园区平台，为我们顺势发力，跨越赶超提供了有力支撑。“三严三实”专题教育、“两学一做”学习教育的深入开展，使广大干部群众干事创业热情空前释放，为我们聚力攻坚，破难前行提供了坚强保障。机遇转瞬即逝，发展时不我待。我们必须解放思想，振奋精神，主动作为，在推进香河跨越崛起中展现大作为、收获新精彩。

综合考虑未来五年我县面临的发展形势和发展要求，根据中央及省市有关会议精神和县第十一次党代会精神，我们确定今后五年全县经济社会发展的指导思想是：**全面贯彻党的十八大和十八届三中、四中、五中、六中全会精神以及省第九次党代会精神，积极适应和引领经济发展新常态，抢抓京津冀协同发展重大机遇，坚持创新驱动，加快转型升级，强化基层基础，实现绿色崛起，率先全面建成小康县，建设美丽幸福新香河！**

美丽幸福新香河，是县第十一次党代会提出的新的目标定位，与“生态香河、产业香河、品质香河”一脉相承、层次递进。我们必须把握内涵，抓住关键，努力将发展蓝图变成美好现实。

美丽幸福新香河是综合实力更强的香河。没有强大的经济实力，美丽与幸福就缺乏有力支撑。我们要坚持发展第一要务，集中精力增投资、上项目，扩大产业规模，提升经济总量。力争未来五年，全县经济保持较高速增长，主要经济指标位居省市前列，财政收入突破百亿大关，在全国百强县中实现进位提升。

美丽幸福新香河是产业结构更优的香河。良好的产业体系是县域经济加速崛起的根本保障。我们要牢牢把握高端制造业和现代服务业发展导向，优化产业结构，提高发展质效。力争未来五年，承接京津产业转移取得重大突破，“专精特新”企业成为县域发展的主导力量，装备制造、健康养老、食品加工、商贸物流等特色产业集群渐成规模，县域经济竞争力和影响力持续增强。

美丽幸福新香河是生态环境更美的香河。生态环境美是“美丽”的最直接体现，也是全县人民最朴素的期盼。我们要强化绿水青山就是金山银山的理念，发展绿色经济，改善生态质量。力争未来五年，全县空气质量优良天数达到260天以上，地表水质全面提升，农业面源污染得到有效治理，全域景区化目标基本实现，天蓝地绿水秀的良好生态成为县域发展最鲜明的底色。

美丽幸福新香河是城乡品质更高的香河。提升城市品位、改善城乡面貌，是缩小与京津基础落差，实现协同发展的必然选择。我们必须聚焦北京“微中心”发展定位，以更大力度、更高标准、更实举措，统筹推进城乡建设与管理。力争未来五年，水电气讯等公共服务保障问题全面解决，接轨京津、内通外联的高效通勤体系基本建成，新型社区和美丽乡村实现全覆盖，城乡互动、协调共进、统筹发展的新型城镇化发展格局全面形成。

美丽幸福新香河是人民生活更好的香河。“人民对美好生活的向往，就是我们的奋斗目标”。我们要紧紧围绕这一目标，发展社会事业，强化社会保障，全方位提高群众生活水平，改善群众生活条件。力争到2018年，率先全面建成小康县。五年后，让一个富强、民主、文明、和谐的美丽幸福新香河崛起于世人面前。

建设美丽幸福新香河，必须坚持创新驱动。创新是经济社会发展的不竭动力。面对经济发展新常态、跨越崛起新要求，我们必须树立新思维、创造新举措、破解新制约，在深化科技创新、改革创新、协同创新中构建起以创新为引领和支撑的经济体系、发展方式，让创新成为推动发展的强劲引擎。**必须加快转型升级。**经过多年发展，我县已成功集聚了大量新兴产业，但家具制造、机械钣金等传统产业仍占很大比重。这些产业有基础、有特色、有市场，我们对其也有深厚感情，但面对环境保护的压力、供给侧结构性改革的压力、京津冀协同发展的压力，我们必须以壮士断腕的决心和勇气开展清理整治，在淘汰落后产能、挤出低效企业、填补高端项目中加快产业替代，推动产业升级，实现香河发展的华丽转身。**必须强化基层基础。**推动香河发展关键在基层、重点在基础。我们不仅要建强基层队伍，调动基层积极性，发挥基层创造性，提高基层执行力，确保县委、县政府决策部署在基层落地生根、开花结果，而且要下大力完善基础设施，提升环境品质，补足民生短板，打牢发展根基，为香河在协同发展大潮中加速崛起提供有力支撑。**必须实现绿色崛起。**当前，我们既面临协同发展这个不容错失的历史机遇，也承担着大气污染防治等环境治理的艰巨任务，我们既要保持经济持续快速发展，也决不能以牺牲环境为代价，必须积极践行绿色发展理念，大力培育生态工业、生态农业、生态旅游、健康服务和楼宇经济等新兴业态，全面构建科技含量高、资源消耗低、环境污染少的新兴产业体系，努力走出一条加快转型、绿色发展、跨越提升的新路。

2017年工作思路和安排

各位代表，2017年是新一届政府的开局之年，也是率先全面建成小康县的攻坚之年，更是建设美丽幸福新香河的筑基之年。我们将深入落实县第十一次党代会精神，抢抓京津冀协同发展机遇，加快推进产业结构调整、新型城镇化建设、生态环境改善和社会事业发展，以优异成绩迎接党的十九大胜利召开。

全年发展预期目标是：地区生产总值增长8.5%，财政收入增长21%，一般公共预算收入增长8.5%，固定资产投资增长15%，规模以上工业增加值增长6%以上，力争城镇和农村居民人均可支配收入分别增长8.5%和9%，各项污染物减排指标完成上级下达任务。

围绕以上思路和目标，我们将以首战必胜的信心和决心，着力做好四方面工作。

一、突出转型升级，加快动能转换，增强产业发展竞争力

聚焦“产业结构更优”目标，以更新理念、更实举措推进产业转型升级，建精品园区、上高端项目、育优势产业，在构建现代产业体系中激发经济活力，提高发展质效。

加快结构调整。抢抓北京城市功能疏解和产业转移机遇，打好协同牌，唱好转型戏，走出特色路，加快产业升级，打造现代产业高地。壮大新兴产业。突出高端制造业和现代服务业发展导向，务实招商，精准选商，诚心助商，力促哈工大京津冀创新产业园、通用航空机场、原子高科同位素、3D 打印产业园等签约项目启动建设，力争实体产业项目投资增长20%以上。聚焦打造承接北京产业转移的微中心，发挥龙头项目引领带动作用，积极引进配套产业项目，加快壮大以机器人产业园为依托的机器人产业集群，以爱晚国家养老示范基地为依托的健康养老产业集群，以中粮可口可乐华北基地、正大食品为龙头的食品加工产业集群，以国际建材交易中心、京津冀汽车零部件物流交易中心为龙头的商贸物流产业集群，以第一城、国华影视基地为代表的文化产业集群，以东方千年古葡萄庄园、乐农美联生态农场为代表的现代农业产业集群，力争五年内全县百亿级产业集群达到 5 个以上。提升传统产业。健全完善创新激励、对口帮扶、环保倒逼政策体系，加快家具制造、机械钣金等传统产业清理整治、兼并重组、技改升级，扶优做强骨干企业，提升产业核心竞争力。深入开展“增品种、提品质、创品牌”专项行动，引导企业做强主业、降低成本、提高效率，形成比较优势。实施“大智移云”引领产业升级计划，鼓励传统企业运用“互联网+”和先进适用技术进行特色化、精细化、智能化改造，让老企业焕发新活力。健康发展房地产业。坚持“房子是用来住的，不是用来炒的”定位，严控城市规模和商品房开发强度，引导开发企业向工业地产、商业地产和楼宇经济转型。规范房地产市场秩序，严厉打击虚假宣传、违规预售等违法违规行为，促进房地产业平稳有序健康发展。

建强园区平台。围绕“高新产业聚集区、改革创新试验区、集约发展先行区、产城融合示范区”发展定位，创新园区开发理念，力促园区转型升级。创新管理机制。实施“一区三园”改革，建立党政主要负责同志直接领导、定期调度机制，推进园区管理扁平化、高效化。创新人事薪酬管理制度，形成人员能进能出、岗位能上能下、待遇能高能低的用人机制。按照“权责统一、职能匹配、能放皆放”原则，推进开发区行政审批、行政执法相对集中，实行一枚公章管审批、一个部门管市场、一支队伍管执法。提升产业质态。突出园区产业高端化、特色化、集群化导向，实行全域招商，统筹项目摆放，促进优质产业集聚。严把亩均收益、建设周期、结算方式等各道关口，提高入区项目质量。灵活运用市场机制与行政手段，盘活僵尸项目，腾退低效企业，加快产业替代更新。促进集约发展。严格落实容积率、贡献率以及生活服务设施用地占比等控制指标，鼓励入区项目综合利用地上地下空间，提高土地利用和产出效益。支持平台公司通过直接回购、二次开发等形式参与镇级工业小区土地整理，集中土地指标用于园区项目建设。增强承载能力。实施双安水厂扩建、蒋北路西延等基础设施建设，力争新建路网 40 公里、铺设管网 70 公里，同步完善人才、金融等综合服务体系和配套服务设施，满足投资者、创业者、从业者多方需求，打造宜创宜业宜居的良好投资环境。

激发经济活力。将“大众创业、万众创新”作为推进供给侧结构性改革的核心抓手，下大力优化营商环境。扩大开放合作。拓展商事登记整合范围，深化“多证合一、一照一码”改革，降低创业准入制度性成本。鼓励县内企业主动融入协同发展大局，与京津优质资源开展深层次合作，全方位承接先进要素转移，实现借船出海、借梯上楼。提升创新能力。强化企业创新主体地位，实施苗圃、小壮大、小升高、企业上市四大工程，梯次培育，差异扶持，提高科技型、创新型企业占比，力争全年新增科技型中小企业120家、科技小巨人企业7家、上市企业2家，20%以上规上企业设立研发机构。坚持创新创业结合、线上线下结合、孵化转化结合，大力推进国安创客、科技部科技领军人才创新驱动中心等创新创业、研发孵化平台和协同创新共同体建设，培育发展众创、众包、众扶、众筹等新模式，催生新经济、新业态、新产品。加强对企帮扶。强化“实体为先、企业为本”理念，健全惠企政策落实、涉企政策影响评估和对企帮扶常态化机制，提高涉企服务针对性和实效性。研究激励政策，引导企业转型升级、创新发展。加强企业家队伍建设，关心爱护企业家，融洽商业氛围，形成不欺生、不排外、不内斗，开放包容、合作共赢的发展环境。

破解要素制约。坚持问题导向，综合施策，精准发力，努力在解决资源要素制约上放开手脚、打开局面。加强用地保障。完善土地指标市场化盘活、导向化投放、集约化利用机制，通过嫁接改造、腾笼换鸟等多种方式盘活用地存量，通过整合散地、集中投放等多种举措用好指标流量，通过严控投资强度、缩短建设周期、提高亩均收益等多种途径提高用地质量。严厉打击各类违法占地和“非农化”土地流转行为，维护土地市场秩序。优化金融生态。创新银企对接机制，引导金融机构优化信贷投放结构，加大实体经济支持力度。实施“引金入香”工程，吸引更多域外金融机构入驻，助推成熟企业上市融资，构建多层次、多元化融资模式。加强金融风险防控体系和社会信用体系建设，严厉打击非法集资、逃废债务等违法失信行为，营造良好金融环境。强化人才支撑。借力京津人才智力资源，加大高端人才、创新团队和高技能人才引进培育力度。探索建立更具灵活性、吸引力的招才引智政策机制，最大限度缩小与京津在教育、医疗、养老等领域的政策梯度差，确保人才引得来、留得住、用得好。

二、坚持品质引领，统筹城乡建设，夯实协同发展硬支撑

聚焦“城乡品质更高”目标，以更高站位、更优品质推进城乡开发建设，建品质城市，创特色城镇，塑美丽乡村，在统筹城乡发展中改善城乡面貌，强化发展支撑。

严格规划管控。结合各项上位规划，完成城乡总体规划、土地利用总体规划修编和地下空间、文化娱乐等9项专项规划编制，促进城乡建设、土地利用、环境保护、全域旅游等各项规划有机衔接，构建覆盖全域、上下贯通、功能协调、多规合一的现代规划体系。完善“规划一张图”管理应用系统，发挥规划对市场行为的调控引领作用，提高规划的科学性和实用性。严格规划执法，强化高铁、高速出口等重点区域规划预控，严查严处违规建设行为，确保规划刚性落实。

完善基础设施。在提前谋划平安大街综合管廊、双安污水处理厂、北外环西延和迎宾路、淑阳大街、新华大街局部路段改造工程的同时，筹资31亿元，启动实施五大重点基础工程。

——筹资18.8亿元，实施平香线南段、通宝路东段新建工程，启动运河大道北延（含跨潮白河大桥）前期工作，力争早日开工建设，打通城市外环线，拉开城市发展框架。

——投资3.1亿元，实施大辛路和香务线、倪李路、香北线局部路段大修工程，提升道路通行能力。

——投资1.7亿元，加快推进淑阳大街西延、永盛路北延和新开街、市场路改造升级，拓展城区路网，改善街道路况。

——投资 6.3 亿元，实施供电保障三年行动计划，解决未来二十年供电保障问题。年内完成罗屯 110 千伏变电站建设、蒋辛屯 220 千伏变电站和西马窝 110 千伏变电站进出线工程，以及 3 万户农村电网改造工程。

——投资 1.1 亿元，实施光纤宽带、基站网点新建改造工程，加快城市信息化建设，提高城乡通讯网络服务能力。

提升城市品位。聚焦“城乡统筹示范区”发展定位，以建设文明城市、智慧城市、园林城市、洁净城市、海绵城市为抓手，实施县城建设攻坚，打造功能完善、规范有序、宜居宜业、魅力彰显的现代品质之城。完善城市功能。立足当前急需与长远发展，有序推进市政基础设施和公共服务设施建设，年内新建改造供热、供水、供气各类管网 46 公里，新增便民市场 2 个，力争实现城区公共区域免费 Wi-Fi 全覆盖。改善城市环境。健全完善城市土地整备机制，加快城中村、老旧小区改造，挤出空间建设公园、绿地等公用设施，优化人居环境。坚持从建筑外观、工地围挡、商铺牌匾等细节着手，大力推进街道景观、小街小巷改造升级，年内完成永盛路、市场路等 8 条道路景观提升工程。加强城市管理。建立联合执法常态化机制，深入开展治堵、治脏、治乱、治噪集中行动，严格规范建筑市场秩序，重拳整治城中村、居民区私搭乱建问题，严查严处欺街占道、违章驾驶、乱停乱放行为，促进城市环境秩序持续改善。优化城市服务。整合政务、民生等领域公共服务资源，加强便民服务中心、智慧城市平台建设，丰富网上查询、申报、审批、缴费等功能，完善城市服务体系。严格落实社区公建优先实施、社区物业规范运行机制，增强社区服务能力。健全供水、供热、供气等公用企业监管约束机制，规范企业经营行为，提高公共服务质量。

打造特色城镇。坚持生产、生活、生态融合发展理念，大力推进特色城镇建设。制定镇区改造规划，设立城镇建设专项资金，支持各镇改造街道环境，升级地下管网，完善配套设施，提升发展承载力和辐射带动力。鼓励各镇立足自身优势，发展特色产业，繁荣镇域经济，着力培育一批优势突出、功能齐全、特色鲜明、功能互补的产业重镇、文化名镇、旅游强镇。完善鼓励扶持政策，支持开发企业打造特色小镇，力争年内通航小镇启动建设。

建设美丽乡村。按照“四美五改”要求，投资 7.4 亿元，实施 89 个村街美丽乡村创建工作，实现美丽乡村全覆盖。完善社区建设激励约束、开发企业引进退出、集体资产保值增值、群众利益分配保障等相关机制，明确任务节点，强化考核奖惩，提速新民居建设，力争年内 5 个村街实现回迁。推进农业供给侧结构性改革和农村产权制度改革，培育新型农业经营主体和服务主体，强化农产品质量管控，加快发展特色民宿、农村电商、观光采摘、农事体验等新兴业态，促进美丽乡村建设与产业、文化、旅游有机融合，着力打造一批活力乡村、宜居乡村、美丽乡村、休闲乡村、富裕乡村，真正让我们的乡村有历史记忆、有地域特色、有自然风情、有生活品质。

三、做好生态文章，放大环境优势，打造香河发展新亮点

聚焦“生态环境更美”目标，以更强决心、更大力度推进生态文明建设，治环境污染，提生态品质，创特色品牌，在科学保护开发中放大比较优势，实现绿色发展。

狠抓生态环境治理。突出源头治理和长效机制，深入开展蓝天、碧水、净土专项行动，改善环境质量，守牢生态底线。细化分解空气质量指数、城区工业企业退出、散煤治理等目标任务，狠抓大气污染防治措施落实，坚决关停违法企业、整改违规工地，推进气代煤、电代煤工程，加快实现全域“无煤化”，确保空气质量持续好转。压实河长、段长、点长责任，加强污水处理设施运行监控，推进地表水、地下水统筹治理，干支河渠联合治污，确保河流出境水质好于入境水质。加强中水综合利用，提高水资源使用效率。组织开展土壤污染调查、风险评估和治理修复，严控农村面源污染。完善公众监督、网格监管、部门联动和区域联防联控机制，重拳打击各类环境违法行为，保持环保执法高压态势。加强环保法规宣传，提高公众环保意识，倡导全民绿色生活。

提升生态景观质量。以提品质、创特色、增亮点为着力点，广泛开展城乡绿化提升行动，创建一批绿色镇区、绿色村庄、绿色社区和绿色企业，让绿色融入生活、遍布城乡。完善城乡游园管护长效机制，巩固绿化美化成果。加大河渠、道路两侧环境整治力度，丰富沿线景观层次，重点打造唐通线、密涿高速引线等六条精品廊道，形成水网、路网、绿网“三网一体”景观格局。

加快生态资源开发。坚持生态、经济、社会效益并重，科学推进生态资源开发利用，将良好的生态优势真正转化为现实的发展优势。结合潮白河大运河国家湿地公园建设，年内投资9亿元，继续推进大运河生态整治工程，确保运河文化展示中心、运河码头、运河驿站完成主体施工。投资10亿元，完成潮白河综合治理规划设计、工程立项等前期工作，实施右堤脚路新建、生态景观治理等重点工程。加快刘宋镇万亩荷塘景区建设，完善餐饮住宿、购物休闲等功能设施，推进周边村街改造提升和农家院、采摘园等特色产品开发，提高景区配套水平。

创响生态旅游品牌。以创建全域旅游示范县为抓手，制定旅游产业发展扶持政策，引导家具城、第一城、影视城等景区景点改造提升，建设刘宋、安头屯、蒋辛屯、五百户和大运河沿线五大乡村旅游片区，加快打造百里精品旅游环线。挖掘整合县内历史文化资源、景区景点资源，推出乡村休闲游、家具博览游、荷塘风光游等精品旅游线路，丰富旅游产品，夯实产业支撑。借力各类平台媒体，开展多种形式宣传推介，让“逛皇家园林、品香河肉饼、购精品家具、赏万亩荷花”叫响京津。

四、繁荣社会事业，增进民生福祉，争当全面小康排头兵

聚焦“人民生活更好”目标，以更高标准、更大投入抓民生热点，强社会保障，优公共服务，在强化普惠共享中持续改善民生，促进社会和谐。

让教育环境更优质。坚持教育优先发展，投资2.3亿元，实施三中综合楼改建、安平三小教学楼新建等20余项教育重点工程，谋划城区标准化九年一贯制学校和镇区示范性学校建设，改善办学条件，促进城乡教育均衡发展。实施“名校”创建工程，制定倾斜性政策措施，支持香河一中等重点学校发展，打造香河教育品牌。深化与商鲲教育集团等知名教育机构合作，提高职业教育办学能力。完善优秀教育人才引育机制，提高教师队伍素质和教学水平。加大京津优质教育资源引进力度，力促首师大附属实验学校、景山学校启动建设。规范私立学校经营行为，开展普惠性幼儿园试点，促进社会力量捐资助教、投资办学，构建多元化办学格局。

让公共医疗更普惠。深化医药卫生体制改革，推进县级医疗机构优质资源“双下沉”、组建“医联体”，构建基层首诊、双向转诊、急慢病分治和上下联动的分级诊疗模式，加快实现“小病不出乡、大病不出县”。投资3600余万元，实施安头屯、五百户等四所卫生院改扩建和村级卫生室“两加强一提升”，提高城乡基本公共卫生服务均等化水平。深化与京津知名医疗院所交流合作，引进优质资源，提高县内医疗机构诊疗能力。加强全民健康教育，开展健康社区、健康村镇、健康家庭创建活动，提升广大群众健康水平。深入推进计生服务管理改革，提升妇幼健康计生服务水平，促进人口均衡发展。

让群众生活更丰富。谋划启动体育中心建设，完成投资1200万元的体育公园建设，扩展群众活动空间。完善镇村文体设施，推进广播电视户户通工程，夯实公共文化服务基础。依托文化艺术中心等文体设施，开展形式多样的文娱活动，丰富群众文化生活。落实全民健身计划，举办全民运动会，提高群众身体素质。

让居民出行更顺畅。投资3.4亿元，完成200余公里连村道路改造升级，实施31座危桥改造，改善农村交通条件。市场化推进城乡公交一体化改革，打造便捷高效的城乡一体通勤体系。

让民生保障更完善。实施全民参保计划，推进城乡居民养老、医疗保险提标扩面，增强社会保障能力。探索分配制度改革，缩小与京津收入差距。完成棚户区改造1000套，满足困难群众住房需求。精准实施特困人员供养、残疾人救助等帮扶制度，广泛开展扶贫帮困送温暖活动，让困难群众、弱势群体得到更多关爱。

让社会局面更和谐。严格落实企业安全生产主体责任、部门监管责任和乡镇属地管理责任，深入开展气代煤、电代煤、农村设施和建筑、交通、消防等重点领域专项整治，努力推动安全生产隐患排查治理和标准化建设，严防事故发生。加强“智慧食药监”应急指挥体系和基层监管机构建设，保障群众饮食用药安全。强化社会治安综合治理，严厉打击邪教组织和各类违法犯罪行为。完善社会稳定风险评估机制，加强各类风险源分析研判，动态监测，实时预警，确保苗头性、隐患性问题及时处置，妥善化解。探索新形势下的群众工作机制，畅通群众意见建议反馈渠道，加大信访案件化解力度，妥善处理征地拆迁、涉法涉诉、特殊利益群体信访问题，严厉打击缠访闹访行为，维护正常信访秩序。健全矛盾纠纷排查化解机制，加强镇司法所建设，构建人民调解、行政调解、司法调解“三位一体”格局。大力弘扬社会主义核心价值观，推动守秩序、讲文明、重礼仪等群众性精神文明创建，营造文明和谐、健康向上的社会风尚。

加强政府自身建设　全面提高执政水平

各位代表，民心所望，施政所向。面对新形势、新任务、新要求，新一届县政府将以“六型政府”建设为抓手，进一步深化“放管服”改革和机关作风整顿，提高执政能力和水平，为县域发展提供坚强保障。

坚持把改革创新贯穿全过程，科学高效施政。将全面深化改革放到引领全局的重要位置，贯穿各项工作始终。突出重点领域改革，建立行政审批局，推进审批流程再造，实行多图多评联审，扩大“互联网+政务服务”应用，最大限度提高审批效率。建立政府投资项目评估预审储备机制，超前谋划、综合评估、先期预审，提高决策的科学性、系统性、前瞻性。完善政府投资项目监督管理机制，加强发改、财政、审计等部门与项目实施单位的沟通协调和业务衔接，规范流程，提高效率。健全鼓励改革创新、干事创业容错纠错机制，加强上级改革政策本地化研究，争当改革的先行者、试验区，用改革的办法破解瓶颈制约，释放发展活力。

坚持把政策法规作为基准线，严格依法行政。恪守法无授权不可为、法定职责必须为的准则，严格按照法定权限和程序行使权力、履行职责。坚持政府常务会议集中学法制度，推进全民尊法学法守法用法。完善法律顾问制度，将合法性审查作为重大决策和处理重大问题的必经程序，依法科学民主决策。推进镇级综合执法队伍建设，强化城乡建设、安全生产、环境保护等重点领域执法监管。加强政务信息公开和清单制度建设，强化事中事后监管，推进“双随机、一公开”监管方式全覆盖，保障群众知情权、参与权、表达权、监督权。自觉接受县人大、县政协和社会各界监督，提高政府工作规范化、法治化水平。

坚持把担当落实放在第一位，突出实干实政。坚决摒弃“只要不出事、宁愿不做事”的庸政懒政思想，聚焦县域发展重点难点问题，搞调研、拿方案、抓攻坚，以关键领域的渐次突破带动全县整体工作实现新提升。精简会议文件，整顿会风文风，推动工作重心下移，集中精力谋发展、抓执行，确保县委、县政府各项决策部署全面落实到位。建立“大督查”机制，对重大决策落实、重点工作开展、重要项目推进和领导批示办理、群众投诉处理等情况进行全方位督查，严查严处不作为、慢作为、乱作为问题，打破工作梗阻，提高行政效能。积极践行“三严三实”作风，把马上就办、办就办好作为行为准则，把勇于负责、敢于担当作为工作常态，时刻保持思想在状态、工作在状态、作风在状态。

坚持把纪律规矩挺在最前面，全面从严治政。牢固树立政治意识、大局意识、核心意识、看齐意识，严格落实“一岗双责”，切实加强各项党纪党规和廉政规定宣传教育，严查严处各类违纪违法行为，在依法用权、正确用权、干净用权中保持廉洁，在守纪律、讲规矩、重名节中做到自律。健全完善廉政风险防控机制，加强公共资金、国有资源、工程建设等重点领域的行政监察和审计监督，从源头预防和治理腐败。严格财政预算管理，压缩“三公”支出，集中财力抓大事、干好事、办实事。

各位代表，潮起海天阔，扬帆正当时。让我们紧密团结在以习近平同志为核心的党中央周围，在中共香河县委的坚强领导下，不忘初心，继续前进，激情作为，实干实政，为率先全面建成小康县，建设美丽幸福新香河而努力奋斗!

关于香河县2016年国民经济和社会发展计划执行情况与2017年国民经济和社会发展计划（草案）的报告

——2017年2月27日在香河县第十五届

人民代表大会第一次会议上

香河县发展改革局局长　冯国祥

一、2016年全县国民经济和社会发展计划执行情况

1. 全县地区生产总值完成215.4亿元，较上年增长8.5%，完成目标任务。

2. 规模以上工业增加值完成77.4亿元，较上年增长6.8%，超额完成目标任务0.8个百分点。

3. 财政收入完成64.6亿元，较上年增长27.6%，超额完成目标任务9.6个百分点；一般公共预算收入完成40.1亿元，较上年增长14.2%，扣除"营改增"因素影响，较上年增长40.3%。

4. 固定资产投资完成213.9亿元，较上年增长11.3%。

5. 城镇居民和农村居民人均可支配收入分别达到36718元和15256元，较上年分别增长8.5%和9%，基本完成目标任务。

6. 单位生产总值能耗、主要污染物减排均完成目标任务。

7. 文化、教育、卫生计生、就业再就业等均完成目标任务。

调结构，发展后劲持续增强。我县三次产业结构比优化为7.8∶49.4∶42.8（2015年为8.4∶50.7∶40.9），二三产占比达到92.2%，其中三产占比较去年提高1.9个百分点。**园区平台加快转型。**围绕建设"高新产业集聚区、集约发展先行区、改革创新实验区和产城融合示范区"目标，制定出台了《加强园区建设管理的实施意见》，进一步理顺体制机制，明确功能定位，三大园区全年完成基础设施投入13.6亿元，园区承载力明显增强。**项目建设稳步推进。**坚持把项目建设作为转方式、调结构的重要抓手，全年重点推进产业类亿元项目25个，其中列入省重点建设项目4个，市重点建设项目10个。机器人产业港二期、中粮可口可乐、牛栏山生产基地等高端项目相继建成；运河文化生态项目、爱晚国家养老示范基地等一批重点项目建设全面提速，现代服务业项目初具规模，形成了家具城、影视城、大爱城、建材城、汽配城"五城同创"的发展格局；潮白河大运河湿地公园列入国家级试点，现代农业项目呈现集聚发展态势。**传统产业加速升级。**坚持以科技创新为主导，设立科技创新基金，引导企业转型升级、创新发展，全县新增科技型中小企业216家。全面推进低质项目"腾笼换鸟"，全年共腾退企业10家、土地1100余亩。

促改革，政务环境不断优化。以深化"放管服"改革为抓手，全面推进非行政许可审批事项清理、审批环节精简等工作，不断提高审批服务效率。全面落实“三证合一、五证合一、一照一码”登记制度。从工程审计、财政评审等关键环节着手，通过政府购买服务方式，提升服务质量，全年政府购买服务37项。同时，进一步规范便民服务中心运营管理，建立“香河政务”微信平台，切实方便群众和企业办事，群众满意度不断提高。逐步健全全县企业信用记录平台，建立“黑名单”制度，形成失信惩戒的联动监管约束机制，不断净化社会信用环境。

夯基础，城乡建设持续加强。规划体系更加完善。以《京津冀协同发展规划纲要》等总体规划为依据，高标准修订完善县内各项规划。《香河县城乡总体规划（2013—2030）》、休闲观光农业建设等一系列规划已启动编制，部分已完成初步编制。**基础建设不断提升。**以“路网建设年”为抓手，投资6.2亿元实施五项重点基础设施工程。唐通线、康宁路改造、迎宾路北延等一系列工程相继竣工通车。绣水街、永盛路、香武路等绿化带修复改造工程顺利完成。体育公园、新城广场增绿工程高效实施。**城市管理持续加强。**全面开展治脏、治乱、治违等城市容貌综合整治行动，智慧交通综合平台和数字化城管系统建成使用，便民服务中心主体完工，10类重点场所实现公共免费Wi-Fi全覆盖。**镇村发展深入推进。**全县城镇化率达到60.3%。镇区街道改造、管网升级、绿化美化等一批重点工程启动实施。高标准完成美丽乡村建设任务，居住环境得到大幅改善。新民居建设稳步推进，安平镇谭庄村、钱旺镇袁庄村启动回迁工作。安平镇被评为省级特色小城镇，淑阳镇、安平镇和五百户镇进入全国千强镇行列。

抓整治，生态环境显著改善。生态环境品质不断提升。高标准实施绿色通道、节点游园、沿河绿化、村庄绿化等六大重点绿化工程，累计完成造林3万亩，森林覆盖率达到40%。全面启动清淤活水工程，累计清淤66公里，全县水景质量持续改善。**环境治理成效显著。**严格落实大气、水污染防治措施，扎实推进减排工程建设，开展煤炭市场综合整治、燃煤锅炉淘汰、机动车污染治理、工业企业VOC治理、烟气污染治理等专项行动和“气代煤”改造工程，全县空气质量综合指数降至8.07，同比下降13.04%。

惠民生，社会事业均衡发展。持续加大财政对民生的投入力度，大力推进教育、医疗、就业等民生实事，启动城区及周边学校和农村薄弱学校改造计划，已竣工项目20个；深入推进医药卫生体制改革，我县被确定为全省创建深化县级公立医院综合改革示范县，试点实行镇卫生院院长聘任制度，建立分级诊疗和双向转诊直通机制；新增城镇就业岗位6175个，城镇登记失业率1.16%，继续保持全市前列。持续增强社会保障能力，城乡居民养老保险参保率达到99.7%，完成新农合与城镇居民医保整合工作。统筹城乡居民医疗保险报偿比例，进一步提高城乡居民养老保险标准；发放各类低保、补助、救助资金1600余万元；350户农村危房改造全部竣工，1050户棚户区改造有效落实。县文化艺术中心竣工，农村和社区健身设施按计划更新和配备，成功举办了京津冀中华大庙会、国际家居文化节等系列活动。同时，扎实推进安全生产、食药安全、卫生防疫、消防安全、信访维稳工作，促进了社会大局和谐稳定。

2016年主要指标总体上完成了年度预期目标，但香河经济社会发展中还存在着一些不容忽视的问题：土地规模受限，发展空间不足，资源约束趋紧，环保压力加大。产业结构仍需优化，发展质效不高。对此，我们要坚持问题导向，采取有效措施加以解决。

二、2017 年全县国民经济和社会发展主要预期目标

2017 年是实施“十三五”规划承上启下的关键一年，更是香河整体发展掀开历史新篇章的起步之年。做好今年经济社会发展各项工作意义重大，影响深远。我们将全面贯彻落实党的十八大和十八届三中、四中、五中、六中全会以及省第九次党代会精神，积极适应和引领经济发展新常态，抢抓京津冀协同发展重大机遇，坚持创新驱动，加快转型升级，强化基层基础，实现绿色崛起，全面创建小康县，建设美丽幸福新香河！

建议 2017 年我县国民经济和社会发展计划预期目标如下:

——全县地区生产总值增长 8.5%；

——财政收入和一般公共预算收入分别增长 21%和 8.5%；

——规模以上工业增加值增长 6%以上；

——固定资产投资增长 15%；

——力争城镇和农村居民人均可支配收入分别增长 8.5%和 9%；

——人口、就业和社会保障、单位 GDP 能耗、主要污染物减排和空气质量改善绩效指标完成上级下达任务。

三、工作重点和主要措施

（一）突出项目建设，加快结构调整，推动经济平稳增长。

继续加快项目建设，优化产业结构。抢抓首都城市功能疏解和产业转移机遇，把现代服务业和高端制造业作为产业优化升级的战略重点，瞄准总部经济、会展旅游、文化创意、健康养老、休闲旅游、生物医药等新兴产业，加大招商引资力度，通过务实招商、精准选商、诚信助商等方式，促进产业集群发展。依托原子高科同位素、哈工大京津冀创新产业园、3D 打印产业园，做大做强高端制造业；依托中信运河文化产业带和国华影视基地，做大做强文化创意产业和文化智力产业；依托爱晚国家养老示范基地，做大做强健康养老产业；依托奥特莱斯环球国际中心和欧洲之窗奢侈品展示交易物流中心，做大做强商业综合体；依托国际建材交易中心、京津冀汽车零部件物流交易中心、万通商贸物流城、通用航空机场，做大做强商贸物流产业；依托中粮可口可乐华北生产基地、二商北京城市生活保障基地、稻香村食品，做大做强食品加工产业。加大传统产业技术改造力度，做大做强汽车配件、家具生产、钣金等传统产业集群。按照河北省《环首都现代农业科技示范带总体规划》要求，强化政府引导，坚持创新、高端、品牌的理念，加快建设智慧、创新的都市农业科技示范产业。**继续提升园区能级。**将园区建设作为引领经济发展的主阵地，落实省市“一县一区、一区多园”改革精神，整合三大园区，建设香河经济开发区。进一步完善园区发展规划，加快完善园区基础设施，着力提升综合配套水平和承接京津产业转移能力。突出园区产业高端化、特色化、集群化导向，统筹项目摆放，打造链条式及模块化产业集群。**继续破解要素制约。**健全完善土地指标多元化争取、市场化盘活、导向化投放、集约化利用机制，综合运用各项政策，调动多方力量争取指标增量，加强用地保障。

（二）突出改革创新，激发经济活力，增强经济发展动能。

着力深化改革。大力推进供给侧结构性改革，促进供给与需求有效对接、产业升级与需求升级互动并进。深化“放管服”改革，及时衔接落实国家和省取消下放行政审批事项，尽快完成行政审批局组建工作，实现并联审批。**着力强化科技创新。**加快推进“大众创业、万众创新”，不断增强对创新要素的吸附力、聚

合力。加快科技成果产业化、市场化进程。着眼构建“北京研发、香河转化”协同创新格局。全面启动科技研发创新成果转化引领区建设，提升应用研究能力，加快打造产学研相结合的协同创新平台，打造城市经济和产业发展的新引擎。**着力强化人才支撑。**借力京津人才智力资源，不断加大高端人才引进力度，努力缩小与京津在教育、医疗、养老等领域的政策梯度差，确保所需人才引得来、留得住、用得好。

（三）突出功能完善，注重品质提升，推动城乡协调发展。

强化规划管控。结合各项上位规划，完成城乡总体规划、土地利用总体规划修编和文化娱乐等9项专项规划编制，促进城乡建设、土地利用、环境保护、全域旅游等各项规划有机衔接，构建覆盖全域、上下贯通、功能协调、多规合一的现代规划体系。**加强基础设施建设力度。**实施路网建设、环境容貌整治，加强水气热等管廊建设，进一步完善城市功能。聚焦北京城市“微中心”和“城乡统筹示范区”发展定位，推进园林城市、洁净城市、文明城市、智慧城市、海绵城市“五城联创”，打造功能完善、规范有序、宜居宜业的现代品质之城。**扎实推进美丽乡村建设。**按照“既有乡村自然风情，又有城市生活品质”的理念，实现美丽村街全覆盖。狠抓新民居建设攻坚，扎实有力推进回迁、复垦等各项工作。

（四）突出生态建设，改善生活环境，实现城市绿色发展。

强化环境整治。继续开展大气污染治理、重点河流水环境治理和土壤污染治理等专项行动，全力打赢生态保护和环境治理攻坚战。继续做好重点行业节能减排、优化能源结构等专项整治，全力抓好“气代煤”“电代煤”工程，确保按时完成禁煤任务。**提升生态质量。**树立“还绿于民”理念，广泛开展城乡绿化提升行动，以县城为中心，以公路、河道为辐射线，以村庄为节点，让绿色融入生活，遍布城乡。以国家级湿地公园建设为统揽，继续实施河渠清淤疏浚工程，持续改善水环境质量。**创响生态品牌。**以创建全域旅游示范县为抓手，大力发展乡村文化旅游，促进生态建设与旅游开发融合发展。继续推进北运河生态整治工程，规范万亩荷塘景区建设，启动刘宋、安头屯、蒋辛屯、五百户和运河沿线五大乡村旅游片区建设，谋划百里精品旅游环线。

（五）突出民生改善，落实共治共享，努力补齐民生短板。

大力发展社会事业。加快基础教育均衡发展，谋划城区标准化九年一贯制学校和镇区示范性学校建设，改善办学条件。继续深化医药卫生体制改革，优化医疗资源布局，健全农村医疗卫生服务网络和城市社区医疗卫生服务体系，加快建设“健康香河”。谋划启动体育中心建设，完善镇村文体设施，落实全民健身计划，让群众生活更加丰富。**提升社会保障水平。**坚持兜住民生底线，实施全民参保计划，完善城乡居民养老、医疗等社会保障体系。落实好各项社会救助政策，将符合条件的困难群众全部纳入救助范围。**提高社会治理水平。**严格落实安全生产责任制，加强“智慧食药监”应急指挥体系和基层监管机构建设，强化社会治安综合治理，完善社会稳定风险评估机制，深入推进信访制度改革，推动社会信用体系建设，让社会局面更加和谐，人民生活更加幸福。

各位代表，做好今年的经济和社会发展工作任务艰巨、责任重大、使命光荣。让我们在县委、县政府的正确领导下，自觉接受县人大的监督，进一步解放思想、抢抓机遇、改革创新、奋发有为，为率先全面建成小康县，建设美丽幸福新香河而努力奋斗！

关于香河县2016年全县总预算及县本级预算执行情况和2017年全县总预算及县本级预算草案的报告

——2017年2月27日在香河县第十五届人民代表大会第一次会议上

香河县财政局局长　刘　宇

一、2016年预算执行情况

2016年在县委的正确领导和县人大的监督、支持下，县财政部门战胜各种困难挑战，坚持稳中求进、改革创新，紧紧围绕稳增长、调结构、优生态、惠民生，认真落实积极的财政政策，着力推进发展方式转变，全力保障改善民生，财政收入稳步增长，财政支出保障有力，圆满完成了全年各项目标任务，促进了我县经济建设和社会事业发展。

2016年全部财政收入完成645762万元，占调整预算的100.4%，同比增收139760万元，增长27.6%。

（一）一般公共预算执行情况

一般公共预算收入完成401017万元，占调整预算的100%，同比增收49770万元，增长14.2%，可比增长40.3%。

按照上述收入完成情况和现行省对县财政管理体制计算，2016年全县一般公共预算可用资金574191万元，支出完成535775万元，占调整预算的99.2%，同比增长11.3%。安排预算稳定调节基金30000万元，结转下年支出697万元，滚存净结余7724万元。

上述收支中不包含上级下达的专项转移支付资金19046万元。若加入，则可用资金为593237万元，支出为551652万元，结转下年支出2925万元，结余不变。

（二）政府性基金预算执行情况

政府性基金收入完成250714万元，占调整预算的100.3%，同比减少37679万元，下降13.1%。

2016年全县政府性基金预算可用资金256578万元，政府性基金支出249918万元，占调整预算的98%，同比下降15.8%。若加入上级专款391万元，则可用资金为256969万元，支出为250122万元，结转下年支出6747万元。

（三）社会保险基金预算执行情况

社会保险基金收入完成55555万元，占预算的107.5%，同比增长9.5%；2016年支出49705万元，占预算的153.8%，同比增长11.9%。全县社保基金年末新增结余5850万元，滚存结余50004万元。

（四）国有资本经营预算情况

2016年由于我县没有国有资本经营项目，因此不涉及国有资本经营预算收支。

由于目前省对县财政结算事项尚未完成，

以上收支情况若有变化，具体情况待省财政厅结算批复后，通过年度财政决算报告再行汇报。

（五）2016 年主要工作

一是积极应对“营改增”对一般公共预算收入的影响，强化收入征管，确保了地方财政保障能力。**二是**优化调整支出结构，重点保障了人员经费按政策足额发放和机关正常运转。**三是**支农、惠农、社会保障政策得到了全面落实，民生投入进一步提高。**四是**推进财政改革创新，促进财政运行机制更加完善、管理效能不断提升。**五是**全力支持经济发展方式转变，为县域经济又好又快发展提供了基础保障。**六是**加强政府债务管控，合法、合理举借债务，对存量债务进行消化清理甄别，积极防范财政运行风险。

各位代表，过去的一年，全县财政各项工作取得了长足进步，但距离全县人民的要求还有较大差距。当前，经济发展的新形势对财政工作提出了新的更高要求，我们将充分把握新形势带来的有利条件，努力化解不利因素，采取更加有效的工作举措，推进财政科学化、精细化管理，推动全县经济社会的全面发展。

二、2017 年财政预算草案

2017 年是实施“十三五”规划的重要一年，是供给侧结构性改革的深化之年，也是京津冀协同发展全面推进的关键之年，编制执行好 2017 年预算，做好各项财政工作，对推动全县科学发展、绿色崛起意义重大。2017 年全县总预算和县本级预算安排如下：

（一）预算收支安排情况

1．一般公共预算安排情况

2017 年全县财政收入计划安排 782000 万元，同比增收 136238 万元，增长 21%。其中：一般公共预算收入计划安排 435300 万元，同比增收 34283 万元，增长 8.5%。

按照财政收入计划和现行财政管理体制测算，全县一般公共预算可用资金预计 563507 万元。其中，县本级可用资金 520012 万元，镇区可用资金 43495 万元。

全年支出计划安排 563507 万元，其中：县本级支出计划安排 520012 万元，镇及园区支出计划安排 43495 万元（美丽乡村和镇区建设支出列入县本级统筹，未列入镇区支出）。全县、县本级和镇区支出安排与当年可用资金数额一致，做到了收支平衡。

上述收支中不包括提前下达的专项转移支付资金 10829 万元。若包括，则全县一般公共预算可用资金和支出均为 573836 万元，不影响收支平衡情况。

2．政府性基金安排情况

政府性基金收入计划安排 350000 万元，综合可用资金为 356660 万元。支出计划安排 356660 万元，做到了收支平衡。

上述收支中不包括提前下达的专项转移支付资金 102 万元。若包括，则全县政府性基金可用资金和支出均为 356762 万元，不影响收支平衡情况。

3．社会保险基金预算安排情况

社会保险基金预算收入当年计划安排 30215 万元，社保基金预算支出当年计划安排 27600 万元。加上上年结余资金，滚存结余 24275 万元（医疗保险基金 2017 年上划市统筹）。

4．国有资本经营预算情况

2017 年由于我县没有国有资本经营收入项目，因此国有资本经营预算不做安排。

（二）2017 年预算安排指导思想和基本原则

根据今年形势和改革要求，预算编制的指导思想是：全面贯彻党的十八大和十八届三中、四中、五中、六中全会，深入落实习近平总书记系列重要讲话,紧紧围绕县委、县政府决策部署，坚持稳中求进工作总基调，继续实施积极的财政政策，进一步深化财税体制改革，优化财政资源配置，创新财政支持政策，发挥引导放大作用，着力促进经济增长，支持转型升级，保障和改善民生，防范运行风险，为全面建成小康社会提供坚实的财力支撑。

预算编制遵循的基本原则：**一是**深化改革，依法理财，加强绩效预算管理，依据新《预算法》改进预算编审程序，细化项目编制，硬化预算约束，推进预算公开。**二是**突出重点，突出支持协同发展、脱贫攻坚、民生保障、结构调整、化解产能、科技创新、生态治理等重点领域，更好发挥财政调控保障作用。**三是**积极稳妥，量力而行、尽力而为，综合考虑财政政策、事业发展的延续性，合理确定政策范围和政策力度，确保财政可持续。**四是**统筹兼顾，立足全县，着眼长远，盘活存量，用好增量，统筹考虑财力与支出需求，保障财政平稳运行。

根据上级相关要求和我县实际情况，2017年全县支出预算安排主要以“保民生、保重点、压缩一般性支出”为中心。“保民生”：**一是**保障人员工资支出，确保政策性增资所需资金到位。**二是**注重对弱势群体的关怀，对城乡居民基本养老保险、城乡居民基本医疗保险、“五保户”供养、再就业人员补贴、城乡社会救济、残疾人生活困难救助等问题按政策给予全力保障，确保实现劳有所得、病有所医、老有所养、困有所助。“保重点”：**一是**注重向大气污染防治、水资源保护、林业绿化等生态环境建设领域倾斜，努力把生态环境打造成为香河最具吸引力的优势资源。**二是**注重向三农建设领域倾斜，加大美丽乡村基础设施建设投入，为农业增产、农民增收创造安定的生产生活环境。**三是**注重向教育、科技倾斜，把加强教育投入和促进科技创新落到实处。**四是**注重向公共服务项目倾斜，加大公益性项目投入，确保人民群众更多享受经济发展的实惠。“压缩一般性支出”：贯彻落实中央“八项规定”和“约法三章”，在全力保障各级各部门基本公用支出需要的情况下，努力降低行政成本，财政供养人员及“三公”经费只减不增。

（三）政府性债务情况

2016 年底全县负有偿还责任的政府性债务余额为 118605 万元，政府债务率 13.7%，在合理区间内。按照偿还计划，2017 年县本级应偿还债务本息共计 9825 万元，已在支出预算中予以足额安排。

（四）提前支出情况

按照预算法规定，预算年度开始后，本次人民代表大会批准预算前，参照上年同期的预算支出，县本级已安排一般公共预算支出62325 万元，主要用于在职和离退休人员工资发放、单位运转及基础设施建设支出；政府性基金预算支出 31431 万元，主要用于土地开发支出。

各位代表，2017 年财政工作任务艰巨、使命光荣。我们将在县委的正确领导和县人大、县政协的监督支持下，认真落实本次人代会通过的各项决议，锐意改革，开拓进取，圆满完成全年各项工作任务，为建设生态香河、产业香河、品质香河做出新的贡献！

大事记

1月

1月4日，科技部重大专项管理办公室调研组一行在县领导王凯军、李桂强、田立军、刘洪涛的陪同下到香河县进行工作调研。

1月7日，中国共产党香河县第十届委员会第六次全体（扩大）会议在县委七楼会议室召开，县委委员、县委候补委员、列席人员共计133人参加会议。

1月7日至8日，河北省美丽乡村办副主任张保强在县领导王凯军、李桂强、闫再兴、齐建光、田立军的陪同下，到香河县就美丽乡村建设情况进行检查验收。

1月8日至9日，河北省旅游业发展大会申办专家评审组在县领导王凯军、李桂强、焦国强的陪同下到香河县进行考察评审。

1月18日，县领导王凯军、李桂强、张学义、马文龙、陈刚、田立军在县规划展馆会议室会见中粮可口可乐饮料有限公司负责人，就项目相关事宜进行沟通对接。

1月22日，在县委三楼大会议室召开十届县委2016年第五次常委（扩大）会议，县领导王凯军、李桂强、闫再兴、陈刚、张玉林、左国新、齐建光、田立军、樊亚峰、焦国强出席会议，县领导张学义、马文龙、刘建华、刘永红、宋品仲、佟永平、张浩波、杨建军、郭建永、刘凤顺、李艳霞、刘洪涛、盛泽良、李一超、李相印及县委办、政府办、组织部等单位负责人列席会议。

会议原则通过了县人大党组提交的《关于召开香河县第十四届人民代表大会第六次会议的请示》及《香河县人大常委会工作报告（讨论稿）》，县政协党组提交的《关于召开政协香河县第八届委员会第五次会议的请示》及《香河县政协常委会工作报告（讨论稿）》，县政府党组提交的《政府工作报告（讨论稿）》《2016年全县及县本级收支预算草案情况的汇报》《关于香河县2015年全县总预算及县本级预算执行情况和2016年全县总预算及县本级预算草案的报告》《关于香河县2015年国民经济和社会发展计划执行情况与2016年国民经济和社会发展计划（草案）的报告》及《香河县国民经济和社会发展第十三个五年规划纲要（草案）》，县法院党组提交的《香河县人民法院工作报告（讨论稿）》，县检察院党组提交的《香河县人民检察院工作报告（讨论稿）》，县委组织部提交的《关于在县“两会”期间成立临时党委的决定》。

是日，“城市互联•创新发展”中国互联网之城国际创新峰会在县第一城召开，县领导王凯军、李桂强、田立军参加会议。

1月26日，中国地方志指导小组办公室科研处处长张英聘带领评审专家组一行在县领导李艳霞及县志办负责同志陪同下到香河县就《香河县志（1979—2008）》稿进行第三次评审。县方志办全体工作人员参加了此次活动。

1月27日至29日，香河县第十四届人民代表大会第六次会议在县第一城国际会议中心召开，县副处级以上领导，各镇、街道、园区及县直各单位主要负责人参加会议。与会代表应到181名，实到180名，会期3天。会议主要议程为：听取和审议县人民政府县长李桂强所作的《政府工作报告》，审查和批准《香河县国民经济和社会发展第十三个五年规划纲要（草案）》；审查和批准县发展改革局局长冯国祥所作的《关于香河县2015年国民经济和社会发展计划执行情况与2016年国民经济和社会发展计划（草案）的报告》；审议和批准县财政局局长周志广所作的《关于香河县2015年全县总预算及县本级预算执行情况和2016年全县总预算及县本级预算草案的报告》；听取和审议县人大常委会主任张学义所作的《香河县人大常委会工作报告》；听取和审议县人民法院院长刘君所作的《香河县人民法院工作报告》；听取和审议县人民检察院检察长李金亭所作的《香河县人民检察院工作报告》。

1月27日至28日，县政协第八届委员会第五次会议在县第一城国际会议中心举行，会议应出席委员162人，因病因事请假4人，实际出席会议的委员158名，符合政协《中国人民政治协商会议章程》规定人数。应邀出席会议的有中共香河县委、县人大常委会、县政府领导。驻香河县的市政协委员、县直各部门、各镇、街道、园区一把手列席了会议，县政协副主席李相印主持了开幕式。会议议程是：听取和审议县政协主席马文龙作《中国人民政治协商会议香河县第八届委员会常务委员会工作报告》；审议《中国人民政治协商会议香河县第八届委员会常务委员会关于八届四次会议以来提案工作情况的报告》；委员大会发言；列席县第十四届人大六次会议第一次全体会议，听取、协商并讨论《政府工作报告》和其他报告；通过大会政治决议。此次委员会决定，常育国、赵以志、李志刚、邵贤强、王丽佳、吴炳仁、贾智、陈建伶、于秀彦、韩景丰、王建辉、祝军、高波13人不再聘任为县第八届政协委员会委员。会议决定，聘任侯玉江、邳振宇、梁建伟、刘铁山、吴海青、张万海、宋品军、窦建红、田全功、程政寓10人为县第八届政协委员会委员。县政协副主席盛泽良主持了闭幕式，县政协主席马文龙致闭幕词。

2月

2月3日，市委常委、副市长喻华锋在县领导王凯军、李桂强、田立军、焦国强、刘洪涛的陪同下到香河县进行春节慰问。并在县规划展馆召开香河县环保“两法一条例”集中宣传贯彻会议。

2月4日，县领导王凯军、李桂强、张学义、马文龙、田立军、刘洪涛到县环卫局对环卫职工进行走访慰问。

2月22日，十届县委第六十四次常委会议在县委三楼常委会议室召开，县委各位常委出席会议，县人大主任、政协主席列席会议。会议原则通过了县纪委提交的《香河县“一问责八清理”专项行动实施方案》和《县委书记王凯军在香河县“一问责八清理”专项行动动员会议上的讲话》。

是日，在县委七楼会议室组织收听收看全市“一问责八清理”专项行动动员部署电视电话会议，县领导王凯军、闫再兴、陈刚、左国新、齐建光、田立军出席会议，各镇、街道、园区及县直各单位负责同志参加会议。随后，召开全县“一问责八清理”专项行动动员部署会议。

2月26日，中纪委六室副主任叶珍奇在县领导闫再兴、陈刚、左国新、田立军的陪同下，到香河县就纪检监察派驻机构改革工作进行督导调研。

2月29日，2016年全县亿元以上项目集体开工仪式举行，县四大班子领导分别到分会场参加开工仪式。全县共有 10 个亿元以上项目举行开工仪式。

3 月

3 月 4 日，县四大班子领导先后赴天津市武清区、固安县就路网建设、水系治理、生态提升（绿博园）及园区项目建设、连片美丽乡村建设等方面的先进发展经验进行学习考察。

3 月 28 日，县领导王凯军、李桂强、陈刚、刘凤顺赴北京参加京津冀协同发展廊坊投资推介会。

3 月 30 日，县领导王凯军、李桂强、张学义、马文龙、张玉林、田立军带领部分镇、街道、城建部门一把手赴宝坻区就城市建设、城中村拆迁改造、还迁房建设等工作进行参观考察。

4 月

4 月 6 日，市长冯韶慧在县领导王凯军、李桂强、陈刚、田立军的陪同下到香河县进行工作调研。

4 月 7 日，省文化厅副厅长梁扉在县领导王凯军、田立军、焦国强、李艳霞的陪同下，到香河县就国家公共文化服务体系示范区创建工作进行督导调研。

4 月 8 日，“携手香河通州 读书点亮人生”文化惠民活动在香河县规划展览馆隆重举行。来自各镇、街道、园区的宣传委员、文化站站长以及文化志愿者 80 余人参加了活动，通州区政府副区长李亚兰、通州区文化委主任王立生，廊坊市委常委、市政府副市长喻华锋，廊坊市文化广电新闻出版局党组副书记、调研员张永清和香河县委书记王凯军、县长李桂强，县委常委、宣传部部长焦国强，县政府副县长张雪莲出席了此次活动。活动中，通州区向香河县捐赠图书 3000 余册。香河县图书馆馆长唐淑凤与通州区图书馆馆长杨兰英签订《图书馆交流战略合作意向书》。

4 月 9 日，香河县启动了流动图书车，车上配备了空调、矿泉水、老花镜、纸、笔、马扎等设施及儿童文学类、历史类、医学保健类、生活百科类图书约 1500 余册，每周六开展流动图书车服务城乡群众活动。

4 月 11 日，市委书记王晓东在县领导王凯军、李桂强、田立军、李艳霞的陪同下到香河县进行工作调研。

4 月 12 日，由市委组织部副部长刘燕带队的考核组在第一城进行领导班子调研暨个别座谈，县委、人大、政府、政协领导班子成员，法检“两长”，其他在职的市委管理干部，党委、政府综合部门主要负责人，部分镇、街道、园区党政正职，县纪委副书记、组织部副部长参加会议。

是日，菜鸟物流集团负责人在县领导王凯军、李桂强、刘凤顺的陪同下，到香河县就项目相关事宜进行考察对接。

4 月 22 日，县委常委会议在县委三楼常委会议室召开，县委各位常委出席会议，县人大主任、政协主席及县委办、政府办等单位负责人列席会议。会议原则通过了县委组织部提交的《关于在全县党员中开展“学党章党规、学系列讲话，做合格党员”学习教育实施方案》《县委书记王凯军在全县“两学一做”学习教育动员大会上的讲话》《全县“两学一做”学习教育动员大会安排方案》《关于公开选拔优秀村街党组织书记的情况汇报》和《关于优秀村街党组织书记参照乡镇事业编制人员享受财政供养待遇日常管理工作细则》。会议还听取了县委书记王凯军传达的全省“两学一做”学习教育动员会议和全市“两学一做”学习教育动员会议精神，研究了组织工作相关事宜。

4月22日至23日，省旅游发展大会专家评审组在县委常委、宣传部部长焦国强的陪同下，到香河县就申办2017年河北省旅游业发展大会进行考察评审。

4月24日，由文化部公共文化司副巡视员孙凌平带队的国家公共文化服务体系示范区创建工作考核组一行在县领导王凯军、李桂强、田立军、焦国强、李艳霞的陪同下，到香河县就国家公共文化服务体系示范区创建工作进行考核验收。考核组实地检查了河北吴村文化活动室。

4月25日，全县“两学一做”学习教育动员会议在县委七楼会议室召开，县副处级以上领导，各镇、街道、园区及县直各单位主要负责人参加会议。

4月26日，香河县2016年中小学生田径运动会开幕式在县一中体育场举行，县领导闫再兴、张浩波、郭建永、李一超出席开幕式，县委组织部、宣传部、教育局等单位负责人参加此次活动。

4月27日，县委书记王凯军赴市会见阿里巴巴集团负责人就有关事宜进行沟通对接。

4月28日，第五届“中国香河国际家居采购文化节”开幕式在经纬家居城举办，县副处级以上领导参加开幕式。

4月30日，在渠口镇宣教寺村北发现疑似古墓，经勘探为宋辽时期两座墓葬，随即进行抢救性发掘，出土十几枚宋代大观通宝、太平通宝、元丰通宝，属于平民墓葬。

5月

5月5日，公开选拔优秀村街党组织书记集体谈话会在县委三楼大会议室召开，县领导王凯军、闫再兴、陈刚、齐建光出席会议，各镇、街道、园区及县委组织部、财政局、人社局主要负责人，21名优秀村街党组织书记参加会议。

5月16日，香河机器人产业园企业集中入驻暨太库（香河）智能硬件加速器开业仪式在开发区机器人产业园举行，市委常委、副市长喻华锋，县领导王凯军、李桂强、陈刚、田立军、刘凤顺出席开业仪式。

5月19日，在县委七楼会议室组织收听收看全省关于李保国先进事迹（电视电话）报告会，县四大班子领导及县委办、政府办、组织部、宣传部、纪委、政法委等单位负责人参加会议。

5月24日，县领导李桂强、刘洪涛、孟庆强陪同省环保厅督查组督导检查香河县北运河污染治理工作。

是日，市卫计委党委副书记王廷桥带领督导组一行在县领导李桂强、闫再兴、李艳霞陪同下，到香河县就卫生计生机构合并工作进行督导检查。

5月26日，省美丽乡村建设督导组在县领导王凯军、李桂强、闫再兴、田立军、焦国强的陪同下，到香河县就美丽乡村建设“两改一清一拆”、村庄规划、中心村建设、融资进展情况进行督导检查。

5月27日，省财政厅行政政法处副处长侯延钢在市委副处级组织员纪诚然，县领导王凯军、闫再兴、陈刚、齐建光、田立军的陪同下，到香河县就村干部基础职务补贴发放、农村“三支队伍”建设、后进村治理整顿和村党组织书记星级管理试点工作进行督导检查。

6月

6月1日，市委副书记、副市长胡晓军在县领导王凯军、李桂强、闫再兴、田立军的陪同下到香河县进行工作调研。

6月8日，县领导王凯军、李桂强、闫再兴、张学义、马文龙、田立军先后到安平镇王家摆村、蒋辛屯镇岭子村、苍头村、三百户村、潮北新城社区、渠口镇西魏各庄村、渔阳院村，就美丽乡村建设工作进行督查调研。

6月13日，“两学一做”学习教育专题培训班在县委七楼会议室召开，中共中央党校哲学教研部副主任、中央党校社会发展研究中心副主任、中国应用哲学研究会会长董振华教授应邀出席会议，县副处级以上领导，各镇、街道、园区及县直各单位主要负责人参加会议。

是日，中国核工业集团公司副总经理曹述栋在县领导王凯军、李桂强、陈刚、刘凤顺的陪同下，到香河县就“原子高科华北同位素药物生产研发基地”项目进行考察对接。

6月14日，省委常委、省军区司令员邵亨在县领导王凯军、李桂强、闫再兴、田立军、焦国强的陪同下，到香河县就人武工作进行督导调研。

6月15日，县职教中心与北京商鲲教育控股集团校企合作联合办学签约仪式在县规划展馆举行，县领导李桂强、郭建永出席签约仪式。

6月16日，由市人大常委会副主任王相仁带队的市人大执法检查组在县领导王凯军、张学义、田立军、佟永平、张浩波、刘洪涛的陪同下，到香河县就水污染防治“一法一条例”贯彻落实情况进行执法检查。

6月27日，国务院食安办主任、国家食药监总局局长毕井泉一行在县领导李桂强、郭建永的陪同下，到香河县就食品药品监管体制改革情况进行专题调研。

6月30日，副市长王俊臣在县领导王凯军、田立军、郭建永的陪同下到香河县检查防汛工作。

7月

7月1日，市委常委、副市长喻华锋在县领导王凯军、李桂强、闫再兴、齐建光、田立军的陪同下，到香河县对老党员和生活困难党员进行走访慰问，并为全县党员干部讲党课。

是日，北京居然之家投资控股集团有限公司总裁汪林朋在县领导王凯军、李桂强、陈刚、田立军、刘凤顺、张雪莲的陪同下，到香河县就居然之家智慧家居香河创意博览园项目进行洽谈对接。

7月6日，北京市政府副秘书长张志宽一行在县领导李桂强、陈刚、刘凤顺及县国土局、环保园区、国兴公司主要负责人陪同下，到香河县就项目投资事宜进行考察。

7月7日，省委常委、宣传部部长田向利在县领导王凯军、李桂强、闫再兴、田立军、焦国强的陪同下，到香河县国华影视基地就文化产业发展情况进行督导调研。

是日，在县政府二楼东会议室，县领导李桂强、刘洪涛与北京八方达客运公司副总经理周连军一行，就新增938客运专线事宜进行对接，交通局、爱晚公司负责同志参加。

7月8日，全县乡镇领导班子换届工作会议在县委七楼会议室召开，县副处级以上领导出席会议，各镇党委书记、人大主席、纪委书记、组织委员，各街道党委书记，县直各单位主要负责人参加会议。

是日，市委常委、组织部部长李龙一行4人到香河县就县党政班子运行情况与县党政班子成员、人大常委会主任、政协主席进行座谈调研。

7月10日，省委副书记赵勇在县领导王凯军、李桂强、田立军、郭建永的陪同下，到香河县就防汛工作进行督导检查。

7 月 12 日，市委副书记、副市长胡晓军在县领导王凯军、田立军、郭建永的陪同下，到香河县就防汛情况进行督导调研。

7 月 13 日，县领导李桂强、刘洪涛在县政府二楼待客室会见中信产业基金投资副总裁杨迪、上海康恒环境股份有限公司龙吉生，就垃圾焚烧发电厂建设事宜进行对接洽谈。

7 月 14 日，在县政府二楼会议室召开县长办公会议，县领导李桂强、陈刚、刘洪涛出席会议，县环保局、大气办、农工部等单位负责人参加会议。会议就散烧煤清洁化替代、燃煤锅炉拆改、家具企业 VOC 治理等大气污染防治强化措施进行研究部署。

7 月 15 日，省湿地保护中心主任张海一行在县领导李桂强、郭建永的陪同下，到香河县就湿地建设进行调研。

7 月 16 日至 17 日，京津冀汽车零部件物流交易中心项目推介会在第一城举办，县领导王凯军、李桂强、陈刚、田立军参加相关活动。

7 月 21 日，居然之家—香河好百年签约仪式暨新闻发布会在第一城召开，县领导李桂强、刘凤顺参加签约仪式。

是日，在县政府五楼会议室，召开县燃煤锅炉淘汰和工业企业 VOC 治理工作会议。县领导刘洪涛、孟庆强出席会议，各镇、街道、园区及有关部门负责同志参加会议。

7 月 26 日，由市工信局局长徐静华带队的换届考察组到香河县就县级领导班子进行换届考察，在县委七楼会议室召开县委常委（扩大）会议，县四大班子成员、县法院院长、检察院检察长和换届考察组全体成员参加会议。

是日，香河县在县委广场西侧举行“征兵宣传日”活动，县领导闫再兴、韩超、刘建华、刘凤顺、李一超参加宣传活动。

7 月 27 日，由市工信局局长徐静华带队的换届考察组到香河县就县级领导班子进行换届考察，在第一城召开县级领导班子换届考察座谈，副处级以上干部，县委、政府工作部门、人民团体主要负责人，乡镇（街道）党委、政府主要负责人；人大、政协办公室主任，工商联主要负责人，民主党派、无党派人士代表参加换届考察座谈。

7 月 28 日，在县委办公楼前举行向洪涝灾区捐赠仪式，县四大班子领导，县委楼内各部门机关工作人员参加捐赠仪式。共捐赠人民币 15810 元。

7 月 29 日，北华航天工业学院校长郝玉龙一行在县领导李桂强、陈刚、郭建永、孟庆强的陪同下，到香河县就遥感信息需求情况进行调研对接。

8 月

8 月 1 日，曾来德专题讲座在县委三楼大会议室举办，县四大班子领导参加专题讲座。讲座结束后，与会人员先后到香河县文化艺术中心、规划馆书画展、国华影视基地曾来德工作室、国华影视基地摄影棚进行参观学习。

是日，香河县在县政府五楼会议室组织收听收看全省征兵工作电视电话会议，并于会后召开香河县征兵工作会议，县领导李桂强、韩超、刘凤顺及各镇（街道、园区）镇长（主任、常务副主任）、武装部长，县征兵工作领导小组成员单位主要负责同志参加会议。

8 月 4 日，全县省级文明县城创建推进会议在县委七楼会议室召开，县领导王凯军、李桂强、闫再兴、焦国强、李艳霞出席会议，各镇、街道、园区及县直有关单位主要负责人参加会议。

8 月 10 日，香河县“进百企、访千户”活动动员大会在县委七楼大会议室召开，县四大班子领导参加会议。

是日，在县规划展馆一楼会议室，召开扬尘治理工作会议。县领导张玉林、刘洪涛出席会议。各镇、街道、园区、有关部门主要负责同志及房地产开发企业、建筑工地、渣土车队主要负责人及司机代表参加会议。

8月12日，县领导王凯军、李桂强、张玉林赴北京参加香河县人民政府与中冶置业集团有限公司战略合作框架协议签署仪式。

8月15日，市委书记冯韶慧在县领导王凯军、李桂强、陈刚、田立军的陪同下到香河县进行工作调研。

是日，在县政府二楼东会议室，县长李桂强主持召开县长办公会议，就香河县煤改气工作进行安排部署。县领导陈刚、张玉林、刘洪涛出席会议，县环保局、住建局、农业局、财政局、发改局单位主要负责人参加会议。

8月16日，县领导焦国强、李艳霞带领县文广新局、公安局、安监局、工商局等有关部门负责人对香河县文化市场进行联合检查。

8月22日，在县政府二楼东会议室，县长李桂强主持召开县长办公会议，就香河县散烧煤清洁化替代工作进行安排部署。县领导陈刚、张玉林、郭建永、刘洪涛出席会议，县环保局、住建局、农业局、财政局主要负责人参加会议。

8月24日，市工业和信息化重点工作督导组一行到香河县就工业指标入统、工业燃煤锅炉拆改和免费 Wi-Fi 覆盖等工作进行督导检查，县领导李桂强、刘凤顺，县工信局、统计局、环保局相关负责人陪同检查。

是日，在县政府五楼会议室，召开建筑领域集中整治行动动员会议。县领导李桂强、张玉林、刘洪涛出席会议；县住建局、执法局、规划局等相关部门主要负责人参加会议。

8月25日，县领导李桂强、刘凤顺带领县发改局、工信局、规划局、国土局等单位主要负责同志到强胜电动车、海潮制件有限公司、国瑞智测试设备有限公司等企业进行实地调研，开发区、五百户镇、环保产业园区等相关单位主要负责人陪同调研。

是日，河北省卫生和计划生育委员会党组成员、省纪委驻省卫生和计划生育委员会纪检组组长郭亚敏带领省医改督导调研组一行，在县领导李桂强、李艳霞陪同下到香河县督导公立医院综合改革工作。

8月29日，县领导李桂强、刘洪涛带领县交通局、规划局、水务局、国土局等部门主要负责人就全县交通路网建设情况进行实地调研。

9月

9月7日，在县妇产医院多功能厅，组织召开全县大气污染防治强化措施动员会议。县领导李桂强、闫再兴、张玉林、郭建永、刘洪涛出席会议。各镇、街道办、园区及相关部门主要负责人，各村街党支部书记或村主任参加会议。

9月8日，全国政协外事委员会副主任韩方明在县领导王凯军、李桂强、马文龙、田立军、樊亚峰的陪同下，先后到香河县渠口镇戴家阁村龙泉寺、安平镇王指挥庄村宝庆寺进行工作调研。

9月10日，在县妇产医院多功能厅，召开香河县2016年教师节庆祝暨表彰大会，县四大班子领导出席。

9月13日，香河书画院正式成立，并在县规划展馆举办了香河画院揭牌仪式暨金秋书画展活动。原文化部人事司副司长殷福，中国国家画院副院长曾来德，中国亚洲经济发展协会华夏文化艺术委员会会长、书画家陶洪君以及来自京津和本地书画爱好者100余人参加了成立仪式并参观书画展。

是日，中国国家画院副院长、书法篆刻院执行院长，中国书法家协会理事、北京大学客座教授曾来德先生“香河荣誉市民”和“香河县人民政府文化顾问”聘任仪式在县规划展馆报告厅举行，县四大班子领导出席聘任仪式，各镇、街道、园区负责人参加聘任仪式。

是日，曾来德先生聘任仪式暨香河县2016年“庆中秋•迎国庆”公益晚会在国华影视基地举办，县领导王凯军、李桂强、闫再兴、张学义、马文龙、陈刚、田立军、焦国强、郭建永、刘凤顺参加公益晚会。

是日，在县政府二楼会议室，副县长刘洪涛主持召开县长办公会议，就北京八方达810路公交车线路调整和站点增设工作进行研究部署。交通局、住建局、规划局、执法局、交警队、938香河总站、华夏公司等单位负责同志参加会议。

9月14日，在县政府二楼会议室，副县长刘洪涛主持召开京唐城际铁路定测地勘推进会。支铁办、发改局、财政局、国土局、环保局等部门、有关镇（园区）及铁路公司、铁三院负责人参加会议。

9月18日至21日，由河北省新闻出版广电局、北京市新闻出版广电局、天津市新闻出版广电局、河北新闻出版传媒集团、廊坊市人民政府共同主办的首届京津冀运河书香节暨廊坊市金秋书展在廊坊举行，香河县作为分会场负责运河寻踪、运河文化•廊坊书香传承发展论坛及流动图书服务车和农家书屋观摩活动。

9月21日，廊坊市县级统战力量整合工作现场会在香河县规划展馆召开，县领导王凯军、李桂强、齐建光、田立军、樊亚峰参加相关活动。

9月27日，重点项目集中开工现场会在国安运河文化生态项目现场举行，市领导王曦、布泽文，县领导王凯军、李桂强、闫再兴、张学义、马文龙、陈刚、张玉林、田立军参加相关活动。

9月30日，工行廊坊分行与城镇房地产公司全面合作签约仪式在县规划展馆举行，县领导王凯军、李桂强、张学义、马文龙、陈刚、田立军出席签约仪式。

10月

10月9日，县领导王凯军、李桂强、张学义、马文龙、田立军、郭建永出席大爱书院养老中心开业仪式。

10月12日，尹金霍洛旗委常委、副旗长刘槐予带领考察团一行在县领导焦国强、李艳霞陪同下到香河县就影视文化产业发展进行考察。

10月14日，河北省高速公路管理局局长杨荣博在县领导李桂强、刘洪涛的陪同下到香河县就密涿高速引线工程进行工作调研。

10月19日，市政协主席郑广富、副主席张卫东一行在县领导王凯军、马文龙、陈刚、田立军、盛泽良、李相印的陪同下，到香河县就重点项目建设情况进行考察。

10月20日，李保国先进事迹音乐情景剧《太行山上的新愚公》巡演活动在县妇产医院举行，县副处级以上党员领导观看巡演活动。

10月21日，省卫计委监督处处长张树朝带领省评估组一行在县领导李桂强、焦国强、李艳霞陪同下到香河县就新一轮全国计生优质服务先进单位创建工作进行现场评估。

10月26日，香河县创建文明城市倡议暨第五届环卫工人节庆祝大会在县新城广场举办，县领导李桂强、张学义、马文龙、焦国强、刘洪涛出席庆祝大会，各镇、街道、园区、县直各单位主要负责人，县内 17 家物业公司负责人、企业代表及县环卫局全体干部职工参加庆祝大会。

10 月 27 日，县领导李桂强、刘洪涛带领县环保局、住建局、执法局、环卫局、淑阳镇、钳屯镇、新开街道办、新华街道办主要负责同志对监测点周边大气治理工作进行实地督导检查。

10 月 28 日，在县委三楼常委会议室召开县委常委会议，县委各位常委出席会议，县人大常委会主任、政协主席列席会议。会议专题研究学习贯彻中共十八届六中全会精神；审议通过了县委统战部提交的《香河县工商联（总商会）换届会议方案、换届人选名单》；审议通过了县编委提交的《成立中共香河县委非公有制经济组织和社会组织工作委员会的请示》和《成立香河县互联网信息办公室的请示》。

是日，香河县在老树客栈组织举行“培树香河旅游品牌形象活动启动仪式”，市旅游委副主任孙丰年，县领导焦国强、张浩波、刘凤顺、李一超，县旅游局、环保局、执法局、电视台等单位主要负责人及各镇、街道、园区相关负责人参加启动仪式。

11 月

11 月 9 日，省民政厅副厅长郑晓铭一行在县领导王凯军、郭建永、李相印的陪同下，到香河县就转业志愿兵安置政策落实情况进行督导检查。

11 月 11 日，县领导李桂强、刘洪涛带领县环保局、执法局、交通局、住建局、环卫局等部门主要负责人就重污染天气应急响应措施落实情况进行实地督导检查。

是日，香河县在县政府组织召开安全生产工作会议，县领导张玉林、刘凤顺，县安委会成员单位及相关企业主要负责同志参加会议。

11 月 15 日，运河大道北延工程规划汇报会在县规划馆会议室召开，县领导李桂强、刘洪涛出席会议，县交通局、规划局、国土局等单位负责人及设计单位负责人参加会议。

11 月 18 日，在县委三楼常委会议室召开县委常委（扩大）会议，县党政班子领导，县人大、政协主要负责人参加会议。会议原则通过了县人大常委会党组提交的《关于县、乡两级人大换届选举工作的安排意见》、县委组织部提交的《关于成立县、乡人大换届选举工作领导小组及办公室的意见》和《关于香河县选举委员会组成人员的意见》。会议还议定了关于省九次党代会期间香河县重点工作有关情况。

11 月 22 日，县领导李桂强、刘洪涛带领县环保局、住建局、教育局、安监局、淑阳镇、钳屯镇、新开街道办、新华街道办主要负责人就大气污染防治工作进行实地督导。

11 月 25 日，省安全生产大检查督导执法组在县领导李桂强、刘凤顺的陪同下到香河县就安全生产工作进行督导检查。

11 月 27 日，“哈工大京津冀创新产业园”签约仪式在第一城举行，县领导王凯军、李桂强、张学义、马文龙、陈刚、田立军出席签约仪式。

11 月 29 日，学习宣传贯彻中共十八届六中全会主题宣讲报告会在县委七楼大会议室举行，县四大班子领导出席会议，各镇、街道、园区及县直各单位主要负责人参加会议。

12 月

12 月 1 日，在县委三楼常委会议室召开县委常委会议，县委各位常委出席会议，县人大主任、政协主席列席会议。会议原则通过了县委组织部提交的《关于召开县委十届七次全委会议的安排方案》《县委十届七次全会关于召开中共香河县第十一次代表大会决议（草案）》《关于中共香河县十一届县委、县纪委组成人员名额、候选人名额、组成原则及产生办法的意见》《关于县第十一次党代会代表名额、分配原则和产生办法的意见》及《关于对各镇党委换届的请示》。

是日，县领导王凯军、李桂强、张玉林、刘洪涛与市供电公司总经理刘晓辉就500千伏变电站建设事宜进行沟通对接。

12月2日，在县委七楼会议室召开中国共产党香河县第十届委员会第七次全体会议，县委委员、县委候补委员出席会议，县纪委委员列席会议。

12月7日，县领导闫再兴、刘洪涛带领县大气办、环保局、PM2.5专家小组主要负责同志就大气污染防治工作进行实地督导。

12月8日，河北省现代公共文化服务体系建设工作现场会在廊坊举行，中共河北省委宣传部常务副部长杨永山、河北省文化厅厅长张妹芝以及来自省内各市区的与会同志在县领导王凯军、田立军、焦国强、李艳霞的陪同下，先后到香河县第一城特效影视基地、运河新村社区、河北吴村就公共文化服务体系建设进行实地观摩。

12月14日，县领导李桂强、刘凤顺带领县安监局、住建局、教育局、质监局、消防大队等单位负责人先后到百川燃气门站、英国宫五期项目、县第二幼儿园、正大有限公司、云天国际广场，就安全生产工作进行督导检查。

是日，在县政府组织召开乡村旅游规划汇报会议，县领导李桂强、刘凤顺听取了北京京师天成公司关于香河县乡村旅游规划的汇报，县旅游局、规划局及安平镇、五百户镇、刘宋镇等相关单位主要负责人参加会议。

14日至15日，省保障农民工工资支付专项督查组在县领导王凯军、李桂强、闫再兴、田立军的陪同下，到香河县就保障农民工工资支付工作和省交办的重大欠薪问题及隐患线索处理情况进行督导检查。

12月15日，省人大调研组到廊坊对《河北省安全生产条例（草案）》征求意见，市人大常委会组织部分驻廊省人大代表到香河县参与座谈，县领导王凯军、李桂强、张学义、田立军、宋品仲陪同调研。

12月19日，香河县在县环保局组织收听收看全市大气污染防治调度会议，县领导陈刚、刘凤顺及县大气办、环保局、住建局、淑阳镇、钳屯镇、新开街道办、新华街道办主要负责人参加会议，会议结束后，县领导陈刚、刘凤顺带领大气办、环保局、PM2.5专家组负责人对河南止务家具厂、交警检查点及监测点周边建筑工地进行突击检查。

12月21日，市卫计委副主任张梅带领市考核组一行在县领导焦国强、李艳霞陪同下到香河县就2016年度计生目标管理责任制和深化医改工作进行考核。

12月23日，央视七套在香河县第一城金色大厅进行“2017年春到新农村”香河专场节目录制，县领导李桂强、王文强、闫再兴、张学义、马文龙、陈刚、田立军、焦国强参加相关活动。

12月27日，在县委三楼常委会议室召开县委常委会议，县委各位常委出席会议，县人大主任、政协主席列席会议。会议原则通过了县委组织部提交的《香河县推选出席党的十九大代表候选人初步建议人选名单》和《县委十届八次全会筹备方案》、县政府党组提交的《关于全县旅游业发展体制机制改革的实施意见》和《香河县法制政府建设实施意见》。会议还认真听取了县卫计局传达的《省委办公厅、省政府办公厅印发〈关于改进计划生育目标管理责任制考核工作的实施意见〉的通知》精神，原则通过了《香河县计划生育目标管理责任制考核评估办法》。

是日，市 PM2.5 专家组一行到香河县就大气污染防治工作进行调研，并召开座谈会议，县领导李桂强、王文强、刘凤顺及相关部门主要负责同志参加此次活动。

12 月 28 日，省卫计委党组成员、副主任尹爱东带领省考核评估组一行在县领导李桂强、王文强、田立军、焦国强、李艳霞陪同下到香河县就 2016 年度计生目标管理责任制和深化医改工作进行考核评估。

香河概况

自然地理

【区域位置】 香河县位于北纬 39° 37′ 至 39° 51′，东经 116° 51′ 至 117° 12′，地处燕山南麓平原，位居河北省中部偏东，廊坊市东北部。东与天津市宝坻区毗连，南隔青龙湾河与天津市武清区相望，西与北京市通州区为邻，北与三河市、大厂回族自治县（以下简称大厂县）接壤。全境呈枫叶形，东西最长 25.5 公里，南北最宽 23.5 公里，县界总长 160.86 公里，总面积 447.99 平方公里。

县人民政府驻地淑阳镇，位于县境中部略偏西北，北运河之东，潮白河之西，距北京市中心 45 公里，距天津市中心 70 公里，距河北省会石家庄 386.2 公里，距廊坊市 52 公里。京津、唐通两大公路和京沈高速公路贯穿全境。县治淑阳镇至宝坻城区 30 公里，至大厂县城 17.5 公里，至通州城区 35 公里，至武清城区 45 公里。

【地质地貌】

1.地质

① 地层

根据中国地层区划，香河县属华北地层大区，东北部西马家窝至西延寺以东，后马房至荆庄以北属燕山分区唐山小区，其他部分属华北平原分区冀中小区。全县均为第四纪地层覆盖。

② 地质构造

香河县大地构造位置属华北地台区，横跨两个二级构造单元，后马房至荆庄以北属燕山台褶带，以南属淮河台向斜。

③ 岩浆岩

香河县境内岩浆活动主要有两期：一为燕山期。以火山岩、火山碎屑岩为主，分布在大厂凹陷与武清凹陷中；在境东部宝坻凸起区，以煌斑岩脉侵入基岩中。二为喜山期。以安山玄武岩为主，夹在第三系地层中，分布在大厂凹陷区。

2.地貌

香河县地貌形态分两种类型：

山前冲洪积扇前缘地貌 位于香河县西马家窝至西延寺一线以西，大致以海拔 10 米等高线为界，为潮白河前冲洪积扇的前缘，地面高程 10—15.9 米，坡降 0.4‰左右，河道尚有微弱的侵蚀下切能力，呈现为地下河。

山前冲洪积扇前洼地地貌 位于西马家窝至西延寺一线以东，地面高程 4.9—10.0 米，坡降 0.2‰—0.3‰。河流以缓流淤积作用为主，形成一系列洼地和较厚的黏土层。河道易淤塞，呈现地上河。

因此在扇缘向冲积平原上，从水平到垂直，都表现出河流冲击的特点，低洼中心属于湖泊静水沉积物，质地黏重。全县地势西北高，东南低，海拔（黄海）高程 4.9—15.9 米，西北部蒋辛屯镇高程 10—15.9 米，中部及北运河两岸高程 7—10 米，东部东南部的刘宋镇、渠口镇、安头屯镇东部，高程为 4.9—7 米。

【水文水系】 香河县境内有潮白河、北运河、青龙湾河、引沟入潮河等四条主要河流，年径流量为 5.9203 亿立方米，河道上有拦河闸坝 8 座，引水口 4 处，设计引水能力为 36 立方米/秒，通过调度，曹店跌水橡胶坝可一次性拦蓄地上水2180万立方米，岭子、杨百庄、赶水坝、南刘庄四座引水闸年平均引水量达8000万立方米。

全县共有干支渠142条，其中干渠26条，总长221.4公里，支渠116条，总长298.9公里，干渠闸34座，有深2.5米的坑塘670个，渠道坑塘蓄水能力900万立方米。有农用机井6914眼，其中深井229眼，主要用于城乡生活用水，浅井6685眼，主要用于农业灌溉和工业生产用水。

1.潮白河

潮白河发源于承德市丰宁县、张家口市沽源县，上游由潮河、白河两大支流组成。潮河发源于承德市丰宁县西黑山嘴，白河发源于坝上沽源县丹花岭，两河在密云水库下游河槽村汇流后，称潮白河。潮白河从岭子村北进入香河县，通过潮白新河于荣各庄南进入天津市宝坻区，在宁车沽入永定新河入海。香河县境内河道长26.48公里，流域面积183.95平方公里，境内堤防总长度46.8公里，设计流量2850立方米/秒，防洪标准20年一遇。

2.北运河

北运河发源于北京市昌平区军都山居庸关附近，有大小支流数十条，主要有南沙河、北沙河、东沙河，三条河流于昌平区的沙河闸处汇流。通县北关闸以上称温榆河，以下称北运河。北关闸至土门楼枢纽区间又有通惠河，凉水河和凤港减河纳入。北运河从乔庄南进入香河县，过木厂闸从双街南进入天津市武清区入永定河泛区，从辛庄桥入子牙河进海河入海。香河县境内河道长21.65公里，流域面积237.52平方公里，境内堤防总长度32.1公里，设计流量1330立方米/秒，防洪标准20年一遇。

3.青龙湾减河

青龙湾减河是北运河的主要分洪河道，自香河县土门楼闸起，沿香河县南部边界于庆功台扬水站东进入天津市武清区，至里自沽农场止。通过引青入潮在大刘坡入潮白新河。在香河县境内河道长18.20公里，境内堤防总长度23.69公里，设计流量1330立方米/秒，防洪标准20年一遇。

4.引沟入潮河

引沟入潮河上起泃河的辛撞闸，下至宝坻区郭家庄，汇入潮白新河，是一条为分泄泃河洪水开挖的一条减河。从罗村渡槽进入香河县，于黄家集进入天津市宝坻区，香河县境内河道长7.91公里，境内堤防总长度15.77公里，设计流量830立方米/秒，防洪标准10年一遇。

自然资源

【土地资源】 2016年，全县土地总面积67.1979万亩，其中耕地39.6057万亩；园地0.0382万亩；林地1.2716万亩；草地0.6525万亩；城镇村及工矿用地16.5162万亩；交通运输用地2.8257万亩；水域及水利设施用地5.745万亩；其他土地0.5429万亩。其中农用地45.2633万亩，占总面积的67.35%；建设用地20.1524万亩，占总面积的30%；未利用地1.7822万亩，占总面积的2.65%。农用地中，耕地39.6057万亩，园地0.0382万亩，林地1.2716万亩，其他农用地4.3478万亩，分别占农用地总面积的87.5%、0.08%、2.81%、9.61%；建设用地中，公路用地1.4149万亩，水工建筑用地1.1663万亩，建制镇3.3307万亩，村庄12.3237万亩，采矿用地0.3152万亩，风景名胜及特殊用地0.5464万亩，分别占建设用地总面积的7%、5.78%、16.52%、61.15%、1.56%、2.71%；未利用地中，河流水面1.1296万亩，其他草地0.6525万亩，分别占未利用地总面积的63.38%、36.62%。

【水资源】

1.地表水资源量。根据《廊坊市水资源评价》，香河县多年平均（1956—2000年）年降水量为593.4毫米，多年平均地表水资源量为2267.0万立方米，折合多年平均径流深49.5毫米。

2.地下水资源量。根据《廊坊市水资源评价》，全县多年平均地下水补给量为8460.0万立方米，地下水资源量为7573.0万立方米。

3.水资源总量。根据《廊坊市水资源评价》，全县多年平均水资源总量8493.0立方米，人均水资源量为278立方米，低于河北省307立方米的平均水平，高于廊坊市208立方米的平均水平；亩均水资源量200立方米，低于河北省211立方米的平均水平，高于廊坊市141立方米的平均水平。

4.地下水可开采量。根据《廊坊市水资源评价》，全县浅层地下水可开采量7695.0万立方米。深层地下水为不可开采水资源，不计入地下水可开采量。

【地热资源】 2016年，经香河县国土资源局委托廊坊市新源地热技术研究所对香河县多地块勘察发现，香河县地热水资源丰富，较为适合开发利用。可开发利用水层为中上元古界蓟县系雾迷山组热储层、古生界奥陶系—寒武系热储层、新近系馆陶组热储层，开采深度2000—4500米不等，出水温度60℃—90℃不等。具体数值根据地块不同有所变化。

根据石油部门地震勘探及区域地热勘查资料，香河县自上而下有价值的热储层及其特征简述如下：

①新近系热储明化镇组热储

新近系热储明化镇组热储层是大厂断凹广泛分布的热储层。岩性特征由上至下由细变粗，主要为白色砂岩与紫红色泥岩互层，下部为粗砂岩，底部为砂砾岩。热储层厚度89—278米；砂厚比26.3—73.8%；单层砂层最大厚度31—45米；孔隙度26%—30%，热储中部温度40—81.1℃。单井涌水量一般1000—1800立方米/天，井口水温45—76℃，矿化度2.122—3.352克/升，水化学类型HCO3—Na和HCO3—Cl—Na型，pH7.2—8.4。富水性好，但埋藏较浅，地温较低，一般不作为热储层开发。

②寒武—奥陶系裂隙岩溶热储

区内寒武—奥陶系地层，主要分布于开滦台凹的北部、大厂断凹西北部，被新生界地层直接覆盖。顶板埋深一般710—2300米、底板埋深1333—3000米。热储层主要为奥陶系的马家沟组、亮甲山组、冶里组及寒武系府君山组构成，主要岩性为灰岩、白云质灰岩、鲕状灰岩。热储层因所处的构造位置不同，其裂隙发育差别较大，临近断裂的比远离断裂的其裂隙、溶隙发育好。区内热储厚度7.5—426米，热储中部温度25—38℃，单井涌水量960—1890立方米/天，井口水温30℃左右，矿化度2.06—7.612克/升。本区内一般不作为有效热储层进行开发。

③蓟县系热储

蓟县系热储层为区域性热储层，岩性为白云岩，性硬脆，裂隙缝洞发育，富水性好。据大厂断凹夏热1井地热井资料统计，储水层主要为雾迷山组裂隙岩溶热水。井深3150米，成井段2311—2956米，单井涌水量960立方米/天，井口水温62℃，水化学类型为HCO3-Na型，矿化度0.667克/升，总硬度83毫克/升，含氟9.6毫克/升，偏硅酸40.66毫克/升，偏硼酸5.0毫克/升。水中含有多种对人体有益的微量元素，是很好的浴疗用水。依据区域上该热储地热水开发利用经验，可作为医疗矿水用于医疗和休闲度假业的开发，也可用于地板采暖和种养植业等供热之需求。含水层的利用段应定位在3000—3500米。

【生物资源】 县域内植物种类较丰富，多为人工栽培，野生植物较少。据初步调查有木本植物38科140多种，其中乔木17科80多种，落叶乔木主要有，国槐、刺槐、青桐、银杏、合欢、臭椿、栾树、火炬、垂柳、毛白杨、小叶杨、速生杨、金枝槐、香花槐、核桃等树种；常绿乔木有油松、雪松、樟子松、侧柏、桧柏等树种。花灌木14科40多种，主要有绣线菊、榛子、锦带、迎春、红叶小檗、沙地柏、平枝荀子、连翘等。草本植物主要是禾本科、菊科、蔷薇科、毛茛科、莎草科等。香河县野生植物品种约计200余种，其中被子植物品种最多，达150多种。蕨类（节节草）、裸子类（银杏）、苔藓类（墙藓、地藓）、藻类（水绵、小球藻）、菌类（木耳、蘑菇）等有20余种。植被类型：按《中国植被》分类系统，香河公园内地带性植被类型有落叶阔叶林、灌草丛。

县域内野生动物有160多种，具有较高观赏、保护价值的有白鹭、苍鹭等，它们春季从南方飞来，筑巢繁衍。经常出没于湿地、湖面，时而展翅飞翔，时而捕食嬉戏，引来众多游人驻足观赏。县域内生态环境良好，植被类型多样，生长茂密，植被覆盖率在90%以上，为动物的繁衍生息创造了条件。经不完全调查，县域内野生动物有兽类7种，禽类34种，鳞类19种，介类8种，虫类25种，主要有：兽类：狗獾、野兔、田鼠、仓鼠、蝙蝠、狸子、黄鼬、刺猬等，主要分布在草木较深的林地。鸟类：苍鹭、白鹭、野鸭、啄木鸟、猫头鹰、乌鸦、喜鹊、灰喜鹊、燕子、布谷鸟、麻雀、百灵、黄鹂、画眉等，这些鸟类种群较多，正常游览时间可闻可见。特别是每年的春夏秋季节，可见成群的苍鹭、白鹭，时而盘旋水面，时而栖息沼泽。爬行类：蜥、蛇、蜥蜴、壁虎、龟、鳖等。两栖类：青蛙、虎纹蛙、沼蛙等。鱼类：鲤鱼、草鱼、白鲢、鲫鱼、鲶鱼、鳝鱼、黄瓜鱼、胖头鱼、黑鱼、石鲢鱼、泥鳅等。富足类：田螺、蜗牛、钉螺等。甲壳类：虾、蟹、潮虫、水蚤等。昆虫类：蝴蝶、蜜蜂、螳螂、蟋蟀、蚱蜢、瓢虫、蚯蚓、蜻蜓等随处可见。

气　候

【概况】 香河县2016年气温正常，降水偏少。全年日照时数2525.8小时，比历年平均值偏少32.6小时，年日照百分率为57%。

【气温】 2016年平均气温为12.4℃，比历年平均值偏高0.3℃；年极端最高气温36.2℃，出现在6月26日，年极端最低气温-17.6℃，出现在1月23日。当年无霜期日数为240天。

【降水】 全年的降水量为523.0毫米，比历年平均值偏少22.9毫米。日降水量≥25毫米的日数为3日；日最大降水量出现在7月20日，130.6毫米。年最长连续降水日数7月19日至7月22日，降水总量151.5毫米。

【异常天气】 受冷暖空气的共同影响，7月19日夜间至21日，香河县出现降雨天气，此次降雨过程最大降水量出现在渠口镇211.0毫米，最小降水量出现在钳屯镇115.3毫米，全县平均降水量为141.8毫米。根据县民政局统计，此次降水造成176个村街，10565户，41113人受灾。受灾经济作物，玉米2754.04公顷，其中成灾面积1879.98公顷，绝收面积88.67公顷，成灾作物减产3成，造成直接经济损失1759.56万元。受灾树157416棵，造成直接经济损失804.55万元。受灾果树3000棵，造成直接经济损失90万元。

行政区划

2016年底，香河县辖淑阳镇、安平镇、五百户镇、刘宋镇、安头屯镇、渠口镇、蒋辛屯镇、钱旺镇、钳屯镇9个镇，新开、新华、平安3个街道办事处。河北香河经济开发区、河北香河新兴产业示范区、香河环保产业园区3大省级园区、1个农业园区（香河县农业高新技术园区），1个家具城，共计300个行政村和新开、新绣、安抚、段庄、永泰、康宁、绣水、新华、永兴、迎宾、城西、民安、新城、正阳、安泰15个社区居民委员会。

2016年香河县行政区划表

表1

镇（街道办、园区）	所辖行政村街	所辖居民委员会
淑阳镇（辖28个行政村街）	朱庄、大王庄、许台、杜屯、孟庄、郎庄、池套、前套、后套、大罗屯、小罗屯、前小屯、后小屯、赵庄、姬家止务、河南止务、河北止务、孙家止务、姚家止务、王家止务、宋家止务、凌家吴村、河南吴村、郭辛庄、赶水坝、金辛庄、矬口、计庄	—
安平镇（辖29个行政村街）	一街、二街、四街、后庄、东庄、扁城、赶古庄、谢屯、周庄、西贾庄、延福屯一村、延福屯二村、草沙河、成辛庄、小友垡、甘露寺、王家摆、谭庄、曹店、北太平庄、堡上、鲁家务、孙家务、王指挥庄、乔庄、三间房、枳根城、陈辛庄、高庄	—
五百户镇（辖43个行政村街）	土山、四百户、三百户、骡子王、南蔡庄、夏辛庄、兴隆庄、仉村、高辛庄、曹庄、黄营、五百户、西张庄、前马房、后马房、头百户、马各庄、六百户、八百户、九百户、十百户、孙小营、东七百户、西七百户、李庄、前土门楼、后土门楼、西王家务、吴打庄、邢家营、荒凌庄、东双街、南太平庄、香城屯、南周庄、南张庄、霍刘赵村、田各庄、南石辛庄、香椿营、仓上、于辛庄、董家湾	—
刘宋镇（辖25个行政村街）	刘宋、东张庄、倪庄、马庄、程官屯、庆功台、王家务、八户、德辛庄、小刘庄、西太平庄、幞头屯、吴庄、尹庄、北村、北务屯、辛立屯、中营、刘庆庄、小陈庄、荆庄、大田、东王各庄、西王各庄、南孙家庄	—
安头屯镇（辖21个行政村街）	安一、安二、安三、安四、西口头、北口头、前口头、东口头、韩营庄、杨营庄、孙营庄、赵营庄、顾家屯、黄庄、东兴隆庄、东太平庄、商汪甸、前独立庄、后独立庄、大青庄务、小青庄务	—

续表1

镇（街道办、园区）	所辖行政村街	所辖居民委员会
渠口镇（辖48个行政村街）	渠口、北渠口、金庄、许庄、王刘圈、邵庄、店子务、康庄、宣教寺、荣各庄、戴家阁、牛济河、小高坨、小河各庄、魏家滩、孙各庄、温庄、小圈、西梨园、东梨园、三岔口、卢庄、邱庄、韦各庄、高山庄、炭户庄、石虎辛庄、固庄、韩庄、躲各庄、窦庄、阎胡套、卸甲庄、黄沙务、蔡庄、谭家务、大鲁家口、东鲁家口、大七里、小七里、渔阳院、东魏各庄、西魏各庄、北张庄、西河头、唐屯、青寺、青户庄	—
蒋辛屯镇（辖18个行政村街）	王店子、苍头、岭子、梁家务、河北吴村、闻庄、北三百户、北六百户、北头百户、大窑上、杨簸箕庄、北李庄、北五百户、大马坊、小马坊、后场、小祁庄、蒋辛屯	—
钱旺镇（辖21个行政村街）	土堡子、马房顶、北刘庄、袁庄、田贾庄、焦康庄、义井、达古庄、大高坨、袁官屯、大六王庄、小六王庄、大河各庄、富各庄、东马家窝、西大街、后大街、和平街、姜吴街、成自务、钱旺村	—
钳屯镇（辖19个行政村）	红庙、茅草店、后家湾、二百户、起河屯、坨子、西延寺、前延寺、贾庄、窝头、钳屯、叶屯、尚店、张庄、池屯、赵屯、草寺、西刘庄、雀林院	—
新开街道办事处（辖8个村街、7个社区居民委员会）	西南街、东南街、南台、阎乔各庄、安抚寨、周园、段乔各庄、前店子	新开社区居民委员会、新绣社区居民委员会、安抚社区居民委员会、段庄社区居民委员会、永泰社区居民委员会、康宁社区居民委员会、绣水社区居民委员会
新华街道办事处（辖8个村街、4个社区居民委员会）	白庙、胡庄子、万福辛庄、北岗子、刘庄、西北街、东北街、西店子	新华社区居民委员会、永兴社区居民委员会、迎宾社区居民委员会、城西社区居民委员会
平安街道办事处（辖4个社区居民委员会）	—	民安社区居民委员会、新城社区居民委员会、正阳社区居民委员会、安泰社区居民委员会
河北香河新兴产业示范区（辖17个村街）	百家湾、前建各庄、后建各庄、王庄子、北四百户、小尹庄、挠子庄、祈羊店、姬庄、匠庄、小朱庄、前骆驼港、后骆驼港、双营、打　户、大荒庄、程辛庄	—

续表 1

镇（街道办、园区）	所辖行政村街	所辖居民委员会
香河环保产业园区（辖 15 个行政村街）	小店子、前彭家务、后彭家务、南王庄子、南刘庄、黄院、前井亭、中井亭、后井亭、孙家庄、铁佛堂、石辛庄、庞营、东延寺、李辛庄	—

人　口

据香河县统计局关于 2016 年国民经济和社会发展的统计公报统计，2016 年，年末户籍人口 367732 人，比上年末增加 5818 人，年末户籍数 125861 户。符合政策生育率 96.20‰，出生人口 4679 人，出生率为 13.60‰。死亡人口 2105 人，死亡率为 6.12‰。自增人数 2574 人，人口自然增长率 7.48‰。常住人口 369139 人，比上年末增加 4000 人。常住人口城镇化率 60.33%，比上年提高 1.0 个百分点。

民族　宗教

【民族】 2016 年，全县共有汉族、满族、回族、蒙古族、壮族、朝鲜族、苗族、土家族、布依族、彝族、侗族、藏族、瑶族、白族、傈僳族、锡伯族、达斡尔族、黎族、傣族、仫佬族、土族、哈尼族、畲族、水族、仡佬族、羌族、鄂温克族、俄罗斯族、鄂伦春族、赫哲族、东乡族、哈萨克族、柯尔克孜族、乌孜别克族、基诺族等 35 个民族。全县总人口 367732 人，少数民族总人口 10183 人，占全县总人口的 2.8%。

【宗教】 全县有天主教、基督教、伊斯兰教和佛教四大宗教。县级宗教团体 2 个，即伊斯兰教协会和佛教协会。天主教堂 4 座，分别坐落在安平镇扁城村、新兴产业示范区挠子庄村、蒋辛屯镇北头百户村、刘宋镇东张庄村。基督教活动场所 3 处，分别在五百户镇邢营村、五百户镇田各庄村、县城区。伊斯兰清真寺 3 座，分别在五百户镇香椿营村、安平镇一街、新华街道办西北街。佛教场所依法批准登记 3 处，分别是大安寺、九圣寺和宝庆寺。佛教皈依居士 2000 余人，基督教信众 2000 余人，天主教信众 1500 余人，伊斯兰教信众 3380 人。

经济和社会发展

【概况】 2016 年，全县人民在县委、县政府的正确领导下，主动适应、积极引领经济发展新常态，狠抓改革攻坚，突出创新驱动，抢抓京津冀协调发展机遇，以实现香河跨越式发展、绿色崛起为定位，为决胜全面建成小康社会奠定了坚实基础。据初步测算，全县实现地区生产总值 215.4 亿元，按不变价格计算比上年增长 8.5%，其中：第一产业实现增加值 16.7 亿元，同比下降 1.2%；第二产业实现增加值 106.4 亿元，同比增长 6.5%；第三产业实现增加值 92.2 亿元，同比增长 12.9%。全县人均创造地区生产总值 58672 元，同比增长 7.4%。第一、二、三产业增加值占地区生产总值的比重由上年的 8.4∶50.7∶40.9 调整为 7.8∶49.4∶42.8。财政收入占地区生产总值的比重达 29.98%，比上年提高 4.5 个百分点。

民营经济实现增加值 153.1 亿元，比上年增长 8.9%，占地区生产总值比重的 71.1%。民营经济实缴税金 48.7 亿元，同比增长 8.49%，占全部财政收入比重的 75.44%。

全县居民消费价格指数 102.2%（2015 年=

100)，分类别看，食品烟酒指数 103.1%，衣着指数 104.3%，居住指数 102.8%，生活用品及服务指数 100.2%，交通和通信指数 100.6%，教育文化及娱乐指数 100.6%，医疗保健指数 101.7%，其他用品和服务指数 102.7。

【农业】 全年粮食作物播种面积 20349 公顷，总产量 126203 吨。其中，夏粮播种面积 7765 公顷，总产量 46983 吨，秋粮播种面积 12584 公顷，总产量 79220 吨。棉花播种面积 5 公顷，总产量 4 吨。全年蔬菜播种面积 12068 公顷，总产量 744123 吨，其中设施蔬菜 6062 公顷，总产量 370553 吨。

全年肉类总产量 15396 吨，其中猪肉产量 8168 吨，年末生猪存栏 573 万头，生猪出栏 1091 万头，蛋类总产量 21519 吨，奶类总产量 9645 吨。全年蔬菜、畜牧两大优势产业产值占农林牧渔业总产值的 83.5%，农业产业化经营率达到 66.5%。

年末拥有农机总动力 27.12 万千瓦，大中型拖拉机 1612 台，当年机械耕种面积 14972 公顷，当年机械收获面积 16801 公顷，年末实有机电井 5960 眼，有效灌溉面积 20405 公顷。农用化肥施用量（折纯）18915 吨，农村用电量 21554 万千瓦时。

【工业和建筑业】 全县规模以上工业实现产值 360.5 亿元，同比增长 6.5%，实现增加值 77.4 亿元，比上年增长 6.8%。在规模以上工业企业中，国有控股企业实现产值 6.13 亿元，同比增长 4.6%；外商及港澳台投资企业实现产值 29.6 亿元，同比下降 9.4%；股份制企业实现产值 293.3 亿元，同比增长 7.0%；其他企业实现产值 37.6 亿元，同比增长 18.8%。规模以上高新技术产业增加值 18.06 亿元，同比增长 23.9%。

国有及年销售收入 2000 万元以上工业企业产品产销率 96.9%，实现利润 10.39 亿元。

建筑业实现增加值 13.2 亿元，比上年增长 10.8%。具有资质等级的总承包和专业承包建筑企业实现利润 11237 万元，上缴税金 17992 万元。年内房屋建筑施工面积 56.2 万平方米，新开工面积 49.8 万平方米。

【固定资产投资】 全社会固定资产投资 213.9 亿元，同比增长 11.1%。其中固定资产投资 213.9 亿元，同比增长 11.3%。从投资构成看：城乡项目完成投资 178.3 亿元，同比增长 19.9%，房地产开发完成投资 35.6 亿元，同比下降 18%，农户完成投资 0.4 亿元，同比下降 90.1%。工业固定资产投资完成 130.9 亿元，同比增长 28.6%，其中技改投资完成 86.5 亿元，同比增长 21.5%，占工业投资比重的 66.1%。按投资结构分，第二产业完成投资 130.9 亿元，同比增长 28.5%。第三产业完成投资 79.9 亿元，同比下降 10.0%。

【国内贸易】 全县实现消费品零售额 77.1 亿元，比上年增长 10.4%。按销售单位所在地分：城镇实现零售额 31.8 亿元，比上年增长 8.2%，乡村实现零售额 45.3 亿元，比上年增长 12.0%；按消费形态分：餐饮收入实现零售额 11.6 亿元，同比增长 29.6%，商品零售实现零售额 65.5 亿元，同比增长 7.6%。

【对外经济】 实际利用外资 2033 万美元，同期增长 26.8%，其中：外商直接投资 2033 万美元，同期增长 26.8%。

【交通和邮电业】 2016 年货运周转量 60794 万吨公里，比上年同期下降 8%。公路里程 1050.51 公里，其中：国省道 84.514 公里，县公路 60.5 公里，乡公路 98.6 公里，堤顶路 72.65 公里，村级路 734.246 公里；大中桥 26 座，4413.99 米，小桥 131 座，2103.1 米。年末实有大型载货汽车 434 辆，中型载货汽车 201 辆，小型载货汽车 4028 辆，大、中型载客汽车 84 辆。

全年邮政、电信业务收入 22168.1 万元。年末固定电话用户 36114 户，互联网接入用户 98211 户，移动电话用户 398336 户。

【财政和金融】 全县实现财政收入 64.6 亿元，比上年增长 27.6%。其中：一般公共预算收入完成 40.1 亿元，比上年增长 14.2%。全县公共财政支出 54.6 亿元,比上年增长 7.7%。

全县金融机构各项存款余额 525.1 亿元，比年初增加 133.5 亿元；住户存款 257.9 亿元，比年初增加 27.7 亿元；各项贷款余额 470.6 亿元，比年初增加 185.8 亿元。

【教育、文化、卫生事业】 全县拥有普通中学 12 所，中等职业教育学校 1 所，小学 67 所。全县小学和初中入学率达 100%；普通中学在校学生 16686 人，中等职业教育学校在校学生数 1858 人，小学在校学生 29034 人。拥有普通中学专任教师 1373 人，中等职业教育学校专任教师 135 人，小学专任教师 2210 人。

全县拥有县级图书馆 1 个，藏书数量 21 万册，公共文化设施 300 套，文化馆 1 个，拥有文化站 9 个，农村俱乐部 10 个，农家书屋 300 家，藏书达 60 万册。拥有文物管理机构 1 个，文物藏品 29 件。公共文化设施 300 套。

年末拥有乡以上医疗卫生机构 427 个，其中：县级医院 3 个，中心卫生院 3 个，镇卫生院 6 个，防疫站 1 个，卫校 1 个妇幼保健站 1 个。拥有医疗床位 2469 张。卫生技术人员 2030 人，其中：副主任医师 62 人，主治主管医师 310 人，医师 442 人，医士 328 人。全县拥有乡医生 322 人，覆盖全县 300 个村街。

政 治

中国共产党香河县委员会

【常委会会议】 2016年1月6日，中共香河县第十届委员会，年内第1次常委（扩大）会议在县委三楼大会议室召开，县委书记王凯军主持会议。会议研究审议县委办公室提交的《县委十届六次全委会筹备方案》《县委常委会工作报告》和《中共香河县委关于制定国民经济和社会发展第十三个五年规划的建议（讨论稿）》；传达学习中央环境保护督察组督察河北省动员工作会议精神和廊坊市动员会议精神。

会议议定：1月7日上午，在县委七楼会议室召开中国共产党香河县第十届委员会第六次全体（扩大）会议；县委办公室要结合与会领导意见建议，对《县委常委会工作报告》和《中共香河县委关于制定国民经济和社会发展第十三个五年规划的建议（讨论稿）》进一步修改完善后由陈刚、田立军把关，确保报告和规划建议的内容更加符合香河县发展实际，体现较强的针对性、指导性和可操作性；全县各级各部门要深刻领会会议精神，切实提高保护生态环境的责任感和使命感，深入学习《中华人民共和国环境保护法》《中华人民共和国大气污染防治法》等法律法规，不折不扣把环保相关工作落到实处；同时，要强化“党政同责”“一岗双责”，针对大气污染和水污染治理，逐一拉清单、定举措，责任到具体单位、具体人，以有力举措提升县域生态环境保护水平。

1月18日，中共香河县第十届委员会，年内第4次常委会议在县委三楼常委会议室召开，县委书记王凯军主持会议。会议研究审议县委办提交的《中共香河县委常委班子“三严三实”对照检查材料》。要严格落实《2015年度县委常委会专题民主生活会议工作方案》要求。在民主生活会召开前，认真学习习近平总书记在中央政治局“三严三实”专题民主生活会上的重要讲话，以更高标准、更严要求自觉向中央政治局看齐，通过严肃党内政治生活，提升县委班子凝聚力、战斗力。

会议议定：会议定于1月19日，县委常委会召开“三严三实”专题民主生活会。由田立军牵头结合与会领导意见建议，对照《中共香河县委常委班子“三严三实”对照检查材料》，进一步修改完善，找准问题症结，深入剖析具体原因，科学制定整改措施；由县委办公室负责，县委组织部、县纪委参与，精心安排，严格程序，确保会议开出高质量，取得应有效果。

1月22日，中共香河县第十届委员会，年内第5次常委（扩大）会议在县委三楼大会议室召开，县委书记王凯军主持会议。会议研究审议县人大党组提交的《关于召开香河县第十四届人民代表大会第六次会议的请示》《香河县人大常委会工作报告（讨论稿）》；研究审议县政协党组提交的《关于召开政协香河县第八届委员会第五次会议的请示》《香河县政协常委会工作报告（讨论稿）》；研究审议县政府党组提请审议的《香河县人民政府工作报告（讨论稿）》的请示、《2016年全县及县本级收支预算草案情况的汇报》的请示、《香河县2015年全县总预算及县本级预算执行情况和2016年全县总预算及县本级预算草案的报告》《香河县2015年国民经济和社会发展计划执行情况与2016年国民经济和社会发展计划（草案）的报告》的请示及《香河县国民经济和社会发展第十三个五年规划纲要（草案）》；研究审议县人民法院党组提交的《香河县人民法院工作报告（讨论稿）》；研究审议县人民检察院党组提交的《香河县人民检察院工作报告（讨论稿）》。会议还审议通过了县委组织部《关于在县“两会”期间成立临时党委的决定》。

会议议定：定于1月27日至29日，召开香河县第十四届人民代表大会第六次会议；县人大办公室要对人大工作报告进一步修改完善后，由张学义把关；县人大要围绕“生态建设年”“路网建设年”“素质建设年”“十三五”规划纲要和全面建成小康社会目标，对政府组成部门进行检查和评议，促其敢于担当和负责，真正查找问题，力戒流于形式、走过场；定于1月27日至28日，召开政协香河县第八届委员会第五次会议；县政协办公室要对政协工作报告进一步修改完善后，由马文龙把关；县政协要积极组织委员开展调研视察活动，切实发挥好委员建言献策的作用。同时，要理直气壮抓工作，充分体现敢说、敢干的工作作风；会议原则通过了县政府党组提请审议的《香河县人民政府工作报告（讨论稿）》的请示，原则同意县政府党组提请审议的《2016年全县及县本级收支预算草案情况的汇报》的请示、《香河县2015年全县总预算及县本级预算执行情况和2016年全县总预算及县本级预算草案的报告》《香河县2015年国民经济和社会发展计划执行情况与2016年国民经济和社会发展计划（草案）的报告》的请示及《香河县国民经济和社会发展第十三个五年规划纲要（草案）》；县政府办公室要结合与会领导意见建议，对政府工作报告进一步修改完善后，由李桂强把关，确保内容精炼、重点突出、措施有力；县法院要对法院工作报告进一步修改完善。要围绕大局、服务大局，发挥法院在维护稳定、维护经济秩序、维护正常生产生活等方面等方面作用，认真解决好执行难、司法不公、优亲厚友等问题；县检察院要对检察院工作报告进一步修改完善。要对涉及群众利益、挪用专项资金等行为加大查处力度，强力治理农村干部违法行为，营造风清气正的政务环境。

1月29日，中共香河县第十届委员会，年内第6次常委会会议在县委三楼常委会议室召开，县委书记王凯军主持会议。会议研究审议县委办提交的《关于贯彻落实市、县“两会”精神的实施意见》；县委统战部传达省、市委统战工作会议精神；会议研究了组织工作有关事宜。

会议议定：全县各级各部门要认真贯彻好县“两会”精神。一是由焦国强牵头，以多种形式多种渠道抓好县“两会”精神宣传报道工作。二是由政府办负责抓好政府报告任务目标分解工作。三是由县“两办”督查室负责，加大督导力度；做好2016年各项工作，要把握重点，注重民生、注重项目、注重“三个建设年”。“生态建设年”由闫再兴牵头，陈刚、焦国强、刘洪涛负责，张学义为顾问，形成整体推进方案，进一步加强人大监督检查力度。“路网建设年”由李桂强牵头，张玉林、刘洪涛具体负责，马文龙为顾问，形成具体推进方案，发挥政协视察监督作用，切实抓好督促落实。“素质建设年”由王凯军牵头，左国新、齐建光具体负责，尽快形成具体实施方案；要走出去学习对标先进，请进来搞好各类人员包括企业家队伍培训；要进一步加快县委党校建设步伐，建设好县自有的培训基地；由陈刚牵头，抓紧谋划全县经济工作会议，会上要研究出台敢于担当、强化问责的具体办法，确保素质建设工作有亮点、出经验；由樊亚峰牵头，按照省市统战工作会议要求，重点抓好构建“大统战”工作格局。由统战部会同组织部拿出方案，提交县委常委会研究决定。

2月2日，中共香河县第十届委员会，年内第7次常委会会议在县委三楼常委会议室召开，县委书记王凯军主持会议。会上，刘凤顺传达市安全生产工作相关部署及县贯彻落实意见；研究审议县纪委提交的《香河县第十届纪律检查委员会第六次全体会议安排方案》《香河县深入开展“三项集中整治”活动实施方案》和《县纪委十届六次全会工作报告》；听取左国新传达的市纪委五届六次全会精神，原则通过了县委办提交的王凯军在县纪委十届六次全会上的讲话：会议还研究了其他工作。

会议议定：全县各级各部门要认清当前安全生产形势，绷紧安全生产这根弦。由刘凤顺牵头，抓好安全生产工作。真正做到防患于未然，要一切从严、从实、从细，确保2016年春节和全国“两会”期间全县安全稳定。做好“2016京津冀中华大庙会”期间安保工作；定于2月2日（星期二）下午，召开中国共产党香河县第十届纪律委员会第六次全体会议；县纪委要结合与会领导意见建议，对《香河县深入开展“三项集中整治”活动实施方案》和《县纪委十届六次全会工作报告》进一步修改完善后，由闫再兴、左国新把关；由陈刚牵头，抓紧筹备全县经济工作会议。由樊亚峰牵头，要深入政法系统围绕班子建设开展调查研究，查找问题，提升班子建设整体水平。组织部牵头做好老干部、老党员慰问工作，在干部推荐上，要站位全局，加大选拔力度，使有突出能力、敢于担当，“德、能、勤、绩、廉”全面发展的干部脱颖而出，树立良好的选人用人导向。

2月22日，中共香河县第十届委员会，年内第8次常委会会议在县委三楼常委会议室召开，县委书记王凯军主持会议。会议研究审议县纪委提交的《香河县“一问责八清理”专项行动实施方案》和《王凯军在香河县“一问责八清理”专项行动动员会议上的讲话》；会议听取王凯军传达的河北省科技创新暨创新型中小企业推进大会精神；研究了组织工作有关事宜。

会议议定：定于2月22日（星期一）下午，在全市“一问责八清理”专项行动动员部署会议结束后，香河县立即召开“一问责八清理”专项行动动员会议。县纪委要结合与会领导意见建议，对《香河县“一问责八清理”专项行动实施方案》进一步修改完善，由左国新把关后，以“两办”文件形式下发。《王凯军在香河县“一问责八清理”专项行动动员会议上的讲话》修改后，由左国新、田立军把关；由闫再兴、张玉林、樊亚峰、杨建军牵头，抓好信访维稳工作。由闫再兴、刘洪涛牵头，抓好美丽乡村和新民居建设工作。由陈刚牵头，一是把握全市一季度财政收入进度，必保香河县均衡入库，实现首季开门红。二是发改局负责，进一步加快项目建设进度，确保3月5日前全部开工建设，为省市项目拉练奠定基础。由陈刚、齐建光牵头，统计局负责，认真研究城镇化率、GDP等考核指标，掌握信息动态，力争香河县年度考核工作取得好成绩。由焦国强、刘洪涛牵头抓好绿化、大气治理、水污染治理工作。

3月24日，中共香河县第十届委员会，年内第9次常委会会议在县委三楼常委会议室召开，县委书记王凯军主持会议。会议研究审议县委党校提交的《全国全省党校工作会议精神及本县贯彻落实意见》；研究审议县委农工部提交的《省、市美丽乡村推进会议精神及我县贯彻落实意见》；研究了组织工作相关事宜。

会议议定：县委党校要结合与会领导意见建议，对“贯彻落实意见”进一步修改完善，由齐建光把关后，以正式文件形式印发实施。县委党校作为全县理论探索和研究的阵地，作为党员和干部的培训阵地，具体抓好以下工作：一是建设硬件过硬的培训基地。二是提升教师队伍建设水平。三是与组织部加强协调配合，拓展视野，建设新形势下能够发挥主渠道作用的新型党校。县委常委每年至少到县委党校讲一次课、搞一次调研，与师生搞一次交流，以推动党校事业发展；美丽乡村建设由闫再兴牵头，农工部具体负责，具体抓好以下工作：一是成立专门推进办公室。二是坚持规划先行的理念，本着“大手笔、大规模、高标准”的原则，科学规划，分步实施。三是建立健全村规民约，实行物业、保洁统一管理。四是采取财政加大投入力度、引导农民自主筹资、激活社会资金参与等多种模式，多渠道筹措资金加快美丽乡村建设；为便于工作，陈刚、张玉林列入县美丽乡村建设领导小组。

4月22日，中共香河县第十届委员会，年内第10次常委会会议在县委三楼常委会议室召开，县委书记王凯军主持会议。会议研究审议县委组织部提交的《关于在全县党员中开展“学党章党规，做合格党员”学习教育实施方案》（简称《实施方案》）、《王凯军同志在全县“两学一做”学习教育动员大会上的讲话》（简称《讲话》）及《全县“两学一做”学习教育动员大会安排方案》和《关于公开选拔优秀村街党组织书记的情况汇报》《关于优秀村街党组织书记参照乡镇事业编制人员享受财政供养待遇日常管理工作细则》（简称《细则》）；会议听取了王凯军传达的全省“两学一做”学习教育动员会议和全市学习教育动员会议精神；研究了组织工作有关事宜。

会议议定：定于4月25日（星期一）上午，召开全县“两学一做”学习教育动员大会。由组织部负责，具体抓好以下工作：一是对《实施方案》进行修改完善，要进一步明确“两学一做”的目的、意义、出发点和着眼点。突出问题导向，对存在的具体问题，少用原则表述，多用具体事例。针对不同行业、不同部门和特殊党员群体制定切实可行的具体措施，确保具有较强的针对性、指导性和可操作性。二是对《讲话》进行修改完善，要重点突出，层次分明，通俗易懂。由陈刚、齐建光牵头，组织部具体负责，对《细则》进行研究细化；对选出的21名优秀村街党组织书记严格履行公示、谈话等程序，确保入选者遵纪守法、廉洁奉公、勤政务实，成为全县一面旗帜，达到弘扬正能量的良好效果。

6月17日，中共香河县第十届委员会，年内第11次常委会会议在县委三楼常委会议室召开，县委书记王凯军主持会议。会议研究审议县审计局提交的关于学习贯彻《审计署关于适应新常态践行新理念更好地履行审计监督职责的意见》情况汇报；研究审议县编办提交的《香河县统战部及相关部门合署办公。机构职能整合的实施意见》《成立中共香河县委全面深化改革领导小组办公室》《县委组织部成立县委干部考核领导小组办公室》《成立香河县群众工作中心》《调整香河县人民政府驻“第一城”办公室职责》的请示；研究审议县纪委提交的《关于对庸政懒政怠政等影响工作执行力行为实行问责的暂行办法》；研究审议县委组织部提交的《关于促进全县各级干部敢于担当的暂行办法》；研究审议县委宣传部提交的《关于开展省级文明县城创建的意见》。

会议议定：县审计局要认真学习领会《审计署关于适应新常态践行新理念更好地履行审计监督职责的意见》精神实质，真正做到融会贯通，更好地履行审计职责；成立香河县委全面深化改革领导小组办公室，与县委办公室一个结构，两块牌子。设主任1名（由县委常委、县委办公室主任兼任），常务副主任1名（正科级，使用县委办公室行政编制），副主任1名（副科级使用县委办公室行政编制）；在县委办公室增设综合联络股和协调督导股，规格为正股级，设股长、副股长各1名，新增事业编制8名，从县总编制内调剂解决；成立县委干部考核领导小组办公室，设在县委组织部，同时撤销县委组织部考核股。核定事业编制8名，设主任1名（由县委组织部正科级干部兼任），副主任2名（副科级），所需编制由县委组织部调剂2名，其余编制由县总编制内调剂；设立镇、街道、园区考核股和县直单位考核股，规格为正股级，分别设股长1名；成立县群众工作中心，与信访局合署办公。核定事业编制9名，设主任1名（县信访局局长兼任），设专职副主任1名（正科级），设副主任3名（县信访局副职兼任）；设立3个正股级科室，其中来访登记分流调度办公室核定事业编制3名，设主任1名；网上服务办公室核定事业编制3名，设主任1名；信访信息中心核定事业编制2名，设主任1名；建立大统战格局，实行由县委统战部牵头，民宗局、工商联、台办、侨联加入的“1+4”合署办公模式。整合后，县委统战部核定编制17名，其中行政编制3名，事业编制14名。部长由县处级领导兼任，原统战部领导职数不变，现任工商联主席兼任工商联党组书记、兼任统战部副部长，现任民宗局局长兼任统战部副部长，设置5个职能股室，其中办公室核定事业编制2名，设股长1名。党外人事股核定事业编制2名，设股长1名。民族宗教股核定事业编制2名，设股长1名。经济联络股核定事业编制2名，设股长1名。台桥股核定事业编制2名，设股长1名；撤销县接待办公室，原有职能并入县政府驻“第一城”办公室。办公室主任由开发区副职兼任，增设1名专职副主任（副科级），增加全额拨款事业编制2名；由刘振华对《关于对庸政懒政怠政等影响工作执行力行为实行问责的暂行办法》进行把关后，以县委文件形式印发；组织部结合与会领导意见建议对《关于促进全县各级干部敢于担当的暂行办法》进一步修改完善，由齐建光、田立军把关后，以县委文件形式印发；由闫再兴、焦国强牵头，抓紧完善措施，细化工作方案，尽快筹备召开全县创建省级文明县城大会；李桂强牵头，对《政府工作报告》中涉及重点工作回头看，确保各项重点工作按照时间节点有序开展。闫再兴、田立军、樊亚峰、杨建军牵头，全力抓好全县维稳工作。闫再兴牵头抓好美丽乡村建设工作。陈刚牵头，协调有关部门对全县各项指标进行调度。张玉林牵头，抓好城镇重点工程建设进度，抓好城区防汛工作。齐建光牵头，把全县“两学一做”学习教育不断引向深入，广泛开展万名党员考党章、下基层讲党课、走访慰问老党员等活动，抓好庆祝建党95周年系列活动。樊亚峰、杨建军负责，扎实抓好全县暑期安保工作，确保县城内不出现爆恐事件。刘振华牵头，切实抓好“一问责八清理”工作，做到边清理边整改，逐步建立完善相关工作机制。

6月26日，中共香河县第十届县委，年内第12次常委会会议在县委三楼常委会议室召开，县委书记王凯军主持会议。会议听取副县长刘洪涛传达副省长张杰辉来廊坊调研时的讲话精神；《京津冀大气污染防治强化措施（2016—2017）》要点及我县贯彻落实意见；研究审议县政府党组提请审议的《香河县党政机关公务用车制度改革实施方案》《香河县党政机关公务用车制度改革取消车辆处置办法》《香河县党政机关公务用车制度改革保留公务用车使用管理办法》《香河县党政机关公务用车制度改革司勤人员安置实施办法》《香河县党政机关工作人员公务交通补贴发放管理办法》；研究审议县政府党组提请审议的《香河县乡村教师支持计划（2015—2020）实施办法》《关于香河县2016年度教师招聘实施方案的请示》；研究审议县委办提交的《中共香河县委关于印发县委书记、副书记、常委工作分工的通知》；研究审议县委组织部提交的《关于2015年度乡科级领导班子和领导干部考核结果的情况报告》《香河县在建党95周年暨“一先两优”表彰大会安排方案》《香河县庆祝建党95周年文艺演出安排方案》《香河县“一先两优”表彰对象建议名单》。

会议议定：全县各单位、各有关部门要认真研究贯彻京津冀大气污染防治强化措施。一是强势开局，稳步推进。要统一思想、态度坚决，充分发挥组织优势，在做好宣传引导的基础上先行试点、稳中求快，研究措施探索路径，确保工作扎实开展。二是强化责任，细化方案。由刘洪涛牵头，明确有关部门具体工作职责、工作步骤、工作目标，打破部门界限，摆脱惯性思维，广泛深入开展调查研究。三是加强宣传，营造氛围。四是协调联动，确保长效。县人大、县政协要积极发挥作用，围绕大气污染防治工作，加强考察督导调研，为工作有序推进贡献力量。原则同意全县大气污染防治强化措施指挥部成员名单，闫再兴列入副指挥长，刘洪涛为常务副指挥长，法院、检察院主要领导为副指挥长，交警大队负责人为成员。指挥部各组要明确职责，科学推进，提高效率，有效发挥作用；按照上级要求，进一步细化全县党政机关公务用车制度改革实施方案，确保6月底前完成任务；为缓解师资不足问题，坚持“公开、平等、竞争、择优”的原则，面向社会公开招聘教师，录用者统一纳入事业编制。同时，鼓励社会力量参与办学，进一步整合教师资源；定于6月28日（星期二）上午，召开香河县庆祝建党95周年暨“一先两优”表彰大会。定于6月29日（星期三）下午，举行庆祝中国共产党建党95周年文艺演出。将拆除违章建筑情况纳入2015年度领导班子考核范围，对拆违工作排名后三位的单位取消评优资格，由张玉林、齐建光把关后，以县委文件形式印发。“一先两优”表彰对象，对受到通报批评、职务与表彰内容不相符、涉及违法占地的个人和单位予以剔除，由闫再兴。齐建光、刘振华把关，以县委文件形式印发。

7月5日，中共香河县第十届委员会，年内第13次常委会会议在县委三楼常委会议室召开，县委书记王凯军主持会议。会议研究审议县政府党组提请审议的《关于推行农村电子商务全覆盖工作的实施方案》；研究审议县纪委提交的《开展损害群众利益和“小官贪腐”问题专项整治工作方案》；听取组织部传达的省市县乡领导班子换届工作会议精神及县贯彻落实意见、研究审议组织部提交的《关于认真做好乡镇领导班子换届工作的通知》《成立香河县换届工作领导小组及办公室的意见》《全县乡镇领导班子换届工作会议的安排方案》；会议通过了县纪委提交的关于韩××严重违纪案的调查情况和处理意见的报告。

会议议定：农村电子商务工作由陈刚牵头，县商务局负责，加强调研，注重形式和内容的有机结合。引进三六五网络公司运营模式，适时到石家庄鹿泉、平山等地学习成功经验，助推农村电子商务全覆盖工作创新发展；“小官贪腐”由县纪委负责，针对重点行业、重点部门，着力查找涉农专项资金使用、党员干部违法占地、涉企专项资金使用、教育专项资金使用4类突出问题；闫再兴、齐建光、樊亚峰、刘振华牵头，组织部负责，抓好乡镇换届选举日常工作，严格认真研究好选人用人标准、任职年龄、领导班子职数设置等工作。特别抓好“两代表、一委员”推举工作，不折不扣将上级党委的要求落到实处。同时，严格执行中央提出的“九严禁、九一律”要求，以铁的纪律维护换届风气，端正用人导向，营造风清气正换届环境，确保圆满完成换届选举工作任务。

7月20日，中共香河县第十届委员会，年内第14次常委会会议在县委三楼常委会议室召开，县委书记王凯军主持会议。会议研究审议县委办提交的《关于落实党风廉政建设“两个责任”情况的汇报》；听取县纪委传达《陈超英同志在新提拔重用省管干部集体廉政谈话会议上的讲话》；研究审议县委组织部提交的《关于进一步加强和改进城市社区建设工作的意见》；王凯军围绕换届进行集体谈话，齐建光、刘振华就换届相关工作讲意见。

会议议定：《关于落实党风廉政建设“两个责任”情况的汇报》内容要在创新机制、创新制度、创新手段，特别是在落实主体责任中如何建立工作机制等方面的落实。四大班子成员要围绕主体责任下功夫，开拓思路，坚持“书记抓不松手，抓书记不放手，班子成员不甩手”的原则，采取明察暗访的方式，对下级党委（党组）主体责任履行不到位进行问责，形成齐抓共管的局面。围绕“两个责任”的落实，组织开展县委常委和纪委常委“结对子”下基层活动，宣讲《中国共产党问责条例》。通过宣讲，把主体责任真正作为第一责任和首要责任，从思想上行动上与党中央保持高度一致。县委办负责，对汇报进一步修改完善后，由田立军。刘振华进行把关；会议原则通过县委组织部提交的《关于进一步加强和改进城市社区建设工作的意见》，成立全县加强和改进城市社区建设工作领导小组，闫再兴任组长，张玉林、齐建光、樊亚峰、宋品仲、郭建永、盛泽良任副组长，有关部门为成员，要切实发挥作用，研究解决具体问题。

8月2日，中共香河县第十届委员会，年内第16次常委会会议在县委三楼常委会议室召开，县委书记王凯军主持会议。会议研究审议县纪委提交的《香河县关于开展〈中国共产党问责条例〉宣讲活动实施方案》《纪委常委讲解〈问责条例〉通稿》和县委办提交的《县委常委就发挥主体责任抓好〈条例〉落实的讲话通稿》；研究审议县委政法委提交的《关于贯彻落实法治廊坊建设工作会议精神汇报提纲》《关于调整县委法治香河建设领导小组、办公室及成立领导小组各专项小组的通知》；王凯军就当前重点工作进行安排部署；会议研究了组织工作相关事宜。

会议议定：县委常委要按照方案要求，将《中国共产党问责条例》作为主体责任，真正扛在肩上、抓在手上。通过县委常委与纪委常委“结对子”形式，以宣讲通稿为基本遵循，联系工作实际，对《中国共产党廉洁自律准则》《中国共产党纪律处分条例》一并加以阐释，确保宣讲活动扎实有效开展。县纪委要按照“边抓宣传、边抓问责”的原则，依法依规推动《中国共产党问责条例》贯彻落实。要狠抓反面典型，坚决纠正不作为、慢作为、乱作为现象，让失责必问、问责必严成为常态；在法治香河建设上，由樊亚峰牵头，政法委具体负责，有针对性地采取措施，做到警钟长鸣，防患于未然。要结合“打黑除恶、灭痞扫霸”活动，坚决打击缠访闹访、聚众斗殴、暴力抗法等违法行为，起到应有的震慑作用。要稳步推进依法治村、依法治校、依法治企等法治创建活动，做到有的放矢，使法治香河真正落到实处。

9月5日，中共香河县第十届委员会，年

内第 17 次常委会会议在县委三楼常委会议室召开，县委书记王凯军主持会议。会议研究审议县政府党组提请审议《香河县大气污染防治强化措施实施方案的请示》《香河县散烧煤替代工作实施方案的请示》；研究审议县教育局提交的《关于 2016 年教师节期间相关活动安排方案》《关于 2016 年教师节表彰先进决定》。

会议议定：要把大气污染防治工作作为第一抓手、第一责任，立足当前、着眼长远，强化责任担当意识，敢抓敢管，善于调动各方面的积极因素。针对影响大气质量和群众反映强烈的问题，集中精力、集中时间、集中人员加快解决。按照“属地管理、分级负责、无缝对接、全面覆盖、责任到人”的原则，建立横向到边、纵向到底、部门联动、全民参与的大气污染防治工作网格，以认识提高促工作转变。按照上级做法，将县大气办设在县环保局，大气办主任由杨海洋兼任，从有关部门抽调精兵强将到大气办工作；由政府办牵头，县教育局负责筹备并开全县庆祝教师节暨表彰大会，会上印发 2016 年县支持教育工作的有关政策。在表彰会上对教学成绩、师德建设、管理水平给予充分肯定。对受表彰人员要严格把关，认真履行公示制度，切实达到鼓励先进的良好效果。

9 月 26 日，中共香河县第十届委员会，年内第 18 次常委会会议在县委三楼常委会议室召开，县委书记王凯军主持会议。会议研究审议县委组织部提交的《关于推选我县出席省九次党代会代表候选人推荐人选的情况说明》；研究审议县委组织部提交的《香河县乡科级领导班子和领导干部 2016 年度综合考核评价办法》；传达学习河北省旅游产业发展大会主要精神，研究本县贯彻落实意见。

会议议定：根据省、市委要求，按照自下而上的方式，经过上下结合、反复酝酿、推荐提名等程序，本着优中选优，充分体现代表性、先进性原则，推荐王凯军、李桂强、王春会、孙玉洁、谭德山 5 名同志为省九届党代会代表候选人，同意上报市委；组织部要立足于发挥考核的导向作用，结合与会领导意见建议，对《考核评价办法》进一步调整完善，会后以县委文件形式印发；成立旅游工作领导小组，组建旅游发展委员会，旅游工作领导小组由王凯军、李桂强亲自挂帅。县委、县政府分管领导要组织有关部门，以及部分人大代表、政协委员，进一步挖掘香河县历史文化资源，围绕文化旅游产业开展大规模调研活动，为香河县旅游产业发展壮大献计献策。

10 月 10 日，中共香河县第十届委员会，年内第 19 次常委（扩大）会议在县委三楼党委会议室召开，县委书记王凯军主持会议。会议传达习近平在学习《胡锦涛文选》报告会上的讲话精神和赵克志在设区市和省直管县委书记会议上的讲话精神。

会议议定：一是要进一步加强政治修养，保持清醒头脑，树立大局观念，向老一辈革命家学习，坚持党的原则和立场，以敏锐的政治目光、超前的全局观念、饱满的热情和高度负责的精神推动工作。县四大班子要形成一个良好的规范，制定出台加强思想政治建设的制定和规定。要把学习《胡锦涛文选》纳入“两学一做”学习教育。二是要进一步巩固中央“八项规定”精神、“反四风”要求和“一问责八清理”活动成果。认真学习“准则”“条例”，严格要求自己，严格要求下属。三是要进一步干好当前事业和工作。要对《政府工作报告》中提出的目标任务开展“回头看”，做到思想上认同、工作上落实、行动上看齐，确保各项工作按照时间节点有序完成。

10 月 28 日，中共香河县第十届委员会，年内第 20 次常委会会议在县委三楼大会议室召开，县委书记王凯军主持会议。会议专题研究学习贯彻中共十八届六中全会精神；研究审议县委统战部提交的《香河县工商联（总商会）换届会议方案、换届人选名单》；研究审议县编委提请审议《成立中共香河县委非公有制经济组织和社会组织工作委员会的请示》《成立香河县互联网信息办公室的请示》。

会议议定：全县各级各部门要把学习贯彻党的十八届六中全会精神作为当前和今后一个时期的头等大事来抓。认真学习、深刻领会、狠抓落实，切实把思想统一到中央全会精神上来。进一步增强“四个意识”，特别是核心意识、看齐意识，以拥戴核心、维护核心、捍卫核心为首要政治纪律和党性原则，做到思想上认同、工作上落实、行动上看齐；由樊亚峰牵头，统战部具体负责，精心组织、周密安排，认真筹备召开香河县工商联（总商会）第十二届会员代表大会换届工作会议，确保会议圆满成功；根据省委办公厅、市委组织部通知精神，成立香河县委非公有制经济组织和社会组织工作委员会，为县委派出机构，在县委组织部挂牌，下设非公有制经济组织和社会组织工作办公室。县委非公有制经济组织和社会组织工作委员会核定全额事业编制3名；根据《中共河北省委办公厅、河北省人民政府办公厅转发省委宣传部〈关于加强市县两级互联网宣传管理队伍建设若干问题的意见〉的通知》要求，成立香河县互联网信息办公室，在县委宣传部挂牌，下设网络管理中心和网络舆情研究中心，使用全额事业编制7名。由焦国强牵头，加强网络舆情引导工作。要挑选“政治强、业务精、作风硬”的干部从事网信工作，切实发挥参谋助手作用，及时准确把握正确舆论导向，搞好信息研判，做好负面报道的处置工作。要注重资源整合，建立协同联动机制，加强与公安等部门的配合，为全县经济和社会各项事业又快又好发展营造良好的舆论环境。

10月31日，中共香河县第十届委员会，年内第21次常委（扩大）会议在县委三楼大会议室召开，县委书记王凯军主持会议。会议传达学习《中共河北省委办公厅关于认真学习宣传党的十八届六中全会精神的通知》，学习《人民日报》刊载的《全面从严治党是锻炼坚强领导力量的必然要求》《增强“四个意识”维护党中央权威》《严肃党内政治生活是全面从严治党重要基础》及《光明日报》刊载的《从三个维度把握核心意识》。

会议议定：结合省委办公厅通知精神和四篇评论员文章，认真学习贯彻中共十八届六中全会精神，抓好三个方面的工作：一是要善于用中共十八届六中全会精神武装头脑，在思想上、政治上、行动上和党中央保持高度一致。把学习贯彻十八届六中全会精神摆在首位，准确把握会议精神实质，以强大的态势把六中全会精神学习到位，理解到位，落实到位，用全会精神指导各项工作。在学习中要准确把握《关于新形势下党内政治生活的若干准则》和《中国共产党党内监督条例》的基本精神和要求，与《中国共产党章程》《中国共产党党规》《中国共产党廉洁自律准则》《中国共产党纪律处分条例》紧密结合，全面系统学、原原本本学、融会贯通学，掌握精髓、吃透内涵，在全县迅速掀起学习热潮。二是要进一步增强“四个意识”，特别是核心意识、看齐意识。要把拥戴核心、维护核心、捍卫核心作为首要政治纪律和党性原则，做到思想上认可、工作上落实、行动上看齐。各级党组织要坚决维护以习近平为核心的党中央权威，确保全面从严治党的各项部署要求落到实处。三是要严格遵守党章党规党纪，始终把规矩挺在前面。全县各级各部门要认真落实中央“八项规定”和反“四风”要求，总结分析，从思想上和行动上找差距、定目标、定措施，确保从严治党落到实处。要以学习贯彻六中全会精神为契机，坚定信念，率先垂范，以上率下，拿起从严治党的武器，敢抓、敢管、敢动真格，形成新的凝聚力、向心力、战斗力，承担起新时期赋予的新使命，形成从严治党新局面，努力营造风清气正的政治生态。

11 月 18 日，中共香河县第十届委员会，年内第 22 次常委（扩大）会议在县委三楼常委会议室召开，县委书记王凯军主持会议。会议研究审议县人大常委会党组提交的《关于县乡两级人大换届选举工作的安排意见》；研究审议县委组织部提交的《关于成立县乡人大换届选举工作领导小组及办公室的意见》《关于香河县选举委员会组成人员的意见》；关于省九次党代会期间本县重点工作有关情况。

会议议定：县委组织部会同县人大把县、乡两级人大换届选举工作摆上重要议事日程，严格贯彻落实中央、省、市委关于换届选举工作的部署和相关法律法规，精心组织，周密部署，着力加强组织领导和协调调度，认真学习借鉴外地好经验、好做法，按程序、按规矩，操作好各环节工作；会议原则通过了县委组织部提交的《关于成立县乡人大换届选举工作领导小组及办公室的意见》《关于香河县选举委员会组成人员的意见》，各级党委、政府、人大要严肃换届纪律、匡正换届风气，集中精力抓好换届选举工作。县委组织部与县纪委等部门要做好衔接工作，严把换届考察程序关，严格落实各项规章制度，实行推荐人责任倒查制度，确保万无一失；省九次党代会期间，由李桂强主持香河县全面工作，同时各级各部门围绕开好省党代会做好各个方面的工作。

11 月 28 日，中共香河县第十届委员会，年内第 23 次常委（扩大）会议在县委三楼大会议室召开，县委书记王凯军主持会议。会议传达学习赵克志代表中国共产党河北省第八届委员会向大会作的题为《紧密团结在以习近平同志为核心的党中央周围，为建设经济强省、美丽河北而奋斗》的报告和中国共产党河北省第八届纪律检查委员会向大会作的题为《坚持全面从严治党，强化监督执纪问责，为建设经济强省、美丽河北营造良好政治生态》的工作报告；“两学一做”学习教育第三次专题学习讨论。

会议议定：一是领导干部要坚决拥护和认真贯彻执行党的路线、方针、政策，认真学习《关于新形势下党内政治生活的若干准则》《中国共产党党内监督条例》《中国共产党廉洁自律准则》《中国共产党纪律处分条例》《中国共产党问责条例》《中国共产党巡视工作条例》和“四有”“四做”“四个全面”“四个自信”“四个意识”及习近平总书记系列重要讲话精神，与学习十八届六中全会和省九次党代会精神紧密结合，全面系统学、原原本本学、融会贯通学，掌握精髓、吃透内涵。各级各部门要建立学习制度，县委组织部、县直工委要加强督导，确保每名党员学习教育“不掉队”。二是进一步明晰香河县“科技引领、创新驱动、产业支撑、生态优先”的发展路径。三是要进一步强化“两个责任”。各级党委和纪委要形成完善的责任体系和齐抓共管的工作格局。四是要切实抓好当前重点工作；各级党组织要将“发挥党员作用，勇于担当作为”作为基本原则，尤其是在大是大非、困难、危险面前，必须走在前列、干在实处、做好表率。

12 月 1 日，中共香河县第十届委员会，年内第 24 次常委会会议在县委三楼常委会议室召开，县委书记王凯军主持会议。会议研究审议县委组织部提交的《关于召开县委十届七次全委会议的安排方案》；研究审议县委组织部提交的《县委十届七次全会关于召开中共香河县第十一次代表大会决议（草案）》；研究审议县委组织部提交的《关于中共香河县第十一届县委、县纪委组成人员名单、候选人名额、组成原则及产生办法的意见》；研究审议县委组织部提交的《关于县第十一次党代会代表名额、分配原则和产生办法的意见》；研究审议县委组织部提交的《关于对各镇党委换届的请示》。

会议议定：定于12月2日（星期五）上午，在县委召开中国共产党香河县第十届委员会第七次全体会议。县委办、组织部、纪委负责，精心组织，切实做好会议各项筹备工作，确保会议圆满成功；会议将全面总结县第十次党代会以来的工作，提出后五年的奋斗目标和主要任务。选举产生中共香河县第十一届委员会、中共香河县第十一届纪律检查委员会、选举出席中国共产党廊坊市第六届代表大会代表；第十一届县委、县纪委委员候选人的推荐提名工作，必须严格按照《党政领导干部选拔任用工作条例》及省市有关规定进行，要进一步扩大民主，广泛征求各方面的意见，使两个委员会的组成结构既符合上级党委要求，又切合香河县实际。第十一届县委、县纪委组成人员候选人初步人选，要在民主推荐的基础上，由县委组织部提出，对初步人选逐个进行全面考察，形成考察材料，经征求意见、反复酝酿后，由县委常委会提出两个委员会候选人预备人选名单。第十一届县委委员、候补委员和县纪委委员，由县第十一次党代表大会先采取候选人多余应选人数10%的差额预选的办法产生候选人，然后采取等额选举办法选举产生。原则通过了县委组织部提交的《关于县第十一次党代会代表名额、分配原则和产生办法的意见》《关于中共香河县第十一届县委、县纪委组成人员名额、候选人名额、组成原则及产生办法的意见》《关于对各镇党委换届的请示》。

12月9日，中共香河县第十届委员会，年内第25次常委（扩大）会议在县委三楼常委会议室召开，县委书记王凯军主持会议。会议传达学习河北省12月7日召开的全省领导干部会议精神；研究审议县委组织部提交的《拟提名参选县人大代表建议名单》；研究审议县委组织部提交的《关于县“两代表一委员”人选提名推荐及考察审核办法》。

会议议定：全县各级各部门要从昌黎安丰公司顶风违法违规建设钢铁项目问题中吸取教训，引以为戒，举一反三，对照香河县重点工作认真搞好“回头看”。各级领导干部要围绕大气污染防治工作，以身作则、率先垂范，带头落实各项防控措施，形成齐抓共管的良好局面。县大气办要进一步发挥职能作用，用铁的面孔、铁的手段、铁的制度，加大督导巡查力度，发现问题及时解决。由齐建光、刘洪涛牵头，研究从党政机关抽调精干人员，协助镇村抓好大气污染防治工作，县巡特警大队要加大对镇村街的巡逻力度，及时有效打击违法行为 。县电视台要加大宣传力度，营造人人关心、人人支持、人人参与的舆论氛围；要坚持党组织主导贯穿在代表人选的推荐、提名、考察、协商各个环节，都必须严把政治关、廉洁关、素质关、结构关、身份关，切实提高代表的质量。从严掌握“四个绝不允许”和“十三种不得提名的情形”，坚决不打折扣，不搞变通；要把加强党的领导贯穿“两代表一委员”推荐、提名、考察、协商各个环节，牢固树立政治意识、大局意识、核心意识。看齐意识。党代表人选要充分体现先进性和纯洁性，人大代表人选要符合宪法法律规定的基本条件，政协委员人选要拥护中国共产党的领导和中国特色社会主义制度，维护民族团结和国家统一。闫再兴、张学义、齐建光牵头，组织部负责抓好“两代表一委员”推荐和选举工作。

12月22日，中共香河县第十届委员会，年内第27次常委（扩大）会议在县委三楼大会议室召开，县委书记李桂强主持会议。会议传达学习全省经济工作会议精神；学习观看警示教育片《警钟》；研究部署本县当前工作。

会议议定：一是要认真贯彻落实中央和省市关于全面深化改革的一系列决策部署，按照统筹推进、重点突破的要求加快改革步伐，更好发挥改革引领作用。二是要加快科技创新步伐，推动供给侧结构性改革，实现新旧动能转换，通过大气污染治理倒逼机制去产能。三是抢抓京津冀协同发展重大机遇，做好与北京深度对接工作，切实把全省经济工作会议上对“北三县”提出的具体要求落实到位。四是把稳中求进的工作总基调贯穿到县经济工作各个方面，奋发有为、不断进取，推动全县各项事业又快又好发展；全县各级各部门要从辽宁拉票贿选案中吸取教训，以案为戒警钟长鸣，真正做到讲政治、守纪律、懂规矩。同时，各级党委要肩负起主体责任，纪委要落实监督责任，时刻绷紧换届纪律这根弦，以严而又严、实而又实的举措，坚决把牢纪律关口，营造香河县风清气正的换届环境；研究部署当前工作，一是由王文强、闫再兴、陈刚牵头，对重点工作进行协调调度，要求各部门进一步压实责任、分解任务、查漏补缺、全力冲刺，扎实推进各项重点工作。二是各级各部门要严肃换届纪律、匡正换届风气，牢固树立“四个意识”，把纪律和规矩挺在前面，要强化底线意识，集中精力做好换届选举各项筹备工作。三是各级各部门要贯彻落实全市安全生产工作电视电话会议精神，进一步增强安全意识，强化责任、协调联动，切实提升安全生产水平，从严从实次细将各项工作落实到位，确保社会大局和谐稳定。

12月27日，中共香河县第十届委员会，年内第28次常委会会议在县委三楼常委会议室召开，县委书记李桂强主持会议。会议研究审议县委组织部提交的《香河县推选出席党的十九大代表候选人初步建议人选名单》；研究审议县委组织部提交的《县委十届八次全会筹备方案》；研究审议县政府党组提请审议《关于全县旅游业发展体制机制改革的实施意见》；研究审议县政府党组提请审议《香河县法制政府建设实施意见》；县卫计局传达《省委办公厅、省政府办公厅印发〈关于改进计划生育目标管理责任制考核工作的实施意见〉的通知》，提交《香河县计划生育目标管理责任制考核评估办法》。

会议议定：县委组织部按照省、市委要求的代表条件、比例、名额，以及多数党（工）委意见，择优提出李桂强、翟艳（女）、范广义、刘顺生、梁建伟为党的十九大代表候选人初步人选。同意将《香河县推选出席党的十九大代表候选人初步建议人选名单》提交县委十届八次全会审定；定于12月27日（星期二）下午，在县委召开中国共产党香河县第十届委员会第八次全体会议。县委办、组织部、纪委负责，精心组织，周密部署，做好会议各项筹备工作，确保会议圆满成功；要充分利用香河县 区位优势和自然资源，开发、整合。管理、利用好现有旅游资源，重点围绕家具城、第一城、国华影视城、万亩荷塘等优势资源，以及可口可乐华北基地、稻香村食品工业园等工业项目旅游观光点进行整合，促进旅游资源有效开发利用。结合“两河”开发和乡村采摘，把旅游业发展与生态建设和乡村旅游有机结合，打造旅游观光精品线路，为全县旅游业健康持续发展奠定基础。《关于全县旅游业发展体制机制改革的实施意见》会后以县委文件形式印发；各级各部门要深入贯彻落实《中共中央、国务院关于印发〈法治政府建设实施纲要

（2015—2020 年）〉的通知》《河北省法治政府建设实施方案》和《廊坊市法治政府建设实施意见》，加快推进依法行政步伐，如期完成法治政府的各项任务。《香河县法制政府建设实施意见》会后以县委文件形式印发；各级各部门要坚持和完善计划生育目标管理责任制，落实党委、政府主体责任，强化部门职责，形成齐抓共管的工作格局。县卫计局牵头，抓好以下工作：一是正确认识县当前人口形势，加大依法管理力度，广泛开展计划生育政策宣传活动，让人民群众了解政策本意。二是强化计划生育管理和服务能力，切实关注失独家庭、困难户等计划生育服务对象生活，创新服务形式，打造服务亮点，继续保持香河县计划生育工作在省市的领先地位。

注：凡会议专门研究人事和组织工作均未出会议纪要，由县委组织部另行编写，故第 2、3、15、26 次会议纪要空缺。

县委办公室工作

【概况】 县委办公室是县委综合办事机构，围绕落实党的各项方针、政策，搞好调查研究，发挥智囊作用；围绕县委的中心任务和工作部署，组织实施、督促检查，协调各方面关系；起草印发县委和县委办公室文件及县委领导在重要会议上的讲话材料；做好信息反馈工作，及时准确地为县委领导科学决策提供依据；按照规定进行各种公文收发、传阅和保管；催办、查办上级转来和县委领导阅批件，按有关规定进行处理；组织好以县委名义或县委、县政府联合召开的各种会议、活动；做好机要文件、电文收发、传阅、借阅、回收、清缴和立卷工作及报刊、信件收发；制定全县保密工作计划，做好全县保密监督、检查、指导和培训等工作；做好县委机关行政事务、财物、车辆、基建及机关卫生、安全保卫、来宾接待、内外通讯等后勤工作；搞好机关财务、生活供应、用具配备、内部建设等各项服务。

【文稿起草】 建立严格的文件审核制度，提高发文效率。全年共审核、办理县委和县委办公室各类文件 120 余件，整理印发《常委会议纪要》21 期。先后起草各类讲话、汇报、总结、致辞、调研 60 余篇。其中，调研报告《用心思路破解新形势下的新问题》在市委《调查与研究》上刊发。为确保全县工作的协调、统一、有序开展，编辑、整理《工作安排》235 期。

【信息工作】 信息工作突出“短、平、快”的特点，为县委决策提供及时、准确的信息参考。2016 年，共下发《香河信息》55 期，上报信息 1900 余条，被省市采用 114 条，全市排名第一位。长篇信息《用活小载体建起大课堂，河北省香河县推动“两学一做”送学进村》被省刊采用并报送中办。《早动手快行动，香河县中粮可口可乐项目正式开工》长篇信息得到省长张庆伟肯定性批示。《种树就是种幸福绿化造就模范县，香河县大力开展植树造林显成效》长篇稿件得到省委副书记赵勇肯定性批示。《香河县开展“进百企访千户”活动》《香河县机器人“全明星”企业亮相国家级展览会》等信息得到冯韶慧、贾永清等市级领导批示。通过舆情监测，共排查网民留言和负面网络信息 300 余条，办理市委社情民意交办件 9 件，均圆满解决并及时上报，得到市委社情民意办公室的肯定。是年，上报市委改革办信息 20 篇，被采纳 7 篇，被省委改革办确定为改革信息直报县。

【督查工作】 督查工作紧跟县委工作节拍，做到领导关注点在哪里，督查的触角就延伸到哪里。年内，重点督导了“两学一做”学习教育开展情况、县级领导分包重点项目和重点工程情况、打造沿国省道绿美精品线创建工作情况、十项重点工作集中攻坚情况、“懒政怠政不作为不在状态”情况和校园及周边环境综合治理等10余项重点工作的落实。是年，共承办县委主要领导批示件198件，其中涉及群众来信76件、各级各类文件49件、内刊资料65件，编发《督查通报》20期、《督查专刊》15期、《大事通报》48期；督办领导信访批示件15件，办结率100%。对改革试点任务、重点改革任务开展实地督查或书面督查。全年对63项重点改革任务、19项改革试点任务开展3次集中书面督查，掌握改革进展情况。

【会务、公务工作】 筹备县委十届六次全会、人大政协“两会”、第五届中国•香河国际家居文化节、香河县纪念长征胜利80周年文艺演出、李保国先进事迹音乐情景剧《太行山上的新愚公》巡演等重大会务活动。县委办公室全年为县委县政府及有关部门承办各类会议80余场次。按照“规范、优质、高效”的要求，积极做好国家、省、市领导到香河参观考察、调研督导等活动的接待工作。

【保密、机要工作】 保密工作按照“保安全、保发展”的要求，在保密自查自评督查工作、重点骨干网络保密管理、保密宣传教育等方面都取得优秀成绩，香河县保密局被评为全省保密工作先进集体。机要工作以实现“两个绝对确保”（确保绝对安全、确保绝对畅通）为根本原则，坚持政治理论学习，不断提高干部综合素质，继续完善密码工作规范化建设，做好密码通信保障，确保政令畅通。

【队伍建设】 坚持周五学习日制度“雷打不动”，结合“两学一做”活动，在学习党章、政治理论、习近平总书记系列讲话的同时，学习国学经典、国内外热点时事、网络热评等。县委办公室创建“书香机关”，深化“善读书、读好书”理念，营造重学习，爱读书氛围，以此提升机关干部素质。创建县委办“图书角”，图书门类丰富，存书量100余册，充分满足了读者的不同需求。年内，机关工作人员集体学习了《之江新语》《习近平用典》等理论书籍12本，各类理论文章330余篇，《论语》等国学经典8本，播放视频学习资料30余次，邀请专家学者进行专题辅导15次。严格制定学习计划，将学习资料发到各科室邮箱，随时查阅学习内容，巩固学习成效。制作印发统一制式学习笔记，结合每人工作实际撰写学习心得和体会，并定期开展学习交流，强化学习效果。

通过抓机关干部读书学习，极大提升了机关干部围绕中心、服务大局、解决问题的能力。为让机关干部更加贴近基层、了解基层，将学习与实践有效结合，邀请信访干部、农经人员、乡镇干部、小学教师等基层一线人员讲解基层工作的真实情况。使机关干部打破“扎在屋学”的惯性思维，增长了见识，心灵受到洗涤，精神得到振奋，将读书学习与工作实践有效结合。

（魏建玲）

党史研究

【概况】 中共香河县委党史办公室（简称党史办），是中共香河县委直属事业单位。党史办负责香河县新民主主义时期与社会主义时期党史专题资料的征集、编写、研究工作，为资政育人、爱国主义和传统教育提供有关资料；贯彻执行党的路线，宣传马克思列宁主义、毛泽东思想、邓小平理论、“三个代表”重要思想和科学发展观，宣传党的方针、政策及各个时期的形势和任务；指导全县党史工作，制定并组织实施全县开展党史宣传工作计划，搞好对社会主义经济建设和改革开放的宣传，充分发挥资政育人的作用；加强与宣传、广播等部门的协作，用社会主义新思想占领意识形态的阵地；承办上级党史部门和县委、县政府交办的重要事项。

【编写二卷本党史】 2016年，党史办集中力量开展党史二卷本的编纂工作。按照年初的工作安排，党史办狠抓了党史征编研工作任务目标的落实，加大了征编研工作的力度，任务落实到人，定期调度。编纂党史二卷本大量的工作在于搜集素材、查阅资料。阅卷450卷，搜集资料12500页，625万字，至年底，完成四编32个章节的初稿，计30万字。

【整理党史大事记】 《中共香河县党史大事记》第一卷（1949—1978）是2000年10月完成，2001年4月印刷出版。在编写二卷本党史的过程中，发现很多内容和《中共香河县党史大事记》第一卷有很大出入。是年，在编写二卷本党史的同时，本着尊重历史、对历史负责的精神，重新核实资料，修正《中共香河县党史大事记》第一卷本。

（魏建玲）

组织工作

【概况】 香河县委组织部，是主管全县组织工作和干部工作的县委综合部门。主要职责是：根据党的路线、方针、政策和县委的指示、决议，研究制定有关党的组织工作方针、政策，提出实施党的组织路线的具体措施。2016年，组织工作贯彻中共十八届六中全会和习近平总书记系列讲话精神，在党员干部中持续开展“两学一做”“三严三实”学习教育活动。围绕“率先达小康、进军百强县”目标，组织工作坚持围绕中心、服务大局、勇于创新、真抓实干，抓基层、打基础，抓责任、聚合力，不断加强领导班子、干部队伍、人才队伍、基层组织和党员队伍建设，统筹推进各领域党建工作。电教片《我爱香河》《一起出发》在第九届中国旅游电视文化周评比活动中获奖；学习教育活动经验《香河县依托网格管理，抓实农村（社区）党员“两学一做”学习教育》被省学习教育专刊刊发；先进个人材料《高立军：百姓称道的城市美容师》被人民日报刊发，《河北香河公选优秀村书记干事创业》《河北香河县五百户镇：建镇村视频互联学习监督系统》被中国组织人事报刊发；刘宋镇庆功台村党总支，被评为省级先进基层党组织，淑阳镇党委书记凌少金被评为省级优秀党务工作者；率先完成多年不发展党员村街治理工作，继续在全市排名第一。

【党员发展】 制定《香河县2016年发展党员工作计划》，明确发展党员工作目标和重点，指导各地各单位结合实际，有计划地做好发展党员工作。每月底，对全县各地各单位党员发展进展情况进行摸底统计，以便掌握情况，发现问题及时解决。同时，继续加大农村党员发展工作力度，开展多年不发展党员村街集中治理工作。指导计划向农村倾斜，实行挂账督办、定期通报、考核奖惩，切实压实责任，传导工作压力。是年，全县共发展党员302人，在全市率先完成多年村治理工作任务。

【基层组织建设】 精选配强乡镇党委书记队伍，出台“20个决不允许”及《选任干部“十用十不用”办法》《党员干部廉洁履职、服务发展“十六个不准”》等文件，强化制度管理。

加强对党委书记的业务培训，组织镇党委书记赴江浙等先进地区培训。对各镇工作量化考评，年初召开各党（工）委书记抓基层党建工作述职测评会议，由县委主要领导点评，既肯定成绩，又点出问题和不足。通过述职，找出存在的突出问题，明确努力方向，进一步树牢“抓好党建是最大政绩”观念。培养锻炼村党组织书记队伍。坚持能人治村，全县有优秀党员型、退休干部型、退伍军人型、致富能手型、企业家型村书记达 172 人。县委组织县委常委与县纪委常委结对成组，开展巡回宣讲，对全县村书记讲纪律、讲法规。对未参加省市培训的 120 名村书记及村“两委”干部由县组织培训，并组织优秀村书记到北京、天津、江浙、山东沿海等发达地区参观学习。对工作实绩突出的村书记，优先推荐评先评模，优先推荐担任“两代表一委员”，并严格兑现绩效工资。公开选拔 21 名优秀村街党组织书记，参照乡镇事业编制人员享受财政供养待遇。选好用好“致富带头人”，建立“农村致富人才库”，支持致富带头人发展，将农村致富带头人纳入农村干部“素质工程”培训。先后举办 3 期培训班，对 170 名农村致富带头人就现代农业、产品营销与品牌建设、产品生产与加工新技术、产品信息与流通等方面内容进行培训。同时，把致富带头人作为党员发展对象和农村后备干部重点培养，将培养成熟的推选到村“两委”岗位，特别优秀的推选为村党组织书记。

结合庆祝建党 95 周年，开展一系列纪念活动，进一步弘扬党的光荣传统，强化党员干部的先锋模范作用和基层党组织的战斗堡垒作用。6 月 28 日，召开 700 余名党员干部参加的“一先两优”表彰大会，对全县 50 个先进基层党组织、70 名优秀共产党员、40 名优秀党务工作者进行表彰。7 月 1 日，全县，700 余个基层党组织，2 万余名党员开展“重温入党誓词”活动，使党员增强党性观念，勿忘初心、恪守承诺。开办县镇村三级“书记讲堂”，三级书记深入基层联系点党支部或在本单位支部讲党课，累计上党课 386 次，听课党员达 1.2 万余人次。足额发放中华人民共和国成立前入党老党员生活补贴 8.8 万元；划拨县管党费 22.8 万元，对中华人民共和国成立前入党老党员和中华人民共和国成立后入党的农村生活困难党员、城市下岗失业党员及其他生活困难党员，每人发放慰问金 1000 元。以“做合格党员树先锋形象”为主题，在全县机关单位中开展演讲比赛，并遴选出 25 名选手参加比赛，最终评出一等奖 1 名、二等奖 3 名、三等奖 5 名、优秀奖 10 名。围绕党章、条例、准则及《习近平总书记系列重要讲话读本（2016 年版）》《习近平谈治国理政》等内容，开展一次知识竞赛，全县共有 97 支代表队参赛角逐。6 月底，以党支部为单位，利用半天时间，集中组织全县党员进行党章理论考试，以考促学。

开展对后进村治理整顿工作，制定了具体整顿方案，安排县处级领导干部分包指导，组织县直单位与后进党组织结成帮扶对子，派驻工作组，组长任村街“第一书记”，全程推进后进整顿工作，45 个后进村完成整顿转化任务。在深入推进《农村干部绩效考核管理办法》的基础上，结合农村党组织书记星级管理要求，出台《关于在农村“两委”干部中实行“两考三评一定”绩效考核办法的实施意见》，采取“两考三评一定”［半年考核、年终考核，村街党员群众评议、执法执纪部门评审、基层党（工）委评鉴，定等次（星级）］考核评价机制，对农村“两委”干部实行绩效考核，并对村书记实行“星级管理”。按照省委组织部要求，统一印制《农村（社区）干部履历表》，并安排专人对各地试点村街干部档案填写工作审查把关。

【干部培训】 围绕“三提升两促进”（即提升思想和政治素质、提升知识和能力素质、提升作风和道德素质，促进作风大转变、促进事业大发展）工作目标，开展多层次干部教育培训工作。4 月下旬，指导县委党校举办全县股级以下干部“春季集训班”三期。深入学习宣讲全国“两会”精神和县委十届六次全会、县“两会”精神，培训干部 600 余人；6 月中下旬，围绕“两学一做”学习教育，先后邀请中央党校哲学教研部副主任董振华，中国社科院马克思主义研究院研究员辛向阳，分别以“落实‘两学一做’坚定理想信念”“习近平治国理政思想的基本要义”为题来县授课辅导，650 余名科级以上领导干部参训。8 月至 11 月，先后举办四期“坚定理想信念与加强党性修养（井冈山）”主体培训班，以此为带动，先后有县纪委、卫计局、民政局等单位组织机关干部赴井冈山、遵义等革命圣地接受革命传统教育及理想信念教育，将“两学一做”学习教育推向高潮。在此基础上，配合省市有关部门圆满完成“县委副书记十八届五中全会省委八届十二次全会培训班”“全省国家级和省级开发区主要负责人专题培训班”“全省‘五位一体’专题培训班”及河北行政学院“第 3 期乡镇长理论读书班”、市委党校春季主体班、自主选学班、“全市创新驱动与转型升级促发展专题培训班”等 34 期调训学员参训申报工作，调训县处级干部、开发区负责人、党政“一把手”、规模以上民营企业家 130 余人次。

【干部考核】 2016 年，圆满完成乡科级领导班子和领导干部 2015 年度考核工作，评出优秀领导班子 46 个，优秀科级干部 208 人，并在全县通报表彰。同时，协助市委完成对香河县党政领导班子及市管干部 2015 年度考核工作。在此基础上，扎实推进 2016 年度考核工作。研究制定《县党政班子 2016 年度总体工作目标》《2016 年乡科级领导班子和领导干部考核目标》《乡科级领导班子和领导干部 2016 年度考核评价办法》《考核指标评价细则》。采取不定期抽查形式，及时掌握全县各项指标运行情况，针对全县阶段性、临时性、突发性重点工作，定期或不定期召开全县考核工作调度会议，对完成滞后或完成有难度的任务指标，责令相关部门认真分析原因，研究解决问题瓶颈的有效方法，限期解决问题。同时，实时监控省市对县考核指标运行情况，采取电话询问、书面汇报、实地走访等多种形式督导调度，确保在省市对县考核中取得优异成绩。

【干部监督】 贯彻落实中央从严治党、从严管理干部要求，对因提拔、调整、退休、辞职等原因离职的“一把手”领导干部，坚持“凡离必审”的原则，确保领导干部离得明白、接的清楚。2016 年，对 20 名正职领导干部进行离任审计。加大领导干部出国（境）管理力度，在做好出国（境）备案工作的基础上，加强因私出国（境）证件管理，对领导干部个人护照及赴港澳台通行证实行严密监控、统一保管，进一步严格因私出国（境）审批，年内，未发现违反外事纪律或不按时归国现象。扎实开展领导干部经商办企业专项清理工作，对县域科级以上干部及家属经商办企业情况进行全面核查。发放报告表 1000 余份，累计核查 3400 余人（次），发现问题 110 个，对发现的问题逐个甄别、分类处理。在全县范围内开展乡科级领导干部个人有关事项报告工作，要求乡科级领导干部将个人有关事项统一上报，并编号保存。共填报《领导干部个人有关事项报告表》1100 余册。加大干部日常监督力度，及时对拟提拔的 56 名干部进行任职公示，不断畅通监督举报渠道，杜绝带病提拔、带病上岗情况发生。

【“两学一做”学习教育活动】 严格“六有标准”，即每个党支部有一套学习书目、有学习计划、有学习考勤、有学习档案、有学习氛围、有督导检查制度。县委统一订购学习书目，确保党章党规人手一册，必读书目每支部一套。编印《“两学一做”学习教育笔记》，全县党员人手一册。县选派385名辅导员，全程指导村街、社区、企业党支部开展好学习教育活动。对全县各单位主管副职、基层党支部书记和学习教育辅导员集中培训，确保学习教育活动见实效。县委书记率先为县四大班子成员、县委办公室机关党员讲一堂专题党课；34名县处级党员干部分别在所在党支部或分管部门讲党课，全县各级党组织书记均参加了讲党课活动。由13名党校教师和各层面模范人物，组成巡回宣讲团，利用6月、7月两个月，分赴县直机关和各镇、街道、园区巡回宣讲。实施“三考”促学，先后开展“万名党员考党章”“考党规党纪”“考系列讲话”活动，以“三考”促学习、验成效。学习先进典型，深入学习李保国、郭成志、杨双牛等先进事迹，收看专题节目《榜样》；结合庆祝建党95周年，扎实推进“两学一做”学习教育，开展“四先五优”评选表彰活动，对全县各条战线涌现出的先进基层党组织、先进党建示范点、先进服务窗口、网格管理先进村街（社区）、优秀党务工作者、优秀共产党员、优秀网格管理员、优秀岗位标兵、优秀致富带头人等110个先进集体、180个先进个人进行表彰，并大张旗鼓宣传，强化先进典型辐射引领作用。

开展“进百企、访千户”活动，县、科级干部和村“两委”主要干部深入企业、群众，解难题、办实事。累计走访企业300余家，走访群众4300余户，解决基层难题350余个。开展七项集中整治行动，集中整治社会治安环境、“乱收费、乱摊派”及不担当不作为等，累计解决整治各类问题150余个。在全县村党组织书记中开展 “五比五促”活动，引导村干部横比促规范、纵比促提升。组织观摩拉练，组织各镇、街道、园区，就“两学一做”学习教育、党建示范区建设、村“两室”建设及后进基层党组织整顿，进行观摩拉练，查找差距不足。在县电视台、《新香河》、《组工信息》、“香河党员e站”微信平台等开辟专栏，及时宣传各单位学习教育中的好经验、好做法；在村街、社区，采取“大喇叭”广播、制作特色宣传品、张贴宣传标语、发放宣传册明白纸等方式广泛宣传，营造浓厚的舆论氛围，累计播发信息160余条，基层党组织累计张贴宣传标语800余条，发放明白纸12000余张。向各级媒体、网站、学习教育简报投发稿件，已有19篇信息被各级媒体、网站采用。《香河县依托网格管理 抓实农村（社区）党员“两学一做”学习教育》，被省学习教育专刊刊发。

【人才队伍建设】 香河县制定《2016年人才工作要点》，明确全年人才工作思路、重点任务及责任分工。将深入实施人才优先发展战略、加快建设人才强县等任务，纳入全县十三五规划，统筹推进全县人才工作，并将人才工作纳入乡科级领导班子和干部队伍考评体系。按照市委组织部通知要求，完成了“通州武请廊坊”人才对接交流调查摸底，及全市人才流失情况问卷调查等活动。开展“人才工作宣传月”活动，通过单位推荐、组织审核等程序，遴选确定金永钢、薛连清等4名县域内各行业人才典型代表，作为香河县2016年度“人才工作宣传月”活动宣传对象，进行大张旗鼓的宣传报道。组织开展开发区“3•20”省人才资源开发专项资金重点支持项目申报工作，其中，香河县科技领军人才创新驱动中心项目成功入选，获得省人才资源开发40万元资金支持。落实县管优秀专家和县域特色人才待遇，开展专家人才节前慰问、颁发荣誉证书、核发生活津贴、制发年度成绩晾晒单、组织健康体检、日常联系问询等活动，在全县上下掀起识才、爱才、敬才、用才之风。修改完善《香河县高层次人才引进奖励暂行办法》，为引才用才奠定政策基础。协调人才工作领导小组相关成员单位，谋划实施“筑巢引凤工程”，大力扶持国安创客•河北中心、机器人产业港等人才创新创业平台建设，以点带面，引才聚才。其中，由华夏幸福基业股份有限公司投资兴建的机器人产业港成功引进太库智能硬件加速器并正式开业。该企业还与科技部人才交流开发服务中心签署战略合作协议,促成京津冀区域首个县域科技领军人才创新驱动中心正式落户香河县。由中信国安集团投资运营的国安创客•河北中心先后成功获批省级、国家级“众创空间”，入驻创客企业达50余家，华北制冷设备有限公司建立院士工作站并成功获批。根据香河县人才工作现状，总结撰写的《香河县开辟人才创新创业“试验田”》工作信息，先后被河北科技厅核心网站、河北人才工作网、廊坊日报刊载。

【自身建设】 坚持周五学习制度，每周五下午，组织全体机关干部集中学习各级会议精神、领导讲话及县委政府重大决策部署。开展“组工干部换脑”活动，发放《平天下—中国古典治理智慧》《党员干部的12堂修身课》等优秀书籍。机关干部利用业余时间自学，并定期交流心得体会，确保学有所得、学以致用。组织开展“组工讲坛”活动，全体机关干部围绕职能业务及精通的各领域知识轮流登台授课，激发学习兴趣，促进知识水平提升。开展“争做最优秀组工干部演讲比赛”，机关干部围绕增强立足岗位、创先争优的自觉性、坚定性，轮流登台演讲，营造比先进、学先进、赶先进的浓厚氛围。组织机关干部赴西柏坡参观学习，在革命圣地上党课接受爱国主义教育，重温入党誓词。通过系列活动开展，有效提升组工干部的理论素养和业务水平。为提升组工干部撰写信息的能力和水平，举办全县组工信息工作培训班。2016年所撰写的信息，被省委组织部采用正刊1条，市委组织部采用正刊11条，动态12条。发挥《香河组工信息》的宣传作用，累计刊发21期。制定《香河县网宣工作评分办法》，对基层网宣工作量化打分，并将得分作为各单位和基层网宣员年底评优评先的依据，调动基层网宣员工作积极性。做好网络舆情监控工作，累计上报舆情1100余条。打造精品原创网评文章，全年被国家级网站采用300余篇，被省级网站累计采用20余篇。

（孙　浩）

宣传工作

【概况】 香河县委宣传部是主管全县意识形态方面工作的县委综合部门。主要职责为：以邓小平理论、“三个代表”重要思想和科学发展观为行动指南，坚持以科学的理论武装人，以正确的舆论引导人，以高尚的精神塑造人，以优秀的作品鼓舞人；贯彻执行党的基本路线，宣传马列主义、毛泽东思想，宣传党的路线方针政策及各个时期的形势、任务；负责全县理论学习、理论宣传、理论研究工作，负责县委中心组理论学习和有关工作，负责基层党员教育；负责全县精神文明建设，组织指导全县农村、城区群众性精神文明创建活动；负责引导社会舆论，负责政治方向、方针政策的指导和实施，协助县委加强对广播电视、国防教育办等部门的指导与协调，用社会主义思想占领意识形态阵地；加强和开展全县思想政治工作，负责全县政工师评定工作，负责爱国主义教育基地建设、管理和使用，负责全县先进典型的学习和推广；按照干部管理权限，负责全县宣传文化系统股级干部的管理，组织宣传文化系统干部和业务骨干的培训，会同县委组织部管理宣传文化系统科级干部；负责开展新闻宣传和对外宣传，加强新闻队伍建设，抓好宣传工作；宏观指导全县精神产品生产和文化市场的管理，协助县委加强对文体、文联工作的指导与协调；承办县委、市委宣传部、市文明办交办的重要事项。

【理论工作】　邀请中央党校董振华教授和中国国家画院副院长曾来德等，围绕“两学一做”和文化事业发展等内容进行专题辅导。先后组织开展中共十八届六中全会、省第九次党代会精神集中宣讲活动。邀请市委宣讲团举办主题宣讲报告会3次，邀请中央电视台特约评论员杨禹教授专题辅导1次。组织县四大班子领导和各单位一把手到基层开展面对面集中宣讲，确保全县“两学一做”学习教育活动，各级党组织全覆盖、广大党员全覆盖。依托县、乡、村三级宣讲网络平台开展系列宣讲活动，组织干部群众收看省委讲师团视频网络宣讲7次，邀请省、市专家、讲师围绕“两学一做”学习教育等主题，进行宣讲培训3次。建立县、乡、村三级理论学习宣传微信群，及时发布理论热点和形势政策解读等内容，为全县干部理论学习和宣传提供素材和交流平台。组织开展“生态优先 绿色发展”和“学习李保国 争做新愚公”主题征文活动，香河县多篇作品获市级奖励，县委宣传部被评为优秀组织奖。

【文化建设】　制定下发香河县《关于繁荣发展社会主义文艺的实施意见》，推荐本土作家张玉清撰写的长篇小说《跑，拼命的跑》《诺亚传奇》和县环卫局自编自演的TFBOYS《青春修炼手册》，以音乐为背景的环卫广场舞等32个原创作品，申报廊坊市2016—2017年文艺精品。2016年，全县共有15个文艺作品获得国家、省、市级奖励，文化产业全省领先。制定下发了《关于推动全县文化旅游产业加快发展的实施意见》，设立文化产业引导资金1000万元。全县形成第一城、家具城、影视城三大文化产业品牌，文化产业增加值达到10.5亿元，占全县GDP的5.31%，位居全市第一。是年，香河县成功入选全省“文化产业十强县”，文化设施覆盖城乡。香河县文化艺术中心已进入装修布展阶段，预计2017年上半年即可投入使用。全县14个镇级（9个镇、新华街道办、新开街道办、平安街道办、新兴产业示范区、环保产业示范区）单位全部建有较高标准的综合文化站，实现了图书阅览室、活动中心、电子阅览室等多功能室，突出“一站一品”。全县300个村街均建有图书室、文化活动室、文化活动广场，全部免费向群众开放，为群众开展文体活动提供保障。4月，香河县代表全市迎接国家“全国公共文化服务体系示范区”验收并顺利通过。11月，全省公共文化服务体系现场会到香河县学习观摩。先后组织开展了京津冀中华大庙会、草莓音乐节、幸福香河大家唱、京津冀中幡文化交流大赛、公益电影基层巡演等百余项群众文化活动。举办了2016香河少儿春晚、春节联欢晚会、元宵节联欢晚会、“劳动者”之歌主题晚会、迎中秋公益晚会、庆祝长征胜利80周年文艺演出和主题书画展等一系列大型文化活动，最大限度地满足了城乡居民精神文化需求。12月23日，央视七套新春特别节目《春到新农村》香河专场文艺晚会，在第一城完成录制，将于2017年农历正月十四在央视七套播出。为确保文化市场健康稳定，开展了“扫黄打非”专项行动。全年共出动执法人员1200余人次、车辆350余辆次，共检查文化市场700余家次，使文化市场保持良性健康发展态势。

【对外宣传】 建立媒体监督快速反应机制，妥善应对热点问题和突发事件，2016年共接待媒体监督报道事件80余起，均得到妥善化解。围绕招商引资、项目建设、美丽乡村建设等全县重点工作，邀请、接待新华社、《人民日报》等中央重点媒体60余人次到县采访。是年，香河县在中省报台发稿600余篇，其中《人民日报》发稿26篇，创历年之最；在《廊坊日报》发稿400余篇，其中头版头条12篇。围绕香河县第四届家居文化节以及国家科技部领军人才创新中心、中国京津冀汽车零部件物流交易中心、哈工大京津冀创新产业园落户香河等一系列重大活动，集中邀请中央和省市重点媒体记者到县采访。每次活动的新闻稿件均超过100家网站转载,形成了显著的宣传攻势。2016年，香河县的外宣工作总业绩位居全市前列。《新香河》报纸作为县委机关报，全年共出版50期，刊发稿件3000余篇，第一时间跟踪报道了全县经济社会建设和党委政府的决策部署，向广大干部群众及时传递县内信息资讯，在统一思想、凝聚力量方面发挥了重要作用。

【解放思想大讨论】 2016年12月中旬始，全县上下开展“加快建设创新驱动经济强县”解放思想大讨论活动。通过集中学习宣讲、开展基层大调研、举办专题报告会、召开系列座谈会、开展“我为加快创新驱动经济强县”献良策等系列活动。共向社会各界征求意见和建议200余条，统一了思想，凝聚了共识，确立坚持创新驱动，实现绿色崛起，建设美丽幸福新香河的奋斗目标。同时，在《新香河》、县电视台、香河头条微信公众平台开设“加快建设创新驱动经济强县解放思想大讨论”专栏专题，刊发、播报大讨论专题信息50余篇，刊发单位一把手体会文章和调研报告10余篇，在全县掀起新一轮解放思想的热潮。

【社会主义价值观宣传教育】 先后推出高立军、许茂林等先进个人和县环卫局、环保产业园等模范集体，典型事迹在各级主流媒体刊发报道。其中，新华社、《人民日报》等国家级媒体报道10次，《河北日报》等省级媒体报道15次，《廊坊日报》等市级媒体报道23次。在全省开展的“美丽河北”系列推选展示活动中，香河县新城广场、中信国安第一城等6个单位受到市级表彰，获得全市“最美”称号，中信国安第一城等3个单位进入全省评选。围绕“中国共产党成立95周年”开展了“党教五项竞赛”“七一诗词楹联颂党恩”征集等主题活动，并利用座谈会、报告会、文艺演出等形式组织开展了“长征胜利80周年”群众性教育活动。组织开展“中国梦•赶考行”百姓故事宣讲活动，县环卫局范广义在全市决赛中以最高分荣获一等奖。评选出新的“香河八景”，并组织县内文史专家对相关古今人文历史进行编辑整理。出版了《溯说香河》一书5000余册，得到了社会各界广泛好评。县电视台立足本地实际，开办《生活如歌、百姓舞台》《劳动者风采》等一系列名片栏目；承办了2016年春节晚会、“争做文明小使者”户外闯关等多个大型活动，全年在中央级媒体上稿8条、省台上稿11条、市台上稿300余条。完成《我爱香河》《一起出发》等多个香河城市宣传片，并在国家和省、市评比中获奖。

【党报党刊发行工作】 2017年度党报党刊征

订工作开始以后，香河县将党报党刊征订作为宣传贯彻中共十八届六中全会精神和省第九次党代会精神的重要内容，迅速行动，多措并举，扎实推进。在征订发行工作中，香河县借鉴往年发行工作的成功经验，专门成立了领导小组，要求各有关单位协调分工，全面确保订阅范围，确保发行量稳中有升。在严格公费订阅报刊的基础上，香河县还出台措施鼓励和动员各级文明单位、明星企业等社会力量订阅党报。开展“文化扶贫”工程，确保订阅范围、订阅资金、完成期限“三到位”，全面完成重点党报党刊发行任务。

【宣传队伍建设】　加强宣传思想文化战线领导班子建设，选好配强县委宣传部及宣传文化系统各单位领导班子，完善宣传文化系统领导干部选拔任用办法，确保懂意识形态工作的人管意识形态工作。不断充实基层宣传文化队伍力量，在全县构建县、镇（街道、园区）、村“三级”联动机制，做到基层宣传思想工作有人抓、抓到位。全县 14 个镇级单位均配有 1 名宣传委员和 1 名综合文化站长，做到专职专用。全县有兼职新闻通讯员 120 人，兼职网评员 120 人。宣传思想文化部门机构编制、人员配备、基本待遇、工作条件、工作经费均得到保障。进一步加强对县内文化人才和民间文化传承人的培养和保护，聘请京津专业人员，对县内文化人才、文化队伍进行辅导、培训，以专业人才带业余队伍，全县 300 个村街已全部配齐文化宣传员。全县现有各种形式的花会、秧歌表演队伍 100 多个，戏迷协会等基层文艺社团 30 余个，组建文艺团体 200 多个，成立广场舞队伍 300 余支，建设群众文化辅导基地 27 个，基层文化志愿者达到 2 万余人，各种体育队伍（包括篮球、乒乓球、门球、武术）30 多支，常年参与文化艺术活动的各界群众达 5 万余人。制定宣传文化系统干部培训计划，举办新闻发言人、通讯员、舆情信息、宣传调研、网络评论员等业务培训班，不断提高宣传干部队伍素质。组织宣传文化系统各单位开展《2016 年度宣传思想文化工作重点调研课题申报》工作，围绕宣传文化工作改革创新需要和面临的重点难点问题，确定一批重点调研课题，进一步提高宣传思想文化工作解决实际问题的能力。不断完善和规范媒体发稿月通报制度、通讯员培训制度，通过组织培训、定期通报、召开宣委会等形式，有效整合全县外宣资源，打造一支素质高、业务精、能力强的专业人才队伍。

（刘春林　王斌石）

纪检监察工作

【概况】　2016 年，香河县纪检监察工作在县委、县政府的领导下，全年紧紧围绕落实党委的主体责任和纪委的监督责任，对党员干部加强党风廉政建设和反腐败斗争的教育，进行多种形式的纪检监察。坚持挺纪在前，把握运用监督执纪的“四种形态”(党内关系要正常化，批评与自我批评要经常开展，让咬耳扯袖、红脸出汗成为常态；党纪处分和组织处理要成为大多数；对严重违纪的重处分、作出重大职务调整应当是少数；而严重违纪涉嫌违法立案审查的只能是极少数)，不断提升监督执纪水平。全年共立案 96 件，处理 96 人，其中乡科级干部 14 人。

【落实“两个责任”】　为使党委（党组）负起主体责任，纪委负起监督责任，制定《“一问责八清理”专项行动问责工作实施方案》(简称《方案》)。香河县纪委监察局依《方案》，重点解决落实党的路线方针政策和中央、省委决策部署不力，党的领导弱化，党的建设缺失，管党治党不力，维护党公开处理，倒逼“两个责任”落实。县纪委监察局，协助县委党风廉政建设主体责任办公室，抽调纪检干部16名，组建考核组8度履行主体责任情况进行全面综合考评。

【党风廉政建设】 为加强党风廉政建设，县纪委监察局印发《香河县深入开展“三项集中整治行动”实施方案》，依实施方案，县纪委监察局组织开展换届纪律执行情况监督检查、土地城建领域领导干部及亲属从事房地产经营活动自查自纠、违规发放津贴补贴福利等问题专项清理工作。联合“两办”督查室开展懒政怠政问题专项清理工作，确保政令畅通。由县处级领导和县纪委班子成员结对分组，深入乡镇村街，对2016年新修订的《中国共产党问责条例》和《中国共产党党内监督条例》，开展两次集中宣讲活动，发送廉政短信5000余条，推送廉政微信50期240余条。

【贯彻中央“八项规定”精神】 为贯彻落实好中央“八项规定”精神，县纪委监察局加强对违反“六大纪律”（政治纪律、组织纪律、廉洁纪律、群众纪律、工作纪律、生活纪律），特别是违反政治纪律、组织纪律和违反中央“八项规定”精神问题的整治力度。在县直部门职能科室、基层所站、村街干部中开展“三项集中整治”[①]行动。针对公款吃喝、收送礼物、公车私用、公款旅游等问题，开展30余次明察暗访。印发《香河县深入开展“三项集中整治行动”实施方案》和《关于开展“三项集中整治行动”自查自纠工作的通知》，印发了《香河县不担当、不作为集中整治行动工作方案》，开展不担当不作为集中整治行动，并对全县各单位各部门自查自纠情况进行检查。

启动“一问责八清理”[②]工作专项行动，成立县专项行动领导小组办公室，印发了专项行动实施方案，明确35家牵头单位和责任单位。在县电视台和《新香河》等媒体发布公告，公布“一问责八清理”工作专项行动具体内容、举报电话落实。重点解决严重违反党的政治纪律和政治规矩、党组织政治核心作用弱化、全面从严治党主体责任缺失、党风廉政建设监督责任缺位四个方面问题。

“八清理”，是对超职数配备干部、违规进人问题，违规公费出国（境）、公款旅游问题，乱收费、乱摊派问题，领导干部经商办企业及其亲属利用其职务影响谋取不正当利益问题，滞留截留套取挪用财政专项资金特别是涉农资金问题，省属企业违规配车、用车问题，招标投标不规范、违规出让土地、违反规划调

① 1. 集中整治在办理涉及企业和群众事务时吃拿卡要、推诿扯皮、雁过拔毛等领导管不住、群众惹不起、纪委不好抓的违纪问题。主要包括：门难进、脸难看、事难办，不给好处不办事、给了好处乱办事，擅自改变办事程序，增加办事环节，提高办事门槛，不讲规矩、不按程序办事，不认真执行上级决策部署，对上级布置的任务，敷衍应付、推进不力，不认真履职尽责，工作不在状态，办事拖拉，作风漂浮，慵懒散拖等行为。

2. 集中整治超标准超范围向群众筹资筹劳、摊派费用，违规收缴群众款物或处罚群众，克扣群众财务、拖欠群众钱款等突出问题。主要包括：乱收费、乱罚款、乱摊派，基层执法不公、搞钓鱼执法、暴力执法、选择性执法、随意性执法，以罚代管和滥用自由裁量权以及“打白条”“空兑现”“空承诺”等行为。

3. 集中整治村街集体“三资”管理、土地征收和惠农、社保、扶贫等领域虚报冒领、挥霍浪费、截留私分、贪污挪用等严重问题。主要包括：插手工程项目，与民争利，侵占挪用挥霍集体财物，滥用权力中饱私囊，以及在征地拆迁过程中未按合同兑现或拖欠群众补偿款、安置费等侵害群众利益行为。

② “一问责”，是对党的领导弱化、主体责任缺失，管党治党不力、发生严重违纪违法问题的，抓住典型，严肃问责，公开处理，严肃问责和通报曝光一批落实“两个责任”不力的典型，倒逼“两个责任”落实。重点解决严重违反党的政治纪律和政治规矩、党组织政治核心作用弱化、全面从严治党主体责任缺失、党风廉政建设监督责任缺位四个方面问题。

整容积率等问题，懒政怠政、不作为、不在状态问题，进行清理。

和举报邮箱，畅通举报渠道，强化群众监督。实推进，建立了周报、半月例会、月调度、台账管理、工作联络、约谈警示6项制度，明确工作人员的职责和工作流程。通过部门自查、严格督导检查等方式，先后开展5轮全面集中检查、层层过筛，确保问题应查尽查。通过逐一约谈牵头单位一把手、责任单位签字背书、基层单位签订承诺等方式，层层加压，确保问题应报尽报。在“一问责八清理”工作专项行动过程中，专项行动领导小组办公室召开工作例会5次，约谈牵头单位3次，对各牵头单位、责任单位专项督导5次。全县共查出问题线索590件，全部整改完毕，问责28人，批评教育216人，建立制度25项。

【案件查办】 2016年，共立案96件，处理96人，其中乡科级干部14人。开展“林补资金”“燃煤锅炉专项资金”“党员干部违法占地”及“教育收费”4个专项检查，下发监察建议书7个，给予党政纪处分38人。是年，开展损害群众利益和“小官贪腐”问题专项治理整顿工作。共排查“小官贪腐”案件线索23件，处分21人。开展纪律处分决定执行情况检查工作，将处分期内的人员名单建立台账进行管理。根据纪律处分执行的事项对受处分者进行跟踪监督，确保纪律处分执行到位。充分发挥县委反腐败协调领导小组的职能作用，定期召开县委反腐败协调领导小组工作会议。至年底，县纪检监察部门共受理县委反腐败协调领导小组成员单位移送案件及线索31件。

【信访工作】 畅通信访渠道，发挥信访监督职能作用。通过发信访函询书、信访提醒卡、实施信访谈话等方式获取信息。对易查易结问题直接介入，快速办理，确保把问题解决在萌芽状态。建立《重要问题线索集体排查会议制度》，坚持每两周召开一次会议，充分挖掘信访举报信息价值。2016年，县纪委监察局共受理信访269件次，排查出各类矛盾隐患60多个，及时发出预警信息30余次，通过谈话、函询实施信访监督6件。

【干部队伍建设】 制定印发《关于在委局全体党员中开展“学党章党规、学系列讲话，做合格党员”学习教育实施方案》，制定了《关于对庸政懒政怠政等影响工作执行力行为实行问责的暂行办法》和《乡镇纪委书记、副书记提名考察办法（试行）》，将“两学一做”学习教育纳入委局学习计划。利用周五集中学习时间，以学习党章党规和习近平总书记系列讲话为重点，通过领导干部讲党课，观看警示教育宣传片等，全面提升干部的履职能力和责任担当意识。委局全体科级干部填报了《领导干部个人有关事项报告表》《领导干部及其亲属经商办企业报告表》，完善约谈制度，对存在苗头性、倾向性问题的纪检监察干部及时约谈提醒。

（郑肃然）

统战工作

【概况】 在县委的领导下，开展统一战线理论政策的宣传教育；贯彻党的民族宗教政策，正确处理新形势下的民族宗教问题；与有关部门合作，培养、考察、选拔党外干部，提出安排使用意见；畅通建言献策渠道，发挥党外干部参政议政作用；开展经济统战工作，调查研究全县非公经济人士情况，协调关系，提出建议，团结、帮助、引导、教育非公经济人士，做好思想政治工作；协调有关部门开展好海外统战工作和对台工作。2016年，以完成县级统战力量整合工作为契机，加强民族特色风俗文化建设，总结和推广经验，以点带面，打造全县各民族和谐相处、共同繁荣进步的良好局面。河北华香肉类有限公司被省委宣传部、省委统战部、省民宗厅命名为全省民族团结进步创建活动示范单位。香河县委统战部被授予“2014—2016年度河北省统战工作先进集体”称号。香河县委统战部微信公众号“香河统战”正式上线运行，“香河统战”包含统战要闻发布、工作动态呈现、统战政策解读、统一战线成员学习交流、“同心工程”等内容，通过综合运用文字、图片、语音、视频等形式，宣传社会主义核心价值观、统一战线方针政策、议政建言、统战人物风采等。已有100余名党外人士加入了这一微信平台，成为县委统战部联系广大党外人士的桥梁。

【民族宗教工作】 全县共有回族、满族、蒙族等少数民族34个，总人口10183人。其中满族4107人，回族3380人，占全县人口总数的2.8%。年内，修建村街公路1.6公里，硬化村街道路2万平方米，安装太阳能路灯130盏，新建带状公园2个。另外，还争取到省级专项资金7万元，协调筹措资金21万元，用于修建香椿营回民村五保户集中供养所，结束香河县没有少数民族集中供养场所的历史。2016年下半年，建立五百户中学回民食堂，聘请厨师4名，解决70名回族学生的餐饮问题。

在宗教界开展“大调研、大检查、大整改、大提升”活动，对全县宗教场所进行摸底排查。全县有天主教、基督教、伊斯兰教和佛教四大宗教。县级宗教团体2个，即伊斯兰教协会和佛教协会。天主教堂4座，分别坐落在安平镇扁城村、新兴产业示范区挠子庄村、蒋辛屯镇北头百户村、刘宋镇东张庄村。基督教活动场所3处，分别在五百户镇邢营村、五百户镇田各庄村、县城区。伊斯兰清真寺3座，分别在五百户镇香椿营村、安平镇一街、新华街道办西北街。佛教场所依法批准登记3处，分别是大安寺、九圣寺和宝庆寺。佛教皈依居士2000余人，基督教信众2000余人，天主教信众1500余人，伊斯兰教信众3380人。与宗教界人士座谈，梳理出宗教团体、宗教活动场所、宗教活动内容等10多个方面问题，并登记造册，实行“台账式”动态管理。6月，信息员提供线索，在环保产业园区庞营村、安平镇京津花园小区和县城康宁路路东底商，发现三处未经批准的基督教活动场所。得知信息后，第一时间成立由统战部、公安局、民宗局等相关部门组成工作组，对三处活动场所予以取缔，并对其主要负责人进行劝诫。为满足天主教信众信仰所需，结合香河县天主教发展历史，经申请报批，于2016年4月，在刘宋镇东张庄新设立一处天主教活动场所，解决了城南天主教信徒参加宗教活动不便的问题。

【非公经济组织】 香河县有商会15个（9个镇、新开街道办、新华道办、开发区、环保产业园区、新兴产业园区、家具城商会），覆盖面达92%；行业商协会8个（光彩慈善、女企业家、香椿营村清真屠宰、水果蔬菜、电子商务、家居建材装饰装修、江西武宁、汽车行业协会），覆盖当地主导产业达100%。县委统战部引导非公经济人士，弘扬中华民族传统美德，致富思源、富而思进，开展“做公益、献爱心”活动。2016年，组织非公企业家为香河县教育事业捐款790万元。“七一”前夕，在县规划馆举办“民营企业传统文化暨迎七一书画展”活动。书画展体现了香河县政治稳定、经济发展、文化繁荣、社会进步的大好形势。同时，也展示了香河县非公经济人士的风采。

按照《廊坊市委统战部关于市县工商联 2016 年换届工作的意见》要求，圆满完成工商联换届工作。是年，县工商联被廊坊市工商联评选为“宣教工作先进单位”和“组织建设工作先进单位”。

【党外干部队伍建设】 扎实推进党外干部队伍建设。首先是抓好统战理论和有关政策的学习和宣传，使各级党组织认识到做好党外干部工作的重要性和迫切性，并把这项工作摆上重要位置。其次，在培养、选拔、推荐、使用党外干部工作中，与组织部门加强联系，密切配合，共同担负起党外干部“娘家人”的角色。通过培训、联谊、谈心等多种形式使党外干部认识到加入党组织和留在党外都是党的事业需要，不断增强其光荣感和使命感。经培养和锻炼，一批年富力强、德才兼备的优秀党外干部充实到政府部门、司法机关和群团组织的领导班子。2016 年 3 月和 11 月，两次对全县党外干部数据库进行更新。为党外处级干部 4 人，科级干部 16 人、股级干部 464 人建立了档案，并将党外干部政治思想、工作能力、群众评价、廉洁自律等方面情况录入党外干部管理系统。

【整合机构】 按照省、市对县级统战力量整合的要求，根据香河县实际，6 月，香河县民族宗教事务局、香河县工商业联合会、台办（香河县人民政府台湾事务办公室、中共香河县委台湾工作办公室）、香河县侨务工作联合会加入县委统战部，实行“1+4”合署办公模式。实际操作实行“六个统一”“一调整两不变”“三增强”的运行机制。“六个统一”，即统一领导，由统战部牵头协调部署工作、统一党支部，合署部门纳入统战部党支部、统一管理，实行统战部牵头统一管理，多部门融合一体，重点工作全员参加的运行模式、统一账户和财务，统战部设立一个财政一级账户，另根据工作需要和工商联的社团属性，增设一个二级账户，由统战部统一管理。将合署部门的编制统一规划，根据工作职能和实际，重新设立相关股室，统一办公场所。“一调整两不变”，即根据工作需要，在三部门现有经费的基础上，每年按实际需要调整预算，民族宗教事务局和工商业联合会对外保留原机构和牌子，隶属关系不变、一把手待遇不变。“三增强”，即增强凝聚力、增强战斗力、增强影响力。通过整合，使香河县的统战工作更加适应新的形势，彰显新的活力。

为做好对台统战工作，组织人员深入基层走访调研，更新台胞台属登记表和人物档案信息，确保台情信息的时效性和准确性。香河县有台胞 18 人，台属 25 人，做到了底数清、情况明。“5•18”经贸洽谈会期间，邀请 50 名台商代表到第一城娱乐有限公司参观考察，现场发放《共襄香河》《投资指南》等宣传推介材料 200 余份。向台商详细介绍香河悠久的历史、便利的交通、完善的基础设施、大有可为的战略环境，诚挚邀请他们到香河投资兴业。

（尹淑娟）

县直工委

【概况】 2016 年，中国共产党香河县直属机关工作委员会（简称县直工委），带领县直机关党组织和广大党员，围绕县委中心工作，学习贯彻中共十八届六中全会精神以及省第九次党代会和市县党代会精神，推进机关党的建设。具体抓了以下十方面的工作：狠抓理论学习，提高机关党员的思想政治素质；提升整体素质，不断加强党务干部队伍建设；严格把关，做好党员发展、转正和管理工作；加强基层阵地建设，做好支部规范化工作；认真加强思想教育，推进党风廉政建设；强化政治意识，开展“两学一做”学习教育；稳步推进基层党组织换届工作，圆满完成党代表推选任务；组织开展十八大及相关全会精神的学习、贯彻和落实工作，深入开展“党支部书记讲党课”活动；量化考核内容，增强可操作性，加强机关党建工作考核；加强国防建设，切实做好民兵整组工作，高标准完成征兵任务。

【开展“两学一做”学习教育活动】 根据县委部署，县直工委在全体党员中开展“学党章党规、学系列讲话，做合格党员”（简称“两学一做”）学习教育活动。引导机关党员坚定信仰信念，强化政治意识、树立清风正气、勇于担当作为。学习教育中，县直工委以完善党员教育管理制度为基本依托，和县委组织部联合下发了《关于落实“三会一课”报备制度的方案》，通过“三会一课”这一平台，使党员经常受到党性教育，增强党性观念，时刻记住自己是一名共产党员，并要永远做一名合格的共产党员。提倡和坚持“党支部书记讲党课”制度，采取辅导培训、知识竞赛、学习园地等多种形式，并加强督导检查。开展“两学一做”学习教育活动，以提高县直党员的政治思想素质，坚定党员信仰信念，增强“四自信”（中国特色社会主义道路自信、理论自信、制度自信、文化自信），强化宗旨意识，激发全体党员学习热情和工作热情。

【思想建设】 在县直机关全体党员中开展“学党章党规、学系列讲话，做合格党员”（简称“两学一做”）学习教育活动，落实“三会一课”（定期召开支部党员大会、支部委员会、党小组会，按时上好党课）制度，采取党支部书记讲党课，县直机关年内共上党课100多堂。县直各机关党委、总支、支部和非公企业党组织及时收看十八届五中、六中全会公报，领会精神实质。联系实际学习《中国共产党纪律处分条例》（简称《条例》）、《中国共产党廉洁自律准则》（简称《准则》）具体内容，强化对《条例》《准则》的理解。各机关党委、总支、支部，组织政治理论和党的知识集中学习24次以上，参与率95%以上。领导干部带头参加本单位学习，写心得笔记10000字以上，一般干部6000字以上。6月，组织召开各基层党组织领导班子民主生活会。6月底，组织县直百余名新老党员集体宣誓，重温入党誓词。7月初至9月底，工委承办两场全县庆祝建党95周年演讲比赛和“两学一做”学习教育知识竞赛，事先，全县各单位共组织预选赛148场。从预选赛到最后决赛过程，是党员学习的过程和受教育的过程。“七一”党的生日之际，县直工委命名表彰在党的基层组织建设和各项工作中表现突出的先进基层党组织、优秀共产党员和优秀党务工作者。其中，优秀共产党员95名，优秀党务工作者29名，先进基层党组织20个。建立机关党建微信平台，微信公众号正逐渐成为县直机关党建知识、党的政策、党建经验传播，机关党建工作和各项党建活动展示的平台。

【组织建设】 2016年，把优化组织设置、强化组织功能、活跃组织生活作为强基工程的重点任务。针对基层党支部组织建设情况，合理调整结构，优化支部设置。下半年，新建文广新局球类鱼类协会联合党支部、武术协会联合党支部、卫计局利康医院联合党支部、永兴社区医院联合党支部等10个党支部，实现社会团体和非公企业党组织的全覆盖。按照党的基层组织条例规定要求，重点从优化结构、改进作风和强化培训三方面入手，加强机关党务干部队伍建设。利用7月、8月两个月时间，对

192个基层党组织进行换届选举。按照德才兼备的原则，选拔一批思想政治素质好，协调能力强，廉洁正派，群众拥护的人进入基层组织班子，并注重新进班子人员的年龄、文化和知识结构等方面因素。使各机关党委、总支、支部班子得到优化。各基层党支部做好入党积极分子培养工作，组织积极分子参加党员活动，组织入党积极分子系统学习党的基本理论知识。按照发展党员的“十六字”（坚持标准、保证质量、改善结构、慎重发展）方针，是年，有68名入党积极分子被批准为预备党员，有89名预备党员被转为正式党员。

【作风建设】 对党员加强思想教育，推进党风廉政建设，组织县直各单位党员干部学习中央“八项规定”精神和市委市政府“八条禁令”。要求一把手对本单位党员干部廉洁从政亲自部署、亲自过问、亲自协调、亲自督办，及时解决苗头性、倾向性问题，切实负起“第一责任人”责任。9月底,开展以“严明政治纪律和政治规矩，严格组织纪律和换届纪律”为内容的专题讨论。学习中央关于辽宁拉票贿选《通报》精神，使广大党员干部提高认识，防微杜渐，营造县直机关廉洁务实、风清气正的内部环境。组织机关干部学习十八届六中全会公报和《中国共产党党内监督条例》，完善党风廉政建设责任制。为建设务实、高效、廉洁的机关，年初，县委县政府在全县机关中开展作风整顿工作，县直工委及时安排部署，研究制定作风整顿方案，协调落实工作。成立4个督导组，深入县直各基层单位调查和督导。落实党风廉政建设责任制，按照“党委统一领导，部门各负其责，依靠群众参与”的工作机制，成立以工委书记为组长的党风廉政建设领导小组，形成“一把手”负总责、一级抓一级、层层抓落实的工作格局。定期召开党风廉政建设和反腐败工作会议，认真落实领导班子“一岗双责”，将反腐倡廉工作任务逐项分解，分别落实给党政班子成员，做到每项工作有责任领导、有具体责任人。严格执行“领导干部大事报告制度”，落实“民主集中制”，发挥党委会作用，对于重大事项，均由集体讨论决定。定期召开班子民主生活会，开展批评与自我批评，不断提高决策民主化、科学化水平。

【民兵武装建设】 2016年1月，组织武装部专职干部参加全市民兵野外长途拉练集训。5月，组织水务民兵进行水灾抢险、救援演练，提高水务民兵面对洪灾的应急能力。强化民兵整组工作，把文化程度高、有一技之长、能够在位的优秀民兵转入基干民兵队伍，保证民兵队伍的稳定。

（彰文娟）

信访工作

【概况】 2016年，香河县从改革、发展、稳定的大局出发，重视和加强信访工作。扎实开展矛盾纠纷排查、化解工作和领导干部大接访活动，及时解决人民群众反映的各类突出问题。进一步畅通信访渠道，规范信访秩序，建立畅通、有序、务实、高效信访工作新秩序。全县信访态势平稳。年内，未发生进京非访事件，进京、赴省集体访两项指标全市最低。是年，全县共接待、受理群众来信来访1523件次，较上年上升4.4%，全年共发生到市以上越级上访171件，其中进京访68件，进京集体访23件；赴省访34件，赴省集体访19件；赴市访69件，赴市集体访40件，全县信访总体形势明显好转。

【排查矛盾纠纷】 按照“排查得早、发现得了、控制得住、解决得好”的要求，坚持“预防为主、教育疏导、依法处理、防止激化”的原则，开展矛盾纠纷排查化解工作。是年，以排查、解决因征地拆迁，复退军人切身利益，农民工讨薪等引发的信访问题，因涉法涉诉和社会治安引发的信访问题，因群众利益受到侵害和种种不正之风引发的信访问题，因个别部门和干部不作为、乱作为引发的信访问题为重点，每季度进行一次拉网式排查，及时掌握可能引发集体上访的苗头性、动态性问题，做到未访先知、接访有备。全年，共排查出各类矛盾纠纷隐患654件，解决511件。淑阳镇大罗屯村居民反映移动公司在小学南侧建设信号塔，存在电磁辐射问题。针对此案件，信访局工作人员立刻安排移动公司、医疗、淑阳镇负责人与当事居民面对面解释，讲清电磁不影响居民生活和健康的科学依据，并就占地补偿达成协议，使问题得到解决。香榭家园小区 30余居民反映小区杂土堆放道路两侧，影响居民出行及小区物业管理不到位等。针对此案件，信访局工作人员联系房管局、环卫局、街道办等负责人联合办公，共同解决。由房管局协调物业公司强化小区管理，环卫部门协助清理垃圾，街道办负责整体协调稳控。通过协调，使问题得到解决，化解了业主与小区物业之间的矛盾纠纷。

【领导干部大接访】 从纪检、国土、民政、教育等 15 个信访任务较重的单位或部门抽调专门人员组建香河县群众工作中心，联合办公、有效发挥“减压阀”和“稳压器”的作用。群众工作中心通过创新工作思路，强化各级领导责任，并通过建立健全信访工作协调、矛盾化解、信息分析等机制，增强各级各部门做好群众工作的责任感和使命感。在县群众工作中心，每天均安排2名县级领导接访，并通过县电视台提前公布，由县群众工作中心统一协调。各镇、街道办、园区也都安排班子成员轮流到群众工作站接访。

【综合施治解决信访问题】 本着“四不欠账”“五个到位”（不欠法律账、不欠政策账、不欠经济账、不欠感情账；合理诉求依法按政策解决到位，不合理的过高要求解释到位，生活困难的帮扶救助到位，无理取闹缠访、闹访、进京“非访”的依法处理到位，一时解决不了的教育疏导到位）的原则解决疑难信访问题，做到不留尾巴、不留隐患。县四大班子成员定期深入企业、镇村开展“进百企、访千户”活动。把政策法规送到群众手上、把温暖关怀送到群众心上，做好解疑释惑、稳定情绪、化解矛盾的工作。2016 年,成功化解淑阳镇河北止务村居民，安头屯镇顾家屯村居民等反映村民待遇问题，刘宋镇一军转人员要求下岗再安置等一大批信访问题。新华街道办一居民，2003年与建设银行协议离岗后反映待遇问题，上访10余年，问题没能得到解决。是年，通过工作人员按政策解决到位，不合理的过高要求解释到位，生活困难帮扶救助到位，当事人被工作人员的诚心所感动，承诺不再上访，使信访多年的案件得到化解。

2016年3月，开展信访积案集中攻坚化解专项行动。县政府批拨信访困难救助专项资金200余万元，成功化解了省、市交办香河县的26件信访积案。其中，包括平安街道办一居民反映广东儿童疫苗问题的信访案件；安平镇一居民反映所购商品房质量问题、钱旺镇一居民反映其子在三河发生的交通事故问题等多起“三跨三分离”（跨地区、跨部门、跨行业；人事分离、人户分离、人事户分离）信访案件。对合理合法诉求，加大问题解决力度；对缠访闹访人员，加大依法打击力度。特别是对2015

年发生的进京非访人员和进京赴省集体访挑头人员开展了“回头看”，全部落实依法处置措施，公安局、信访局密切配合，检察院、法院提前介入。对长期在京滞留参与非法上访的、多次串联煽动群众越级上访的、借反映信访问题多次寻衅滋事的给予刑事处理。对多次进京非访的 20 余人给予了治安处理。通过有理、有据、有力的打击非访，维护了依法有序的信访秩序。

【案件督查督办工作】 对中央省市交办的信访案件，以及领导签批要结果的信访案件，实行“信访案件督办”制度，明确办案时限、办案要求等，确保每个案件都有结果，每个问题都有回声。2016 年，中央省市交办香河县要结果的案件 22 件，年内全部办结。是年，中央省市受理香河县群众网上信访 775 次，按期受理率 100 %，按期办结率 100%。县领导共签批要结果批示 20 件，信访局督查室联合县委督查室发出限期督办卡 20 份，督办案件全部按期交办并办结。

（李树明）

农村工作

【概况】 香河县委农村工作部（简称农工部）是主管全县农村工作的县委职能部门，农工部会同有关部门对农业和农村工作进行组织、协调、监督、指导。业务上受廊坊市委农工部指导,担负贯彻落实中央、省、市、县委有关农业和农村工作的路线、方针、政策。围绕“三农”问题展开调研，推进社会主义新农村建设，加强农村基层民主政治建设。2016 年，农工部以服务中心、服务“三农”为统揽，以美丽乡村建设为重点，抓好信息调研、农村改革、村务公开等工作。

【美丽乡村建设】 2016 年，确定 68 个村开展美丽乡村建设，其中 20 个村①为省级重点村。48 个村②为县级自主创建村。其中将安平北运河片区列为市级片区。以 12 个专项行动③为基本内容，加大总体投入，推动美丽乡村建设。经考核验收，28 个村获得省级“美丽乡村”荣誉称号。

在美丽乡村建设中，共拆除庭院外厕所及后背房 8700 处，清理残垣断壁和路障 1800 多处，垃圾杂物 70 万立方米，改厕 1.8 万座；10 个村建设分散式污水处理设施 30 万平方米；道路硬化 200 万平方米；自来水管网更新完成 532 千米。12 个村埋设集中式污水管网铺设 21 万米；12 个村完成民居节能改造同时还组织申报了潮东新村、香武新村、望运观潮 3 个新民居社区为省级中心村示范点，协调规划、国土等相关部门出具了完整手续。对全县 12 个在建和建成的中心村项目跟踪监测，为示范点争取政策和资金扶持。

---

①安平镇的陈辛庄、堡上、乔庄、枳根城、王家摆村；钳屯镇的二百户村；安头镇的前独立、西口头村；五百户镇的黄小营、九百户、曹庄、石辛庄、仓上、于辛庄村；刘宋镇的庆功台村；蒋辛屯镇的三百户村；新兴产业示范区的程辛庄村；环保产业园区的南刘庄子、石辛庄、孙庄子村。

②安平镇的北太平庄、孙家务村；钳屯镇的贾庄、后家湾村；安头屯镇的杨营庄、大青庄务、小青庄务、后独立、东太平庄、顾家屯村；五百户镇的土山、头百户、香城屯、周庄、霍刘赵、田各庄、董家湾村；钱旺镇的达古庄、义井、大高坨、袁官屯村；渠口镇的渠口、大七里庄、小七里庄、牛家河、小高坨、东鲁家口、渔阳院、宣教寺、小河各庄、东魏各庄、西魏各庄、孙各庄、荣各庄、代家阁村；刘宋镇的太平庄、程官屯、北务屯、王务、八户村；蒋辛屯镇的苍头、岭子、杨簸箕庄、李庄村；环保产业园区的王庄子、前彭务、后彭务、铁佛堂村。

③民居改造、安全饮水、污水治理、街道硬化、无害化卫生厕所改造、清洁能源利用、“三清一拆”和垃圾治理、村庄绿化、特色富民产业、农村电子商务网点建设、乡村文化建设、基层组织建设专项行动。

2016年获省级美丽乡村称号村名表

表2

美丽乡村	全村户数	全村人口	所属乡镇
窝头村	126	401	钳屯镇
九百户村	252	765	五百户镇
石辛庄村	131	364	五百户镇
头百户村	136	510	五百户镇
曹庄村	135	486	五百户镇
北三百户村	281	1036	蒋辛屯镇
苍头村	219	631	蒋辛屯镇
岭子村	339	1144	蒋辛屯镇
大马坊村	114	369	蒋辛屯镇
小马坊村	109	364	蒋辛屯镇
北六百户村	332	1135	蒋辛屯镇
蒋辛屯村	209	705	蒋辛屯镇
小祁庄村	128	466	蒋辛屯镇
后场村	105	346	蒋辛屯镇
后骆驼港村	132	477	新兴产业示范区
小朱庄村	67	261	新兴产业示范区
挠子庄村	60	194	新兴产业示范区
匠庄村	83	231	新兴产业示范区
延福屯一村	245	869	安平镇
草沙河村	70	340	安平镇
甘露寺村	76	271	安平镇
谭庄村	140	449	安平镇
西贾庄村	169	570	安平镇
王家摆村	410	1168	安平镇
堡上村	77	205	安平镇
北太平庄村	88	263	安平镇
小高坨村	90	338	渠口镇
西魏各庄村	377	1567	渠口镇

【村务公开】　为将村务公开工作规范化、标准化，各村建起高标准公开栏。对资金有困难的后进村和党建示范村给予资金扶持。县委农村工作部联合县财政局，对各镇农经站和村街报账员进行村务公开和民主决策相关政策培训，印制宣传学习手册，为镇村干部更规范合法做好村务工作提供政策指导。按照“一季一查、半年联查、年终大检查”的工作规程，对13个镇级单位（含9个镇、新华街道办、新开街道办、新兴产业示范区、环保产业园）的100多个村街村务公开情况进行督导检查。随着各项公开、管理和监督制度的不断完善，农民群众直接或间接反映村务公开问题大幅下降。继续将村务公开痕迹化管理作为首要任务和指标，每季度公开后，由各镇将各村公开版面内容由专人拍照存档，照片做到“村名清、时间清、内容清、群众清”，禁止弄虚作假。所拍照片除镇级存档外，还必须将电子版上报县级存档备查，对不能按时公开的说明原因，较好地解决了村民对暂时不能公开和不能按时公开的种种猜测和疑虑。同时，将20个省级美丽乡村和48个自主建设村作为重点，每季度统一将公开版面照片上报市级存档。

【农宅合作社试点】　2016年，承担了刘宋镇庆功台省级农宅合作社试点建设，指导注册了“水韵荷乡农宅旅游专业合作社”营业执照，建立了章程和管理制度，入社农户17户。运作模式是“村委会+合作社+农户”，将村内17处传统农家乐、农家院联合一起成立合作社，村委会负责牵头协调，合作社统一管理。避免了传统农家乐管理散乱、恶性竞争、服务质量低等问题。在装修改造中，由合作社统一指导农户按照《河北省精品农宅合作社标准》，对17处闲置农宅装修改造。经装修改造后，室内窗明几净、家电齐全、食宿方便。是年，有80间客房可接待游客，累计接待游客700余人，营业额10万元。

【综合调研】　健全完善涉农信息上报机制，在各镇和涉农部门设立信息联络员，及时上报各类涉农信息；建立工作总结制度，要求各涉农部门每半年上报一次工作总结，及时掌握全县农村重点工作进展。2006年，累计上报信息100多篇，其中在省《三农工作要情》《廊坊日报》和廊坊农村工作网等共计发稿60余篇。深入基层调研，总结经验，发现典型，先后撰写了《农民增收专题调研报告》《香河县扶持农民专业合作社发展调查报告》《香河县乡村旅游调查》《香河县以“两清一拆”为突破口扎实推进美丽乡村建设》《美丽乡村建设应该把握的四个问题》等调查报告及专题文章6篇。

（胡亚超）

老干部工作

【概况】　中共香河县委老干部局（简称老干部局）是县委组织部管理的主管全县老干部工作的行政机构。担负着全县离退休干部政治、生活待遇落实、发挥作用、党支部建设、安置、善后等任务。老干部局内设办公室、安置管理股、组织指导股、保健服务股、老干部活动中心。另设关心下一代工作委员会（简称关工委）、老年人体育协会（简称老体协）、老年大学3个单列机构。人员编制24人。

2016年，老干部工作主要抓三个教育：理论教育，以老干部党校为阵地，开展“两学一做”（学党章党规、学系列讲话，做合格共产党员）学习教育活动。为每名老干部党员发放学习资料和笔记本，为方便老干部党员学习，将学习资料字号放大。全年，举办理论培训班3次，支部书记培训班6次，县城内老干部集中上党课4次，村街老干部上站45次。党性教育，组织机关全体党员、干部职工和部分老干部赴井冈山进行“坚定理想信念”专题党性教育。组织开展重温入党誓词、献爱心捐款捐物、参观县域重点项目等教育活动。科学知识教育，以老干部党校和老年大学为阵地，通过播放电教片、上大课等形式，在老干部中进行讲科学、不信迷信、自我保护、健康知识等教育。建立老干部联系分包制度，定期进行走访慰问，及时掌握老干部们的生活和思想状况，了解老干部的所想所需，全年共走访慰问老干部300余人次。

【政治待遇】　在组织老干部学习的基础上，八项制度全面落实，对全县离退休干部实行了统一管理，做到有人管理，有人服务。春节、重阳节，组织老干部参观考察县域经济重点项目，并由县主要领导通报全县政治经济和社会发展等情况。 为开阔老干部的视野，组织老干部到唐山规划馆、世界园艺博览会参观。在春节和党的生日，县党政主要领导率领有关方面负责人慰问老干部和老党员，并送去慰问品和慰问金。为方便沟通，及时了解情况，为老干部制作了联系卡。为方便和保障老干部的学习，规定每周一至周四为老干部开放图书阅文室。保证老干部按规定范围阅读文件。2016年，为老干部订阅三级党报500余份，《老人世界》1230份。

【生活待遇】　2016年，继续保持离休干部“三项保障机制”（离休费、医药费、活动经费）有效运转。确保离休费社会统筹，全员覆盖；医药费和经费列入县财政年度预算，不留死角。9月，为行政事业单位65名离休干部增发离休费180840元。全年，报销医药费637万元。完成副县级以上退休干部医疗改革，并做好医疗卡发放工作，共涉及38人。老干部门诊继续坚持“聊家常五分钟”“问诊时间五分钟”服务，消除了老干部就诊前的紧张焦虑情绪。为提高医务人员业务素质和能力，利用县医院医疗资源优势与县医院建立联动机制。改善医疗条件，为药房更新医疗报销软件，提高了工作效率。是年，老干部健康体检全部安排在县医院体检中心进行，增加体检项目，建立老干部健康信息档案。全年，为3143名老干部进行了体检。

【党支部建设】　按照“组织健全、制度完善、管理规范、活动正常”的要求，2016年上半年，对15个老干部党支部按照程序，完成换届选举工作。根据支部原任者的意愿和身体状况，15个支部书记和30名委员全部留任。老干部支部管理老干部937名，其中党员614名。针对老干部特殊群体，支部活动采取集中与分散相结合的方式，对身体条件允许的老干部，以上站和会议方式，对身有疾患行动不便的老干部，采取定期走访和随时登门的方式，把支部活动延伸到家庭、延伸到病房。完善了各项制度，建立了《老干部学习制度》《支部书记联系党员制度》及“三会一课”制度和民主生活会制度。

【发挥余热】　根据老干部实际情况，组织开展老干部发挥余热，为党的事业增添正能量活动。将全县2000余名老干部充实到村街离任干部协会、关心下一代工作小组、老体协、企业协会等基层组织中。有50名党员老干部担任“行风建设监督员”，提出意见、建议200多条；在乡镇、村街、社区还有众多老干部在“民事调解”和“治安信访”等方面为全县经济和社会发展发挥余热。部分老干部典型被推荐参加了市老干部局、市老龄委、廊坊日报社关于“燕达国际健康城”杯2016年“有为之星”“长寿之星”评选活动。香河县4名老干部荣获2016年廊坊市“生活好有理想，夕阳美好贡献长”有为之星；1名老干部荣获2016年廊坊市“生活好寿命长 ，耄耋老人爱家乡”长寿之星。

【发挥团体作用】 老年大学开设书画、太极、音乐等多门课程，全年共授课32周，224课时，学员到课14000余人次。老年大学组织学员参加市老干部局组织的纪念中国共产党建党 95周年暨中国工农红军长征胜利八十周年文艺会演，获一等奖1个、三等奖3个，并获优秀组织奖。老年大学和书画研究会共同举办建党95周年暨长征胜利八十周年书画展。书画研究会举办“中国梦•夕阳红”京津冀老年书画巡回展。书画研究会于3月份在天津市宝坻区举办了京津冀十区（市、县）老年书画工作联谊会。5月26日，香河县平安街道办老年书画研究会成立暨京津冀书画交流笔会在平安街道办举行，市、县相关领导出席会议。6月，全市庆祝建党95周年暨长征胜利80周年老年书画展，香河县有16幅老干部作品参展。4月8日，召开全县关心下一代工作会议。中心议题是传达贯彻习近平总书记对关心下一代工作所作的重要批示和国家、省关工委电视电话会议精神，以推动全县关心下一代工作更好地开展。5月13日，市关工委常务副主任张树藩，在香河县委组织部长齐建光陪同下，到钳屯小学乡村少年宫进行授牌。该少年宫被授予“基层五老青少年服务中心”。关工委三大报告团（理想信念教育、法制教育、科技教育报告团），开设家长课堂34节，为家长学校作报告50次，编辑出版《雨露报》4期，刊登小作者作品160余件，印发12000份。是年，投资3万元创建 5 个“基层五老青少年服务中心”，向基层关工组织赠书500本。

（陈卫彬）

党校工作

【概况】 中共香河县委党校（以下简称“党校”）在县委领导下，以十八届六中全会精神为指导，围绕县委、县政府中心工作，发挥党校干部培训主渠道、理论武装主阵地、决策咨询思想库的作用。围绕香河县经济社会发展和党的建设的重大问题开展科学研究。承担县委、县政府下达的调研任务，承办县委县政府举办的专题研讨班。2016年，举办全县股级及股级以下干部培训12期。

【培训工作】 2016年4月20日至22日，举办“春季培训班”6期，对股级及以下干部进行培训。培训内容主要是学习全国“两会”领导讲话、报告及会议有关文件，学习新党章、县委十届六次全会精神、县“两会”领导讲话，通过学习提高学员的理论水平和思想认识。11月23日至25日，举办股级及以下干部学习十八届六中全会精神辅导班。主要对坚定理想信念，争做“四铁”（铁一般信仰、铁一般信念、铁一般纪律、铁一般担当）干部、维护中央权威，维护全党团结统一、开启全面从严治党新征程、不忘初心，大力弘扬长征精神等课题进行辅导。举办2期“两学一做”集中宣讲活动。到6个乡镇，4个县直部门宣讲解读习近平近期讲话精神、学习新党章、党史知识，做合格党员等。是年，与有关职能部门联合举办了旅游业安全、药品从业者、国土资源、保密知识培训班。

【理论研究】 党校在教师中开展“创精品课，当名牌教师”活动。通过课堂教学和理论学习、社会调研，撰写论文，参加各级各类竞赛活动。2016 年 5 月，市党校系统开展了教学比赛活动，党校教师丁云梅获得比赛一等奖，杨会新获得比赛三等奖。陈海涛主持申报的课题《京津冀协同发展视角下河北省精准承接北京产业转移措施研究》获得2016年度河北省党校系统科研项目立项。丁云梅研究的课题《知行合一，做合格党员》在《廊坊社会科学》第三期上发表。丁云梅研究的课题《增强四个意识、维护党的团结》和杨会新研究的课题《开启全面从严治党新征程》《学习习近平总书记系列讲话精神》《2016年〈政府工作报告〉解读》，在十八届六中全会精神宣讲中收到良好效果。

【阵地建设】 香河县委重视党校阵地建设，拨经费加强党校软硬件设施建设，优化办学条件。完善能容纳200人的多媒体教室一个，建设中央党校C级站一个，新建容纳80人的多功能教室一个，改建并更新计算机教室设备一个，购进图书5000册，并完善图书借阅系统，建立图书阅览室两个。针对党校教员队伍的现状，为适应新形势、新情况，不断调整思路，做到坚持“内外结合”，即本校教授、本系统专家与学者相结合；“上下结合”，即请学者专家讲政策与县直部门负责人讲县情相结合。

（孟宪东）

机构编制

【概况】 香河县机构编制委员会办公室（简称县编委办），为县机构编制委员会的常设机构，列党委机构序列，既是党委工作机构，又是政府工作机构。

县编委办内设综合股、督察股、信息股。下属事业单位有事业单位登记管理局、行政审批制度改革股。2016年，县编委办全面贯彻中央和省、市有关机构编制管理政策规定，领会各项改革精神，扎实推进各项改革工作。认真落实县委、县政府的各项工作安排，在加强部门自身建设工作的同时，努力完善机构编制管理，不断提高机构编制管理工作水平。在机构改革工作、机构职能调整工作、机构编制信息年度统计工作、机构编制调整工作、事业单位法人登记管理工作、中文域名管理工作、行政审批制度改革工作等方面均取得显著成效。

【行政管理体制改革】 根据香河县人民政府职能转变和机构改革方案精神，县编委办完成县政府改革机构“三定”规定拟定工作。将县卫生局和县人口和计划生育局整合后，组建香河县卫生和计划生育局；将食品药品监督管理局、工商行政管理局和质量技术监督局整合后，组建香河县市场监督管理局；将县城市管理行政执法局的机构和职能进行调整，形成全新的县域行政执法格局；撤销河北香河环保产业园区、香河新兴产业示范区管理机构，统筹整合设置中共河北香河经济开发区工作委员会、河北香河经济开发区管理委员会，实行“一区两园”管理模式。

【事业单位管理体制改革】 整合卫生、计生下属事业单位，调整镇卫生、计生管理职能。将原县卫计局下属事业单位“新型农村合作医疗管理中心”的职能、编制、人员划转至县人力资源和社会保障局，在县人力资源和社会保障局成立“城乡居民医疗保险管理中心”；将旅游局的职能划入县文化广电新闻出版（版权）局。

【登记管理】 2016年，全面实施全县事业单位法人统一社会信用代码制度，至3月31日，全县179家事业单位法人报送年度报告，换领标注18位统一社会信用代码的新版事业单位法人证书，并在中文域名网站上进行公示。至年底，事业单位法人年度报告工作完成年度报告 179 家，变更事业单位法人 32 家，设立事业单位法人登记 5 家，注销事业单位法人登记 1 家；上半年,全面启动机关、群团统一社会信用代码赋码工作。党政机关、群团于 6 月底前完成发放统一样式的统一社会信用代码证书工作，全面完成办理机关统一社会信用代码 51 家，群团统一社会信用代码 8 家；注册中文域名并完成加挂网站标识单位 438 家，其中：政务域名 77 家，公益域名 361 家。

（张海鑫）

香河县人民代表大会常务委员会

【综述】　香河县人民代表大会常务委员会（简称县人大常委会），根据地方组织法所赋予的地方重大事项的决定权、人事任免权、监督权，2016 年，香河县人大常委会召开 10 次常委会会议，行使自己的权利。听取和审议“一府两院”的工作报告、汇报计 14 个[①]。县人大常委会在审议全县预决算执行情况时，提出要不断强化对全县预决算执行情况的监督，督促并推动县政府进一步改进预算管理，推进依法理财，提高财政效益。为更好地行使监督权，县人大常委会决定聘请 5 名有经验的财会人员，组成财政预决算审查监督专家咨询委员会。在审议《关于北运河香河段生态综合整治项目 PPP 合同落实情况的报告》时会议认为，北运河香河段生态综合整治项目，是香河县深入落实京津冀协同发展战略的重要举措，是建设生态香河的迫切需要，功在当代利在长远。

会议要求县政府要高度重视，认真研判项目推进过程中可能出现的各种矛盾和问题，明确工作体制机制，规范操作流程，统筹安排工作进度，确保项目平衡推进。要坚持高起点、高站位，高标准规划，高水平建设，把完美的作品呈现给全县干部群众。在听取和审议《关于人民陪审员工作开展情况的报告》时，会议提出，在陪审员的选取上，要注重陪审员的代表性和广泛性，要将政治素质过硬，能够发挥正能量作用的人员吸收到陪审员队伍。打造一支“请之能来、来之能审、审之能成”的高素质人民陪审员队伍，让人民陪审员真正成为联系法院与群众之间的“桥梁”，法官与当事人之间的“润滑剂”。

审议教育局《关于我县高中教育发展情况的报告》时，会议指出，随着京津冀一体化战略深入实施，县域经济迅猛发展，城市化进程加快，外来人口大量涌入，生源增长速度远高于学校承载力。由于香河县公办学校及幼儿园建设滞后，已经出现严重的入学难问题。城内小学人满为患，教学资源远不能满足人口剧增的需求，严重制约香河县教育事业发展，几年后高中教育也将面临巨大的就读压力。针对存在的问题，会议建议，县政府和教育主管部门要高度重视基础教育，并着手谋划建设新的学校。县政府要进一步加大对高中教育的投入，逐步缩小三所高中硬件建设差距。要在现有教师队伍的基础上，通过招聘、返聘等方式及时补充一线教师力量，解决教师队伍老化、断层问题。对学校要进一步严格管理，营造良好的教育教学环境和学习风气，不断提高教育教学质

[①]县政府《关于调整 2015 年县本级财政预算及全县总预算的报告》《关于北运河香河段生态综合整治项目 PPP 合同落实情况的报告》《关于大辛路（通唐线—义井大桥段）养护改造工程有情况的报告》《关于调整 2016 年县本级财政预算及全县总预算的报告》《关于 2016 年 1—9 月份财政预算执行情况的报告》《2015 年财政决算报告》《关于 2016 年地方政府债券收支情况的报告》《关于代表建议办理情况的报告》《关于县环保产业园污水管网工程项目有关情况的报告》《关于调整 2016 年县本级财政预算及全县总预算的报告》、县人民法院《关于人民陪审员工作开展情况的报告》、县教育局《关于高中教育发展情况的报告》、县审计局《关于 2015 年财政预算执行情况的审计报告》、县旅游局《关于旅游产业发展工作情况汇报》。

量。在审议县政府《关于2016年1—9月份财政预算执行情况的报告》时，会议指出了存在的问题和不足：财政收入可持续增长的基础不牢固；财政支出刚性增长明显收支矛盾加大；财政资金效益有待进一步提高。会议建议，县政府及财税部门要把握京津冀协同发展机遇，聚焦“三个香河”建设，努力打造良好环境。要优化产业结构，坚持巩固税源与培植财源并举，扶持实体经济发展。加快传统制造产业升级，积极发展战略性新兴产业和现代服务业，进一步优化和拓展财源结构，不断提高财政收入的稳固水平。要密切关注经济运行、主体税种、重点税源动态变化，跟踪分析，及时应对。要促进财政与征收部门间的沟通协调，强化征管措施，确保应收尽收。要充分发挥公共财政的保障服务功能，该花的钱必须花出去，尤其对基础设施建设、民生项目和民生事业支出，要加以侧重，强力推进，尽快补齐短板。要严格执行新修订的预算法，加强预算制度约束，不断完善预算公开、预算评审制度，进一步提高财政资金使用效益。在听取和审议县旅游局《关于旅游产业发展工作情况汇报》时，会议认为，香河县没有名山大川、江河湖海等引人入胜的自然景观，也没有凝重深厚文化底蕴的历史名胜古迹，加之香河县旅游规划、管理水平有待提高，且对现有资源挖掘利用不够，因此，香河县的旅游产业链条尚未完全形成，对经济的拉动作用十分有限。会议建议，香河县区位优势明显，且多河富水，具有其他县、市不可比拟的生态优势。县政府及相关部门要积极谋划，加快两河开发，打开滨河景观带，同时加大基础设施投入以及造林绿化力度，不断完善城市功能，以优质的环境为发展旅游业打下坚实的基础。要整合本县旅游资源，科学设计规划旅游线路，将第一城、家具城、影视基地、藕荷基地、香河老人等旅游资源进行全面整合，整体包装策划，彰显香河特色，把现有资源做精做强。县政府主管部门要充分发挥主导作用，要按照景区建设规范，完善旅游基础设施建设，促进现有景区上档升级，使香河县旅游业稳步发展。

【县人民代表大会会议】 2016年1月27日，香河县第十四届人民代表大会第六次会议在县第一城国际会议中心召开，与会代表应到181名，实到180名，会期3天。会议主要议程为：听取和审议县人民政府县长李桂强所作的《香河县人民政府工作报告》，审查和批准《香河县国民经济和社会发展第十三个五年规划纲要》；审查和批准县发展改革局局长冯国祥所作的《香河县2015年国民经济和社会发展计划执行情况与2016年国民经济和社会发展计划》；审议和批准县财政局局长周志广所作的《关于2015年县本级预算及县总预算执行情况和2016年县本级预算及县总预算草案的报告》；听取和审议县人大常委会主任张学义所作的《香河县人大常委会工作报告》；听取和审议县人民法院院长刘君所作的《香河县人民法院工作报告》；听取和审议县人民检察院检察长李金亭所作的《香河县人民检察院工作报告》。

【县人大常委会会议】 2016年1月22日，在人大常委会四楼会议室召开第十四届人大第34次常委会会议，人大常委会主任张学义主持会议。经过表决一致通过，决定任命：王玮为香河县政府副县长（挂职1年）、张锦山为县国土资源局局长、王立强为县卫生和计划生育局局长、张福东为县监察局局长、杨海洋为县环境保护局局长、李强为县人大文卫科科长、王雨为县人大代表联络科科长、李春喜为县人大经济科副科长、李志泉为县人大办公室副主任、陈莉莉为县人大文卫科副科长。免去王雨等7人的职务；会议审议批准县政府《关于调整2015年县本级预算及全县总预算的报告》，县财政局局长周志广代表县政府作了报告并进行具体说明；通过关于补选县十四届人大代表的决定（草案）；按照选举法、地方组织法和省人大选举实施细则的有关规定,并结合香河县实际，由第1、3、10、18、31、33、34、50、53、57、58、61、74、76选区共补选县十四届人大代表14名，补选后香河县第十四届人大代表名额为181名；通过表彰人民的好代表和人大工作先进个人的决定；会议对县人大常委会报告进行了讨论，并责成县人大常委会办公室根据讨论意见进一步修改。

1月27日，在第一城国际会议中心一层15B会议室召开第十四届人大第35次常委会会议，人大常委会副主任刘建华主持会议。会议审议批准县十四届人大常委会代表资格审查委员会主任宋品仲所作的代表资格审查报告，确认出席县十四届人大六次会议的181名代表资格有效；经过表决，会议审议通过了召开香河县第十四届人民代表大会第六次会议的决定和大会主席团及秘书长建议名单、议案审查委员会建议名单、计划预算审查委员会名单。

5月29日,在人大常委会四楼会议室召开第十四届人大第36次常委会会议，人大常委会主任张学义主持会议。会议根据王林的申请，按照《中华人民共和国全国人民代表大会和地方各级人民代表大会代表法》第四十九条规定，经过表决，一致通过，决定接受王林辞去香河县第十四届人民代表大会代表职务的请求，王林的香河县第十四届人民代表大会常务委员会委员职务自行终止。

7月28日,在人大常委会四楼会议室召开第十四届人大第37次常委会会议，人大常委会主任张学义主持会议。会议经过表决，一致通过，决定任命：孟庆强为县政府副县长（挂职1年）、康会伟为县统计局局长、陈宝东为县城市管理行政执法局局长、成英杰为县安全生产监督管理局局长。任命：李宏伟为县人民法院副院长、王爱民为县人民法院审判委员会委员，民事审判第三庭庭长、王海波、王金生、祁振宇、李洪利、王学民、魏锋为县人民法院审判委员会委员。丁惠梅为县人民法院民事审判第三庭副庭长。免去李海涛等10人的职务。孟庆强等被任命人员向《中华人民共和国宪法》进行宣誓。张学义为被任命人员颁发任命书并提出殷切希望；会议研究审议并通过了县人大常委会《关于加强财政预算决算审查监督的意见》和《关于成立财政预决算审查监督专家咨询委员会的决定（草案）》两个文件。县人大常委会决定聘请姬德富、吴建新、卢学英、王丽芝、勾永平等5人组成财政预决算审查监督专家咨询委员会；听取和审议县政府关于《北运河香河段生态综合整治项目PPP合同落实情况的报告》；听取和审议县人民法院《关于人民陪审员工作开展情况的报告》；听取和审议县教育局《关于高中教育发展情况的报告》。县政府副县长陈刚参加会议，并代表县政府就进一步做好以上几项工作表态发言：针对会议提出的问题，县政府将分轻重缓急，研究并细化解决方案，从资金投入、体制机制、人员配置等方面加以解决。

10月27日，在人大常委会四楼会议室召开第十四届人大第38次常委会会议，人大常委会主任张学义主持会议。会议经过表决，决定任命黄友庆为县政府副县长（挂职1年），决定免去张雪莲（女）县政府副县长（挂职）职务；审议批准县政府《关于大辛路（唐通线—义井大桥段）养护改造工程有关情况的报告》；审议批准县政府《关于调整 2016 年县本级预算及全县总预算的报告》；听取和审议县财政局《关于 2016 年 1—9 月份财政预算执行情况的报告》；会议书面审议县政府《2015 年财政决算报告》、县审计局《2015 年财政预算执行情况的审计报告》、县发改局《关于 2016 年 1—9 月份经济社会发展计划执行情况的报告》、县政府《关于 2016 年地方政府债券收支情况的报告》；听取和审议县旅游局《关于旅游产业发展工作情况汇报》；听取和审议县政府《关于代表建议办理情况的报告》。

11 月 4 日，在人大常委会四楼会议室召开第十四届人大第 39 次常委会会议，人大常委会主任张学义主持会议。会议审议批准县政府《关于县环保产业园污水管网工程项目有关情况的报告》。会议要求县政府及有关部门要强化风险意识，严格资金管理，确保专款专用；要严格招投标程序，对工程质量进行全程跟踪监督，严控工程质量，确保资金发挥最大使用效益。

11 月 23 日，在人大常委会四楼会议室召开第十四届人大第 40 次常委会会议，人大常委会主任张学义主持会议。会议通过香河县人大常委会《关于县、乡两级人大换届选举工作的实施方案（草案）》《关于成立香河县选举委员会的决定（草案）》，任命各镇选举委员会组成人员。

12 月 16 日，在人大常委会四楼会议室召开第十四届人大第 41 次常委会会议，人大常委会主任张学义主持会议。会议经过表决，通过了齐建光辞去县、镇选举委员会相关职务的请求。

12 月 22 日，在人大常委会四楼会议室召开第十四届人大第 42 次常委会会议，人大常委会主任张学义主持会议。会议经过表决，决定接受李桂强辞去香河县人民政府县长职务的请求；经过划票表决一致通过，决定任命王文强为香河县人民政府副县长、代县长。县人大常委会主任张学义为王文强颁发任命书，王文强作了表态发言，张学义对王文强表示祝贺。

12 月 26 日，在人大常委会四楼会议室召开第十四届人大第 43 次常委会会议，人大常委会主任张学义主持会议。会议审议批准县政府《关于调整 2016 年县本级预算及全县总预算的报告》。

县人大常委会会议主要工作

【监督检查】 2016 年，为加大对司法监督，7 月 28 日，县人大常委会听取和审议了县人民法院《关于人民陪审员工作开展情况的报告》、县司法局《关于对法律服务市场监管工作开展情况的报告》、县公安局《关于打击经济犯罪为我县社会经济秩序健康稳定发展保驾护航工作开展情况的报告》。对司法部门的工作给予肯定，指出在执法的同时对人民群众做好普法工作。为加强对县法院、县检察院工作的监督，县人大常委会组织县人大代表旁听法院庭审和县检察院公诉。庭审结束，人大代表对法官和公诉人的庭审程序、庭审纪律、庭审能力、庭审技巧、司法礼仪等逐项进行测评打分。通过旁听评议活动，使人大代表履行监督职责和“两院”庭审工作更加程序化、规范化。

加强对县国民经济计划和财政预算执行情况的审查监督，研究制定了《关于加强财政预决算审查监督的意见（草案）》。在广泛征求意见的基础上，从全县职能部门择优聘请 5 名熟悉财政工作的业务骨干，组成香河县人大常委会财政预决算审查监督专家咨询委员会，负责专门审计监督工作。是年，围绕食品安全、城乡低保、养老保险补贴发放、新农合、药品零差价、基层卫生院、村街卫生室、养老院建设、文化服务体系建设等情况进行监督检查。督促政府落实好惠民政策，让群众分享改革开放的成果，加强群众的获得感。

【视察调研】 2016年，县人大常委会针对香河县在治水工作中的重视程度、规划设计、资金投入、景观效果等方面，与周边县（市）区有很大差距，使得香河县得天独厚的自然优势没能转化为环境优势和发展优势这一问题，县人大常委会出谋划策。为推动政府改变现状，县人大常委会组成人员和部分县人大代表，于4月26日赴天津市武清区考察、调研水系治理情况。考察、调研结束后，写出《香河县人大常委会关于鼎力实施水系治理工程的建议》报送县委、县政府后，得到领导的重视。9月1日，县人大常委会组成人员和县政协委员共同考察全县大气污染防治工作，及时归纳整理研讨意见，为县委决策提供参考。为掌握县社会发展计划和财政预决算执行情况，县人大常委会多次深入发改局、财政、审计、税务等职能部门进行调研，及时起草审查报告，为10月27日县人大常委会审议县财政局《关于2016年1—9月份财政预算执行情况的报告》、县发改局《关于2016年1—9月份经济社会发展计划执行情况的报告》掌握第一手资料。根据县委全会和县政府工作报告中提出的建设目标，密切关注县重点工程、重大项目和重要民生项目动态和推进情况，随时开展调研、视察，督促县政府及相关职能部门抓好相关工作。强化对全县宏观经济运行情况的调研，深入研判形势、积极研议发展举措，先后向县政府提出可行性意见建议30多条。多次组织委员、代表对园区和重点项目建设进行视察和调研。针对园区和项目建设的薄弱环节和资金、机制、土地等瓶颈制约，提出意见建议22条。

是年7月，县人大常委会对香河县一中、三中及职教中心等高中教育发展情况进行调研，并关注县第三幼儿园、第五小学教育基础设施建设进程，并为幼教和小学、初中学校的长远布局出谋献策，督促抓好基础教育，激励高中教育不断提升质量。针对物业管理和发展方向开展调研，推动政府制定出台了物业管理办法，促进物业管理规范化。围绕旅游业发展情况进行调研，督促政府和相关部门主动发掘香河县旅游资源，推介宣传好香河，开拓发展空间。

【督办议案】 县人大常委会重视对代表议案、建议的督办工作。对会议及闭会期间代表提出的议案、建议进行整理、分类后，及时将议案、建议转交县政府及有关部门办理。对群众关心、涉及面广、落实难度较大的议案，加大督办力度，重点督办。深入有关部门了解办理工作情况，督促有关部门加快办理进度。及时向代表通报办理情况，确保人大代表提出的议案、建议件件有落实，事事有交代。

2016年，代表共提出建议、批评和意见64件。为做好代表建议意见办理工作，县人大代表联络科和县政府办公室联合召开交办会，逐一落实承办单位，对代表建议意见办理完成的时间和程序提出要求。在常委会分管领导的带领下，深入县交通运输局、水务局、住房和城乡建设局等代表建议重点承办单位，通过走访、座谈、征询意见、重点督办、电话催办等多种形式，加大对代表建议的办理情况进行跟踪督办。召开提案代表与承办单位的面对面征询意见督办会，提高了代表建议案落实解决率，至年底，48件意见建议得到落实，不能落实和暂时不能落实的有16件。

【换届选举】 根据《中共河北省委批转省人大常委会党组〈关于市县乡三级人民代表大会换届选举工作的意见〉的通知》精神，在县委的领导下，县、乡两级人大换届选举工作依法依规顺利开展。全县共划分选区83个，登记选民258773人，12月26日为全县选举日。80个选区、198427位选民参加投票选举，参选率80%。在投票选举阶段，坚持做到“三严三实”，即：严格确定投票选举方式，抓实选民登记数量，确保选民便于参选，提高参选率；严格确定监票人、计票人等工作人选，抓实选票统计数据，如实填写报告结果，确保选举结果真实有效；严格审查代表身份，确保选出代表合格有效，抓实代表选举结果。整个投票选举的组织安排做到“三个结合”，即与选举法和省实施选举法操作细则等国家和省相关法律规定相结合；与县换届选举领导小组领导讲话、会议精神和指导思想相结合；与各镇、街道、园区选区实际情况相结合。整个选举过程，始终把规矩、纪律挺在前面，确保每一步骤有法可依、有章可循。

【代表工作】 为提高县、乡人大代表履职能力和工作水平，县人大常委会制定了人大代表培训方案。每年度对县、乡人大代表进行一次集中培训，培训面达到100%，参训率达到90%以上。培训主要以代表法、选举法、地方组织法和监督法等代表履职必备的法律法规知识，及人大相关业务知识为主要内容，采取举办培训班和县人大常委会安排专人分片区，到镇进行集中辅导的方式进行。通过培训，代表的法律意识和参政议政能力得到提升。通过培训，使代表认识到，人大代表是一种职务，是国家权力机关的组成人员，代表人民行使法律赋予的职权，光荣而神圣。代表表示，要牢记“人民选我当代表，我当代表为人民”的宗旨，为群众多办事、办好事。

【指导基层人大工作】 健全镇（区）人大主席团工作机制，规范制度，是做好镇（区）人大工作的关键。县人大常委会指导刘宋镇做好召开镇人代会的准备工作，邀请另外3个镇参加，共同研究探讨。指导刘宋镇人大主席团草拟了年度工作意见、镇人大代表年度活动计划、代表每月接待选民计划，并转发各镇、社区作为参考。初步规范了镇人大主席团的运作机制和主要工作，包括总结谋划机制、制定代表年度活动计划、制定代表工作室每月接待选民计划等。另外，对乡镇级代表小组视情况调整完善、镇人大主席团每季度依法开展履职活动、加强代表工作室建设、组织代表回选区述职并接受评议、每年适时召开代表大会、开展代表履职评价等，进一步促进镇（区）人大工作规范化、制度化。

【评选先进】 为加强代表工作，充分发挥代表作用，鼓励人大工作者发扬爱岗敬业精神，围绕县委、县政府中心工作建言献策，履职尽责。年底，组织开展评选人民的好代表和人大工作先进个人活动。通过民主评选，选出人民的好代表17名，人大工作先进个人18名。

【信访工作】 信访工作是人大常委会一项日常工作，是监督政府职能部门工作情况的有效途径。在接待群众信访中，耐心做好来访群众教育工作，正确引导来访人员依法上访，晓之以理、动之以情，把情、理、法贯穿于处理问题之中。2016年，共接待人民群众来信来访20余件。对每件来信来访都认真记录，耐心解答，及时解决。有的来信来访需批复归口部门办理，有的需会同有关部门共同做好信访者的思想工作。信访工作做到来访有接待、来信有登记、交办有落实、事事有回音，尽量让群众满意。信访工作有效化解了矛盾，防止矛盾激化和越级上访等问题出现，促进了社会和谐稳定。

【任前考法】 县人大常委会对被任命的国家工作人员进行任前法律知识考试，是履行宪法和法律赋予地方人大常委会的人事任免权和监督权。考试内容涉及《中华人民共和国宪法》《中华人民共和国地方组织法》《中华人民共和国突发事件应对法》《中华人民共和国公务员法》《中华人民共和国行政许可法》《中华人民共和国行政处罚法》《中华人民共和国行政复议法》《中华人民共和国法官法》《中华人民共和国检察官法》等法律法规。2016年，先后4次对包括政府副县长在内的20名“一府两院”人员，进行了任前法律考试。通过对被任命人员进行任前法律考试，增强了国家工作人员带头学法、知法、懂法、用法自觉性。

【人事任免】 县人大常委会坚持党管干部和人大任免有机统一，按程序任免国家工作人员。第十四届人大常委会2016年任命政府工作人员12人，免职1人，接受辞职2人。任命人民法院工作人员9人，免职10人。任命县人大常委会科室工作人员5人，免职7人。有关部门负责人首先介绍拟任职人员基本情况和任职理由，最后由与会人员划票或举手表决，决定拟任职人员是否通过。

（吴 姣）

香河县人民政府

【县政府常务会议】 2016年6月21日，县长李桂强在县政府五楼大会议室主持召开县政府第3次常务会议。会议审议通过了《香河县党政机关公务用车制度改革实施方案》《香河县关于新建住宅配套建设教育设施的暂行办法》《香河县乡村教师支持计划（2015—2020年）实施办法》《香河县创业孵化基地认定和管理办法（试行）》《关于推进农村电子商务全覆盖工作的实施方案》。

8月26日，县长李桂强在县政府五楼大会议室主持召开县政府第4次常务会议。会议审议通过了《香河县大气污染防治强化措施实施方案》《香河县散烧煤清洁化替代工作实施方案》《香河县政府与社会资本合作项目管理暂行办法》《香河县鼓励和发展民办教育实施办法》《关于制定香河县污水处理费收费标准的报告》。

10月24日，县长李桂强在县政府五楼大会议室主持召开县政府第5次常务会议。会议审议通过了《香河县城乡客运公交化改造方案》。

12月7日，县长李桂强在县政府五楼大会议室主持召开县政府第6次常务会议。会议审议通过了《香河县法治政府建设实施意见》《香河县重点通道绿化带和节点游园管护办法（试行）》《关于推动全县文化旅游产业加快发展的实施意见》《关于全县旅游业发展体制机制改革的实施意见》。

【县长办公会议】 2016年2月1日，县长李桂强在县政府二楼小会议室主持召开第5次县长办公会议。会议就污水处理厂和垃圾填埋场运行管理工作进行研究部署。

7月14日，县长李桂强在县政府二楼小会议室主持召开第17次县长办公会议。会议就散烧煤清洁化替代、燃煤锅炉淘汰、家具企业VOC治理等相关工作进行专题研究部署。

7月14日，县长李桂强在县政府二楼小会议室主持召开第19次县长办公会议。会议就加快推进北运河香河段生态整治项目、散烧煤清洁化替代、燃煤锅炉拆改、家具企业VOC

治理等大气污染防治强化措施进行研究部署。

8月30日，县长李桂强在县政府二楼小会议室主持召开第22次县长办公会议。会议研究谋划了2017年交通路网建设工作。

9月13日，副县长刘洪涛主持召开第26次县长办公会议。就北京八方达810路公交车线路调整和站点增设进行研究部署。

10月18日，县长李桂强在县政府二楼小会议室主持召开第30次县长办公会议。会议就加快推进教育工程建设进行研究部署。

10月27日，县长李桂强在县政府二楼小会议室主持召开第31次县长办公会议。会议就重点供电工程建设进行研究部署。

注：其他县长办公会议研究的内容不宜公开，未列入。

政府办公室工作

【概况】 2016年，政府办公室围绕全县中心工作，充分发挥参谋助手、协调服务、督查督办等职能作用，圆满完成政务信息、调查研究、办文办会、政务督查、建议提案承办、应急管理、金融信用、政府法制等工作任务目标。其中，人大代表建议政协委员提案承办、政府服务热线承办工作获得市"优秀承办单位"称号。县政府办公室牢固树立服务理念，充分发挥在政府全局工作中的桥梁纽带作用，精心组织协调县政府的日常工作，预先熟知、适时提醒、拾遗补阙，保障政府工作不脱节、不断档。对政府部门以及部门与乡镇之间需要沟通的工作，积极协调、统筹安排，确保政令畅通。加强四大班子办公室间的沟通联系，密切配合，确保各项工作衔接顺畅、高效有序。

【政务信息】 按照为经济社会发展服务、为领导科学决策服务的宗旨，及时搜集整理全县各部门、各战线的重点、亮点工作信息。全年编辑上报政务信息600余条，其中被省市采用50多条；编辑刊发《香河政务信息》17期，印发《政府快报》22期，为领导及时了解各战线、各部门的情况提供便利，同时也促进了部门间的工作交流与信息共享。多种途径做好信息公开，先后在政府网站及政务信息公开平台发布各类信息2000多条，维护了公众对政府工作的知情权和监督权。

【调查研究】 坚持从领导关注、发展急需、群众期盼的重大问题入手，围绕经济运行、项目建设、教育事业等具有紧迫性和前瞻性的课题，组织人员深入基层一线，撰写调研文章8篇，政府工作简报12篇。其中《关于缓解交通拥堵问题的调查与思考》《关于乡镇综合执法队伍建设的调查与思考》等调研课题得到县委、县政府主要领导肯定性批示，很多有价值的意见建议纳入了领导决策视野，为政府科学决策提供了有益参考。

【办文办会】 文稿草拟坚持贯彻上级指示精神与把握领导思想脉搏相结合，高标准、严要求，严把政策关、事实关、语言关、格式关。全年共起草领导会议讲话及《在京津冀协同发展交流研讨会上的汇报》《在全县教师节庆祝暨表彰大会上的讲话》等大型文稿材料400余篇。印发政府各类公文270多件。对请示报告及电报传真等上级来文，做到流转及时、归档有序，全年共妥善处理签批文件4300多件。全年共组织召开工作调度会、项目建设会、协调会、电视电话会、庆祝表彰会、调研会等各类会议440多次。其中主要有1月5日，召开全县环保工作会议、召开争创"洁净城市"调度会议；7日，召开第一城京津冀中华大庙会活动协调调度会；8日，召开大气污染防治调度会议；3 月 17 日，召开创建国家公共文化服务体系示范区创建宣传工作推进会；22 日，召开家居采购文化节调度会、家具企业整治协调会、教师招聘工作协调会；5 月 11 日，召开全县美丽乡村建设汇报会；12 日，召开全县植树造林暨河渠水系治理工作汇报会；23 日，召开县文化艺术中心运营情况汇报会；6 月 3 日，召开 2016 年香河县普通高校招生考试工作会议；7 月 6 日，召开全县教育工作座谈会议；8 月 1 日，召开全县教师招聘考试工作协调会；2 日，召开全县上半年工业经济联席会；24 日，召开全县建筑领域集中整治行动动员会；9 月 7 日，召开大气污染防治强化措施动员会；22 日，召开运河生态治理项目汇报会；10 月 27 日，召开全县供电工程建设协调会；11 月 23 日，召开大气污染防治工作会议；12 月 5 日、6 日，召开大气污染防治工作调度会。是年，迎接“国家公共文化服务体系示范区创建工作考核验收”等上级各项检查、考察活动 70 余次，均圆满完成任务。

【政务督查】 将《政府工作报告》各项任务指标细化分解为提升产业资质、突出改革创新、推进产业结构调整、繁荣发展现代服务业、加大房地产业监督力度、提高集约用地水平、降低企业负担、农村路网建设工程、完善城市规模、改善城区环境、整合县内教育资源等 92 项重点目标任务，落实到县政府各个职能部门。政府办督查室建立台账、倒排工期、责任到人，并实行月总结、季通报制度，全面推动各项中心工作优质高效开展。对热点难点工作专项督查，全年开展对大气污染治理、环境卫生整治、农村电子商务全覆盖等专项督查 160 余次。抓住关键环节，找准症结所在，提出有针对性的措施办法，为领导决策提供参考依据，有效推动工作开展。对政府会议议定的事项以及领导批示落实的事项开展督查，专人盯办、一事一报。全年，共撰写督查报告 22 期，督办领导批交事项 50 余件，做到事事有结果、件件有回音。为迎接国务院第三次大督查以及省市政府重大政策措施落实情况督导检查，会同县财政、发改、住建、工信、房管等相关单位，就保持经济平衡发展、推进供给侧结构性改革、促进创新驱动发展、保障和改善民生等四方面组织开展全面督查，制定方案、明确举措、加强调度，为确保上级政策措施贯彻落实到位提供有力保障。

【建议提案承办】 秉持“不搞形式、不走过场、诚恳对待”的工作理念，坚持原则、坚持标准，认真梳理人大代表建议和政协委员提案内容，及时填写交办卡，召开承办工作会议，明确承办单位和办结时限，严格督导检查，切实把好回复关口，主动联系走访提件人，认真听取代表委员的意见建议，不断提高建议提案的办理质量。2016 年，收到《关于迎宾路北延的建议》等人大代表建议案 58 件，收到《康宁路破损主路面需修复》等政协提案 54 件。县政府办公室及时组织召开政府承办工作会议。按提件内容将议案、提案分别交相关承办单位办理，明确办结时限，不定期开展工作指导，督促提件办理进度。切实把好回复的格式关、语言关，主动联系走访人大代表、政协委员，认真听取意见和建议，积极改进完善，提高办案质量。建议提案全部按时妥善办理完毕，回复率达到 100%，满意率达到 98%。

【应急管理】 针对大气污染治理严峻形势，健全重污染天气应急管理机制。成立重污染天气应急指挥部，加强对各镇及相关部门的协调调度，有效提高重污染天气应对处置能力。全年启动重污染天气预警 16 次，开展应急响应措施落实情况检查20多次。完善应急管理信息台账，健全应急联动机制，推进应急管理网络化、信息化、规范化建设。建立了县粮食局、供销社等重点单位应急物资储备台账。开展应急防范演练，组织消防、武警等部门，在学校、超市等人员密集场所开展火灾、地震等突发事件应急演练，提高群众的安全防范意识。全年共开展应急演练40余次，发放宣传单2000余份，在全社会营造了群防共治的良好氛围。

【金融信用】 为优化金融生态环境，畅通投融资渠道，举办银企对接会14次。强力推进企业上市工作，选取了萨克森建材有限公司、通达科技信息有限公司、御娇龙家具有限公司等多家优质企业重点培育、定期跟踪。组织企业负责人进行上市知识培训，讲解上级相关政策，县政府主要领导带队深入企业开展调研，帮助企业解决上市中的困难和问题。多次开展集中宣传活动，防范和打击非法集资，不定期组织专项排查。坚持打早打小、防患未然，并将此项工作纳入社会管理综合治理工作考评体系，全县连续多年未发生非法集资案件。制定实施一系列信用奖惩规章制度，全面构建社会诚信体系。着力加强行政许可、行政处罚等信用、信息“双公示”制度和信息报送工作，全年上报信用信息2000余条，行政权力与责任清单全部在政府信息公开平台公示。鉴于香河县金融工作取得的优异成绩，《河北日报》《河北经济日报》以及“今日头条网”等多家媒体，以《香河优化金融服务为实体经济加油》等为题目，对香河金融工作做了专题报道。

【农业产业化】 发展休闲观光农业，加快推进乐农美联生态农场、东方千年古葡萄庄园、庆丰生态农业产业园等现代农业园区建设。荷花种植面积1.6万亩，引进培育荷花新品种200多个，荷花产业园获批省级现代农业园区，东方千年古葡萄庄园获批市级现代农业园区。组织参加第二十届中国（廊坊）农产品交易会，上会签约项目3项，达成合作意向12项，签约项目数量及规模均位居全市首位。提升农业产业化经营水平，培育市级以上农字号龙头企业14家，新增注册农民专业合作社20个，带动农户400多户，东昊、沟河湾两家家庭农场被评为省级示范家庭农场。

【行政服务和公共资源交易中心】 做好“两集中、两到位”（一个行政机关的审批事项向一个处室集中、行政审批处室向行政审批服务中心集中；保障进驻行政审批服务中心的审批事项、审批权限到位）工作。加大项目整合进驻力度，完善政务大厅服务功能。是年，成建制进驻中心的审批职能部门14个，进驻中心大厅的许可审批项目55项，行政服务事项22项。完善监督管理机制，不断提升便民服务中心和监管大厅的服务水平，全年共办理审批服务事项4.6万件，限时办结率99.5%，群众满意度达98%以上。推行工作流程程式化管理，按照“八个统一”（统一交易受理登记、信息发布咨询、时间场地安排、专家中介抽取、发放中标通知、费用收取退付、资料保存、电子监察监控）要求，对入驻中心的项目和人员进行规范。针对建设工程、政府采购、土地出让等交易活动，制定10余项工作流程图，明确责任人员和工作时限，最大限度提高审批服务效率。

（杨　波）

中国人民政治协商会议香河县委员会

【综述】 中国人民政治协商会议香河县委员

会（简称县政协），在中共香河县委的领导下，按照中国人民政治协商会议章程进行工作。主要职能是政治协商、民主监督、参政议政。香河县广大政协委员不辱使命，围绕香河县民生民情献智献计、出资出力。委员们立足岗位，积极作为，在美丽乡村建设、民族宗教事务、公益慈善事业等领域充分发挥光和热，慷慨解囊，回报社会。委员们协助党委政府及时了解影响稳定的各种苗头性、倾向性问题，积极做好理顺情绪、化解矛盾的工作，为维护稳定、构建和谐尽心尽力。委员们利用自身优势，广泛团结社会各阶层人士，鼓励他们为香河县经济发展、社会进步、人民幸福，为加快建设“生态香河、产业香河、品质香河”做出积极贡献。

2016 年初，召开政协八届五次委员会会议，并列席县十四届人大六次会议第一次全体会议，和人大代表一起听取、审议“一府两院”工作报告和其他报告。年内，召开 4 次常委会会议，会议紧紧围绕全县经济社会发展大局和县委、县政府年度工作中心，践行政治协商、民主监督、参政议政理念。为了把政治协商、民主监督、参政议政落实到实处，常委会把委、组全年工作要点细化安排，分解任务，并以委员会文件形式送达全体委员。以便使委员有针对性进行工作。委员们针对政府工作报告提出的任务目标，积极主动践行。4 月，对香河县的造林绿化、水系治理进行实地视察，在肯定成绩的同时，也提出了意见和建议。9 月，听取并讨论县政府《关于全县经济社会发展情况的通报》《关于政协八届五次会议提案办理情况的通报》，委员们对政府的工作表示肯定，但同时提出不足和希望。

县政协找准政协工作与全局工作的契合点、着力点，精准建言、服务大局。坚持把关注民生、履职为民的理念贯彻政协工作的始终，以建言立论为手段，着重围绕就业、住房、教育、医疗、社会保障以及提高城乡居民收入等与群众利益密切相关的热点、难点问题开展调研视察。对涉及民生的重大决策和重大项目进行协商论证。通过协商论证、视察调研、提案督办、民主评议等有效举措，促进民生实事，定一件，成一件，取信于民。以实施“环境综合整治年”“路网建设攻坚年”“干部素质提升年”为抓手，针对京津冀协调发展的热点、难点问题，同京津两地政协密切合作，用参政议政的新成果，助推京津冀协同发展。重点围绕承接京津产业转移、工业企业转型升级、提升京津发展质效、增强企业发展活力、健全公共服务体系、防范社会各类风险、推进农业现代化以及生态环境建设等，开展调研视察和专题议政，力争形成高质量建议供党委政府决策参考。2016 年，县政协被市政协评为先进单位。

【县政协委员会会议】　2016 年 1 月 27 日至 28 日，县政协第八届委员会第五次会议在县第一城国际会议中心举行。会议应出席委员 162 人，因病因事请假 4 人，实际出席会议的委员 158 名，符合政协章程规定人数。应邀出席会议的有中共香河县委、县人大常委会、县政府领导。驻香河县的市政协委员、县直各部门、各镇、街道、园区一把手列席了会议，县政协副主席李相印主持了开幕式。会议议程是：听取和审议县政协主席马文龙作《中国人民政治协商会议香河县第八届委员会常务委员会工作报告》；审议《中国人民政治协商会议香河县第八届委员会常务委员会关于八届四次会议以来提案工作情况的报告》；委员大会发言；列席县第十四届人大六次会议第一次全体会议，听取、协商并讨论《政府工作报告》和其他报告；通过大会政治决议。此次委员会决定，常育国、赵以志、李志刚、邵贤强、王丽佳、吴炳仁、贾智、陈建伶、于秀彦、韩景丰、王建辉、祝军、高波 13 人不再聘任为县第八届政协委员会委员。会议决定，聘任侯玉江、邳振宇、梁建伟、刘铁山、吴海青、张万海、宋品军、窦建红、田全功、程政寓 10 人为县第八届政协委员会委员。县政协副主席盛泽良主持闭幕式，县政协主席马文龙致闭幕词。

【县政协常委会会议】 2016 年 1 月 23 日，县政协第八届常委会第 24 次常委扩大会议在县政协三楼会议室召开。会议议程是：讨论县政府《2015 年全县经济社会发展情况的通报》和《关于政协八届四次会议提案办理情况的通报》；会议决定，政协香河县第八届委员会第五次会议，于 2016 年 1 月 27 日至 28 日在县第一城国际会议中心召开，会期一天半。会议审议通过政协香河县第八届委员会第五次会议议程（草案）、日程（草案）；会议审议《中国人民政治协商会议香河县第八届委员会常务委员会工作报告（讨论稿）》和《中国人民政治协商会议香河县第八届委员会常务委员会关于八届四次会议以来提案工作情况的报告（讨论稿）》，审议《中国人民政治协商会议香河县第八届委员会常务委员会工作报告、报告人建议名单（草案）》；县八届政协副主席、常委、委员调整事项；会议审议通过了政协香河县第八届委员会第五次会议委员分组及组长调整建议名单（草案）；会议审议通过了政协香河县第八届委员会第五次会议提案审查委员会主任、副主任、委员建议名单（草案）；对政协八届五次会议做出安排部署。

1 月 28 日，县政协第八届常委会第 25 次常委扩大会议在第一城福安宫第 11 会议室召开。县政府领导及有关部门负责人，听取县政协委员对《政府工作报告》及其他报告协商讨论情况的汇报，听取各组对县委领导讲话及《政协常委会工作报告》、八届四次会议以来《提案工作报告》讨论情况的汇报，审议通过了本次会议政治决议（草案），一致同意提交第四次全体会议审议。

4 月 20 日，县政协第八届委员会第 26 次常委扩大会议在县政协三楼会议室召开。审议通过政协香河县委员会 2016 年工作要点及常委会、委组活动安排，听取县政府对香河县造林绿化和水系治理情况的通报，会后组织委员进行视察。

9 月 7 日，县政协第八届委员会第 27 次常委扩大会议在县政协三楼会议室召开。听取并讨论县政府关于全县经济社会发展情况的通报，听取并讨论县政府关于政协八届五次会议提案办理情况的通报，研究有关人事事项。

县政协主要工作

【政治协商】 县政协常委会以围绕中心、服务大局为履职重点，不断丰富政治协商的形式和内涵。与通州区、大厂县、三河市政协磋商议定，就京津冀协同发展，加强横向交流，并召开了四地政协工作交流联谊会。四地政协将从文化、产业。基础设施、生态等方面开展定期交流，为京津冀协同发展出谋划策。为更好地服务协同发展，以县政协委员为主体，组织开展“我为京津冀协同发展献一计”活动，围绕协调发展中的热点、难点问题，群策群力，建言献策，全年共征集意见建议 110 余条，涉及产业转移对接、创新平台建设、生态环境保护、改善民生福祉等多个领域。为全面助推“三个香河”建设，组织常委、委员围绕香河县“十三五”规划编制工作、工业企业转型升级、现代农业发展、民营经济发展、教育卫生工作等开展多次视察调研，提出意见建议 60 余条，为县委县政府科学决策提供参考。联合县人大常委会 对大气和水污染治理情况进行视察，并召开座谈会协商议政。会上形成的意见和建议得到县委、县政府主要领导的肯定，并纳入县委、县政府的决策之中。与市政协科教文卫体委员会一起对大运河（香河段） 保护开发工作进行专题调研，形成了《关于保护开发大运河（香河段）调查与建议的报告》，市委、市政府领导对报告作出批示，推动了大运河（香河段）的保护、开发、利用等工作开展。

按照精准选题、制定方案、深入调研、充分协商、报送成果、反馈意见、督办落实、纳入考核、跟踪问效的工作流程，围绕承接京津产业转移、食品安全监管、提升青少年素质、优化发展环境等党委政府重视、人民群众期盼、政协有能力做好的课题，开展多次专题调研、对口协商、界别协商和提案办理协商等一系列协商活动。并在每次协商后，与相关党政部门保持经常性的联系与沟通，进行跟踪督办，确保协商成果落到实处。

【民主监督】 充分发挥提案对民主监督的载体作用，因此，常委会重视组织委员深入基层开展调研，积极撰写提案，广泛收集社情民意信息，不断加大监督评议力度，切实加强民主监督的实效性。坚持推动提案办理工作由答复型向落实型转变，创新提案办理双方沟通协商机制。县政协主席、副主席与提案者多次深入承办单位，与主要负责人进行沟通，确定办理方案，有效促进了提案办理工作的开展。实行重点提案主席包案督办制，以点带面提高提案办理水平。建立了重点提案办理评议机制，对重点提案的办理情况，先后多次组织提案者、提案委员会成员，召开推进会并进行视察，对落实情况进行督办、评议，并将办理进展和评议结果及时反馈至承办单位。县政协八届四次会议以来，共收到委员提案 48 件，经过县政协常委会和县委、县政府及有关部门的共同努力，已全部答复完毕，答复满意率为 100%，绝大多数提案得到落实。其中，加强基础设施建设、缓解县城交通压力、规范物业管理、加强清真食品市场监管等委员提案的办理，使群众关心的热点、难点问题得到及时有效解决。县交警队在办理委员提出的《及时修复故障交通信号灯》提案时，专门抽调民警成立了交通基础设施维修中队，并安排各外勤中队每天对责任区内的交通基础设施进行排查，发现问题及时解决。渠口镇政府在办理委员提出的《治理新修唐通线摊位占道问题》提案时，通过引导摊位向市场转移及组织开展为期 6 个月的联合执法专项治理行动，彻底解决占道经营问题。充分发挥社情民意信息内容真、时效快、价值高的特点，年内共收到社情民意信息 50 多条，精选编发社情民意专刊，供县委、县政府参考，其中大多数意见和建议被县政府和相关部门采纳，不仅为委员和各界人士搭建了参政平台，也为群众架起了下情上传的桥梁，畅通了诉求渠道。为了更好地履行民主监督职责，常委会选派委员参加县纪检委组织的行风评议活动。选荐 50 多名委员担任政府部门的执法执纪、党风廉政特邀监督员和监察员，为促进依法行政，推进行风建设发挥应有作用。

【参政议政】 县政协牢固树立“参政为民、促进发展”的理念，着眼全县发展大局，坚持把服务发展、改善民生作为参政议政重点。围绕群众普遍关注的医疗、教育、环保、食品安全、交通、城建等民生问题向党委政府建言献策。政协常委会深入镇村、机关、企业，走访群众及各界人士，倾听他们对全县工作的意见、建议，帮助他们解决实际困难和问题。县政协领导班子成员深入分包镇村，开展蹲点调研，走访群众200余户，结对帮扶困难群众20余人，帮助镇村硬化了路面、安装了路灯和健身器材等，为村民办好事70余件。在4月20日的县政协常委（扩大）会议上，听取了县政府《关于造林绿化和水系治理情况的通报》后，在县委常委、宣传部长焦国强及县政府有关部门负责人陪同下，与会人员实地视察了老夏安线安平段改造提升工程、双安路绿化提升工程、万亩荷塘感恩园建设工程、雅林生态园建设工程、王店子及河北吴村美丽乡村建设工程等。视察结束后，常委和委员进行了讨论，一致认为，在香河县委的领导下，县政府带领全县人民在造林绿化和水系治理方面取得可喜成绩。同时指出，要进一步解放思想，改革创新，树立精准对标意识，学习借鉴周边兄弟县市的先进经验，着力打造高标准、大格局、精致化、多元化的生态建设工程；要以实施“生态建设年”为抓手，按照县委、县政府要求，紧紧围绕造林绿化、大气污染治理、水系治理、生态文化项目建设等方面，各司其职，各尽其能，加强沟通联系和协调配合，确保“生态香河”建设工作不断取得实效；要广泛宣传香河县生态建设工作，引导广大群众牢固树立“保护生态环境就是保护生产力、改善生态环境就是发展生产力”“绿水青山就是金山银山”的理念，营造全民参与建设“生态香河”的良好氛围；建立完善多元化的环保投入机制，进一步理顺环境监管体制，整合执法监管力量，构建多层次、全方位的环境监管体系。建立完善环境预警、应急响应、分类管理、分级响应的环境应急工作体系，不断提高香河县生态建设工作监管水平。9月，听取并讨论县政府《关于全县经济社会发展情况的通报》后，常委们围绕当前和今后一个时期的发展，提出了建设性的意见和建议：要准确把握香河县经济社会发展面临的形势和挑战，及时对年初《政府工作报告》提出的主要经济指标和重点工作完成落实情况进行调度总结，确保全年任务顺利完成；教育问题突出，校舍、体育馆等基础设施欠缺，县城学位紧张、班容量大等问题仍未得到解决，县城周边学校改造需尽快实施；市政配套设施、城区路网建设有待进一步加强，部分路网建设工程进展缓慢，给百姓出行带来困扰；要进一步加强对社区的管理；要进一步加大新民居建设力度；要进一步加强生态建设，加快推进两河改造、干渠清淤疏浚工作，提高工程建设后期管理水平。

【文史资料】 为进一步挖掘香河水资源，弘扬香河水文化，使广大香河人进一步“知我香河，爱我香河”，在政协主席会议的领导下，编辑出版了《荷风水韵》一书，得到委员和社会各界的高度评价。同时，由于宣传工作突出，受到省政协办公厅奖励。

（胡春爽）

党政机关、直属事业单位、党派团体和部分中央县直属单位及其领导人

社会团体

【中国共产党香河县委员会】

书　记：王凯军（任至12月）
　　　　李桂强（12月任）
副书记：李桂强（任至12月）
　　　　王文强（12月任）
常　委：闫再兴
　　　　杨　波（12月任）
　　　　韩　超
　　　　陈　刚
　　　　张玉林

齐建光
田立军
樊亚峰
刘振华
焦国强

【县人大常委会领导班子成员】

主　　任：张学义
副 主 任：刘建华
宋品仲
佟永平
张浩波

【县政府领导班子成员】

县　　长：李桂强（任至 12 月）
代 县 长：王文强 （12 月任）
副 县 长：陈　刚
张玉林
杨建军
郭建永
刘凤顺
李艳霞（女）
刘洪涛
张雪莲（女 1-10 月挂职）
王　玮（挂职）
孟庆强（7 月挂职）
黄友庆（10 月挂职）

【政协香河县委员会领导班子成员】

主　　席：马文龙
副 主 席：盛泽良
李一超（女）
李相印
秘 书 长：刘　赛（任至 7 月）
张天亮（7 月任）

【县委办公室领导班子成员】

主　　任：田立军
常务副主任：康国民
副 主 任：李红亮
赵振兴
李　莉

【纪委监察局领导班子成员】

书　　记：左国新（任至 4 月）
刘振华（4 月任）
副 书 记：张福东（1 月任）
田　义（任至 4 月）
常　　委：袁德永
王　辉
王东利
崔振起
监察局局长：王立强（任至 1 月）
张福东（1 月任）
副 局 长：孙志坚

【县委组织部领导班子成员】

部　　长：齐建光
常务副部长：孙宏伟
副 部 长：周向伟
郭凤娟（女）
杨金刚
组织员办公室主任：盛淑俊

【县委宣传部领导班子成员】

部　　长：焦国强
常务副部长：王立生
副 部 长：庞卫东（任至 7 月）
张文颖（7 月任）

【政法委领导班子成员】

书　　记：樊亚峰
副 书 记：陈宝全
朱宝栋

【县委统战部领导班子成员】

部　　长：樊亚峰
常务副部长：赵立志
副 部 长：李文伯

【工商联领导班子成员】

主　　席：孟繁华（任至 10 月）

魏紫峰（10月任）
常务副主席：孟繁华（7月任）
副 主 席：李志海

【县委农工部领导班子成员】

部　　长：杨金宝
副 部 长：张翔宇
张艳齐

【信访局领导班子成员】

局　　长：梁建伟
副 局 长：王艳明
张　玲（女）
张金虎（1月29日任）

【档案局领导班子成员】

局　　长：肖凤双
副 局 长：吴国际

【县直工委领导班子成员】

书　　记：孙玉茹（女）
副 书 记：王凤国

【共青团香河县委领导班子成员】

书　　记：马　路（7月任）
常务副书记：马　路（任至7月）
副 书 记：王若璎（7月任）

【妇女联合会领导班子成员】

主　　任：刘秀平
副 主 任：李姝瑾
杨立梅

【科学技术协会领导班子成员】

主　　席：陈建功
副 主 席：杨洪海
王健康

【县委老干部局领导班子成员】

局　　长：崔振芳（任至3月）
田　义（3月任）
副 局 长：石文焘
任永涛

【县委党校领导班子成员】

校　　长：王凯军（任至12月17日）
李桂强（12月18日任）
第一副校长：齐建光
常务副校长：杨福林
副 校 长：薛福巨
杨立刚（1月29日任）

【总工会领导班子成员】

主　　席：阮艳霞
副 主 席：韩智慧
李宏振

【文学艺术界联合会领导班子成员】

主　　席：张　勇
副 主 席：张玉清
路咏梅

【残疾人联合会领导班子成员】

理 事 长：孔立民
副理事长：王艳茹
王雪山

【人民武装部领导班子成员】

部　　长：韩　超
政治委员：张洪升（任至7月）
副 部 长：王建赠（任至7月）

【国防教育办公室领导班子成员】

常务副主任：罗文龙
副 主 任：后瑞新

【政府办公室领导班子成员】

主　　任：刘奖波
副 主 任：李向生
任宏伟
马洪磊
佟永卉
刘　颖（女）
周易详
崔大鹏（4月任）

【香河县地方志编纂委员会办公室领导班子成员】

主　　任：高景全

副 主 任：李志楠

【人民检察院领导班子成员】

检 察 长：李金亭

副检察长：丁福才

张金路

曹宏艳

【人民法院领导班子成员】

院　　长：刘　君

副 院 长：于向辉（2月任）

李宏伟（2月任）

侯东祥

【公安局领导班子成员】

局　　长：杨建军

政　　委：吴海斌

副 局 长：王建华

冯向东

肖广平

李长海

【司法局领导班子成员】

局　　长：郭宏伟

副 局 长：侯会文

任春艳

【财政局领导班子成员】

局　　长：周志广

副 局 长：孟宪奎

李长青

张宝栋

【香河县民政局领导班子成员】

局　　长：蔡学平

副 局 长：李建新

李全红

【农业开发办公室领导班子成员】

主　　任：安国亮

副 主 任：路春艺

侯景田

赵建新

【审计局领导班子成员】

局　　长：刘雪艳

副 局 长：杨秀华

姬德富

【物价局领导班子成员】

局　　长：崔振营

副 局 长：周贵友

王晓轩

【发展改革局领导班子成员】

局　　长：冯国祥

副 局 长：马广济

龚万林

许仕丰

王志强

【商务局领导班子成员】

局　　长：佟明顺

副 局 长：唐永志

李　刚

【人力资源和社会保障局领导班子成员】

局　　长：张云华

就业服务局局长：张建明

副 局 长：刘长林

吴　凤

【机构编制委员会办公室领导班子成员】

主　　任：石克松

副 主 任：赵永生

张雪松

【统计局领导班子成员】

局　　长：李海涛（任至2月）

康会伟（3月任）

副 局 长：勾连卉

【香河县科学技术局领导班子成员】

局　　长：石宝智

副 局 长：孟洪生
屠秀东
田海春

【香河县环境保护局领导班子成员】

局 长：杜昕民（任至1月18日）
杨海洋（1月18日任）
副 局 长：蒙振路
徐凤兰
朱宏昌

【工业和信息化局领导班子成员】

局 长：姚立民
副 局 长：黄淑慧
王宏然
张东生

【交通运输局领导班子成员】

局 长：苏 宽
副 局 长：王廷刚
韩凤龙
王立臣
孙瑞生

【住房和城乡建设局领导班子成员】

局 长：白颖浩
副 局 长：刘宝明
祁洲沙
周君林
于晓梦

【住房保障和房产管理局领导班子成员】

局 长：马宝生
副 局 长：刘兆生（任至3月）
魏克学
赵 松
李志军（3月任）

【香河县园林绿化管理局领导班子成员】

局 长：贾春城（任至1月）
周国良（1月任）
副 局 长：王秀丽
王国利

【香河县环境卫生管理局领导班子成员】

局 长：高立军

【城市管理行政执法局领导班子成员】

局 长：魏国龙（任至7月）
陈宝东（7月任）
副 局 长：张晓伟 李际明

【国土资源局领导班子成员】

局 长：张锦山
副 局 长：马松柏
董金明
李鹤鸣
赵万华
张 浩
李长旭

【水务局领导班子成员】

局 长：李德军
副 局 长：李永亮
王银瑞
张凤霞（5月任）

【农业局领导班子成员】

局 长：赵树军
副 局 长：张玉明
印秀义
刘继承（3月任）
杨建国

【林业局领导班子成员】

局 长：陈宝东（任至7月）
魏国龙（7月任）
副 局 长：任宏伟
戴金锋
张建新

【畜牧兽医局领导班子成员】

局 长：王德嵩
副 局 长：王铁成

【粮食局领导班子成员】
局　　长：李英辉
副 局 长：王　宇
李　阳
赵德忠

【香河县供销合作社联合社领导班子成员】
主　　任：张玉宝
副 主 任：王宏伟
高红云
赵景军

【教育局领导班子成员】
局　　长：姜建明
副 局 长：吴贺伟
韩艳明

【文化广电新闻出版局领导班子成员】
局　　长：李朝民
副 局 长：刘兰芳
王艳林
周海燕

【香河一中领导班子成员】
校　　长：李树峰
书　　记：武宝旺
副 校 长：果艳青
翟　艳
张建军
王春明
张浩江

【教师进修学校领导班子成员】
校　　长：马万里
副 校 长：白元石
李志良
王冬梅

【香河职业技术教育中心领导班子成员】
校　　长：李桂强
常务副校长：董建国
副 校 长：田金泉
杜振龙
周　李
宋　明

【香河县广播电视台领导班子成员】
台　　长：史长承
副 台 长：李岱爱
陈洪全
孙红霞

【卫生与计划生育管理局】
局　　长：王立强
副 局 长：李德玺
刘宝金

【计划生育协会领导班子成员】
会　　长：焦国强（7月任）
李艳霞
常务副会长：彰景文
秘 书 长：贾金红

【香河县人民医院】
院　　长：门德志
副 院 长：刘建凤
尹建伟
韩兆山
艾志国
金永刚
崔建国
董建卓

【香河县中医医院】
院　　长：李瑞峰
副 院 长：张长华
李世强
王立强
路志鹏

【香河县气管炎哮喘医院】
院　　长：尹志光
副 院 长：董树江
何建涛

【食品药品监督管理局领导班子成员】

局　　　长：张　涛

副 局 长：张　江

李金明

胡振山

【安全生产监督管理局领导班子成员】

局　　　长：王长江（任至7月）

成英杰（7月任）

副 局 长：张洪伟

孙振河

李增旺

高振宇

【城乡规划局领导班子成员】

局　　　长：李爱兵

副 局 长：孙　永

张海军

陈　江（任至4月）

【香河县旅游局领导班子成员】

局　　　长：何永齐

副 局 长：赵　爱

程志伶

【香河县支油支铁办】

主　　　任：高文鹏

副 主 任：计凯丰

张金权

【香河县国家税务局领导班子成员】

局　　　长：赵福强

副 局 长：李宝良

臧德会

聂天昌

【地方税务局领导班子成员】

局　　　长：李和海

副 局 长：绳　宇

韩兆华

侯重庆

【工商行政管理局领导班子成员】

局　　　长：李　月

副 局 长：张建军

贾建民

【质量技术监督局领导班子成员】

局　　　长：王　瑛

副 局 长：刘毅力

张景山

康子良

【烟草专卖局领导班子成员】

局　　　长：白文涛

副 局 长：蔡志清

【中国人民银行香河县支行领导班子成员】

行　　　长：樊振华

副 行 长：侯玉江　杨松龄

【中国银行股份有限公司香河支行领导班子成员】

行　　　长：袁茂林

副 行 长：李松林

庞建斌

【中国建设银行股份有限公司香河支行领导班子成员】

行　　　长：张殿刚

副 行 长：张小洁

吴海峰

【中国工商银行香河支行领导班子成员】

行　　　长：刘会云：

副 行 长：康　强

张保国

段晓光

【中国农业银行香河县支行领导班子成员】

行　　　长：王从新

副 行 长：钟　伟

韩春兵

【中国农业发展银行香河县支行领导班子成员】

行　　长：陈书龙

副 行 长：郑铁龙

【中国邮政储蓄银行香河支行领导班子成员】

行　　长：李　健

副 行 长：张恩利

【香河县农村信用合作联社领导班子成员】

联社理事长：王宝生

联社主任：王元伟

联社监事长：冯宝祥

副 主 任：孙学辉

郑存利

朱建功

【香河益民村镇银行领导班子成员】

董 事 长：刘会来（任至12月）

费铁明（12月起任）

行　　长：张　杰

副 行 长：刘国庆

【河北银行股份有限公司香河支行领导班子成员】

行　　长：石学成

副 行 长：田德良

【沧州银行香河支行领导班子成员】

行　　长：李会民

副 行 长：潘志春

吴　铭

张晓霞

卢冠全

【廊坊银行香河支行领导班子成员】

行　　长：张　磊

副 行 长：王利军

李　维

帅增春

【张家口银行香河支行领导班子成员】

行　　长：孙学谦

副 行 长：乔海洋

【中国人民财产保险股份有限公司香河支公司领导班子成员】

经　　理：韩艳青

副 经 理：王二永

孙大宝

陈海波

【中国人寿保险股份有限公司香河支公司领导班子成员】

经　　理：彰井霞

副 经 理：韩雪春

朱学平

【廊坊市住房公积金管理中心香河县管理部领导班子成员】

主　　任：佟永国

【邮政集团公司河北省香河县分公司领导班子成员】

总 经 理：赵鹏初

副 经 理：张庆玲

【冀北电力有限公司香河县供电分公司领导班子成员】

经　　理：刘会生

副 经 理：王智永

庞宝松

吴长松

陈大志

【气象局领导班子成员】

局　　长：宋仕峰

副 局 长：马春平

李学军

【香河县地震办公室领导班子成员】

局　　长：白颖浩

副 局 长：奇洲沙

周君林

于晓梦

【联合网络通信有限公司香河县分公司领导班子成员】

总　经　理：付育红
副 总 经 理：苏学武
　　　　　　盖天宇

【电信集团公司香河分公司领导班子成员】

经　　　理：王雪峰
副　经　理：张艳涛

【移动通信河北有限公司香河分公司领导班子成员】

经　　　理：陈瑞东
副　经　理：周　斌

【香河石油公司领导班子成员】

经　　　理：杨春林
副　经　理：韩凤嵬

【河北香河经济开发区管理委员会领导班子成员】

管委会主任：焦国强（任至5月）
　　　　　　高宏伟（4月任）
副　主　任：王治军

【香河县家具成领导班子成员】

管委会主任：王占栋
常务副主任：揣柏文
副　主　任：张树合
　　　　　　李万青
　　　　　　高东武

【河北香河环保产业园区管理委员会领导班子成员】

管委会主任：张显民
常务副主任：李文建（任至7月）
　　　　　　冯　勇（7月任）
副　主　任：刘洪涛
　　　　　　王建军
　　　　　　刘继承（任至3月）

【香河县农业高新技术园区管理委员会领导班子成员】

管委会主任：闫再东（任至5月）
　　　　　　安国亮（5月兼任）
常务副主任：杨振亮
副　主　任：薛福艳
　　　　　　田建鑫

【河北香河新兴产业示范区管理委员会领导班子成员】

管委会主任：许胜永
常务副主任：曹国藩
副　主　任：冯　勇（任至7月）

【新开街道办事处领导班子成员】

党 委 书 记：韩景丰
副　书　记：成英杰（任至7月）
　　　　　　李文健（7月任）
　　　　　　刘方学
人 大 主 席：靳洪刚
主　　　任：成英杰（任至7月）
　　　　　　李文健（7月任）
副　主　任：贺金龙
　　　　　　张万发

【新华街道办事处领导班子成员】

党 委 书 记：王　强
副　书　记：路洪亮
　　　　　　程淑伟
人 大 主 席：姜宝良
主　　　任：路洪亮
副　主　任：祁宝兴

【平安街道办事处领导班子成员】

党 委 书 记：杜文洪
人 大 主 席：刘秀华
主　　　任：李洪波

【淑阳镇领导班子成员】

党 委 书 记：凌少金
副　书　记：卢英俊
人 大 主 席：池晓伟
镇　　　长：卢英俊

副 镇 长：张宏海
　　　　　张立明

【安平镇领导班子成员】

党委书记：闫明杰
副 书 记：任振宇
人大主席：宋　超
镇　　长：任振宇
副 镇 长：张少军

【钳屯镇领导班子成员】

党委书记：张占春
副 书 记：刘爱军
　　　　　许向荣
人大主席：赵立军
镇　　长：刘爱军
副 镇 长：王粒鉴（任至 3 月）
　　　　　杨立刚（任至 3 月）
　　　　　王辉军（3 月任）

【五百户镇领导班子成员】

党委书记：李洪波
副 书 记：吴立春
　　　　　王桂明
人大主席：张广义（任至 4 月）
镇　　长：吴立春
副 镇 长：后瑞富

【安头屯镇领导班子成员】

党委书记：何振龙
副 书 记：孙宏杰
　　　　　刘海军
人大主席：（空缺）
镇　　长：孙宏杰
副 镇 长：周立波
　　　　　高广玉

【刘宋镇领导班子成员】

党委书记：刘　宇
副 书 记：周国良（任至 1 月）
　　　　　张铁兵（1 月任）
　　　　　马灵君
人大主席：刘洪来
镇　　长：周国良（任至 1 月）
　　　　　张铁兵（1 月任）
副 镇 长：石明辉
　　　　　马灵君（任至 1 月）
　　　　　薛　雷

【渠口镇领导班子成员】

党委书记：沈雪松
副 书 记：绳　军
　　　　　李洪斌
人大主席：刘　健
镇　　长：绳　军
副 镇 长：周国忠
　　　　　康亚东

【钱旺镇领导班子成员】

党委书记：刘全顺（任至 8 月）
　　　　　张继田（8 月任）
副 书 记：孟繁章
　　　　　崔新宇
人大主席：赵万兵
镇　　长：孟繁章
副 镇 长：闵爱国
　　　　　何春明

【蒋辛屯镇领导班子成员】

党委书记：李爱兵（任至 1 月）
　　　　　高金刚（1 月任）
副 书 记：高金刚（任至 1 月）
　　　　　刘　斌（1 月任）
　　　　　谢　静
人大主席：程　磊
镇　　长：高金刚（任至 1 月）
　　　　　刘　斌（1 月任）
副 镇 长：高大勇

社会团体

香河县总工会

【概况】 香河县总工会是县委领导下的职工自愿结合的工人阶级群众组织，是县委、县政府联系职工群众的桥梁和纽带，其主要职责是：维护职工群众的合法权益和民主权利，为全县职工说话办事，反映他们的意见和要求，关心职工生活，帮助他们解决困难，全心全意为职工服务；动员和教育职工群众参加香河县经济建设，开展社会主义劳动竞赛，开展经济技术创新和合理化建议活动，教育职工以主人翁的态度参政议政，努力完成生产和工作任务；组织职工参与国家和社会事务的管理，积极推行和完善厂务公开、集体合同、工资协商制度，建立健全企业民主管理工作，行使职工的民主参与权利。

2016 年，县总工会坚持探讨新时期、新形势下工会发展道路新途径，牢固树立创新、协调、绿色、开放、共享的发展理念，紧紧围绕协同发展、转型升级、又好又快工作主基调，履行工会职责，抓好工会基层组织建设、推行普惠化服务、困难职工帮扶、丰富职工文化生活、开展“职工互助一日捐”、民主管理等重点工作。

【基层组织建设】 县总工会对全年基层工会组建任务进行了分解，督促各镇、街道、园区总工会开展基层工会组建工作，并成立基层组织建设工作督导小组，定期对各镇、街道、园区的基层组织建设工作进行督导检查，按时完成全县基层组织建设任务目标。各类法人单位建会率和 25 人以上单位建会率均已达到 100%；各类法人单位职工入会率达到 96%；基层工会规范建设达标率达到 95%。

全县基层工会组织全部实现了规范化建设，并获得了上级工会组织的肯定。3 月中旬，廊坊爱依瑞斯家具有限公司工会等 7 家单位被评为廊坊市“模范职工之家”；香河县农村信用合作联社淑阳信用社工会小组等 7 家单位被评为廊坊市“模范职工小家”；何安等 6 人被评为“廊坊市优秀工会工作者”；杨洁等 7 人被评为“优秀工会积极分子”。

【扶贫济困活动】 发挥职工服务中心职能，为困难职工排忧解难。采取集中救助和平时救急的方式，对全县困难职工家庭和到县总工会求助的困难职工进行帮扶。本着“工会就是职工的家，职工有困难找工会”这一原则，从最直接、最现实、最具体的问题入手，真心实意为职工群众做好事、办实事、解难事。做到“不让一名职工因经济困难而生活没着落、不让一名职工子女因家庭困难而辍学、不让一名弱者因无亲人照顾而无助。”

春节期间，慰问了 92 户困难职工。为他们送去了猪肉、羊肉、冬储菜等春节慰问品和慰问金。对全县职工进行了再次调查摸底，为所有困难职工重新建立档案，录入帮扶管理系统软件，对困难职工及时救助。全县录入帮扶软件困难职工总计 98 人，其中特困职工 41 人，困难职工 53 人，极困职工 4 人。为帮扶救助提供了翔实的资料。通过爱心超市这个平台，对他们每月提供米面油等生活必需品，标准是困难职工每月 100 元购物券，特困职工每月

120元购物券。到爱心超市自选商品。通过对困难职工的按月救助，保障了他们的基本生活。组织困难女职工进行了免费“两癌筛查”体检。8月，深入环卫局、旭明源、信访局、为民职业培训学校等4家企事业单位开展了送清凉、慰问一线职工活动。

“金秋助学”全程化，开展为品学兼优的贫困大学生提供全程助学和就业安排。将金秋助学活动的对象由特困职工子女扩大到困难职工子女，救助阶段从原来的非义务教育扩大到义务教育。并相应提高资助标准和扩大资助范围。6月，通过对全县在档困难职工摸底调查，全年共救助6名困难职工子女上学，共发放救助金1.72万元（其中参加高考考入大学3人，发放救助金1.4万元，参加中考考入高中2人，发放救助金2600元，小学考入初中1人，发放救助金600元）。

深入实施精准帮扶，加强“造血”扶持，帮助全县困难职工、失业下岗所致困难职工、困难农民工实现创业就业愿望，使困难职工真正解贫脱困，充分发挥工会组织在实施“大众创业、万众创新”中的作用，县总工会按照省、市总工会统一部署，以县委、县政府两办形式下发《香河县总工会创业就业扶持专项行动实施方案》，在全县开展工会创业就业扶持专项行动。2016年，扶持三批共8人，其中创业意向为生产资料等物资支持方式7人，帮扶方式为生产资料等物资支持资金约5000元，学习驾驶技术1人。

【职工文化生活】 举办职工卡拉OK大赛。卡拉OK大赛已经是县总工会每年年初的开章之作，受到了全县各界的关注和支持，并涌现出一批能力强、水平高的参赛选手，扩大了全县的文化宣传阵容。2016年的卡拉OK大赛通过基层工会组织的层层推荐，共有27名选手参加预赛，16名选手成功晋级决赛圈，武冰洁以一曲《我爱你中国》技压群雄，荣获一等奖。县总工会还将广大歌唱爱好者组织起来，成立了全县职工业余合唱团，每周二、四组织大家进行练唱活动。在大家的积极努力下，县总工会为他们提供了充分的舞台展示机会，先后参加了全县纪念中国工农红军长征胜利80周年文艺演出、环卫工人节调演等活动，丰富了他们的演出经验，同时也锤炼了队伍、提升了团员素质，为全县广大职工业余文化生活搭建了一个广阔的平台。举办“展风采、促交流、创和谐”第二届职工书画作品展。此次书画展共收到县内各行各业职工作品150幅，经过评审组的评选，推荐70幅作品参加展出，其中书法作品40幅，绘画作品30幅。书画展赢得了社会各界的普遍好评和广泛关注，多家单位组织职工前来参观学习。举办五一“劳动者之歌”晚会。纪念“五一”国际劳动节，唱响劳动节最光荣，激发全县人民同心同德建设家乡的热情，此次晚会可谓阵容强大，不仅有全国、省、市劳动模范、先进工作者，还有全县“基层榜样”，一线交通警察、环卫工人、企业职工等方阵参加。在演出水平上更是达到了一个新的高度，不仅有全县最好的歌手、演员、演出团体，还专门邀请了全国著名演艺明星助阵。在演出过程中，还穿插了岗位练兵、技术比武等环节，充分展示了全县职工多才多艺、爱岗敬业的精神风貌。“搭鹊桥、觅知音”，为职工解除后顾之忧。8月，县总工会与三河市总工会、大厂县总工会联合主办，中信国安第一城婚庆摄影事业部、世纪佳缘承办的“幸福相约 缘来不晚”首届北三县工会七夕鹊桥联谊会，在中信国安第一城活动取得了圆满成功，现场有近300名来自北三县的单身青年共聚一堂。此次联谊会是北三县首次共同联手举办，为单身青年职工提供了一个相互结识、有缘相约的平台。扩大了青年职工的交友范围，同时也是密切北三县工会系统联系、合作的纽带与桥梁，为职工解除了后顾之忧。

【劳动模范评选】 为进一步弘扬劳模精神，倡导劳动最光荣、劳动最崇高、劳动最伟大、劳动最美丽的观念，充分发挥其示范引领作用，更好地影响和带动广大干部职工立足岗位创先争优，不断创造一流的工作业绩。利用各种传媒广泛宣传劳模事迹、弘扬劳模精神。在全县营造一个学习劳模、争当劳模、尊重劳模、关爱劳模的浓厚氛围。影响和带动全县职工自觉向劳模学习，积极投身改革创新。激励广大职工的积极性、主动性和创造性。至2016年底，香河县共有全国劳模2名，省部级劳模34名，市级劳模139名。

【劳动模范救助】 进一步做好香河县省部级劳动模范困难帮扶工作，2016年4月，下发省部级困难劳模调查摸底和困难申报的通知,经过摸底调查，省部级以上困难劳模5人；10月，下发全国劳模和特别困难省部级劳模调查摸底和申报困难补助的通知，经过摸底调查，共有3名困难劳模，已上报市总工会；11月，下发市级劳动模范生活困难救济金申报工作的通知，经过摸底调查，有2名符合条件的困难劳模已上报市总工会。2016年4月18日—24日，共为全县175名劳动模范进行了免费体检，使他们享受到了政府和社会的关爱与温暖。以此为基础进一步完善了劳模健康档案，健全了劳模定期健康体检机制。全面准确地握了全县劳模的身体健康状况。9月，县公安局蒙占军（市级劳动模范）参加了在安徽省黄山市举行的劳模疗休养活动。

【普惠化服务】 贯彻落实省市工会会员实名制普查工作推进会议精神，摸清全县工会会员的基本状况，把广大职工吸纳到工会组织中来，提升职工和会员的能力水平，县总工会树立“以会员实名制普查促建会，以普惠化服务吸引职工入会”工作理念，通过拉网式普查，实现全县符合入会条件的职工总数清楚、全县已入会的工会会员总数清楚的“两清”目标，真正建立起“基层录入、半年更新、有进有出、动态管理”的会员管理长效机制。全县9个镇、2个街道办事处、4个园区及县直各单位、各系统均已完成实名制普查工作。共采集基层工会信息200余个，新办工会会员卡16400张，确定107家各类工商企业为特约定点服务单位，实现工会会员普惠化服务。努力增加普惠项目，为广大工会会员争取到最大的实惠。

（周梦洁）

共青团香河县委员会

【概况】 中国共产主义青年团（简称共青团）是中国共产党领导的先进青年的群众组织，是广大青年在实践中学习中国特色社会主义和共产主义的学校，是中国共产党联系青年群众的桥梁和纽带，是中华人民共和国的重要社会支柱之一，也是中国共产党的助手和后备军。

2016年，香河团县委紧跟中国梦、“两学一做”学习教育活动、京津冀协同发展等时代旋律，以服务青年为主基调，教育、组织、引导香河广大青年始终紧跟时代步伐，响应党的号召，加速自身成长，取得了良好成效。

【主题教育实践活动】 召开“两学一做”学习交流座谈会。2016年7月5日，团县委组织全县优秀团干部代表在县规划展馆召开了“两学一做”学习交流座谈会。会上，基层团委书记代表就团改工作提出了自己的看法和建议，并与团市委领导进行了交流。团县委全体机关干部、各基层团委书记、部分优秀团支部书记等，总计40余人参加会议。举办十八岁青年成人仪式，为引导广大青少年树立坚定的理想信念，进一步增强公民意识和责任意识。5月8日上午，县一中团委组织开展了“感恩、责任、理想”十八岁成人礼主题教育活动。一千五百余名家长齐集于此，共同见证学生长大成人这一庄严神圣的时刻。开设感恩教育学习班，10月15日，团县委在香河县城内第四小学举办“弘扬传统文化 感恩父母之心”活动，100名学生在家长的陪同下听取讲座，20名来自社会各界的志愿者参与到活动中来。

【青年志愿者活动】 2016年1月，团县委组织开展了“爱心捐衣 情暖寒冬”捐赠活动。团县委组织青年志愿者一行人赴保定涞源山区，走进贫困落后地区，共捐赠棉衣千余件，走访各村贫困群众5户并发放了慰问金。捐赠活动不仅为保定涞源地区群众送去了温暖和祝福，同时，也让所有组织参与此次活动的同志体会到了“赠人玫瑰，手有余香”的喜悦。3月，团县委组织开展了以“弘扬雷锋精神，展现志愿风采，建设美丽香河”为主题的大型志愿服务咨询活动。来自全县20多个单位的200余名青年志愿者走上街头为过往群众提供各种便民服务。县法院、检察院的青年志愿者开展了法治宣传和法律援助活动；县医院的志愿者为过往群众进行义诊；卫生局妇幼保健院的志愿者们发放了妇儿保健宣传册和体检优惠卡等等。活动当日共发放各类宣传资料5000余份，参与志愿者400余人，服务群众2000多人次。

4月，团县委携手京津冀三地青年志愿者开展了“携手三地青年，打造生态运河”环保系列活动。环保志愿者代表宣读了“打造生态运河”倡议书，倡议广大青年投身环保、关注环保、参与环保，为生态优先、绿色发展贡献力量。志愿者们参加植树、沿河垃圾捡拾，低碳骑行等活动，强化了志愿者们优化生态、美化环境的意识。

6月，团县委组织志愿者开展了“爱眼日进光荣院”活动。志愿者为孩子们进行了视力检查、眼睛保健知识讲座，与孩子们一起互动，同时，捐送了适合阅读的课外书籍，丰富了孩子们的课余生活；为老人们免费发送了合适的老花镜，提升了老年人的生活质量和幸福指数。活动的开展，在为孩子们送去知识、为老人们送去健康的同时，也为他们送去了欢乐和关爱，让他们感受到了社会大家庭的温暖，取得了良好的社会效果。

10月，团县委组织部分基层团干部、志愿者代表走访慰问了香河县7户孤寡老人，给他们带去了米面粮油等慰问品，送去了温馨的节日祝福，让老人们感受到团组织的关怀。此次慰问活动，拉近了广大青年与老人们的距离，尊老、敬老、爱老、助老的传统美德进一步得到继承和发扬。

【团干部培训】 团县委历来高度重视少先队工作，不断加强少先队的组织建设，尤其加大对乡镇少先队工作的倾斜力度，鼓励青年辅导员参加各类比赛，推送出一大批优秀辅导员。在2016年全市少先队优质活动课案例评选中，香河县辅导员岳淑萍、李颖和艾瑞芳分别荣获第一、二、三等奖，其中辅导员岳淑萍的《红领巾心向党 我在队旗下成长》和辅导员李颖的《争当文明好少年》队课案例被收录在《廊坊市少先队活动课优秀课案集锦》中，由于成绩出众，团县委被授予“优秀组织奖”。

【青年创业活动】 深度对接北大青创营优秀

资源，促进资源共享，促进香河县青年双创工作再上一个新台阶，提高青年创新创业的热情、激发创造的活力，团县委于2016年12月，组织县优秀企业家代表、农村致富领头雁代表、青年创业先进个人等创业先锋人物十余人观看了京冀青年协同创新创业云平台网络公开课程。团县委始终坚持突出典型带动作用，选树创新创业模范典型，不断激发青年创新创业热情，营造“大众创业•万众创新”的良好氛围。其中，凯华齿轮有限公司的李伟和国瑞智测试设备有限公司的许超成功入围“美丽河北•最美创业者”，国瑞智测试设备有限公司以“年轻的企业、新兴的技术”进入廊坊市第二届青年创新创业大赛决赛。

【青年文明行动】 以“青春情•基层行”活动为重要抓手，引导广大青少年带动家长积极参与到农村环境综合整治工作中来，发动青联委员、青企协会员和县直部门团员青年与镇村居民开展环境整治“城乡手拉手”活动，通过结对帮扶、爱心捐赠等形式帮助镇村改善环卫基础设施，促进镇村环境全面改善。成立乡镇“青年志愿服务队”，经常性参与农村环境综合整治志愿服务活动，协助乡镇开展清扫街道，整治坑塘，净化庭院，规范秸秆堆放，治理“牛皮癣”，维护美丽乡村创建成果。在广大团员青年中开展了以“防治大气污染•从我做起”为主题的宣传教育活动，广大团员青年通过主题签名、发放传单等形式积极宣传“3581”出行计划和增绿减霾等相关内容。联合园林局在县城内四小开展了“弘扬生态文明•共建绿美香河”植绿护绿活动，号召广大少先队员自觉树立植绿护绿的意识，争做“植绿小天使”和“护绿宣传员”，并通过“小手拉大手”将正能量传递给家长，号召更多的人踊跃投身到植绿护绿事业中来，在全社会形成了爱护生态环境的浓厚氛围。

【青少年维权行动】 对全县留守儿童进行统计，经调查摸底并按实际情况给予关爱帮扶。香河县留守儿童分别是钳屯镇雀林院村佟振涛、刘宋镇王务村张星海和张星宇。

（胡炜东）

香河县妇女联合会

【概况】 香河县妇女联合会（简称县妇联）是香河县委领导下的社会群众团体，是党和政府联系妇女群众的桥梁和纽带，是国家政权的重要社会支柱，最基本的职能是代表和维护妇女权益，促进男女平等。主要职责是团结、教育全县广大妇女同党中央在思想上、政治上、行动上保持高度一致；紧紧围绕县委、县政府的中心任务开展工作，团结、动员和组织妇女群众投身经济社会发展，为维护改革、发展、稳定的大局服务；宣传马克思主义妇女观和男女平等思想，教育引导妇女树立正确的世界观、人生观、价值观，弘扬“自尊、自信、自立、自强”的精神，积极推动和开展对妇女的科技文化及生产劳动技能培训，全面提高妇女素质；坚持为妇女儿童服务、为基层服务，加强与社会各界的联系，协调推动社会为妇女儿童办实事、办好事。内设3个科室，分别是办公室、权益部、妇儿部，人员编制6人。

2016年，县妇联紧紧围绕县委、县政府推进香河经济社会加速发展的主题，以统筹妇女发展、依法维护权益、建设文明和谐、夯实组织基础为目标，努力实现常规工作求规范、重点工作出成效、特色工作上水平，促进香河经济又好又快发展、推进妇女儿童事业实现新跨越。2016年，县妇联荣获廊坊市先进妇联组织、廊坊市“巾帼建功先进集体”、廊坊市家庭教育工作先进单位、廊坊市“百万女性学法律·家庭守法创平安”活动先进集体等荣誉称号。

【素质教育培训】 2016年，县妇联支部扎实推进“两学一做”学习教育活动，成立了县妇联学习教育活动小组，小组下设办公室，具体负责活动的开展，实行领导责任制，一级抓一级、层层抓落实，召开动员大会，制定下发活动方案和责任表。领导小组主要负责人认真履行第一责任人的职责，定期组织妇联学习教育活动，主持各阶段工作方案的制定、整改方案的起草、民主生活会的召集等，始终坚持高标准、严要求，不折不扣地抓好学习实践活动各个阶段、各个环节的工作，保证了妇联系统学习实践活动的顺利开展。组织召开了庆“三八”表彰大会，大会对三八红旗手、“最美家庭”等8个奖项的16个先进集体、64名先进个人、17户最美家庭、11户美丽庭院示范户、11个示范妇女讲习所、13个巾帼现代农业科技示范基地予以表彰。“三八”节期间，县妇联通过《新香河》和县电视台等媒体从不同侧面对受表彰妇女典型进行了宣传和报道。表彰大会上，分别邀请曾获最美香河人荣誉称号的敬业奉献典型、县三八红旗手代表、县一中高三语文教研组组长张秀娜；曾荣获香河县基层榜样荣誉称号、县三八红旗手代表、县新华街道办社会事务办公室主任后文静；曾获全国“最美家庭”提名家庭、河北省最美家庭、最美香河人尊老敬老典型姜文云做了典型发言。各基层妇联组织也组织举办形式多样的座谈和表彰会等“三八”节庆祝活动，营造积极向上、建功创业的浓厚氛围。

2016年，以强化作风建设为契机，加强基层妇联组织建设,一是组织开展“三有两突出”基层妇联组织示范创建活动，全面加强基层妇联组织建设，在全县镇（街道）、村（社区）开展“三有两突出”（有人干事、有阵地做事、有钱办事，服务基层妇女作用突出、参与和谐社会建设能力突出）基层妇联示范组织创建活动。香河县蒋辛屯镇和安平镇高庄村分别获得了廊坊市乡级“三有两突出”示范点和廊坊市村级“三有两突出”示范点。二是加强妇联干部队伍建设。抓学习，先后专题学习了习近平总书记在十八届六中全会上重要讲话精神、河北省第九次党代会开幕式、《十八届六中全会公报》等实时内容，抓实践，把贯彻落实十八届六中全会和省第九次党代会会议精神与今年的重点亮点工作结合起来，强化责任担当，狠抓重点任务落实。抓创新，号召妇女党员干部群众踊跃关注“香河党员e站”等公众号，巧用“互联网+”的新平台，及时了解和掌握“十八届六中全会和省第九次党代会会议精神”最新内容，营造良好学习氛围。开展下基层为妇女群众送农业科普及妇女健康知识等活动，活动中为妇女干好事实事30余件。强化妇联干部大局、学习、岗位、责任、创新、服务六种意识，切实加强干部队伍建设。根据工作职能，关注妇女群众的重点难点问题，切实为妇女儿童办好事、办实事。

【双学双比活动】 2016年，围绕实施科技培训行动、“双学双比”（学文化、学技术，比成绩、比贡献）活动在创新中进步提升。搭建服务平台，稳步实施妇女学习培训工程。健全培训机制、丰富培训内容、活化培训形式三措并举，妇女学习培训工程圆满完成，全年各级妇联组织共举办各类技术培训班27期，培训妇女3000余人。构筑发展平台，牵手工程使妇女在互帮互助中共同发展。全年，有600名女能手与贫困妇女牵手帮扶，45名农技专家与女能手牵手，并签订帮扶协议书及效果登记卡。拓展建功平台，推动岗、企、村共建共进。县妇联开展以“同心携手共建幸福家园”为主题的岗村结对活动，组织巾帼文明岗与巾帼示范村、农村妇女组织、女能手、贫困妇女牵手结对，搭建起城乡一体的扶助平台。同时促进巾帼文明岗与“妇女之家”同创建、共发展，营造有利于女职工发展的和谐环境，各示范岗位服务村街干好事实事30余件。

【巾帼建功活动】 2016年，继续深化“巾帼文明示范岗”创建活动，激励妇女创业建功，鼓励女职工立足岗位创新建功。广泛开展以“巾帼创业行动”为主题的各种活动，通过开展演讲比赛、座谈会、先进事迹报告会、诗歌朗诵会等活动，展示妇女爱岗敬业、拼搏争先、无私奉献的良好风采，引导职业女性争做知识型、创业型、创新型女性。开展岗位练兵、技能比武、技术交流等创建活动30场次，参与女职工万余人。

【文明家庭创建】 县妇联围绕“传承好家风、争创好家庭”的主题，广泛宣传发动，向各镇区办妇联及县直妇委会下发评选活动通知。活动中，经过层层推荐评选，推举出群众公认、社会赞誉、具有香河特色的“最美家庭”典型40户。县妇联一方面把家庭典型事迹在报刊和网络上进行宣传，另一方面邀请部分家庭典型以现身说法的形式举办座谈交流活动，谈体会谈感想，共谋建设“最美家庭”的好经验好做法，以实际行动为培育和践行社会主义核心价值观、为“生态香河、产业香河、品质香河”贡献力量。组织开展家教系列讲座。4月13日，组织开展“塑和谐家庭•谱和美家风”大型公益讲座活动。8月16日，县妇联举办“科学家教 善美家风•和谐家庭”建设活动专题讲座。组织开展了“树清廉家风•建最美家庭”主题活动，面向领导干部及家庭成员发放“遵纪守规、你我有责”倡议书，在党员干部家庭中倡导勤廉家庭建设，鼓励干部职工家庭做遵纪守法、严于律己、廉洁奉公的家庭典范，使遵规守纪成为家庭成员的共识。

【美丽庭院创建工作】 2016年，县妇联按照省市县美丽乡村建设的安排部署，积极行动，组织动员全县广大妇女投身美丽庭院创建工作，以女性的文明进步，带动家庭生活的变革，以家庭面貌的焕然一新促进美丽乡村建设，让小家更温馨，让大家更和谐。创建工作中，县妇联6次召开由县镇村三级妇联干部参加的美丽庭院创建调度会、观摩会等，通过现场观摩、总结部署、交流培训，确保创建工作真实有效。各级妇联组织聘请各类专业人员和巾帼讲师，举办集中授课、组织现场观摩、座谈交流、培训辅导等活动百余场次，印发《创建美丽庭院、共建幸福香河》《万千女性共建绿色家园、共享白云蓝天》倡议书及宣传资料2万余份，印制“创美丽庭院、建幸福家园”宣传袋、宣传门帘万余份；5月26日，省妇联副主席王晓燕等领导一行到香河县就“美丽乡村”建设进行督导检查。王晓燕对香河县积极开展“美丽庭院”创建工作及广大农村妇女为村里的环境、风气、面貌改变上所做的贡献进行充分肯定。

【维护妇女儿童合法权益】 2016年维权工作突出了依法维护妇女儿童合法权益、维护社会稳定的重点。强化普法宣传，营造舆论氛围。全县各级妇联积极开展婚姻家庭纠纷调解工作，利用“三八”维权月、普法宣传日、反家暴日等宣传节点，组织巾帼维权志愿者走向街头、走进社区，开展《中华人民共和国妇女权益保障法》宣传、“木兰有约”法律宣讲活动，引导广大妇女提升法律素质和依法维权意识，共发放宣传材料2万余份，解答咨询200人次。

并利用电视、报纸、网络等媒体，宣传秉承家庭传统美德的先进妇女和家庭事迹，让百姓在潜移默化中主动构建幸福和谐家庭。发挥信访窗口作用，有效化解社会矛盾。县妇联把信访工作作为化解社会矛盾的第一关，坚持领导亲自部署、亲自接待、亲自解决、亲自回访“四亲自”接待制度，并且坚持“每月 15 日”轮值接访制度和亲自批阅群众来访制度，2016 年以来，共接待群众来电来访 20 件，办结率达到 100%。推进信访代理工作。以镇、村妇女维权站、温馨家庭调解室、“妇女之家”为依托，以全县维权志愿者为载体，建立健全了妇女信访代理组织体系，建立完善县、镇、村三级信访代理工作网络及信访代理员队伍，为妇女维权提供全方位服务。

【关注关爱儿童】 2016 年，县妇联实施爱心传递行动为病困儿童送温暖。春节期间，县妇联对全县孤困儿童近百名进行了走访慰问，为他们送去节日礼品及新年的祝福；“六一”期间，县妇联出资 5200 元对全县 26 名品学兼优的贫困儿童进行了慰问。各镇区办妇联共协调提供慰问品、慰问金 50000 余元；组织巾帼志愿者开展以关心关爱孤困女童主要内容的志愿服务活动。活动中，通过开展结对帮扶、爱心慰问等社会关爱行动，共组织 600 余名巾帼志愿者深入乡镇、村街儿童家中，开展走访慰问、心理疏导、社会保障等服务。香河县两名基层干部被评为市优秀代理妈妈称号。县、乡、村三级巾帼志愿者共帮扶孤困女童 60 余人。

（刘新梅）

香河县科学技术协会

【概况】 香河县科学技术协会（简称县科协）是全县科技工作者的组织，是在香河县委领导下的人民团体，是县委和政府联系广大科技工作者的桥梁和纽带。业务上受廊坊市科学技术协会（简称市科协）指导。主要任务是普及科学知识，开展科技教育，推广先进技术，组织学术交流，维护科技工作者权益，充分发挥桥梁和纽带作用。机构内设办公室、综合股，有工作人员 7 人。

2016 年，县科协按照县委、县政府的总体要求和部署，深入落实县委十届六次全会精神，坚持“协同发展、转型升级、又好又快”主基调和“生态优先、绿色发展”理念，扎实开展科协工作。制订县科协全年工作计划，开展教育实践活动。在开展好各项科普活动的基础上，组织抓好科普示范基地和科技示范学校创建工作，加强对农民特别是农村党员、干部在乡青年的科技培训教育，努力为农村经济发展提供智力支持。认真履行桥梁纽带职责，建好“科技工作者之家”。突出以人为本的思想，不断健全和完善科技工作者联系制度，及时了解和掌握科技人员的需求动态，反映科技工作者的呼声和要求，做好为科技工作者排忧解难工作。

【科普益民、惠农项目】 县科协利用“科普之冬”之机，1 月 21，县科协组织农业、林果、畜牧、医学等部门的科技人员共同参与，在安平镇集市开展了“三下乡”集中活动。全年，共开展科技服务 25 次；技术咨询 38 次；发放科普、农业实用技术等方面的手册 2000 本；环保手提袋 2000 个。

县科协不断探索市场经济体制下开展农村科普工作的运行机制，在农村建立了多种形式的科普示范基地（简称基地），这些基地以示范的方式普及农村先进技术和农业新成果、新品种，传播现代农村科技信息以及先进管理方法，成为提高社会公众科技文化素质和技能水平、带动农村群众科技致富的重要载体和科普设施，在促进农业科技成果转化、农村和农业经济结构调整、农业效益和农民收入增加等方面发挥了重要作用，初步显现了良好的社会效益和经济效益。年初，评审委员会对8家基地进行了评审，对开展科普工作有突出贡献的5个基地给予了表彰，并全部录入市级项目库。2016年，投资科普业务费12万元左右，相继为3个科普示范基地和一个基层科普村街建成了24座高标准的不锈钢科普宣传栏。

【科普活动】 开展青少年科技创新大赛活动，2016年，在廊坊市科协、市教育局举办的第三十一届青少年科技创新大赛中，香河县代表队获得全国创意之星奖2项、优秀创意奖2项；获市级创新项目奖一等奖8项、二等奖10项、三等奖11项；获市级创意项目奖一等奖5项；优秀科学幻想画一等奖8个；科技辅导员创新项目奖一等奖1项、二等奖2项、三等奖1项；青少年科学DV一等奖1项；获得优秀辅导员30名。开展全国青少年科技辅导员论文征集活动，全县中小学校积极参与，征集论文85篇，评选出4篇上报市科协作为优秀论文。开展全国青少年影像节活动。淑阳镇矬口中心小学申报了一篇名为《龙卷风》的影像作品，并取得了全国三等奖的好成绩。县科协协助矬口小学和县一中完成了“省北斗领航梦想设备”的申请工作，现设备已发放到两所学校。

扩大“全国科普日”活动的影响力和覆盖面，贯彻实施《全民科学素质行动计划纲要》，宣传落实《中华人民共和国科学技术普及法》，根据中、省、市科协的通知要求，9月中旬县科协联合县科技局、县教育局、县老科协、医学会、中医学会、药械学会、畜牧兽医学会、水利学会、林学会、农学会，在县新城广场认真组织开展了以“创新放飞梦想 科技引领未来”为主题的“2016年全国科普日”系列活动。活动现场共发放种养植书籍2000余册、发放艾滋病、高血压、禽流感的预防资料2000多份、健康手册5000余册；发放印有活动主题的环保手提袋8000个；接受讲解人数达400人次、咨询300余次、义诊200多人次；发放农药500余袋，肥料300余袋；张贴标语60多张，发放科普宣传挂图3000张。科普志愿者达320余人，受益群众15000多人次。“2016年全国科普日”活动准备充分，组织有力，效果令人满意。

（卢雨莲）

香河县文学艺术联合会

【概况】 香河县文学艺术界联合会（简称县文联），位于香河县文昌街8号。香河县文学艺术界联合会是全县群众性的文学艺术工作者联合组织，是县委、县政府联系广大文艺工作者的桥梁和纽带，其主要职能是联络、协调、服务。主要职责是：团结广大文艺工作者，坚持文艺为人民服务，为社会主义服务的方针，办好文学刊物，扶植文艺新人开展国内外文学艺术交流活动，为社会主义精神文明建设服务，为实现社会主义现代化而努力。

2016年，香河县文学艺术界联合会共承担文艺创作、举办各种活动、外联工作、组联工作、人才工作5项目标考核。全年，共编辑出版《香河文艺》4期，举办纪念红军长征胜利80周年主题书画展、“药安食美”杯广场舞大赛、香河好声音大赛暨中国好声音城市海选等各种活动10次，组织专家讲座5次，组织协会建设、学习、研讨会11次。2016年3月，县文联被市文联授予“文艺人才队伍建设工作先进单位”称号；5月，《香河文艺》在河北省作家协会组织的第二届河北省文学内刊评选中获得“河北文学内刊贡献奖”。

【文学艺术发展】 为纪念红军长征胜利80周年，讴歌革命先辈功绩，于2016年10月在规划展览馆组织举办了“回眸红色历程、弘扬长征精神”纪念长征胜利80周年主题书画展。活动共展出书画等作品50余幅。12月23日，在县规划馆举办了“迎新春摄影展”，参展作品60余幅。是年4月—6月，组织开展了“药安食美”杯广场舞大赛。经过广泛的发动，近百支队伍一千多人次参加了比赛，经过8场初赛、复赛，于6月21日在新城广场举行了决赛。2016年4月—6月，组织了香河好声音大赛暨中国好声音城市海选，200多人参加了比赛，经过11场比赛，经初赛进入复赛人数100多人，最后通过县决赛的9人进入廊坊市决赛，其中2人进入河北省决赛，1人进入省最后名次争夺赛。

【开展文学艺术辅导活动】 邀请知名作家为香河县师生讲课。为发挥文学的正能量作用，推进素质教育，2016年12月，邀请了全国著名儿童文学作家汪玥含老师到香河县第四小学为广大师生开展了文学讲堂活动，免费向学生发放图书50余册。广泛开展书法艺术活动。以弘扬传统文化为出发点，把中、小学生作为书法作品的征集对象，在香河县规划展览馆举办了优秀书法作品展。通过举办书法展览提高了广大中、小学生学习传统文化的热情，受到了广大师生及家长的欢迎。香河县书法家协会骨干人员每周到香河县三小、二中为广大师生免费辅导书法，使广大师生对书法这一传统文化有了更进一步的了解，书写水平也得到了较大的提高。县文联把社会各界喜爱书法的人士团结组织起来，相互沟通合作，多次组织书法笔会和交流研讨会，使书法艺术走向学校，营造了良好的艺术氛围。

【文艺作品】 2016年9月，香河县诗词协会出版了《香河诗词选》，该书收录了香河县30位诗词作者的精品力作，共16.6万字。张玉清的小说集《小百合》入选长江少年儿童出版社重点图书百年百部经典儿童文学作品系列，在全国儿童文学界很有影响；他的儿童文学作品《直面青春系列》获得第九届“廊坊文艺繁荣奖”；短篇小说《一百元》在《人民文学》发表，并被《小说月报》选载。王洪勇的中篇小说《作家林林的快乐生活》在第一届“浩然文学奖”中荣获三等奖；散文《三驾马车》发表在河北省作协主办的大型文学核心期刊《散文百家》第一期；高勤的散文《有一种生活如梦如画》在河北新闻奖中获得二等奖。尹玉如创作的《乡愁三部曲》第三部《抹不去的乡愁》，全书52篇，20余万字，已由中国电影出版社出版。马军的散文《大师的“痴”》，首发于《河北日报》2011年12月31日，分别入选2012-2013学年江苏盐城阜宁羊寨中学八年级下学期期中考试语文试卷，2012届福建省永安市九年级学业质量检测考试语文试卷，新东方在线题库，精英家教网初中语文题库，《同步练习册课时练八年级语文上册》人教版，第一文库网“大师”范文阅读答案精选100篇，范文九九网精选优秀范文十篇，华语网初中语文议论文阅读训练 ，2016年入选百度文库。

曲艺家协会编排了群口相声《学艺》、对口相声《文明礼仪》《难忘西柏坡》《讴歌香河新时代》《环卫赞歌》《香河肉饼传奇》《颂歌“两学一做”》《中幡传奇》等优秀节目，起到了赞美香河、宣传香河的作用。王从民表演的“越说心里越觉甜”在“牵手京津冀•欢乐进万家”第二届“京东大鼓书会”中获得“优秀表演奖”。

摄影家协会和影视家协会工作成绩显著。香河县 11 名影友参加了中国摄影家协会网站群影友联谊会，在联谊会的擂台赛上，香河县一幅作品获得二级佳作奖。牛宝森的作品《售楼员的故事》在第 23 届河北省摄影艺术展中荣获金质收藏奖。影视家协会上半年在安平第一城承接了中央电视台纪录片频道“地图传奇”的拍摄录制，协会会员分别饰演里面重要角色。参与电影“勿忘初心”的录制。《香河肉饼传奇》的剧本和快板词已经完成撰写。

（周月如）

香河县工商业联合会

【概况】 香河县工商联成立于 1952 年 11 月，其会员为个体工商户、私营企业主及部分从事非公有制经济工作的党和国家干部。1968 年，工商联机构撤销。1986 年 11 月，开始筹备恢复工作，1987 年 8 月正式恢复工作，并召开香河县工商联第六届会员代表大会。1995 年，增挂香河县总商会牌子。2016 年，香河县工商联被全国工商联确认为“五好”县级工商联，同时县工商联被廊坊市工商联评选为“宣教工作先进单位”和“组织建设工作先进单位”。

【参政议政】 工商联领导班子全体成员、部分执委及直属商协会负责人深入学习贯彻县党代会精神、“两会”精神，充分发挥工商联及非公经济代表人士参政议政作用，参与县经济、社会重要决策的政治协商，做好非公有制代表人士政治安排的推荐工作。宣传党和国家的方针政策，加强和改进思想政治工作，提高会员素质，培养骨干分子队伍。维护会员合法权益，向政府反映会员的意见、要求和建议。按照国家有关规定，为会员提供市场技术、商品信息管理、法律、会计、审计、融资、咨询等服务。承办县委、县政府和有关部门委托事项。

【服务非公企业】 香河县工商联发挥大统战优势，围绕县委政府中心工作，做发展经济的“助推器”。充分发挥人才荟萃、智力密集、联系广泛的优势，引导非公经济人士围绕县委政府的中心工作，融入全县经济发展的大潮在如何破解融资难题、企业转型升级的问题上，开展调研活动，深入各个公司企业，结合当前发展形势，与企业主谈心，收纳非公有制经济人士的建议意见，同时了解企业困难，鼓励企业坚定发展信心，推动非公有经济健康快速的发展。选拔在经济上有实力、社会上有影响、个人素质高、对全县经济发展贡献大、热爱工商联工作的非公经济人士到县工商联担任领导班子成员，充实工商联队伍，扩大工商联影响力和号召力，创新服务非公经济的方式。2016 年 10 月，魏紫峰担任县工商联主席，建立县级领导挂点联系非公有制企业制度，疏通非公有制经济反映问题和投诉渠道，维护非公有制企业合法权益，帮助企业解决生产、生活中的实际困难。发挥教育引导优势，调动非公经济人士投身经济建设的积极性。组织广大非公人士学习党和国家大政方针政策，增强非公人士诚信经营、服务大局、科学发展意识，成为带动、协调当地经济发展的领头力量。

【发展光彩事业】 随着行业商会、协会在生产经营过程中日益彰显的作用越来越大，广大非公有制经济人士在工商联的号召下，吃水不忘挖井人，自觉把感恩党、感恩人民、感恩社会、感恩时代的真挚情感转化为实际行动。香河县工商联在全市创新成立了香河光彩慈善会，非公经济人士通过慈善会积极参与“扶贫帮困”“助残助学”等公益活动，积极响应精准扶贫的要求，做好对六个贫困村帮扶工作，大力支持和推进“光彩事业”，真正做到致富思源，回报社会，为党委政府分忧、为广大群众解难，用实际行动关爱社会、促进和谐。

（张玉华）

香河县计划生育协会

【概况】 香河县计划生育协会（简称计生协），是在县委、县政府领导下，以协助政府动员广大群众自愿实行计划生育，推动人口与经济、社会、资源、环境协调发展和可持续发展为主要任务，不以营利为目的的群众团体。是党和政府联系广大育龄妇女的桥梁和纽带，是协助政府动员广大群众参与计划生育工作的一种很好的组织形式。香河县始终把计划生育协会工作纳入全县基层民主政治建设的重要内容，作为推动全县人口和计划生育工作持续、稳定、健康发展的重要力量，找准工作定位，探索以实现自我教育、自我管理、自我服务、自我监督为目标的计生基层群众自治新模式，群众自治意识和能力不断提升。2016 年 4 月，香河县被中国计生协列为国家级计生基层群众自治示范项目县，并在 5 月初举行了项目启动仪式。香河县共有各级计划生育协会组织 325 个，会员 3.8 万人；会员小组 2590 个，会员之家 325 个，其中优秀会员之家达到 50%以上。人口和计划生育工作一直处于全市的领先水平，2016 年 12 月，被中国计生协授予“2016 年度计划生育先进县级协会”荣誉称号。

【宣传工作】 在大型节日、纪念日开展宣传服务活动，组织县、镇、村计生工作人员充分利用广播、电台、板报、会议等形式进行宣传。2016 年 5 月 29 日是中国计生协成立 36 周年纪念日，县卫计局和计生协共投入 7 万多元，印制了 25000 份宣传计划生育政策法规、妇幼健康、青春健康的知识折页，制作 168 块宣传基层群众自治、“中国计划生育协会第八次全国会员大会”（简称“八代会”）精神、习近平总书记、李克强总理在“八代会”上讲话的展牌。“5•29”，组织淑阳镇、新开、新华街道办在县委广场开展了宣传服务活动，发放宣传品，接受群众咨询。发挥计生协组织网络优势，组织村级协会会员包户联系群众和育龄妇女，通过串门、聊天等形式进行宣传。借助互联网优势，积极构建以“互联网+”为平台、以协会网络组织为主体、以各级协会宣传员、志愿者为骨干的新型宣传队伍。通过微信朋友圈、网上办事大厅，QQ 群等互联网媒介，实现了对 80、90 后夫妻等重点人群进行线上宣传服务，并及时公示、发布人口计生最新动态、办事流程、法律法规等，与计生服务对象互动，宣传基层群众自治、计生政策和开展咨询服务等，真正实现了普及计生政策和健康知识尽在“掌握”，群众自我教育、自我管理、自我服务、自我监督的意识得到升华。

【奖扶及爱心救助】 香河县不断加大对计生家庭的照顾与关怀力度，全面推进各项优先优惠政策的落实。2014—2016 年，共投入 229.2 万元，为 20363 名城镇和农村独生子女发放了独生子女费；投入 59.3 万元为 4939 个计生家庭落实了新农保补助；投入 34.64 万元为 13950 个计生家庭落实了新农合补助；投入 30.3 万元为 2016 年以前可以生育第二个子女而自愿不再生育夫妻发放了一次性奖励；投入 681.3 万元为所有符合条件的离退休人员发放了每人 3000 元的一次性奖金。对 90 户独生子女死亡、伤残家庭进行了慰问，分别按每个家庭 2 万元、1 万元标准全额发放了救助公益金。为全县 45 周岁以上独生子女死亡和伤残家庭建立亲情关爱档案，吸收各级、各行业志愿者 166 名定期为特扶家庭提供帮助。2016年，香河县计生协开展了“亲情关爱，精准帮扶”活动，为每个计生特扶家庭定制了帮扶方案，确立县、乡、村三级联系人。香河县计划生育领导小组2015年6月下发了《关于进一步做好对计划生育特殊困难家庭扶助工作的实施方案》，明确了特殊困难家庭在医疗、保险、陪护、赡养等方面所享有的救助政策，解决了特扶家庭生产、生活中的难题和后顾之忧，缓解了他们精神上的痛苦。

【幸福家庭创建】 2016年，香河县继续深入开展创建幸福家庭活动，分别在宣传倡导、健康促进、致富发展方面开展了“国策漫画扮乡村”“规范优生项目”“百万会员学科技”等活动。以评比表彰的方式对开展幸福活动进行推广和宣传，全县共评选出最美协会人100个名，最美计生幸福家庭100户。通过开展活动，全县 80%以上的计划生育家庭基本实现了创建目标，群众满意度达到95%以上。

（贾金红）

香河县残疾人联合会

【概况】 香河县残疾人联合会是中国残疾人联合会的地方组织，是经县委、县政府批准和国家法律确认的将残疾人自身代表组织、社会福利团体和事业管理机构融为一体的残疾人事业团体，具“代表、服务、管理”职能。代表残疾人共同利益，维护残疾人合法权益；开展各项业务和活动，直接为残疾人服务；承担县政府委托的部分行政职能，发展和管理残疾人事业。内设办公室和残疾人就业服务所，编制6人。机关的主要职责是：听取残疾人意见、反映残疾人需求、维护残疾人权益、为残疾人服务；团结、教育残疾人遵守法律，履行应尽的义务，发扬乐观进取精神，自尊、自信、自强、自立，为社会主义建设贡献力量。弘扬人道主义，宣传残疾人事业，沟通政府、社会与残疾人之间的联系，动员社会理解、尊重、关心、帮助残疾人。开展残疾人康复、教育、劳动就业、扶贫、文化、体育、科研、用品供应、福利、社会服务、无障碍设施和残疾预防等工作。协调落实对残疾人的各种优惠政策，创造良好的环境和条件，扶助残疾人平等参与社会生活。协助县政府研究、制定和实施残疾人事业的法规、政策、规划和计划，对有关业务领域进行指导和管理；承担县政府残疾人工作协调委员会的日常工作，做好综合、组织、协调和服务；负责对各类残疾人社会团体组织进行监督管理；指导各乡镇、街道办残联工作；承担县委、县政府交办的其他工作。

【扶贫助残】 香河县残疾人联合会全面解决残疾人因病、因灾、因子女入学等原因造成的各种困难，进行应急救助工作，为70户贫困残疾人发放应急救助款35万元。香河县残疾人联合会完成了全县享受低保的残疾人生活补贴和重度残疾人护理补贴的统计工作。全县享受生活补贴的残疾人共计1169人，享受护理补贴的残疾人共计2706人，统计材料已移交民政局相关部门。

香河县残疾人联合会投入资金40.5万元，对20名精神残疾者进行了集中托养，依托淑阳镇卫生院精神病专科进行托养加治疗相结合的康复治疗方法，疗效显著。香河县残疾人联合会建立了接受社会捐赠，赈济贫困残疾人的“爱心超市”，从根本上解决贫困残疾人的生活问题。2016，发放棉被81床，棉衣33件，鞋52双，普通衣物6076件。配合劳动部门做好城镇非农业重度残疾人免费参加医保工作，香河县残联对150余名重度残疾人进行了筛查统计。

【残疾人康复】 2016年，香河县残疾人联合会对21名贫困脑瘫儿童和贫困听力儿童实施了康复救助，共发放救助资金32.4万元。对3名肢体残疾儿童进行了半年的康复性训练，对2名听力残疾儿童进行了10个月的康复性语言训练。推动社区康复工作的全面开展，保证“人人享有康复服务”目标实现，香河县残疾人联合会在基础设施较好的新兴产业示范区建社区康复站1个。香河县残联共投入资金27.93万元，免费为肢体残疾人发放轮椅140台，座便椅65台，浴椅50台，腋杖10付，手杖30付，盲杖5付；为45名听力残疾人适配了助听器；对12名肢体残疾人安装了假肢。

【残疾人就业】 通过与县教育局及特教学校及时沟通，完成了全县未入学儿童的调查工作。依托“为民职业培训学校”，成功举办了十期残疾人职业技能培训，培训残疾人450人次。包括珐琅工艺制作、大鹅养殖、重度残疾人护理技能培训班，大棚蔬菜种植及管理，电子商务和中式面点培训。扶持残疾人脱贫致富，香河县残疾人联合会积极争取市残联为香河县免费发放了3000只鹅苗，全部发放到符合养殖条件的20户残疾人手中，聘请畜牧局防治站专家做了专题养殖讲座。10名经电子商务班培训合格的残疾学员免费配备了电脑，香河县残联完成了培训实名制录入工作。新安排城镇残疾人就业80人，扶持农村残疾人就业120人，帮助残疾人实现网络就业10人，组织60余人参加了市残联举办的春、秋季残疾人招聘会。按质按量完成了残疾人就业实名制录入工作，录入率为98.8%。香河县残疾人联合会与地税局密切协作，超额完成了2016年度残疾人保障金征收工作。财政代扣50万元，地税代征252万元，比上年增收15%。扶持残疾人个体创业，香河县残疾人联合会向市残疾人联合会申报了残疾人个体创业及培训基地补贴资金的工作，完成名符合条件的残疾人和培训基地资金申报工作。

【残疾人住房保障】 香河县继续实施贫困残疾人家庭无障碍改造工作。投资15万元，改造33户，改造工作已全部完成。改造项目为安装低位灶台、太阳能热水器，改修建浴室、盲道、厕所、门口坡道、房门、院落地面、床头及走廊扶手，安装浴凳、座便椅等一系列改善残疾人生活状况的基础设施。残疾人家庭无障碍改造工作的实施，极大的改善了残疾人的生活条件，方便了残疾人出行，深受残疾人好评。共接待残疾人来访20人次，解决残疾人生活问题。完成了22名残疾人机动轮椅车的申报工作。协同住建局完成了82户贫困残疾人的危房核定工作。县残疾人联合会驻环保产业园区孙庄子村工作组投入3万元为王玉兰的危房进行了翻建。

【残疾人基层组织建设工作】 共办理残疾人证1000余例。其中为不便离家的贫困残疾人上门办证69例，为他们承担了复印、照片等费用，同时了解了他们的生活状况及需求，及时将情况反馈到残疾人联合会党组和相关科室。在市残联举办的第八届残疾人艺术会演工作中，香河县残联积极组织，荣获市残联授予的“第八届残疾人艺术会演选拔赛优秀组织奖”，王从民的《京东大鼓》荣获廊坊市文化艺术演出一等奖。2016年9月，香河县残联和文联联合组织全县的书画家（包括四名残疾人书画家）举行了书画联谊会。是年9月，国务院残疾人工作委员会授予香河县残疾人工作委员会“全国残疾人工作先进单位”荣誉称号。廊坊市美丽乡村建设领导小组、中共廊坊市委组织部授予香河县残联驻环保产业园区孙庄子村工作组“优秀驻村工作组”荣誉称号。

（周海川）

军事

香河县人民武装部

【概况】 香河县人民武装部（简称“县人武部”）是县委的军事机关，是县政府的兵役机关，受廊坊军分区和县委、县政府的双重领导。主要负责香河县区域内的民兵、预备役部队的组织建设、军事训练、武器装备、兵役登记、兵员征集和政治思想工作。2016年，县人武部以做好新时期军事斗争准备任务为牵引，有效提升战斗力标准，扎实打基础、严格抓落实、锐意谋创新、全面求发展，完成了各项工作任务，达到了预期目标，全面建设稳步推进，国防后备力量建设水平得到整体跃升。

【思想政治建设】 县人武部认真贯彻落实国防动员部、河北省军区、廊坊军分区《政治工作指示》精神，扎实开展了“两学一做”学习教育和“改革强军”主题教育活动。认真筹划落实，多次召开党委会，学习上级指示精神，统一思想认识，强化党员的思想意识。组织500余名民兵开展了“华美杯”纪念中国共产党成立95周年、中国人民解放军建军89周年党史军史知识竞赛活动，进一步增强了民兵对我党我军历史的了解，坚定了政治理想信念。组织力量编写了《雷锋日记选编》和《政治学习材料》口袋书，倡导大家学习“老三篇”，重温毛主席《为人民服务》《纪念白求恩》《愚公移山》等经典著作，强化了机关干部职工全心全意为人民服务的宗旨意识，事业心责任感不断增强。认真学习贯彻中共十八届六中全会精神，丰富教育形式，创新教育方法，通过集中学习、个人自学、集中交流等多种形式，确保了学习效果把会议精神真正落实到工作中。

【军事训练】 县人武部党委着眼新世纪新阶段我军历史使命，扎实做好军事斗争准备的各项工作。县人武部将整组工作重点转移到民兵应急力量综合建设上，调整了整组工作领导机构，依托县民兵训练基地，组织民兵应急力量开展了队列训练、单兵训练、分队训练等50个课目的集中强化训练和综合演练，进一步提高了民兵应急分队处置各种突发情况的能力。组织专武干部对业务基础知识、轻武器射击等进行为期5天的集中强化训练，每名专武干部的军事技能均得到了提升，在参加廊坊军分区的军事训练考核比武中，有两名专武干部取得了个人第一和第九的好成绩。

【民兵预备役建设】 民兵组织整顿工作扎实稳固。根据省政府、省军区和市政府、军分区民兵整组工作任务，按照“提高认识、统筹兼顾、任务牵引、军地合力”的总要求，全县基层武装部编制总数15个。应急力量建设扎实有效。

【征兵工作】 着眼当前征兵工作存在困难和问题，早筹划、早宣传、早发动，强化举措、扎实推进。专门制作纪录片《记者走军营》；在《新香河》报刊上开辟《走进国防》专栏，刊登国防法规、国防历史、军事热点、兵器常识等有关知识；采取开设“征兵政策问答”专栏、“香河征兵”微网站、出台《大学毕业生退役士兵安置政策》，设立征兵宣传站、张贴宣传标语、发放宣传资料，发表电视讲话、制作有征兵政策和口号的雨伞、围裙、鼠标垫等宣传品等形式，营造征兵浓厚氛围；在三所学校设立网上查询平台；大力营造全社会关心支持国防建设、适龄青年踊跃报名参军的浓厚氛围。经过严密组织、层层把关，圆满完成香河县新兵征集任务。

【安全管理】 针对春节、“五一”等重大节日和重要时期，人员容易产生松懈麻痹思想等实际，及时组织大家认真学习相关政策规定，广泛开展“忧患在身边、威胁在眼前、突发事件在瞬间”的大讨论，进一步增强了大家的安全意识，克服了松懈麻痹思想；为确保把安全隐患消灭在萌芽状态，严格落实安全形势分析制度，每周召开安全形势分析会，努力把工作做在前、把办法想在前、把措施定在前；坚持规范化管理，以人、车、密、网、财、物管控为重点，在认真贯彻落实上级关于加强安全管理规章制度的基础上，制定了《人武部安全管理实施办法》《车辆派遣规定》，使人武部安全管理工作在规范化轨道上运行。

【后勤综合保障】 围绕“提高综合保障能力、全面建设现代后勤”的目标，不断加强后勤保障工作。根据年初基础设施建设总体安排，县财政投资 75 万元对办公楼外墙进行挂装铝塑板整修；投资3万元安装了办公楼内监控系统；投资 1.5 万元升级了办公楼门禁系统；投资 6 万元安装了不间断电源；投资 1.2 万元在营院安装了太阳能路灯杆；投资 9 万元对征兵办进行了电脑配置和网络统一办公；投资 2 万元安装了网络对讲系统；投资 2 万元升级了大门口道闸车辆系统；投资近 5 万元对部里的政治环境重新进行设计完善，投资 2 万余元购买了部分健身器械，使大家的工作、生活环境有了明显改善；定期组织勤务人员进行集中学习，及时传达上级文件精神和各级关于事故案件的通报，严格落实驾驶员警示日教育制度，结合《军车交通违法抄告记分情况通报》加大对司机的教育引导，严格履行车辆派遣手续，定期检修保养车辆，坚决做到不出故障车，不出情绪车，不私自出车办事，不出车办私事；始终坚持党委理财、主官双签、量力花钱、节俭办事的原则，严格落实财经制度，不违规花钱，不超标准接待，把有限的经费用在刀刃上；根据上级关于财务清查的通知精神和军分区部署安排，以“四查四治”为重点，对 2016 年度各项经费收支使用管理情况进行了全面清查核实，坚持党委统揽、主官主抓，逐项查摆问题，逐一核实整改，财经秩序进一步得到规范。

【双拥工作】 为进一步弘扬拥军优属的优良传统，“八一”期间精心策划开展系列活动：四大班子领导分别慰问驻军官兵、军休所老干部，转达地方党委政府和全县人民对他们的关心和节日问候；协调县文联带香河艺术团演职员到县驻军部队慰问演出，进一步拉近军民关系；开展无工作军人家属计划生育服务管理“一通三”工程和军民共创幸福家庭活动；组织驻香官兵开展义务植树；积极为驻香部队解决后顾之忧。按照《香河县人武部参与扶贫开发工作实施方案》要求，部长韩超资助五百户镇曹庄村父母双亡、与妹妹同年迈的爷爷奶奶一起生活的武文蕾，每季度送去生活费和学习用品。“七一”期间，部长韩超带队深入乡镇，对 3 名老党员、贫困户进行走访慰问，为其解决部分实际困难。县人武部协调县水务局，为铁佛堂村打井 3 眼、铺设防渗管道 2000 米，改善了村民用水条件，解决了部分地块浇地难的问题，协调农业局为堡上村免费发放农药12箱。组织机关干部职工开展“向困难党员捐款”“职工互助一日捐”“送温暖、献爱心”等一系列捐资捐助活动，为促进社会和谐做出了贡献。开展慰问演出活动。在“八一”到来之际，与县文联携八方艺术团到驻香河部队驻地进行慰问演出，既融合了军民情谊，又增强了军民国防观念。结合中国工农红军长征胜利80周年，弘扬长征精神，缅怀先烈，增强学生们的历史使命感、培养爱国主义情感和集体观念，组织初中生举办了以“诗词里的长征”为主题的硬笔书记比赛和“重走长征路，传承红军魂，共筑中国梦”为主题的励志远足活动。本次活动同学们纷纷表示要努力传承长征精神，不忘初心，坚定前行，以满腔的热情投身到学习中去，要为将来建设祖国、保卫祖国奉献自己的青春热血。

【国防教育】 2016年，县国教办以宣传贯彻《中华人民共和国国防教育法》为主线，以强化全民国防观念，提高全民国防意识为目标，坚持强化责任，把握重点，突出特色，有力开创了国防教育工作新局面。认真贯彻落实《中华人民共和国国防教育法》，针对不同教育对象，开展各类有针对性的活动，不断提高各类人员的国防意识。组织领导干部过军事日，举办国防教育专题讲座，对全县各级领导干部开展国防教育知识培训。特别是通过组织开展军事日、参观基地建设、进行轻武器实弹射击操作等活动，使各级领导干部进一步增强了国防意识。充分结合香河实际，注重挖掘各类优势资源，开展各类丰富多彩、寓教于乐的国防教育活动，不断拓宽国防教育渠道，开创国防教育工作新局面。

【党管武装】 县人武部坚持把落实党管武装制度作为密切军地关系的重要抓手，经常主动向县委、县政府主要领导汇报武装工作开展情况，每季度邀请他们到武装部机关进行一次现场办公（或工作指导），“八一”期间组织县四大班子领导过军事日，有效地强化地方党政领导意识，营造关心支持武装工作的浓厚氛围。在此基础上，党管武装工作纳入了《香河县乡科级领导班子和领导干部平时考核机制》，每季度对各镇、街道、园区及专武干部的武装工作进行一次量化打分，收录存档，作为年度武装工作评比依据。进一步加大了对专武干部的管理力度，有效推动了全县武装工作的落实。利用“八一”期间组织军民联谊会，召开退伍老兵座谈会、向香河籍官兵发放慰问信等活动，从而强化了各级领导热爱武装、关心武装的政治责任感，进一步密切了军政军民关系，为全县武装工作科学发展、和谐发展营造了良好环境。

（后瑞新）

国防教育

【概况】 香河县国防教育办公室(以下简称县国教办)，是香河县国防动员委员会的办事机构，设在县人武部院内,业务工作由县委宣传部和县人武部共同负责。工作职能是：负责全县国防教育规划的具体实施；负责了解和掌握全县国防教育的情况；负责国防教育经费的预算、管理和使用；负责国防教育领导机构即市国防教育办公室和县国防动员委员会交办的其他事项。2016年底，县国教办有人员5人。

2016年，县国教办以宣传贯彻《中华人民共和国国防教育法》为主线，以强化全民国防观念，提高全民国防意识为目标，坚持强化责任，把握重点，突出特色，有力开创了国防教育工作新局面。

【自身建设】　不断提升干部工作能力和服务水平。深入开展“两学一做”学习教育。制定具体实施方案。采取上党课、个人自学、集中学习等方式，组织全体党员学习党章党规、系列重要讲话，真正做到把思想和行动统一到讲话精神上，推动学习教育不断深入。结合学习贯彻习近平总书记的重要讲话精神，组织召开“强化看齐意识，严守纪律规矩”为主题的专题讨论。结合单位实际，认真组织宣讲活动，切实做到把学习贯彻讲话精神，同学习系列重要讲话结合起来。制定学习计划，细化学习措施，通过集中学习、个人自学、集中交流等多种形式，确保了学习效果。坚持把纪律和规矩挺在前面。认真落实党风廉政建设责任制，建立健全“教育预防，问题发现，审查处理，监督制约”四项机制，组织机关干部认真学习《中国共产党廉洁自律准则》和《中国共产党纪律处分条例》精神实质，真正让其入心入脑，规范自身言行。对机关工作人员考勤落实，工作纪律、工作日午间饮酒等情况进行监督检查，对违反纪律人员及时提醒并与其约谈。

【国防教育宣传】　认真贯彻落实《中华人民共和国国防教育法》，针对不同教育对象，开展各类有针对性的活动，不断提高各类人员的国防意识。组织领导干部过军事日，举办国防教育专题讲座，对全县各级领导干部开展国防教育知识培训。特别是通过组织开展军事日、参观基地建设、进行轻武器实弹射击操作等活动，使各级领导干部进一步增强了国防意识。在此基础上，在“八一”建军节期间，组织全县各级干部开展了军史知识竞赛，全县 3000 余名干部参加了竞赛。把中小学生作为重点教育对象。加强少年军校建设，各中小学全部达到“有机构、有牌子、有教案、有计划、有活动、有场所”的六有标准，并定期开展活动。11 月份，县第二中学接受了省市检查组的检查，该校通过开展军训和利用爱国主义教育基地增强学生国防教育观念等活动取得了明显效果，获得省市检查组的好评。此外，还把军训作为加强中小学生国防教育的重要手段。2016 年以来，共组织初高中新生军训 5000 余人次。利用多媒体宣传，加大对广大群众的宣传教育。在《中华人民共和国国防教育法》颁布 15 周年和第 16 个全民国防教育日到来之际，通过文艺演出、电视台播放爱国影片和国防教育公益广告、在主要街道、路口、市场的 LED 显示屏播放宣传片等形式，广泛开展国防教育。

【国防教育工作开展】　充分结合香河实际，注重挖掘各类优势资源，开展各类丰富多彩、寓教于乐的国防教育活动，不断拓宽国防教育渠道，开创国防教育工作新局面。在《新香河》报刊开辟的《走进国防》专栏中，定期刊发国防教育法规、军事热点、征兵信息等。协调电视台，在每晚的黄金时间播放国防教育公益广告宣传片。在参加“河北省国防教育示范学校”的评选中，县第二中学接受了省市检查组的检查，该校通过开展军训和利用爱国主义教育基地增强学生国防教育观念等活动取得了明显效果，获得省市检查组的好评。开展了“情系国防好家庭”评选活动，经过挖掘线索，典型推荐，遴选优中选优，最终选定蒋辛屯镇中心小学幼儿园教师张艳霞的军嫂事迹材料上报市国教办。开展慰问演出活动。在“八一”建军节之际，与县文联携八方艺术团到 93695 部队驻地进行慰问演出，既融合了军民情谊，又增强了军民国防观念。结合中国工农红军长征胜利 80 周年，弘扬长征精神，缅怀先烈，增强学生们的历史使命感、培养爱国主义情感和集体观念，组织初中生举办了以“诗词里的长征”为主题的硬笔书记比赛和“重走长征路，传承红军魂，共筑中国梦”为主题的励志远足活动。本次活动同学们纷纷表示要努力传承长征精神，不忘初心，坚定前行，以满腔的热情投身到学习中去，要为将来建设祖国、保卫祖国奉献自己的青春热血。结合征兵宣传，广泛开展国防教育。充分利用村街广播、流动宣传车、条幅、标语、制作有征兵政策和口号的雨伞、围裙、鼠标垫等宣传品等形式，宣传征兵政策和国防政策法规；开通了香河征兵微网站，及时推送征兵政策、国防法规，刊发征兵工作最新动态等。在全县营造浓厚氛围，确保国防教育意识家喻户晓，深入人心。

（后瑞新）

法　治

政治委及综治工作

【概况】 中共香河县委政法委员会（简称县政法委）是县委领导全县政法工作的县委组成部门。香河县社会治安综合治理委员会办公室（简称县综治办）是协助县委、县政府领导全县社会治安综合治理工作的常设议事机构，与政法委合署办公，业务上分别受中共廊坊市委政法委员会和廊坊市社会治安综合治理委员会办公室指导，承担着全县政法、综治工作和维稳工作的具体政策措施的制定，督导落实，并对一定时期内的政法、综治维稳工作做出全局性部署等任务。

【基层基础工作】 县委政法委内设5个股室，人员 17 人。县委政法委围绕“防控风险、服务发展、破解难题、补齐短板”这一主线，深入推进平安建设、法治建设和队伍建设，人民群众安全感和满意度不断提升，社会大局持续稳定，连续四届 16 年被中央综治委、中共中央组织部评为“全国平安建设先进县”。2016年，香河县被评为“全国法制宣传教育先进县”“全省基层平安建设先进县”；县法院被评为“全国法院司法网络宣传工作先进单位”，县司法局被评为“全国人民调解宣传工作先进单位”，淑阳镇司法所被评为“全国模范司法所”；全县政法部门共有25个集体和69名干警受到市级以上嘉奖表彰。

【严打整治专项治理】 紧紧围绕群众反映强烈的突出问题实行精准打击、强力整治，深入开展了“打黑除恶灭霸扫痞”“清剿火患”“利剑斩污”“疏堵保畅”等一系列严打整治专项行动，全年未发生一起有影响的恶性案件、火灾事故和交通安全事故，“两抢一盗”发案同比下降 23%，人民群众安全感和满意度大幅提升。

【社会治安综合治理】 进一步加强安置帮教基地建设，帮教率、安置率均达 100%；充分发挥“电子锁链”手机 APP 平台作用，92 名社区矫正人员无一脱管漏管；为全县 852 名严重精神障碍患者监护人统一投保了责任险，特殊人群服务管理水平进一步提升。积极探索“智慧网格”社会管理模式，加大寄递物流行业监管力度，创新和加强社会治安综合治理能力明显提高。在此基础上，以“六无”为创建标准深入推进平安社区、平安家庭、平安医院、平安校园等基层平安创建工作，取得了显著成绩，被确定为“全省平安建设示范县”。

【稳定工作】 进一步完善多元化矛盾纠纷排查调处体系，不间断地组织开展“两个排查”（矛盾纠纷排查、社会治安重点地区和突出治安问题排查），确保将所有不稳定因素吸附在基层，解决在县内。对经劝导屡教不改的 3 名缠访闹访人员依法作出刑事处理，起到了良好的社会示范效应，维护了正常的信访秩序。建立律师参与化解涉法涉诉信访案件机制，选拔 5 名资深律师，依法引导信访群众理性表达诉求，对受理的 68 件涉法涉诉信访案件，全部进行了督转办，为生活确实困难的 53 名群众申请司法救助资金236万元，全年未发生一起因涉法涉诉信访引发的重大有影响事件。

【安保工作】 通过深化、细化各项维稳举措，有力地维护了社会大局的持续稳定，圆满完成了“两节”“两会”及唐山世园会、暑期、G20峰会等重要节点的安保任务，实现了全年进京零非访的目标，并被作为维稳先进典型在全省推广介绍经验。

【法治建设】 成立由县委书记任组长，县长、县委副书记、人大常委会主任、政协主席任副组长，县四大班子分管领导为成员的高规格法治香河建设领导小组。2016年8月，经县委常委会研究决定，调整了法治香河建设领导小组办公室，并成立5个专项小组，结合工作实际研究制定了《法治香河建设实施意见》，对各专项组工作任务进行量化、细化，逐一明确责任单位、责任人、任务目标和工作职责，形成了法治香河建设领导小组统一领导、领导小组办公室协调推进、各专项小组履职尽责的工作格局。同时，聘请6名经验丰富的律师作为县政府法律顾问，有力保证了科学决策、民主决策和依法决策。在此基础上，按照“试点先行、全面推进”的工作思路，深入开展基层试点建设，其中，蒋辛屯镇潮北新城社区被司法部、民政部评为“全国民主法治示范村（社区）”。

【政法队伍建设】 深入开展“两学一做”教育实践活动，共举办培训班20余期，培训干警600余人次，政法队伍的思想理论水平和业务素质能力进一步提升。按照中央和省、市的统一部署，稳步推进司法体制改革，对司法人员实行分类管理，积极落实司法人员职业保障，严格落实司法责任制，办案人员对案件实行终身负责制。始终坚持把政治纪律和政治规矩挺在前面，对2名违纪违法干警进行了严肃处理。在抓好队伍教育管理的同时，积极做好政法宣传工作，2016年全县政法系统共在市级以上媒体刊发稿件1058篇，其中，国家级媒体刊发66篇，省级媒体刊发600余篇。

【法治政府建设】 不断强化领导干部学法意识，落实领导干部和行政执法人员学法培训制度，制定了年度集中学法计划。全年，组织新上岗执法人员和监查人员公共法律知识培训857人次，提高了执法人员依法行政的素质、能力和水平。

在政府重大合同协议起草过程中，严把内容关，及时提出参考意见。是年共出具法律意见书34份，提供法律意见建议40余次，有效维护了政府的合法权益。经常性开展执法案卷评查，对34个执法单位的行政处罚及许可案卷进行评查，提出整改意见，进一步规范政府部门的执法行为，加强行政执法监管。做好行政复议工作，依法受理、办理行政复议案件，完善行政复议听证质证、集体讨论、调解和解制度，快速彻底化解行政争议，全力维护社会稳定。全年共受理行政复议案件11件、行政应诉案件19件，均得到妥善处理。

（关建新）

公　安

【概况】 香河县公安局下设科室所队38个，共有民警及干部以上身份人员374人。专科以上学历369人，占总人数的98.7%，其中45岁以下的占82.1%。2016年，全局各单位共受到上级表彰21次，个人受到上级奖励113人（次），公安局被河北省公安厅荣记集体三等功，被评为执法质量考评优秀单位；巡警特警大队、新华街道派出所被廊坊市公安局记集体三等功，治安大队长杜铁城被河北省公安厅记二等功，黄建生、赵建民、王丰华等9名同志被廊坊市公安局记个人三等功，另有4个单位和19名同志分别被上级嘉奖。

2016年，香河县公安局在县委、县政府和上级公安机关的领导下，紧紧围绕“防控风险、服务发展、破解难题、补齐短板”的总体要求，以深化“四项建设”（基础信息化、警务实战化、执法规范化、队伍正规化）、打造“六个公安”（忠诚公安、责任公安、为民公安、法治公安、活力公安、满意公安）、推进“十大工程”（大讨论、大宣传、大走访、大排查、大整改、大巡逻、大督察、大侦查、大作为、大整治）为引领，夯实稳定根基，坚持打防并举，做强“科技强警、规范执法、从严治警”三大支撑，维护国家安全和社会稳定的能力和水平进一步增强，全县人民群众的安全感和满意度不断提升，为实现全县“十三五”时期良好开局和率先全面建成小康社会创造了更加安全稳定的社会环境、公平正义的法治环境和优质高效的服务环境。

【刑事打击】 2016年，共破获各类刑事案件314起，抓获犯罪嫌疑人350人，报捕刑事案件199起，移送审查起诉刑事案件224起，刑拘306人，逮捕197人，起诉246人，抓获网上逃犯105人（含外省市50人），打掉犯罪团伙25个，抓获团伙成员89人，2起命案全部侦破。

【维护稳定】 安保工作万无一失，确实发挥首都“护城河”作用，香河县公安局立足区位特点，将“两节”“两会”安保工作作为政治任务，抽调精干警力在京哈高速香河入口、安平公安检查站、唐通线凌家吴村进京卡点及其他进京路口启动等级查控任务，对进京车辆、人员、物品进行严格检查；组织民警进村入户开展矛盾纠纷排查，对存在上访倾向、可能引发矛盾的隐患提前介入，加强管控，及时化解；为确保大型活动及警卫任务的安全，超前谋划，精心组织，加大科技投入，实现了安保警力可视部署、安保任务直观下达、现场处置全程监控、突发事件扁平化指挥，圆满完成了第一城草莓音乐节、第五届家居文化节、“5•18”经贸洽谈会等一系列大型活动安保任务，完成三级以上警卫任务11次，未发生一起责任事故。

【严打整治】 为深化平安建设，相继开展了各种专项严打整治行动，强化了以打击为主业的公安工作职能。深入开展“盗抢骗”专项行动，重拳打击多发性侵财犯罪，成功破获了涉案8000余万元的朱建国诈骗案等；继续巩固“打黑除恶灭霸扫痞”行动成果，多渠道排查黑恶线索，多手段打击黑恶犯罪，共抓获涉恶人员48人，逮捕33人（其中32人已判决），打掉涉恶团伙2个。强势推进“夏季亮剑”专项行动，破获各类侵财类案件165起（其中电信诈骗10起）、涉毒刑事案件4起，抓获本地新增在互联网上通辑逃犯38人，新发现吸毒人员11人，圆满完成了市局下达的任务指标，取得全市综合排名第二名的好成绩。积极开展非法集资、传销等专项整治，共破获经济案件15起，抓获违法犯罪嫌疑人20人，挽回经济损失1700余万元，有效地维护了正常的经济秩序。联合工商、税务等部门组织开展金融市场清查行动，对2家存在非法经营的单位，及时进行整改，并狠抓经济犯罪防范宣传工作，累计开展集中宣传活动30余次，有效提高了全民防范经济犯罪的能力。开展净化餐桌食药犯罪“利剑行动”“桶装水”专项整治行动，以维护校园及周边饮食安全、确保百姓餐桌安全为重点，全年共破获食品安全案件7起（其中包括香河县首起“网络销售有毒、有害保健食品案”），抓获6人。持续推进“利剑斩污”“打击整治非法处置危险废物违法犯罪”等行动，严厉打击、顶格查处偷排漏排、超标排污等违法犯罪行为，全年共破获污染环境案4起，查处环境污染行政案件2起，联合有关部门关停、取缔非法排污家具企业300余家。同时，积极投入县城核心区大气污染防治工作，强化县城区大气污染源巡查，共取缔无照摊点摊位150余家、查处违规燃放27起，为打造“生态香河”贡献了力量。

【治安防范】 围绕重点场所、部位、村街、社区，深入开展了社会治安集中整治行动，全年共查处行政案件378起，处罚违法人员810人。主要做法：健全重点行业、部位管控机制，综合采取平台监管、巡逻守护、定点防护、突击检查等措施，实现了对全县129家重点行业的精细监管，对全县279家重点单位的常态管控，对84个内保单位的全方位防护和对13家金融机构、72个金融网点的实时管理。持续开展“缉枪治爆”专项行动，全年共收缴爆炸物品5710克、非法储存烟花爆竹332万头、枪支40支、子弹2226发、管制刀具122把，破获涉枪爆刑事案件2起、查处涉枪爆行政案件22起。不断强化街面巡防工作，以县城区14条主要街道为主线、23个守望点为基点，紧紧咬住“高发案时段、易发案区域、频发案类型”，走好网格布警、信息主导、巡逻盘查、快速反应的“四步棋”，形成了“点上巡、线上防、面上控”的工作局面。2016年，出动街面巡逻警力71559人（次）、警车19140辆（次），盘查人员79813人（次）、车辆72449辆（次），抓获各类违法犯罪嫌疑人282人，有效震慑了各类违法犯罪分子。充分发挥网上视频巡逻效能，将网上巡查与街面实警巡逻结合起来，采取“监巡对接、同步上案”的工作机制，累计调取“天网”等影像资料2051段、4万余分钟，相继破获了盗窃电动三轮车、网吧盗窃手机等一系列案件，成功打掉了入室盗窃、盗窃电动车、爬楼入室盗窃等多个系列盗窃团伙。

【社会管理】 在道路交通管理工作中围绕“压事故、保畅通”的中心任务，先后组织开展了“两客一危车辆”（旅游客车、客运班车及危爆物品车辆）、“酒驾”等专项整治工作和“疏堵保畅”行动，并对重点企业、重点车辆、重点人员严格落实源头监管和路面管控措施，圆满完成了春运、小长假、异常天气等期间的交通疏导工作，城区交通明显改善，道路拥堵进一步缓解。消防管理以冬春火灾防控、“两会”、第五届国际家居文化节、夏季消防安全检查等为契机，对人员密集场所和易燃易爆单位，采取“督促单位自查、分片包干监察、基层所队巡查”的措施，高频次、大力度开展“拉网式”隐患排查。2016年，发现并整改火灾隐患4688处，查封4家，“三停”5家，处罚35家，新建一级微型消防站20个、二级微型消防站245个，开展消防演练30余次，举办政府联席会议4次、组织各类培训16次，全县火灾防控整体水平进一步提升。

【安全保卫】 2016年，暑期安保任务紧紧围绕“尽忠尽职、尽善尽美、精准精细”的总要求，紧紧扭住“六个关键环节”，将各类危险因素过滤在外围，确保了警卫目标的绝对安全。研究部署不放松，统筹兼顾，多措并举，在“安检查控”“人员管控”“隐患排查”等方面多管齐下，牢记“安保工作无小事”的理念，细化了职责分工。安检查控不放松，在香河长途汽车站和各旅行社，对客运班车、旅游包车及乘客、物品进行严格检查，对符合安检标准的车辆发放纸质安检通行证，对存在问题隐患的车辆立即封停、人员当场控制。安保工作中，共出动警力 7345 人（次），检查车辆 301762 辆（次）、检查人员 452650 人（次），查获网上在逃人员 18 人、吸毒人员 2 人，收缴仿真枪 1 支，确保了途经香河的人干净、车干净、物干净。便民利民不放松，利用“安检通行证管理系统”，落实“免检车辆快速通过、已检车辆快查快放、未检车辆全面安检”的分类安检措施，既消除了隐患，又方便了群众。严打整治不放松，深入开展“夏季亮剑”专项行动，暑期安保期间，全局共破获各类刑事案件 179 起，抓获人员 78 人，处理违法嫌疑人 342 人，成功打掉系列盗窃犯罪团伙，从中破案 38 起，未发生有重大影响的案（事）件；同时进一步优化网格化巡逻布警模式，全面落实重点部位武装定点执勤、公安特警囤警街面动中备勤、人员密集场所高峰勤务、公安武警联勤武装巡逻“四项机制”，对违法犯罪活动形成了威慑之势。安全监管不放松，深入开展“缉枪治爆专项行动”，对发现的涉枪涉爆线索，坚持快速核实、严厉打击；对发现的安全隐患，立即进行关停整改。安保期间，共破获涉爆刑事案件 1 起，刑事拘留 1 人；查处涉枪涉爆行政案件 12 起，行政处罚 16 人；收缴爆炸物品 1.11 千克、非法储存烟花爆竹 324 万头、气枪 30 支、火枪 2 支、子弹 1504 发、管制刀具 122 把。

【信息化建设】 2016 年，继续走科技强警之路，注重信息应用，基础工作扎实推进。推进“天网工程”五期建设，补齐易发案部位的“全位”建设，京哈高速香河段沿线 48 个桥梁、涵洞的 140 个监控点位全部建设完成，实现了对国家重要通道的道路、桥梁、涵洞的全程监控；另外对已建成的 1300 个监控探头、114 个微卡口进行了全面排查维护，改善了用电接入方式，全面提高了天网视频监控系统的在线率；在智慧交通方面，投资 1700 余万元，新增电子警察 11 套、违停抓拍 40 处、微型卡口 122 处、网络信号机 12 个、交通信号灯 8 处，对“122 指挥中心”进行了升级改造，建成了集多种功能为一体的“智慧交通指挥系统”；在基础工作方面，完善了派出所信息采集室建设，为 19 个执法所队配备了 21 套信息采集设备，健全了派出所刑事技术站，实现了现场勘查、指纹、DNA 等刑事技术信息和案件信息的一体化应用。推进信息化数据资源大整合，全力推进可视化社区警务移动应用平台的信息采集录入工作。全年共采集门牌号数据 2524 条、建筑物信息 1703 条、人员装户 47018 条、单位信息 813 条、从业人员信息 2323 条。推进信息化反哺基层大应用。以跨区域警务协作平台为支撑，通过调取核实户籍、犯罪记录、法院判决及释放证明等数据 356 个，从中获取跨区域系列团伙案件线索 7 条，协助破案 73 起。以现场勘查系统为依托，采集指纹 1496 个、掌纹 150 个，检验法医物证 240 件，利用指纹、足迹、DNA 等破获各类案件 60 余起。以网络侦查技术手段为载体，全年开展电子数据勘查取证工作 120 余次，出具相关报告 60 份，为办案提供线索 55 条，协助抓获违法犯罪人员 24 人。

【队伍建设】 2016 年，坚持从严治警，推进队伍建设蓬勃发展。立足“两学一做”学习教育，将“两学一做”学习教育作为首要政治任务，开展了重温入党誓词、演讲比赛、知识竞赛、支部书记讲党课、党规党纪考试、党员志愿服务、“戴党徽、亮身份”等活动，营造了浓厚的学习氛围。借力“春训秋考”提升队伍实战能力。为提升训练质量，拨专款15万余元购置了训练器材，并邀请公安大学、廊坊市委党校的教授为全局民警讲课，全年累计培训民警506人（次）。始终把政治纪律和政治规矩放在第一位，严格执行《中国共产党廉洁自律准则》和《中国共产党纪律处分条例》，深入开展纪律作风大整顿，持之以恒纠正“四风”，坚持不懈开展岗位廉政教育，同时加强监督，有效预防和杜绝了违法违纪问题。落实“从优待警”，为符合条件的民警、干部、退休人员，落实了警衔津贴调整、职务职级并行套改、基层乡镇补贴，增加了医疗补贴；通过民警互助协会累计向45名会员发放互助资金12万元，为24人成功申报省市县特困民警和县总工会困难职工；组织全局713名民警、辅警进行了健康检查。大力改善执法办公环境，先后完成了淑阳派出所迁建工程、多功能训练馆建设工程、局机关及附属楼装修改造工程。

（马　静）

检　察

【概况】 香河县人民检察院位于新开街69号，是国家的法律监督机关，肩负着打击犯罪、维护社会主义法制、保护公民合法权益等任务。香河县人民检察院现有编制总数49人，实有54人。其中：中央政法编47人，事业编7人（含2名工勤人员）；在职47人，提前离岗7人；全日制大学本科以上学历49人；已入额检察官19人。院班子成员10人，其中检察长1人，副检察长3人，反贪局长、反渎局长、政治处主任、纪检组长各1人，检委会专职委员2人。2016年，香河县人民检察院坚持“强化法律监督，维护公平正义”的检察工作主题，坚持把检察工作放在全县工作全局中来谋划和推进，充分发挥检察职能，各项检察工作取得了新进展。

【工作职能】 对县人民代表大会及其常务委员会负责并报告工作，接受其监督；接受上级人民检察院的领导并对其负责；依法向县人民代表大会及其常务委员会提出议案；对于危害国家安全以及严重破坏国家的政策、法律、政令统一实施的重大犯罪案件，行使检察权；对于直接受理的国家工作人员利用职权实施的犯罪案件，进行侦查；对于公安机关、国家安全机关侦查的案件以及自行侦查的案件进行审查，决定是否逮捕、起诉或者不起诉。并对侦查活动是否合法实行监督；对刑事案件提起公诉，支持公诉。对于人民法院的刑事判决、裁定是否正确和审判活动是否合法实行监督；对人民法院的民事审判和行政诉讼活动实行法律监督，对人民法院已经发生效力的民事行政判决、裁定，有违反法律、法规规定的，依法提出抗诉；开展职务犯罪的预防工作；对社县矫正活动是否合法实施监督；负责其他应由本院承办的事项。

【刑事检察】 与公安、法院部门密切配合，深入开展严打整治专项斗争，从严惩治黑恶势力、“两抢一盗”、非法集资等影响人民群众生命财产安全的犯罪，对重大刑事犯罪案件依法快捕快诉。2016年，批准逮捕各类刑事案件161件202人，不捕28件45人；提起公诉173件232人，不诉5件7人，其中，受理审查起诉未成年人犯罪案件7件8人，提起公诉6件7人，对1名未成年犯罪嫌疑人做出附条件不起诉决定。案件准确率100%。

【贪污贿赂检察】 2016年，共立案贪污贿赂犯罪案件7件7人，侦查终结1件1人。在查办渎职侵权犯罪案件方面，共立案1件1人。

【控告申诉检察】 妥善处理来信来访控告申诉。按照县委的安排，积极参与全县范围的大接访，加大矛盾排查化解工作力度，畅通群众诉求渠道，完善“12309”举报电话、网上信访、来信、来访“四位一体”机制。2016年，受理控告申诉案件40件次，其中，受理刑事被害人司法救助案件1件，均在规定时间内妥善处理。

【民事行政检察】 民事行政审判监督稳步推进，受理民事行政申诉案件44件，其中办理审判程序违法监督案件14件，办理执行监督案件14件，办理督促行政机关履职案件16件，共收到法院采纳3件，收到行政机关回复16件。

【预防职务犯罪检察】 积极开展查办和预防职务犯罪工作，自觉把服务经济建设，促进经济发展贯穿于查办和预防职务犯罪的全过程。明确打击重点，选准查办方向。狠抓源头治理，着力搞好预防。2016年，开展招投标监督80次，提供行贿犯罪档案查询824次。

【监所检察】 2016年，共进行各类安全防范检察5次，向看守所发出纠正违法通知书14份，均已得到纠正。

【法律监督】 自觉强化法律监督意识，进一步增强监督的针对性和实效性，切实维护公平正义。刑事诉讼监督进一步强化。2016年，办理刑事立案监督7人，依法追诉漏犯1人，改变管辖1件1人，抗诉1件1人并发回重审，向法院提出量刑建议87件，均被采纳。刑罚执行监督力度不断加大。

【自身建设】 全面加强检察队伍建设，确保干警政治思想坚定，业务技能熟练，工作作风过硬，无违法违纪问题。深入学习实践，强化廉洁自律意识。为全力营造风清气正的氛围，把党风廉政建设和自身反腐败工作不断引向深入。教育引导干警始终把人民利益放在最高位置，坚持公正廉洁执法与理性、平和、文明、规范执法并重。加大培训力度，提升业务能力，把提高业务素质作为核心要求，采取外出学习、理论研讨、案件讲评、业务比武等形式，开展有计划、有步骤、有重点的业务培训和岗位练兵。不断提高干警政治待遇。我院多次与市、县两级主管部门协调请示，积极争取，提拔正股级干部10人，副股级干部2人，从而极大地激发了广大干警的工作积极性，推动了检察工作健康发展。自觉接受人大监督、政协民主监督和社会监督。主动向人大及其常委会报告工作，诚恳接受代表、委员的监督评议。深化检务公开，开通门户网站、官方微博、微信和客户端，通过人民检察院案件信息公开网，发布程序性案件信息，重要案件信息，生效法律文书，保障了人民群众的知情权。不断完善自身监督制约。成立案件管理专门机构，实现案件统一受理、统一分配、集中管理、动态监控。建立案件质量评查机制，抽查案件卷宗，解决执法办案中存在的突出问题。大力提升科技办案水平。紧紧围绕全省电子检务工程建设部署要求，建成远程视频接访系统、远程提讯系统、远程指挥中心、“一站式”网上服务大厅，完成检察机关涉密信息分级保护建设。推进司法责任制改革。建立健全办案组织，在机构设置上，对20个职能部门进行机构整合，设置1局8部1室。从现有的30名检察官中遴选出19名员额制检察官，配置在检察工作一线从事办案。通过改革，调动干警的积极性，缩短办案期限，提升办案效率，增强办案质量。

（宋　雷）

法 院

【概况】 2016年，香河县人民法院围绕“努力让人民群众在每一个司法案件中都感受到公平正义”目标，忠实履行宪法和法律赋予的职责，各项工作取得显著进步。荣获“全国法院司法网络宣传工作先进单位‘市级’文明单位”“集体三等功”，连续多年荣获“实绩突出领导班子”“先进基层党组织”等称号。李芳荣获“全国法院先进个人”，25个集体60名个人受到县级以上表彰，李芳入选“最美香河人”。忠诚履职，强化大局意识和服务理念，自觉服务党委、政府中心工作。共受理各类案件8053件(含上年度未结809件)，审执结7651件，未结402件，结案率95.01%，法定审限内结案率99.01%，解决诉讼标的15亿元。

【刑事审判】 受理刑事案件291件(含上年度未结16件)，审结284件，判处罪犯350人。审结黄金佳非法吸收公众存款案，涉案标的超亿元，涉及受害人300余人；审结在县域影响较大的张强贪污、受贿、巨额财产来源不明案，涉案金额1500余万元。

【民商事审判】 民商事审判平等保护各类市场主体合法权益，受理案件4834件（含上年度未结案件430件），审结4540件。

【行政审判】 以协调解决行政争议为重点，统筹兼顾保障当事人合法权益与监督支持行政机关依法行政，受理行政案件22件，审结22件；审查非诉执行案件452件(含上年度未结6件)，执行437件，推进依法治县进程。

【执行工作】 2016年3月28日，最高人民法院召开专题会议，审议并原则通过《关于落实“用两到三年时间基本解决执行难问题”的工作纲要》。最高人民法院党组书记、院长周强强调要切实增强使命感、责任感和紧迫感，统一思想、鼓足干劲，勇于担当、奋发有为，狠抓落实、改革创新，大力推进执行体制改革，提高执行信息化水平，规范执行行为，强化执行措施，加强信用惩戒，用两到三年时间基本解决执行难问题，坚决打赢基本解决执行难这场硬仗，努力让人民群众在每一个司法案件中感受到公平正义。2016年，香河县人民法院认真贯彻落实最高院、省高院、市法院开展“基本解决执行难工作”会议精神，采取有效措施，多次行动，严厉打击拒执犯罪和消极执行的不法行为，促使“老赖”自动履行生效判决确定的义务。全年，累计受理案件2773件，执行结案2672件，结案率在全市法院系统排名第二位，在基本解决执行难上迈出了坚实的一步。深化执行改革，完善执行信息共享与协作机制，建成执行指挥中心信息查控、远程视频指挥调度等系统，与公安等联动部门实现互联互通、信息共享。共执行立案2321件(含上年度未结357件)，执行2235件。通过开展“执行百日会战”“飓风行动”，集中执结一批执行积案，坚决打击有履行能力而拒不履行者、暴力抗法者和恶意逃避债务者，采取强制措施900余次，公布385名失信被执行人黑名单，罚款22人次，拘留54人次、移送公安机关追究刑事责任3人。

【深化审判公开】 司法公开是一项宪法原则，也是司法改革的重点内容。阳光司法指数，对司法公开工作具有监测、评估、引导、规范等功能，可以直观反映和客观监测人民法院司法公开工作的状况，也可以及时发现、改进司法公开工作存在的问题。河北省高级人民法院2015年开始定期发布阳光司法指数，在全省法院范围内形成一种相互学习借鉴、不断改进工作的累进式发展态势，发挥了评估指数的导向鞭策作用，扩大司法公开的范围和广度，健全司法公开长效机制，真正实现以公开促公正，以公正立公信，以公信树权威。2016 年，香河县法院依托五公开三建设平台，扩大司法公开范围，拓展司法公开渠道，保障了人民群众对法院工作的知情权、参与权、表达权和监督权，增进了社会公众对司法工作的认知和认同，提升了司法公信力，各项工作取得了长足进步。是年，香河县法院阳光司法指数排名在全省法院系统位居第 52 位。全面深化司法公开，努力实现公正司法。强化“三大平台”（审判流程公开、裁判文书公开、执行信息公开三大平台）建设，深化“五项公开”（审判流程公开、裁判文书公开、执行信息公开、庭审公开、信访公开）。共上网公开裁判文书 2500 余篇，案件流程信息 7132 条，同步录入电子卷宗 6500 余卷，文书录入率 100%，电子卷宗制作率 100%，庭审直播案件 783 件，卷宗归档率 90%，身份证录入率 99.95%。在全市法院系统率先完成库存档案电子扫描工作，共扫描电子卷宗 100 余万页。改版升级内外网站、微博、微信信息平台，微电影《初心》在腾讯、优酷及微博微信等网络媒体上线以来点击量超 10 万人次，提升了司法形象。

【服务社会发展】　践行司法为民，努力服务民本民生。健全便民、利民措施，推进诉讼服务中心建设，实行立案、咨询、判后答疑等“一站式”服务，配置笔墨纸张、报纸，提供手机充电、电脑上网、无线 Wi-Fi 服务，设立导诉员，安装触摸屏、排队叫号机等，发放诉讼风险告知书、便民联系卡，推行远程立案、预约立案、巡回审判等措施。开设微信公众号，开通“12368”服务热线，实现与人民群众的全方位互动。建立诉前联调室和诉调对接室，加大司法救助力度，为 300 名困难当事人缓减免诉讼费 160 余万元，对 15 名困难申请人救助 127 万元，对行动不便的当事人上门立案 45 件、巡回审判 137 件，让人民群众感受到司法的关怀与温暖。延伸审判职能，开展“法律六进”（法律进机关、进乡村、进社区、进学校、进企业、进单位）活动，送法下乡 150 余次，开展大型宣传活动 10 场次，解答群众咨询 200 余人次，受教育群众及师生近万人次。通过以案释法、现场咨询、发放材料等方式，提高全民法律素养，受到辖区群众好评。

【队伍建设】　有序推进改革创新，努力提升司法水平。作为全国首批 19 个人民陪审员改革试点法院和第二批全国 50 个试点法院之一，积极开展人民陪审员改革试点工作，落实人民陪审员“倍增计划”，共增补、选任人民陪审员 164 名。人民陪审员共参与审理、调解案件 850 件 1200 余人次，普通程序案件参审率 100%。探索“4 名陪审员+3 名法官”“2 名陪审员+1 名法官”陪审模式，创造出可复制、可推广的“香河经验”，打造了陪审员品牌。经验做法被《人民法院报》、新华网等多家媒体刊发。贯彻司法改革要求，全面推进入额工作规范高效有序进行，完成首批 27 名法官入额工作。8 月 23 日，香河县法院召开司法体制改革暨首次入额动员会，开始对司法体制改革和首次法官入额工作进行动员部署。会议公布了《香河县法院关于开展司法体制改革实施方案》和《香河县法院首次法官入额实施方案》。经过层层动员，分类考核，严格程序，按期完成首批 27 名法官入额工作，确保队伍稳定、思想统一，各项工作平稳过渡。狠抓教育实践活动，努力打造过硬队伍。深入开展“两学一做”教育实践活动，全院上下形成风正气顺、政令畅通、齐心协力的局面。通过院长讲党课、观看廉政影片、重温入党誓词、集体宣誓、先进事迹报告会、演讲比赛等，提升法官宗旨意识、责任意识和道德修养。加强典型示范引导，评选出办案超百件“办案能手”等先进典型25人次。坚持从严治院，加强纪律作风建设，落实“两个责任”，落实党风廉政建设责任制和“一岗双责”，逐级签订党风廉政建设责任状，开展纪律作风大检查，建立明察暗访机制，从严整顿院风院纪，无一干警违法违纪。坚持重点工作、重大事项及时、主动向党委汇报请示，自觉接受县人大及其常委会的监督，主动向人大常委会报告工作，完善与人大代表、政协委员联络机制，邀请人大代表、政协委员旁听、见证执行案件15件50余人次，举行人大代表、政协委员座谈会2次，征求意见20余条。组织“法院开放日”活动2次，组织模拟法庭2次，召开新闻发布会3次，主动向社会通报工作，接受公众监督，提高司法公信力。

（王树营）

司法行政

【概况】 香河县司法局担负着全县普法依法治理、基层司法、民间纠纷调解、法律服务市场管理等工作任务。内设职能科室8个，正式干警44名，4个律师事务所。12个镇、街道办司法所和6个法律服务所。2016年，香河县司法行政工作紧紧围绕县委、县政府中心工作，充分发挥司法行政职能作用，全面夯实基层基础、筑牢维稳根基，努力开拓法律服务领域，依法治理、人民调解、法律服务、法律援助、社区矫正等各项工作不断取得新成绩，为努力维护全县社会稳定和构建和谐社会做出了积极的贡献。5月31日，省委政法委综治办一处处长袁荣彪一行3人，在廊坊市委政法委副书记刘加臣、香河县委常委政法委书记樊亚峰的陪同下，对香河县医疗纠纷人民调解委员会的工作进行了检查指导。袁荣彪处长对香河县的医疗纠纷人民调解工作做出了充分肯定，并对如何开展好医疗纠纷人民调解工作提出了重要意见。7月初，北京市通州区司法局副局长张改朝、通州区律管科长杨珊、律师协会副会长季宗旗等一行7人，赴香河县司法局进行考察交流。双方就围绕共同推动京津冀区域协同发展，如何进一步加强律师法律服务业务交流、如何减少区域差异、如何相互加强对律师代理重大敏感案件的指导协调等方面进行了探讨。2016年初，依托渠口、淑阳、刘宋三个敬老院建立三个教育培训基地。通过整合资源优势，集教育、培训、矫治、救助、安置等多功能于一体，规范开展社区矫正监管、教育等各项工作，目前基地建设已经接近尾声，基地的建成，执行缺位的难题将得以解决。8月，廊坊市司法局公证信息化建设现场会在香河县召开。香河县被中宣部、司法部评为“2011—2015年全国法治宣传教育先进县”。是年，香河县司法局共受到表彰先进集体11个，先进个人17人次。其中，香河县司法局被中华全国人民调解员协会评为“2016年度人民调解宣传工作先进单位”、蒋辛屯镇潮北新城社区被司法部、民政部评为“第六批”全国民主法治示范村（社区）；尹凯辉被司法部评为全国模范司法所所长，侯会文被河北省委组织部、司法厅等六部门评为2011—2015年全省法治宣传教育先进个人。

【公证工作】 以科学发展观为统领，充分发挥公证职能作用。将香河县公证处建成公证行业培训基地，近年来有多家地市公证处到香河县公证处观摩信息化建设情况，2016年9月，五家县级公证处派人到香河县公证处跟班学习，取得了良好的效果。勇于突破，调整办证流程。香河县公证处对于继承权公证调整了办证流程，当事人可以通过网络进行咨询，准备材料，受理后香河县公证处即开始进行准备与核实，外地当事人可以通过电子邮件递交材料，只需在办证时来一次，半个小时左右就可以拿到公证书。突破常规，自主研发。香河县公证处继高速扫描仪、身份证识别仪、指纹录入仪运用到办证中之后，2016 年，又开始采用印刷可粘贴的批注条；对于告知书，采取上墙、音频、微信等诸多方式向当事人告知，建立了严格规范的办证流程，实现公证管理制度化、科学化、人性化，确保公证质量，实现流程中专人接待咨询、统一受理、统一分配、专人办理、专人收费、严格出证、及时移送、专人归档、扫描的业务规范。通过这套管理系统，当事人基本在 20 分钟左右就可以拿到简单的委托与声明类公证书。

以诚信建设为主线，提高公证的公信力和影响力。工作认真细致，维护公证信誉。对于委托可以出具签名公证，也可以出具委托公证，香河县公证处对于没有特殊要求的委托，都要求提供详细资料核实后出具委托公证，确保公证事项真实合法，这样保障了公证书在不动产管理部门和金融机构的正常使用。而有些公证处只是出具签名公证，虽然减轻了公证处的风险，但同时也减弱了公证的声誉与作用。强化服务质量。2016 年 9 月，香河县公证处收到了广东寄来的一封感谢信，感谢香河县公证处工作人员给当事人母女办证，对于她们所申请的房屋买卖委托公证，公证员们耐心诚恳，客观公正，一心为民的工作作风给她们留下了深刻的印象，更令她们避免了巨大的风险和损失。香河县公证处于 1982 年设立，30 多年来保持着零投诉、零撤证的记录，多次被省、市评为优秀公证处。香河县公证处始终坚持打造一支专家型的专业法律顾问团队，服务于社会诚信建设，服务于社会管理，服务于社会民众及企业，为构筑和谐社会做努力。

【普法工作】 开展形式多样的法治宣传活动。利用“三八”妇女节、“3·15”消费者权益保护日等时机，组织了 8 场大型的普法宣传活动，活动共发放各类普法宣传资料 21000 余份，接待咨询 800 余人次。利用“法治香河”微信公众平台向社会宣传法律法规、展示普法先进典型、点评剖析经典案例，进一步拉近法律与用户的距离。建立健全领导干部学法用法制度，加大领导干部带头学法守法力度。进一步加强了党委(党组)中心组集体学法、政府常务会议会前学法、领导班子集中学法制度，健全完善领导干部法制培训、法制讲座、学法档案制度，推进政府法律顾问制度。联合组织部门，利用党校阵地，聘请法律专家和教授对全县股级以上干部进行了法律培训，全县各级领导干部参考率达到 100%，全县 90%以上的参考人员都能达到优秀，取得了良好的效果。完善青少年法制教育机制，大力推进青少年学生法治教育。充分发挥学校法制课堂在青少年法制宣传教育中的主渠道和主阵地作用，让法制宣传教育“进课堂”“进教材”“进头脑”，把法制教育有机地融入日常教学中去。2016 年，县普法为全县在校生上法制课 40 余场次，受教育人数为 3.4 万余人次。开辟法制教育第二课堂，采取法院庭审旁听、法律故事大家讲、法律知识竞赛、矫正人员现身说法等法制实践活动，对学生进行生动、直观的法制教育。组织学生制作交通安全倡议书、交通知识传单、撰写《致家长的一封信》和举办交通安全知识法制教育报告会等形式，组织开展交通安全知识系列宣传活动，在学生中掀起了学习交通知识、规范交通行为、遵守交通规则的热潮。建立“普治结合”工作机制，大力推进“谁执法谁普法”的普法责任制。以扎实的普法宣传工作让法治思维和观念进入群众的脑中心中，形成全民学法懂法守法用法的良好氛围。司法鉴定工作稳步推进。县司法医学鉴定中心各项软硬件设施齐全，注册有鉴定人员 12 名均为本科学历，其中包括两名副主任医师，十名主治医师，鉴定人员均接受省级业务培训后上岗。2016 年上半年共受理酒精检测业务 424 件。

【人民调解】 以精品调委会建设为抓手，不断促进人民调解工作深入开展。大力开展人民调解工作，确保全县社会的和谐稳定。香河县各级调解组织严格落实“村（居）日排查、乡镇（街道）周排查、县月排查”以及“两节”“两会”期间民间矛盾纠纷排查化解机制，广泛深入地开展了矛盾纠纷排查化解活动。全县各级调解组织共进行各类排查活动 321 次；排查出各类民间矛盾纠纷 1631 件，成功调处 1598 件，调解率 100%，成功率均为 98%；预防纠纷 189 件，有效地维护了全县的和谐稳定。加强人民调解组织、队伍建设，打牢人民调解工作的基础。在全县范围内开展精品调委会建设工作。2016 年，香河县司法局加强精品调委会建设力度，全年共建成精品调委会 24 个，在城西社区培树了“老单调解室”；在调解员队伍中培树帮大哥式调解员。香河县共培树淑阳镇前套村调解员彭士发、城西社区调解员单瑞然、安平镇高庄村调解员高向明、刘宋镇刘宋村调委会主任刘顺生等 5 名帮大哥式调解员；开展专职调解员的等级评定工作。经过综合考评，香河县共评出“金牌调解员”3 名，“银牌调解员”7 名，“铜牌调解员”7 名；开展“民调通”的配备工作。香河县司法局准备于年内为全县各级调委会配备民调通手机 1 部。2016 年初，香河县司法局已经完成了民调通手机的采购工作。发挥医疗纠纷人民调解委员会的职能作用。香河县医调委共受理医疗纠纷 18 件，已成功调解 14 件，终止调解的 3 件，正在调解中的 1 件。调解成功的医疗纠纷患方索赔金额达 500 余万元，协议履行率达 100%。

【法律服务】 完善公共法律服务全覆盖体系，提升综合服务水平。律师管理工作。积极服务和谐社会建设。筹建了涉法涉诉信访案件法律服务工作站；建立了律师参与化解和代理涉法涉诉信访案件志愿人才库。按照人才库组建标准从四家律师所中选拔出资深律师 5 人，成立志愿人才库，推动涉法涉诉走向法治化、规范化。推进村(居)法律顾问工作向纵深发展。2016 年，香河县司法局在全县 310 个村居法律顾问工作全覆盖的基础上，引导法律顾问扎根村居。组织“走亲连心”活动，以片为单位，共召开座谈会 6 场次，发放问卷调查表 500 余份。调整工作方案，严格执行不合格村（居）法律顾问淘汰制度，清退村（居）不满意、考核不合格的村（居）法律顾问律师、法律服务工作者。组织律师开展送法进校园活动。组织律师为城内四小、五百户中学学生讲授“普法及自我保护”法律知识专题讲座。通过教育讲座，使学生明白了学习和遵守法律法规是全社会每一个公民的义务和责任，每一位学生要从小做起，争做知法、守法的小公民。引导律师积极参与社会公益活动。组织律师参与了“万家联动　木兰有约”法治知识讲座活动，为新华街道办、蒋辛屯镇、县总工会广大妇女群众宣讲了婚姻家庭中妇女权益保护和反家暴法律知识，收到了良好的社会效果；律师义务为“今日香河”栏目，每周提供案例分析，多角度、多层次宣传法律知识，提高全民法律素质。目前提供案例分析 5 期。强化监督管理。严把年检注册关，促进律师工作规范化。按照省司法厅、省律师协会《律师事务所年度检查考核办法》《律师执业年度考核实施细则》的要求，对律师事务所队伍建设、业务开展、执业表现、内部管理等方面进行了实地检查考核。为全县4家律师事务所22名执业律师办理好年检考核手续。2016年，为2名跨省律师办理转所手续，为5名实习律师申办正式律师执业手续。试行申请律师执业人员备案登记制度。申请实习的人员，由拟参加实习的律师事务所主任审核后到公律股进行备案登记，申请律师执业实习2人。四家律师事务所共办理各类案件540件，其中刑事案件52件，民事案件332件，经济案件44件，行政案件6件，非诉讼法律事务50件，法律援助案件56件，担任企事业法律顾问57家，代写法律文书472份，解答法律咨询3000余人次。

【司法援助】　关注民生，服务为民，明确新形势下法律援助工作的核心价值。全面落实省两办《关于进一步完善法律援助机制切实加强法律援助工作的通知》，做好法律援助工作。完善开放式法律援助便民服务窗口，提供法律援助和社会律师“窗口”值班提升到法律服务公共体系。至2016年11月20日，共审查指派法律援助案件246件，接待咨询2860人次，代书420人次。健全“窗口”建设，把“窗口”文明创建抓好落实，优化便民服务流程。推进公共法律中心体系建设，有效整合法律服务资源，提供“综合性、一站式”的法律援助服务，集中受理和解决群众的法律服务事项。完善质量服务标准，建立完备法律援助案件服务质量体系。深入学习贯彻省市《关于〈法律援助案件质量实施细则〉》，制定《香河县法律援助案件质量评估方案》，综合采用旁听庭审、案件回访、案件评查、重大疑难案件讨论等方式提高案件质量和服务质量。规范和提升援助案件接待、受理、审查、指派、承办等各个环节的服务水平。强化与公检法等部门联系协作，保障司法人权。深入探讨完善刑事案件法律援助工作机制的衔接，建立信息交换、援助申请征询转交、案件反馈等长效机制。在人民法院和看守所设有法律援助工作站，探索刑事案件中的法律援助无缝对接机制。紧扣法律援助规范化发展，充分发挥职能作用。认真做好法律援助投诉处理工作。认真对待每一位投诉群众，做好法律援助投诉处理工作和摸底调查，向社会公示投诉电话，畅通投诉渠道，做好舆情分析报告工作。积极开展法律援助专项维权活动。深入调研法律援助中供需矛盾问题，加强与相关部门协作，为军人军属特定群体提供“绿色维权通道”。对特定困难群体的特定需求，开展老年人、残疾人、未成年人、农民工等群体的专项服务活动，取得了良好效果。

【社区矫正】　扎实开展社区矫正工作，提高社会治理能力。2016年，接收矫正人员92人，解除矫正41人，办理调查46件，警告16人，撤销缓刑2人，拒绝接收矫正人员8人，至2016年底，有在矫人员188人；共有刑满释放人员297人，其中接收监狱释放人员32人，解矫转安置帮教82人。建好一个基地，解决执行缺位难题。2016年初，依托渠口、淑阳、刘宋三个敬老院建立三个教育培训基地。通过整合资源优势，集教育、培训、矫治、救助、安置等多功能于一体，规范开展社区矫正监管、教育等各项工作，基地的建成，执行缺位的难题将得以解决。强化多项举措，提高教育管控质量。严格把好“入口关”，工作中，司法局对矫正人员实行严格管理，2016年，香河县司法局共提请撤销缓刑2人，办理各类调查46件，人民法院采信46件，采用率达100%；发挥科技手段作用，做好社区服刑人员监控。是年5月，香河县从电信手机定位转为 APP 定位，对定位平台进行了调整，还利用司法 E 通信息监管平台，落实司法所每天核查及通报县市区矫正股每月工作制度。至 2016 年底，全县纳入监控社区服刑人员 187 人，入控率达 99.47%，被纳入监控人员无一人脱管漏管。加强对重点人员的监管，确保重大节日和活动期间的社会稳定。开展档案规范年活动。为了使档案做到痕迹化、规范化、电子化。香河县司法局社区矫正科购买了高拍仪，配置了专用装备和专门档案管理人员，对社区矫正人员执行档案、工作档案进行重新整理归档。对档案进行了编号，建立了借阅登记、档案索引等，同时全部建立了电子档案。

【规范化司法所创建】 开展市级规范化司法所创建活动，打牢基层司法行政工作基础。按照廊坊市司法局的安排部署，香河县司法局在全县范围内开展了规范化司法所创建活动，香河县司法局成立了组织领导小组，召开了两次专项调度会对此项工作进行督导促进。香河县的淑阳、新华等 11 个司法所已完成了规范化司法所创建工作，并通过了市局的验收。开展司法所工作人员的业务培训工作。为夯实司法行政基层基础工作，2016 年 4 月 14 日至 15 日，香河县司法局举办了基层司法所工作人员业务培训班，培训内容包括司法所和人民调解委员会的规范化建设、人民调解的业务技能、社区矫正工作实务、法律援助、法制宣传等业务知识。全县司法所的工作人员近 30 余人参加了培训。通过培训，司法所工作人员提高了思想政治觉悟和业务水平，明确了工作目标，增强了工作责任感和做好基层工作的信心。

（吕兴凡）

综合经济管理

发展计划

【概况】 2016年，制定并分解下达《香河县2016年国民经济和社会发展计划》。并做好国民经济和社会发展计划执行情况的跟踪和反馈工作，不定期地走访相关部门，及时掌握全县经济运行态势。国民经济和社会发展计划执行良好。

全县地区生产总值215.4亿元，同比增长8.5%。规模以上工业企业增加值77.4亿元，同比增长6.8%。财政收入64.6亿元，同比增长27.6%。一般公共预算收入40.1亿元，同比增长14.2%，扣除“营改增”因素影响，同比增长40.3%。固定资产投资213.9亿元，同比增长11.3%。城镇居民和农村居民人均可支配收入分别为36718元和15256元，同比分别增长8.5%和9%。单位生产总值能耗、主要污染物减排均完成目标任务。文化、教育、卫生计生、就业再就业等均完成目标任务。

【争取项目建设资金】 2016年，为5个建设项目争取中央预算内资金2942万元。其中，香河县中心敬老院建设项目争取资金1092万元；香河县潮白新村保障房配套基础设施建设项目争取资金500万元；香河县周庄小学新建教学楼项目争取资金650万元；中粮可口可乐华北饮料有限公司新厂年产15.67万吨碳酸饮料、52.23万吨饮用水项目争取省级优势产业合作专项资金500万元；河北安旭专用汽车有限公司项目补助资金200万元。

【争列省市重点建设项目】 全县成功申列2016年河北省重点建设项目4个。其中，新开工项目2个，前期项目2个。共争取用地指标648亩。成功申列2016年廊坊市重点建设项目10个，总投资46.9亿元，争取用地指标230亩。

【项目建设工作】 严格遵守和履行项目审批、核准、备案相关规定，提高工作效能，出台优化经济社会发展软环境政策，实行一日备案制和限时办结制。2016年，全县备案建设项目61个，核准项目29个，审批项目2个，办理招标方案核准19项。

【项目招商工作】 2016年，按照《2016中国·廊坊国际经济贸易洽谈会承办工作方案》，县发改局会同有关部门和企业单位，促成2个项目在会上签约。其中，外资项目1个，协议利用外资1.7亿美元；内资项目1个，协议利用域外资金50亿元。在省国际经济贸易洽谈会上促成2个项目签约。其中，万通商贸物流城项目，协议引进内资95亿元；尼克文化旅游体验活动基地项目，协议利用外资15亿美元。

广东信基集团信基国际酒店用品生产基地项目、北京美狮龙科技有限公司铝车轮自动静电旋杯喷涂系统项目、中国电子学会工业机器人实训基地项目等7个项目签约合作。至10月底，总投资668亿元，拟引进资金647.7亿元。

（杜振江）

统　计

【概况】 2016年，全县国民经济总体运行良好，保持较快的增长态势。全县地区生产总值（GDP）215.4亿元，按不变价格计算，同比增长8.5%。其中，第一产业增加值16.7亿元，同比下降1.2%；第二产业增加值106.4亿元，同比增长6.5%；第三产业增加值92.2亿元，同比增长12.9%。全县人均地区生产总值58672元，同比增长7.4%。全县规模以上工业企业产值360.5亿元，同比增长6.5%，增加值77.4亿元，同比增长6.8%。全社会固定资产投资213.91亿元，同比增长11.1%。城镇居民人均可支配收入36718元，同比增长8.5%。农村居民人均可支配收入15256元，同比增长9.0%。

【基层统计建设】 按照《河北省乡镇统计工作规范（试行）》要求，维护县乡统计网络。解决乡镇统计站计算机网络技术操作难题，为乡镇统计站培养计算机技术人员，负责乡镇统计站计算机日常保养和维护，确保县乡网络畅通。2016年，全县基层乡镇统计人员均能熟练使用网络完成统计数据传输，做到每日浏览省、市、县局网页，通过外网邮箱和BQQ查收上级邮件。

健全和完善乡镇、村街统计机构和专职统计人员配置，实现乡镇统计站规范化管理，达到“四有”（有房、有牌、有章、有制度），且规范有序、工作运转良好。统计站工作制度、网络管理制度等各项制度健全，并且装裱上墙。分村台账健全，并按时整理归档。

组织专业技术培训。2016年，基层统计人员全部轮训1次，培训统计人员上千人次。加强乡镇统计报表质量审核，确保表间逻辑关系准确无误。严格执行报表时间和规定的报送程序，做到不迟报、不漏报、不错报。

【统计执法检查】 2016年，贯彻中央、省、市关于制止统计弄虚作假指示精神，以《中华人民共和国统计法》《统计违法违纪行为处分规定》为内容，面向社会各阶层开展统计法律法规知识宣传，组织统计法律法规知识培训，在全社会营造知法、学法、守法氛围。规范统计执法检查程序，加大执法力度，完善各项检查制度，做到层层把关，逐级负责。加强重点项目、重点企业、重点行业统计数据监管和质量抽查，做好数据审核、分析和评估工作。坚持数据质量评估制度，定期组织专业人员深入基层考察，摸清情况，加强指导，全面分析论证国民经济和社会发展计划主要指标，系统预测主要经济指标运行趋势，解决主要经济指标间数据不匹配和存在漏报漏统问题。

【第三次全国农业普查前期准备】 根据《国务院关于开展第三次全国农业普查的通知》及省、市有关文件精神，专门召开会议，研究部署和开展全县第三次全国农业普查前期准备工作。县政府成立由分管农业副县长为组长，县委宣传部、县政府办、县统计局、县发改局、县财政局、县农业局、县林业局负责人为副组长，县民政局等5个相关单位为成员的香河县第三次全国农业普查工作领导小组。领导小组办公室设在县统计局，负责日常工作。下发《香河县人民政府关于做好第三次全国农业普查的通知》。2016年，第三次全国农业普查经费列入年度财政预算，完成普查的前期试点、农作物面积遥感测量实地调查的自查和省级普查业务知识培训、入户摸底等多项具体工作，为普查正式开展打下坚实基础。

【完善服务业统计】 2016年，按照省、市、县关于进一步加强和完善服务业统计工作的文件精神，针对全县服务业统计工作基础相对比较薄弱，服务业统计人员不足的现状，按照“规范制度方法、明确职责分工、分散收集数据、集中统一核算”原则，采用“条块结合”方式，组织实施全县服务业统计调查工作，制定全县服务业统计调查制度和有关工作制度，指导相关部门服务业统计调查工作和调查项目。严格执行国家统计制度，规范创新服务业统计数据采集、审核、汇总、上报等业务流程，强化数据质量监控。围绕服务业发展热点、难点，利用统计监测，做好宏观经济运行态势和社会发展情况调查研究，及时反映服务业发展新情况、新问题。重点摸查全县服务业统计单位，对漏统或刚达到规模以上服务业企业标准的企业做到应统尽列，确保服务业统计数据真实性。

（朱金栋）

审 计

【概况】 2016年，香河县全面履行审计监督职责，查处违法违纪问题，保障财政资金安全，维护人民群众利益，推进廉政建设，为经济社会平稳较快发展做贡献。审计项目61个，在审项目 24个。审计金额1255193.07万元，查处各类违规金额330811.30万元，审减金额3896.50万元，上缴财政金额8.50万元。

【政策落实审计】 2016年，组织开展国家重大政策措施落实情况跟踪审计。重点审计创业创新、扩大有效投资、促进转型升级、推进新型城镇化、电子商务、节能环保等领域政策措施落实情况和效果，揭示和查处不作为、慢作为、假作为、乱作为等问题。

【财政资金审计】 2016年，对县本级2015年度预算执行和税收征管情况审计。主要以规范财政资金分配管理，盘活财政资金存量，优化财政资金增量，调整财政支出结构，促进资金优化配置和提高财政资金使用绩效为目标。在掌握县本级预算执行和税收征管总体情况的基础上，着重围绕预算执行的真实性、完整性和科学性，重点关注财政存量资金规模和结构，关注财政支出结构和投向。

【经济责任审计】 2016年，审计全县离任、任中党政领导干部经济责任，检查领导干部执行政策、依法决策、民主决策、科学决策、廉洁自律和经济管理等履职行为。审计县财政局、县旅游局、县商务局3个单位2015年度因公临时出国（境）审批手续及相关财务资料，未发现存在违规问题。

【固定资产投资审计】 2016年， 重点审查基本建设程序是否合法,建设资金筹集、管理和使用是否合规,工程造价计量与结算是否真实，工程质量管理是否有效，是否存在工程质量问题和严重损失浪费现象。审计监督项目建设资金和工程造价真实性、合法性和效益性，确保建设资金合理、合法和有效使用。

【财务收支审计】 2016年，全县行政事业单位财务收支审计监督以财政收支的真实性、合法性和效益性为基础。重点审计财政预算资金、资产管理、政府采购预算管理的合规合法性。促进规范管理，提高资金使用效益。

【建立中介机构备选库】 2016年，加强政府投资建设项目审计。本着公开、公平、公正原则，通过公开招投标方式，分别建立造价咨询审计中介机构备选库、会计师事务所审计中介机构备选库和资产评估审计中介机构备选库。确定工程造价公司8家，会计师事务所8家，资产评估公司5家。

（刘 颖）

国土资源管理

【概况】 2016年，香河县土地总面积67.1980万亩。其中，耕地39.6057万亩；园地0.0382万亩；林地1.2716万亩；草地0.6525万亩；城镇村及工矿用地16.5162万亩；交通运输用地2.8257万亩；水域及水利设施用地5.7450万亩；其他土地0.5429万亩。农用地45.2633万亩，占总面积67.34%。建设用地19.0975万亩，占总面积28.44%。未利用地2.8371万亩，占总面积4.22%。

【服务项目建设】 2016年，全县供应土地47宗，面积65.5846公顷，同比减少67.38%。其中，住宅用地供应38宗，面积58.7316公顷，同比减少56.15%；商业用地供应5宗，面积3.6674公顷,同比减少73.49%；工业用地供应2宗，面积1.8945公顷,同比减少95.67%；其他用地供应2宗，面积1.2910公顷，同比减少86.31%。

【耕地资源保护】 香河县贯彻执行“十分珍惜和合理利用每一寸土地，切实保护耕地”的基本国策，实行最严格的耕地保护制度。2016年，省、市规定香河县年度耕地保有量目标403250.4亩，基本农田保护目标366915.9亩。

建立耕地保护共同责任机制。县政府与9个镇、新开街道办、新华街道办、产业园区、示范区、县国土局及国土所签订耕地保护责任书。并按照部、省考核办法要求，逐级开展耕地保护责任目标履行情况考核。全面建立“纵向到底、横向到边”共同责任机制。明确各级政府为耕地保护责任主体、政府主要负责人为耕地保护第一责任人。并将耕地保护责任延伸到集体经济组织和农户，落实到每个地块，形成县、镇、村和农户齐抓共管的责任体系。

将耕地保护目标纳入政府年度考核评价体系，建立土地违法违规政府领导干部问责制、政府领导干部耕地和基本农田保护离任审计制度。明确各镇及新开街道办、新华街道办、示范区、产业园一把手作为第一责任人，对本行政区域内耕地保有量和基本农田保护面积负责。规定在各类考核、评优中，实行耕地保护“一票否决”。

落实耕地占补平衡制度。省政府《关于落实最严格耕地保护制度的意见》下发后，对补充耕地提出占优补优的新要求。为此，全县在征地过程中，严格按照省厅政策实行占优补优，落实最严格的耕地保护制度，确保耕地质量不降低、数量不减少。

完善基本农田保护各项制度。2011年12月20日，全县在乡镇基本农田保护区设立15块标志牌。根据国家、省关于基本农田保护有关法律、法规和规定，全县建立以责任制为龙头的各项保护制度，包括保护责任制度、基本农田保护区制度、占补平衡制度、基本农田保护监督检查制度、禁止破坏和闲置荒芜基本农田制度，形成基本农田保护长效管理制度体系。

【土地执法监察】 2016年，香河县按照省厅关于2015年度土地卫片占用耕地违法图斑清零要求，经过半年整改工作，在全市率先完成占用耕地违法图斑清零任务，完成2015年度土地卫片执法检查整改工作。

全县有2支执法巡查队，负责全县土地巡查工作。全年出动执法人员1000余人次，主要巡查工业聚集区、基本农田保护区和村庄周围，提高发现违法占地效率。立案查处违法占地494宗，全部移交县法院的同时，还移送县公安局32宗，移交县纪检会8宗；收缴罚款295.3177万元；没收地上建筑82.7593万平方米；拆除72宗，面积278.5亩，其中耕地110亩。

【不动产登记】 2016年，依据2015年11月《香河县机构编制委员会办公室关于整合不动产登记职责的通知》《香河县机构编制委员会办公室关于整合不动产登记机构的通知》文件精神，在香河县国土资源局加挂香河县不动产登记局牌子，承担全县不动产登记管理工作。成立不动产登记管理股和香河县不动产登记中心。

2015年底，县成立不动产登记局，核编22人。其中，不动产登记管理股2人，不动产登记中心20人。按照编随人走的原则，利用已有队伍和人员，将地籍管理股原从事土地登记的业务骨干7人、房管部门原从事房产登记的业务骨干13人、农业局1人、林业局1人划转到不动产登记管理股和不动产登记中心。2016年，划转人员全部到位。

2016年12月15日，香河县不动产登记信息管理系统进行招投标。武大吉奥信息技术有限公司投标389.8万元，河北坤正地质勘查技术服务有限公司投标80万元，合计以469.8万元完成招标工作。

2016年7月18日，香河县不动产登记中心在全市率先颁发第一本不动产权证书，启动全县不动产权证书颁发使用工作。

【地理信息工作】 2016年，香河县地理信息完成测绘备案22宗，测绘汇交13宗，测绘综合执法巡查13次，未发现测绘单位违法从事测绘活动。并按照要求上报全县测绘地理信息行业统计数据。

数字城市是利用空间信息构筑虚拟平台，将包括城市自然资源、社会资源、基础设施、人文、经济等有关的城市信息，以数字形式获取并加载上去，从而为政府和社会各方面提供广泛服务。香河县地理信息完成数字城市建设工作，并取得内外业省级验收报告。在廊坊市2016年度县（市）国土资源局（地理信息局）地理信息工作绩效考核中获得优秀等次。

【地籍管理工作】 推进农村集体土地“三权”登记发证工作。香河县集体土地所有权确权登记发证工作全部完成，于2013年7月通过市局验收。2016年，河北省欣航测绘院、石家庄千帆纬业科技有限公司、河北天元地理信息科技工程有限公司3家共同进行全县农村集体建设用地、宅基地确权登记发证工作。全县农村集体建设用地、宅基地确权登记应开展82393宗，实开展地籍权属调查77204宗，占全部工作量93.7%；完成地籍测量调查75859宗，占全部工作量的92%。

做好不动产登记土地权籍工作。2016年，香河县为涉及转让、抵押、查封业务的地块确定权属界线，传图入库，出具土地权籍交接单5600份，启动商品房首次登记权籍录入工作。

2016年11月25日，国土资源部下发2016年度全国土地变更调查与遥感监测的土地变更调查数据，为2017年卫片执法检查进行前期准备。

（马冬伟）

物价管理

【概况】 2016年，香河县强化物价“调控、管理、监督、服务”职能，完善价格监督管理机制。抓好价格举报投诉案件受理、调查、处理和反馈工作，组织学习“12358”举报平台日常维护和升级工作技能。接待上访举报群众200余人次，上访事件30余件。为维护市场良好价格秩序和全县经济社会发展创造良好价格环境。

【价格调整】 简化销售电价分类，将一般工商业及其他用电与大工业用电归并为工商业及其他用电。降低工商业用电价格。

为适应部分居民采用天然气分户式壁挂炉采暖购气习惯，居民阶梯气价分档气量标准的计价周期，自2016年11月1日起，由每年1月1日至12月31日，调整为每年11月1日至次年10月31日。按照《河北省供热用热办法》规定，取消由单位或物业服务企业自行管理换热站的模式，由供热企业直供到户。废止住宅区供暖换热运行维护费以及收费标准。住房竣工验收后，第一个取暖季首次采暖费由开发建设单位缴纳。

自2016年暑期新学年开始，调整64家公立幼儿园保教费收费标准。制定香河县污水处理费收费标准实施方案。居民污水处理费0.85元/立方米，非居民污水处理费1.2元/立方米。

根据省市文件精神，核定部分医疗服务项目价格，试行期一年。放开京津专家在河北省公立医疗机构远程会诊和门诊诊察费，实行市场调节价。全县乡镇卫生院、城市社区卫生服务机构在县级医疗机构服务指导价格的基础上下调20%。放开公立医疗机构提供的胚胎移植术等医疗服务项目价格，由医疗机构自主制定。其中，医保基金支付的服务项目，由医保经办机构与医疗机构谈判合作确定支付标准。

【价格认定】 严格按照规定程序和标准开展价格认定工作，坚持“依法认定，客观公正”原则，保证价格认定结论准确性和科学性。2016年,受理价格认定151件，同比增长4.6%；总认定价值6175万元，同比增长58.16%。其中,司法机关委托价格认定 120 件，认定价值575万元；政府委托价格认定31件，认定价值约 5600 万元。对维护社会稳定，打击各类犯罪起到积极作用。

【价格监督检查】 2016年， 组织开展各种价格与收费监督检查，专门组织开展教育、药品及医疗服务价格和收费重点检查。全县涉及企业行政事业性收费检查以及房地产中介明码标价情况检查等。检查售楼处3处，房地产中介40余家。

（张卫新）

工商行政管理

【概况】 2016年，狠抓各项政策措施落实，推动大众创业，加快市场主体增长。全县新发展内资企业（含农民专业合作社）1720户，同比增长90.27%，完成目标任务（1144户）150.35%。新注册企业中，注册资本（金）在亿元以上企业16 户，5000万元以上企业36户，1000万元以上企业206户。全县内资企业总数 4866 户（其中公司及分公司企业4129户），完成目标任务（3832户）126.98%。其中，注册资本（金）在亿元以上企业94户，5000万元以上企业199户，1000万元以上企业 745 户。新发展专业合作社 37 户，总量317户。

开展商标兴企行动，帮扶引导企业申请注册商标26件，同比增长62%。帮助3家企业申报河北省著名商标。全县有驰名商标 1件，河北省著名商标 3 件。开展融资活企行动，通过动产抵押登记、股权出质等方式，搭建银企对接平台，帮助13户企业融资64.29亿元。为香河凯华齿轮有限公司和香河强胜电动车制造有限公司申报市级重合同、守信誉企业。

【推进商事制度改革】 2016年，在营业执照、税务登记证、组织机构代码证“三证合一”的基础上，继续推进“多证合一、一照一码”改革。6月1日，实施新增统计登记证的“四证合一”。7月1日，试行公章刻制备案“四证一章合一”。10月1日起，将社会保险登记证纳入“五证合一”即“多证合一、一照一码”登记制度改革范畴。2015年6月30日至2016年12月26日，办理“多证合一、一照一码”审批业务4693户。其中，新设立登记2262户，变更登记1153户，注销登记267户，换证744户，备案登记227户。

推进工商注册全程电子化。为适应新型市场主体网上登记需求，全面开展电子营业执照试点。第一批办理发放电子营业执照30个。从10月15日起，企业名称核准实行全程电子化办理。

做好企业简易注销登记改革试点工作。2016年5月26日，市局下发《关于开展企业简易注销登记改革试点工作指导意见》，确定香河县工商局为廊坊市企业简易注销登记试点单位之一。按市局指导意见要求，结合香河县实际，8月16日，制定《香河县企业简易注销登记改革试点工作实施方案》，并上报市局备案。方案中决定于当年9月1日起试行企业简易注销程序。8月25日，省局下发《关于印发<关于开展企业简易注销改革试点工作的意见>的通知》，明确简易注销的适用范围、登记程序、提交材料、异议处置等问题。县工商局参照省局通知精神落实简易注销程序。

推进“多证合一”登记制度改革向个体工商户延伸，实施个体工商户营业执照和税务登记证“两证整合”。由工商行政管理部门核发一个加载法人和其他组织统一社会信用代码的营业执照。该营业执照具有原营业执照和税务登记证功能，税务部门不再发放税务登记证。此项改革自2016年11月22日起实施，当年办理“两证整合”执照495个。

【工商业监管】 开展市场主体年报公示工作。利用多种媒介和方式广泛宣传，发送短信提示9000余条次，香河工商微信公众号推送6期年报信息，印发年报公告、年报手册5000余份，电话及现场年报咨询2000余人次，电话或上门督导下属企业相关银行、保险、通信、物流、代理记账会计公司等40余家。截至6月30日，企业年报公示率93.95%，个体工商户年报公示率77.02%，农民专业合作社年报公示率82.5%。

推进检查对象名录库、执法检查人员名录库和随机抽查事项清单等“两库一单”建设，落实省局随机抽查工作细则。2016年，全县应抽查市场主体444户，公示信息正常395户。其余存在问题的市场主体录入河北省企业信息公示系统，并向社会公示。

【优化市场经济秩序】 2016年，开展集中整治不正当竞争、打击制售假冒伪劣商品和侵犯商标专用权、整治虚假违法广告、互联网金融广告专项整治、红盾网剑、加强线上线下一体化监管、红盾治污、合同格式条款整治等专项行动10余次。

摸查清理禁燃区散煤经营户，并建立台账。调查了解其经营情况，做到情况清、底数明。以分局为单位召开专项整治工作会议，传达县政府公告和《中华人民共和国大气污染防治法》相关条款及相应法律责任，并发放停止销售煤炭倡议书。全县煤炭经营户75户，取缔禁燃区散煤销售38户，实际经营37户。

加大成品油和煤炭监管，抽检覆盖率100%。5次全覆盖抽检全县37家散煤销售网点，抽检187户次，205批次，合格率98.05%。抽检全县42家加油站点油品103户次，167批次，抽检合格率93.1%。成品油抽检发现23批次不合格油品，立案23起，结案19起，罚款22.8万元。

加强商标侵权和不正当竞争案件查处工作。全年，查处商标侵权案件14件，包括香河县隆泰百货商店销售侵犯“公牛”注册商标专用权插座案、张彩英销售侵犯“娃哈哈”注册商标专用权桶装水案、刘兴禄等销售侵权白酒案。查处不正当竞争案件4起，包括香河彩星经纬家居城有限公司巨奖有奖销售案、香河三田雍泓房地产开发有限公司强制搭售案、香河县华宇房地产开发有限公司强制搭售案、香河家具城罗浮宫经典家具虚假宣传案。查处擅自发布房地产户外广告案件6件。

强化农资质量监管，增加农资抽检频次。4月和9月，2次抽检县域农资经营户，抽检化肥20批次，抽检结果为合格。全面开展农村（乡镇）汽车市场专项整治行动。7月，抽检县域5家汽车配件企业，抽检7批次，所抽商品全部合格。

加大打击传销力度。通过悬挂宣传条幅、发放宣传单、城区内电子显示屏滚动播放反传销动画等方式，普及防范传销知识，提高广大群众识别传销能力和防范传销意识。8月，配合公安部门在山水田园、香城郦舍小区取缔所谓“民间资助理财”等传销窝点3处，涉案金额300余万元，拘留2人，取保候审1人，遣散受骗群众20人。

【增强消费维权效能】 推进“诉转案”工作，在筛查“12315”投诉举报信息的基础上，梳理商品质量案件线索扩大案件源。2016年，受理消费者投诉1130起，办结1038起，办结率91.9%；受理举报50起，办结49起，办结率98%。为消费者挽回经济损失近560万元。“美丽河北·诚信商家”放心消费创建活动全面开展，组织11家实体店参与创建活动。

（马宇龙）

食品药品监督管理

【概况】 2016年，香河县全覆盖监督管理食品、药品、保健食品、化妆品、医疗器械，保障全县人民群众饮食用药安全。县食品药品监督管理局下属不良反应中心和食品药品执法大队。食品药品执法大队又下设5个分队，深入基层严格执法。各镇、街道办和园区共设有13个食品药品安全监督管理派出机构，就近监督管理所在地食品药品销售。规范行政审批权力运行，办理行政审批事项1244项，发放食品经营许可证896家，不予许可263家。开展“三小”登记备案工作，完成小摊点备案541家，小餐饮登记28家，小作坊登记1家。登记备案数量均居于全市前列。未发生重大食药安全事故。

【食品安全监管】 2016年，开展校园及周边食用农产品、烧烤食品、食用油等专项整治。立案查处各类食品违法案件28起，解决一批影响食品安全的突出问题。加大食品抽检力度。监督抽检1284批次，检测不合格产品29批次，合格率97.7%。

【提升监管效能】 2016年，利用“智慧食药监”平台，实现监管效能新提升。全县所有学校（幼儿园）食堂、学生“小饭桌”及部分大、中型餐饮单位175家纳入平台管理。实现对入网单位24小时、360度全天候、无死角实时在线监控。

【规范药械市场秩序】 2016年，开展药品、医疗器械专项整治，查处各类药品案件15起。加大不良反应上报力度，上报药品不良反应340例，医疗器械不良反应50例，均超额完成上级布置的工作任务。

（曹雪梅）

质量技术监督

【概况】 2016年，香河县全面加强标准化、计量、质量、特种设备安全检查监督管理。完成特种设备注册登记5089台（在用4611台、停用478台），使用单位598家。在用特种设备有电梯3706台，锅炉131台，压力容器225台，起重机械465台，场内机动车辆84台。在用设备使用登记率100%。注册设备比上年增加1541台。8家企业获河北省名牌产品和优质产品，比上年增加5家。依法检定、维修计量器具40556件（次），比上年增加653件（次）。

【标准化管理】 2016年，做好企业标准化基础工作。协助香河东方电子有限公司等6家企业共11项企业标准，在河北省企业标准信息公共服务平台，完成网上备案发布。

【产品质量管理】 2016年，扎实推进质量兴县工作，实施质量兴县和名牌战略。县政府先后3次召开协调会议，安排部署此项工作，并出台相关文件。形成政府推动、部门联动、企业主动的工作机制。5月13日，通过市政府考核，考核等级为A级。

大力实施名牌发展战略。选择县域有实力、有潜力的企业重点培育。喜临门北方家具有限公司等13家企业申报河北省名牌产品。鑫亿隆家具城等4家企业申报省服务名牌。爱依瑞斯家具有限公司获廊坊市政府企业产品质量奖。7月，县政府拨付110万元，奖励8家名优企业，调动全县企业争创名牌积极性。

做好区域性产品质量提升工作。向家具生产企业发放“明白纸”2000余份，建立企业档案214份，抽查家具样品47个。县质量技术监督局联合县工商、环保部门关停不符合生产要求的企业和小作坊350余家。以全省第6名，全市第1名的成绩通过全省区域性产品质量提升考核。

【产品质量认证】 2016年，监督检查10家管理体系认证获证企业，2家食品农产品获证企业，60家强制性产品认证生产企业。建立获证实验室分类监管台账，组织全县8家实验室开展2016年度检验检测机构资质认定的监督检查。

【规范市场秩序】 2016年，开展各类产品专项整治活动10余次，处理违法案件5件，为规范市场经济秩序提供质量保证。加大监督抽查力度，协助省、市局监督抽查家具产品41批次，人造板8批次，卫生纸1批次，食品相关产品2批次，粉末涂料3批次，眼镜产品4批次，处理监督抽查不合格企业8家，确保产品质量。

【计量监督检查】 2016年，开展计量监督活动。抽查检定全县在用民用4表（水表、电表、燃气表、热量表），医疗机构、加气站、燃气公司的在用压力表，加油站的加油机、集贸市场、商场超市、餐饮店的计量器具。抽查民用4表1700块，压力表450块，在用加油枪288条，各种计量器具175台(件)。未发现计量违法行为。

开展计量惠民活动，免费检定、维修全县8个集贸市场，160家经营业主在用的计量器具。检定各类计量器具6600余台件，受检率、合格率95%以上，保障市场计量准确性。

【特种设备安全监管】 2016年，为保障特种设备安全，全县开展隐患排查治理工作，确保特种设备零事故。开展特种设备安全专项检查，检查使用单位137家，特种设备2963台，消除安全隐患15个。县政府与全县13家气体充装站签订安全生产承诺书与责任状。

开展电梯专项整治，安全检查全县75个居民小区2289部电梯，张贴电梯安全宣传画2600余份，组织电梯安全管理人员与电梯作业人员培训班2期，培训90人。解决电梯类投诉20余件次。

组织全县各镇、街道办、园区30余人参加基层特种设备安全员培训，充实基层特种设备监管力量。开展以“关注生命，注重特种设备安全”为主题的“安全月”宣传活动，使广大人民群众了解特种设备安全知识。

（周凤伟）

安全生产管理

【概况】 2016年，香河县深化危险化学品、烟花爆竹、道路交通、建筑施工、人员聚集场所等重点行业领域专项整治。按照“全覆盖、零容忍、严执法、重实效”总体要求和“管行业必须管安全、管业务必须管安全、管生产经营必须管安全”原则，加强重点行业领域的打非治违工作。对证照过期且仍在生产经营建设的企业，一律予以关闭取缔。加大无证无照黑窝点、黑作坊的排查力度，严厉打击存在非法违法、违规违章行为的企业，确保全县安全生产形势持续稳定。全县检查各类生产经营单位471家，下达执法文书78份，发现并整改各类问题和隐患146处，查处无证无照或证照不全等非法生产经营行为12家，关闭取缔12家。

【落实安全生产责任制】 2016年，县委、县政府高度重视安全生产工作，多次召开县委常委会和政府常务会，年初及至半年时召开安全生产工作会，每季度召开安全生产委员会扩大会议，专题研究全县安全生产工作。坚持将安全生产责任目标考核纳入全县目标管理考核范畴。

强化主体责任。继续坚持层层签订安全生产责任状，形成主要领导亲自抓，分管领导具体抓，一级抓一级，层层抓落实的安全生产目标责任体系。落实安全责任，定期开展安全生产形势通报，及时提示告诫有关辖区或部门注意安全生产。

【乡镇安全监管规范化】 2016年，全县加强乡镇安监站规范化建设，提升基层监管水平。多次召开专题会议安排部署，领导干部联系乡镇督促指导。政府出资金103万元，为各镇、街道办、园区安监人员配备执法服装、执法装备和办公器材，在全市率先落实乡镇安监人员岗位津贴。组织乡镇安监人员参加省委托执法培训，全面提高安监人员的执法素质和能力，确保全县各镇、街道办、园区全部达到规范化建设要求。

【开展“安全生产月”活动】 2016年6月

16日，县政府组织县安监局、公安、交通、住建、质监等14家安委会成员单位，在金钥匙家具城开展“安全生产月”咨询日活动。通过设置安全宣传咨询台，为咨询群众发放各类安全知识材料，解答安全生产问题等方式，宣传安全生产知识，受到群众广泛称赞。此次活动，印刷宣传品72种，设立宣传图板33块，悬挂各类宣传横幅23条，向群众发放安全生产知识手册、法律法规手册等各种宣传资料13370份，发放纪念品2331份，接受群众咨询2312人次。提高企业员工和群众安全生产意识，营造安全氛围，安全生产深入人心。

【各类从业人员培训】 2016年，在做好企业负责人、安全管理人员、特种作业人员培训基础上，组织节后复产复工、企业主体责任、规范行政执法等专题培训班。全县举办各类培训班16期，培训各类从业人员1500余人次。

【应急救援体系建设】 2016年，加强各级、各部门和生产经营单位的应急演练，督促各企业做好日常应急演练工作，做到演练工作常态化。6月20日，在香河县土产杂品公司鞭炮储存库进行安全生产事故应急救援预案模拟演练。6月24日，在香河万水环保材料有限公司组织开展液氨泄漏专项应急演练。9月，组织百川燃气公司以燃气泄漏事故模拟为主题开展一次综合性演练。全年，组织政府部门及生产经营单位举行各类演练50余场次，参加演练3000余人次。香河县百川燃气和北广家具城2支企业救援队，参加全市应急救援比武大赛。比赛包括空气呼吸器佩戴、苏生器使用、止血包扎、心肺复苏、消防水带链接等综合预案演练，检验企业员工在安全生产事故发生时的应变能力和应急处置能力，达到演练预期效果。2支救援队圆满完成比赛任务。

（张淑娟）

城市综合管理

【概况】 2016年，香河县投入城市管理执法车辆38辆，负责东到潮白河西岸，南到双安路，西到运河大道，北到京沈高速第一出口（含新兴产业示范区）的行政执法工作。

香河县城市管理是治脏、治乱、治违。规范治理新开街、新华大街、淑阳大街、绣水街、迎宾路、永明路等各类违规行为14600余起。检查建筑运输车辆21600余车次，暂扣90余车次，处罚55车次。逐一排查规划区建设施工项目，发现违法违规建设项目8个，整改8个。县执法局联合县公安局、住建局及淑阳镇、新开街道办、新华街道办等相关单位，规范化治理城区私搭乱建现象，拆除淑阳大街、新华大街、安抚路等主要路段两侧违建10050余平方米。清理临时广告牌匾660余处，乱贴乱画各类小广告9830余处，摘除破旧违规条幅210条，粉刷墙体12460余平方米。审批占道挖掘施工3处，监管管道挖掘78起，监管市政工程26起，拆除市政硬化路地上锁及障碍物50余处。维护干净整洁的城市形象。

【网格化管理】 2016年，采取日常管理与专项治理相结合、教育引导与行政处罚相结合的方式，开展城区市容秩序管理，改善城市面貌。将城区管理区域分成东、南、西、北四大片区，一改过去粗放型条块管理模式。实行队员包段、队长包片、班子成员包区域及定岗、定责、定人、定时的“三包四定”网格化管理模式。每个片区实行主管领导负责制，明确任务，夯实责任，推进城市管理工作有序开展。

【全天候全面管控】 按照《河北省市容市貌管理条例》规定要求，提高城市管理精细化、规范化、长效化水平，采取错时工作、定点值守等工作制度。在早上6:30—8:30、中午10:30—下午2:30、下午4:30—晚上6:30，安排执法人员定点值守县城区各中小学及幼儿园等校园周边，清除流动摊点和乱停乱放车辆，保证校园周边环境秩序良好。在早、中、晚3个买菜集中时段，安排人员值守城区香五路市场、新花园市场、永明路、康宁路、淑阳大街东段等处。晚上6:30—9:30，安排人员值守新城广场、县委广场等处，确保无流动摊点，无乱摆乱放。实现城市管理“时间全天候、区域全覆盖”。2016年，规范治理新开街、新华大街、淑阳大街、绣水街、迎宾路、永明路等主要街路各类违规行为5800余起。完善“门前五包”责任制，更换所有街道门店的“门前五包”责任牌，重新签订“门前五包”责任状2100余份，城市管理与人民群众管理形成合力。取缔向阳街、淑阳大街西段、永明路马路市场。拆除违规搭建棚亭155处。取缔流动燃煤餐车50余处，查扣燃煤炉具300个，督导煤改气工作。

【户外广告规范化管理】 2016年，按照市容市貌规范管理要求，完善门头牌匾等户外广告设置标准，加强源头治理力度，美化亮化市容环境。

履行户外广告审批监督检查职责，开展户外广告专项治理行动。规划新牌匾，改造旧牌匾，实现“设置一牌匾、打造一亮点”目标。改造升级牌匾153块。规范户外广告做到重宣传、勤检查、严查处。

开展小广告专项治理行动。在车站、家具城、出租房聚集点等人口密集场所悬挂宣传条幅，县执法局联系县电视台、消费广场、时讯传媒等媒体单位开展宣传活动，引导用工单位到报刊、招工中介处刊登招工信息，从源头遏制小广告产生。加大对非法张贴小广告行为的打击处理力度。公布举报电话“8312658”，发动群众，鼓励群众发现情况及时举报，做到及时发现、及时清理，打造“无癣城市”，提升城市品位。

【大气污染治理】 2016年，按照《河北省大气污染防治规划》《廊坊市大气污染防治实施方案》的总体要求，多措并举，开展大气污染治理工作。从3月起，对各烧烤门店、摊点下发整改通知书，加大夜间烧烤巡查力度，开展露天烧烤专项整治行动。每天下午6:00—晚上9:00集中清理露天烧烤，取缔露天烧烤150余处，关停门店20余家，教育当事人200余人，查扣烧烤作业工具90余件。做到发现一处、取缔一处，确保大气污染防治工作取得实效，城区空气得到明显改善。

【规范渣土车辆运输】 2016年，源头治理与处罚相结合，先后多次召开工地管理会议，要求所有渣土运输车辆加装苫盖设施密闭运输。采取蹲点值守、流动巡查等方式，县执法局不定期与县交警大队联合执法，严查建筑运输车辆遗撒行为。对所有渣土运输车辆加装GPS卫星定位系统和自动苫盖设施，以便随时掌握车辆运输动态。加大夜查力度，抓住工地夜间施工环节，每天由1名班子成员带队，出动6部执法车，18名执法人员严查大香线、双安路等道路，严控不规范渣土运输行为。

【便民市场建设】 2016年，本着“合理布局、改善环境、方便群众、满足需求”原则，发挥城管职能作用，推进便民市场建设工作，取得便民兴商良好效果。在淑阳大街东段路北、新开街与永明路交口西北处、五一路东侧各设置1处便民市场，为附近居民生活提供便利。为丰富居民夏季夜生活，在站西设置燕京啤酒广场、在绣水街东段与潮白河大堤交口设置荷花池啤酒花园，满足不同人群需求，优化城区环境秩序。协调新花园市场，免费提供一部分摊位，供自产自销农户进场销售。缓解占道经营交通拥堵，营造良好市场秩序。

【市政设施监察】 2016年，对城市道路、绿化树木等市政基础设施实行全天候监控，保障市政设施完好，方便群众出行。安排人员每天晚上和周末白天上路巡查，主要检查擅自挖掘道路、破坏树木和市政设施等行为。发现问题及时处理，或协调县住建局及时修缮、更新。制止纠正破坏园林树木行为20余起。通知并督促相关部门及时更换损坏的市政设施200余次；市政土方苫盖5000余平方米，以防大气污染。

（何建好）

农　业

综　述

2016年，香河县贯彻落实国家强农、支农、惠农政策，加强农田基础设施建设，实施农业开发土地治理项目工程，改善农业生产条件，促进农业增效和农民增收。全县种植业以粮食生产为主，全年粮食作物播种面积20349公顷，总产量126203吨。蔬菜总产量74.27万吨。强化林业建设，发展民营民有林业，发展农田林网、城镇乡村绿化和观光生态林业，森林覆盖率40%。果品产量2.95万吨。肉类总产量15396吨。蛋类总产量21519吨。奶类总产量9645吨。全年蔬菜、畜牧两大优势产业产值占农林牧渔总产值83.5%。

农业生产力进一步提高。有农机总动力27.12万千瓦，大中型拖拉机1612台，机械耕种面积14972公顷，机械收获面积16801公顷。农田有机电井5960眼，浇灌面积20405公顷。农用化肥施用量（折纯）18915吨。农村用电量21554万千瓦时。

种植业

【概况】　2016年，香河县粮食作物播种面积20349公顷，总产量126203吨。其中，夏粮播种面积7765公顷，总产量46983吨；秋粮播种面积12584公顷，总产量79220吨。棉花播种面积5公顷，总产量4吨。全县蔬菜播种面积12068公顷，总产量744123吨。其中，设施蔬菜6062公顷，总产量370553吨。全县形成韭菜、苦瓜、豇豆、甘蓝、食用菌等蔬菜区域化生产格局。

【土地经营权确权颁证】　1月，印发《香河县2016年农村土地承包经营权确权登记颁证工作实施方案》，明确确权颁证目标任务、工作原则、方法步骤及保障措施。为确保确权登记颁证工作顺利开展，县政府批准经费763万元。县农业局会同测绘公司分头培训淑阳镇、安平镇、五百户镇、刘宋镇、安头屯镇、渠口镇、蒋辛屯镇、钱旺镇、钳屯镇、新华街道办、新开街道办、新兴产业示范区、环保产业园的农经工作人员、包村干部及276个村街的村支书、村主任、村会计及有关人员。完成272个村街的测绘工作，外业调查面积37.35万亩，二次公示的村街270个，公示无异议耕地面积36.51万亩。

【落实惠农政策】　全县中央农机购置补贴资金590万元，补贴农机具305台套，收益农户154户。其中，动力机械100台，补贴金额149.17万元，占全部资金的25.28%。收获机械98台，补贴金额412.27万元，占全部资金的69.87%。其中，小麦收获机械36台，玉米收获机械46台，饲料收获机械5台。耕整地机械85台，补贴金额7.67万元，占全部资金的1.30%。农机报废更新补贴资金17.70万元，占全部补贴资金3 %。报废老旧农机具20台套。其中，小麦收获机械8台，自走式玉米收获机械11台，悬挂式玉米收获机1台。带动农民和农机服务组织投入1300余万元，全县新增农机固定资产1900余万元。

【无公害蔬菜品种认证】 2016年，全县完成5个产地19个无公害蔬菜品种认证。完成2个蔬菜品种无公害扩项认证和4个无公害产地复审。无公害蔬菜种植面积6万亩。认定县级农业园区2家，分别是乐农美联生态农场和东方千年古葡萄庄园。其中，东方千年古葡萄庄园认定市级农业园区。香河荷花产业园区参与省级农业园区评定。

【农民负担监测】 2016年，完成50个省级农民负担监测点数字统计、汇总上报工作。完成农民负担专项治理的自查和抽查工作，未发现增加农民负担现象。全县在工商部门登记注册农民专业合作社263个，家庭农场6个。其中，获部级示范社1个，即桑梓乐园农民专业合作社；获省级示范家庭农场2个，即香河县洵河湾生态家庭农场和香河县东昊家庭农场。秸秆利用率95.8%。新型农民培训144人。

【农药化肥监管】 2016年，加大农药、化肥等农业投入品监管力度，提高农业病虫灾害预防和扑灭能力。全县出动农业执法人员450余人次，动用执法车辆120余辆次，检查9个镇140余个农药经营单位的农药品种500多个批次。抽查农药标签90个，组织开展高效农药和蔬菜用药专项治理，未发生因禁用高毒农药残留而引发的重大农产品质量安全事故，未发生因农药质量问题引发的重大群体事件，确保农药市场秩序持续好转。全年，农作物病虫害发生面积136.5万亩，防治面积49.1万亩，挽回粮食损失1712.9吨。全县化肥使用量年增长率控制在0.5%以内。

【优良种子引进】 2016年，全县加强粮食种子管理，广泛应用优质高产抗逆性强的粮食品种。推广优质小麦轮选987号2.5万亩、京冬22号2.5万亩、北京0045号1万亩、京冬12号1万亩、中麦816号1万亩。玉米生产主要选用郑单958、浚单20、浚单22、中科11、中科168、纪元128等优质高产品种。

（苏绍辉）

林果业

【概况】 2016年，全县立足京津冀协同发展和首都生态涵养区建设，以“打造平原森林城市、争创全国绿化模范县”为目标，强化林业建设，推动社会主义新农村建设，增加县域竞争力；创新机制，发展民营民有林业；科技兴林，发展农田林网、城镇乡村绿化和观光生态林业，打造林业精品工程；防治美国白蛾等有害生物，确保造林成果；加强林政资源管理，确保生物多样化。造林2.4万亩，累计林地面积27.48万亩，森林覆盖率由2011年底的19.4%提高到2016年的40%，实现绿量提升和品质飞跃。果品产量2.95万吨，花木保存面积0.65万亩。2月，香河县被全国绿化委员会授予“全国绿化模范单位”称号。12月，县林业局被廊坊市委、市政府评为廊坊市2014—2015年度文明单位。

【植树造林】 实施绿色通道建设、节点游园建设、沿河绿化、村庄绿化、林果网片建设等九大重点造林工程。打造出国华影视基地精品牡丹园、潮白河森林公园、安头屯千亩林果采摘区、东方千年古葡萄庄园、万亩荷塘周边高标准景观林带、潮北休闲生态公园、秀兰生态休闲公园、五百户镇北休闲公园等一批精品绿化工程。实现造林绿化由“扩规模”向“提质量、上档次、建精品、创亮点”的转变。

健全机制，加强组织领导。县政府春季召开造林绿化动员大会，并成立造林绿化指挥部，全面部署全年造林绿化工作。县林业局与各镇密切合作，形成协调联动的工作机制。

加大政策扶持力度，激发全社会造林活力。按照“政府主导、市场运作、全民参与”和“谁种植、谁受益”原则，吸引社会资本参与植树造林，以财政小投入撬动社会大资本破解资金制约，先后引进专业公司50余家、种植大户40多个，探索推广以奖代补、返租倒包、股份合作、家庭自营四种造林模式。形成政府投资、部门筹资、企业出资、社会集资、群众捐资、劳务代资的多元投入机制，推动一家一户分散造林向规模化、集约化、工程化、高效化、专业化方向转变。结合交通路网、河渠治理、美丽乡村建设，打造靓丽生态景观。结合大香线、唐通线、平香线南延、涿密高速等路网建设，进行全县国、省、县、镇、村道路绿化美化。发挥多河富水的优势，结合两河开发、河渠清淤疏浚、水系生态治理、万亩荷塘、国家级湿地公园创建等工程，沿北运河、潮白河建设生态景观带。运河之约文化森林公园、古渡春荫、潮白河滨河森林公园、潮白河一号及二号橡胶坝等节点公园成为镶嵌在景观带上一颗颗璀璨的明珠。“荷花之乡”创建工作，建成万亩荷塘、潮白河荷花生态公园等六大荷花主题景观。坚持“绿水青山就是金山银山”理念，把植树造林与“美丽乡村”建设相结合，打造安平镇王指挥庄、高庄，渠口镇金庄、小圈，钳屯镇前延寺，蒋辛屯镇王店子、河北吴村精品片区等一批绿化精品样板村街。

【果树技术培训】 2016年，为改善全县果树品种、品质，提高果农经济效益，组织种植大户参加廊坊市林业局组织的设施葡萄生产技术培训，参观学习北京市大兴区高效现代化果树栽培管理技术。以县果树协会为依托，组织果树种植专业技术人员以分片包干形式，实地指导果农无公害果品的栽培技术、高毒农药的实际应用等专业技术，推广全县无公害果品生产。基本达到使用高效、低残留农药，施用有机肥，采用果实套袋技术等高科技生产标准。全年，派出果树专业技术人员100余人次，培训果农2000余人次，发放各种技术资料2000余份。香河县果树协会推荐的“红富士苹果”获“硅谷杯”京津冀果王争霸赛铜奖。

【林木管护】 全县林木实行分区、分片的种植模式。县政府将林木管护责任落实到各镇。镇政府与林木承包人签订责任书，强化责任人、监管人的责任，确保每一片、每一棵树木都有专人看护。镇政府成立林木督查小组，定期巡回督查各村树木成活生长情况，确保各村林木管护落实到位。全县利用广播、横幅标语等形式，宣传《中华人民共和国森林法》等法律法规，增强群众爱护树木意识，营造林木管护良好氛围，巩固造林绿化成果。

【病虫害防治】 全县林木病虫害主要有美国白蛾、春尺蠖等，严重影响林业健康发展。林木病虫害防治坚持“预防为主，科学治理，依法管理，强化健康”方针，多措并举搞好森林病虫害防治。

加强监测，完善预报体系。全县设立15处黑光灯监测点，明确专人负责，详细记录各种常发病虫害始发期、发生盛期和盛末期。及时发布林业信息，指导林木病虫害防治工作。

领导重视，签订责任状。县委、县政府组织人力、物力、财力，全面开展各种病虫害的防治工作。县政府与各镇、街道办、县新兴产业示范区、县环保产业园区及美国白蛾防治指挥部成员单位签订防治责任状，确定防治主体，明确防治责任人，将防治工作分解细化。按照“谁所有、谁经营、谁治理”原则，按其要求及时开展防治工作。

村村联动，展开地面防治。遵循“突出重点，分区治理，属地负责，联防联治”原则，全力突破、全面覆盖、全员发动，防治春尺蠖和美国白蛾。4月起，防治春尺蠖。全县投入防治车辆400辆次，高压机动喷雾器20台套，喷烟机20台，背负式喷雾器100台，地面防治作业面积1万余亩。5月后，防治美国白蛾。全县各单位各部门协调联动，各镇村街共同出击，地面防治作业面积50.33万亩次，剪除网幕2000个，诱捕成虫1500多头。

强化重点，实施飞防作业。按照省市安排，结合县域实际，4月中旬，全县开展飞机防治春尺蠖工作。飞防区域涉及京沈高速路、唐通线、夏安线、国安路、双安路、运河大道等主要公路干线的绿色通道和春尺蠖发生严重部分片林。喷洒苦参碱药剂4.8吨，飞防作业面积9.6万亩。5月中下旬及9月初，全县分别开展第一代、第三代美国白蛾飞防作业，喷洒苦参碱药剂20.7吨，飞防作业面积41.4万亩。飞防效果良好，确保有虫不成灾。

【绿化亮点工程】 2016年，全县规划建设一批绿化亮点工程。老夏安线安平段改造提升工程，全长4.6公里，规划每侧营造15～30米宽高标准景观林带，重点交叉路口建节点游园，面积300亩。栽植法桐、国槐、白蜡、美国红枫、金丝垂柳等景观树木150亩，铺设排水管道2000米，硬化人行道路4000平方米。

万亩荷塘感恩园建设工程，位于万亩荷塘东南部，占地100多亩，以“绿色、生态、感恩”为主题，建有健身广场、休闲广场、儿童活动区、休憩服务区、桃李园区等功能分区。栽植法桐、垂柳、樱桃、海棠等景观树木60余亩，修建休憩凉亭、人行步道等设施。

雅林生态园建设工程，集科技示范、生态旅游、观光采摘、餐饮住宿、休闲娱乐等于一体，以花卉、瓜果、养殖等为主，包括珍稀动物养殖区、果品采摘区、进口水果实验区等六大功能分区。栽植杏、李、桃、栗、梨、樱桃、苹果等各类果树400余亩。

北三百户村东景观林建设工程，总面积1000多亩。由华夏公司投资建设，形成“一道、两片”的绿化格局。“一道”即贯穿东西总长3公里的景观大道，以黄杨、白蜡、法桐、柳树等景观树木为主；“两片”即道路南、北两侧片林，以法桐、竹柳等树木为主。

（吕 剑）

畜牧水产业

【概况】 2016年，坚持科学发展观，推进畜禽规模养殖，落实动物疫病防控措施，加强检疫监督和畜禽定点屠宰监管，加大兽药、饲料及添加剂等畜牧投入品监管力度，完善动物疫病可追溯体系，提升畜牧业依法监管水平。畜禽免疫率、持证率均100%；动物产地检疫、屠宰检疫率100%。加强动物产品及动物源性食品安全监管，打击出售病害肉和无证经营畜禽及其产品的违法行为，病死动物及病害动物产品无害化处理率100%，确保全县人民肉食品安全及畜牧水产业健康稳定发展。全县猪饲养量15.85万头。牛饲养量2.39万头。羊饲养量14.2万头。禽饲养量424.6万只。其中，肉鸭饲养量162万只。肉产量1.415万吨。蛋产量2.1万吨。奶产量0.91万吨。水产品产量2635吨。

【动物疫病防控】 2016年，加强动物疫病防控，做好春季强免与平时补针工作，确保高致病性禽流感、口蹄疫、猪蓝耳病、猪瘟、布病、鸡新城疫等强免项目免疫密度100%。加强兽医实验室建设，培训人员30人次，为全县重大动物疫情监测和流行病学调查提供保障。加强人畜共患病防治和外来病防范，使全县两病净化达到标准。加强动物疫情专家解析预警和防疫物资供应与储备，为全县重大动物疫病防控提供保障。

【畜禽屠宰监管】 2016年，开展畜禽屠宰监管培训，组织执法人员及屠宰场品质管理人员学习《生猪屠宰管理条例》，加强生猪定点屠宰管理。深入屠宰场，养殖场，农村集贸市场，印发宣传资料、张贴标语、走访宣传《中华人民共和国农产品质量安全法》《生猪屠宰管理条例》等法律法规。设立举报电话和电子邮箱，鼓励群众举报私屠滥宰，生猪注水、畜禽养殖过程中添加使用"瘦肉精"等危害严重的违禁药物的违法行为。整治生猪定点屠宰市场，组织执法人员打击私屠滥宰和生猪注水等违法行为，全面排查县内肉品市场，打击未经检疫上市销售肉品的违法行为。

【畜禽食品安全】 落实产地检疫报检制度，坚持偶蹄动物出栏时，"瘦肉精"监测与产地检疫同步进行，并要求规模养殖场填写动物"瘦肉精"自检合格报告书（溯源单）；达不到备案规模的动物养殖场（小区、户），在动物出栏前，填写未添加使用"瘦肉精"保证书（溯源单）。强化屠宰检疫，县政府分别与屠宰企业、驻场兽医签订畜禽食品安全责任状，保障出场肉品质量安全。加强市场流通环节动物、动物产品安全监管，打击出售病害肉和无证经营畜禽及其产品的违法行为，净化畜禽产品市场。

2016年，全县产地检疫生猪13.18万头，牛、羊2.45万头，禽兔720万只。定点屠宰检疫生猪35.7万头，牛、羊11.2万头。审核办理动物防疫条件合格证38份。设立动物产地检疫申报点19个。举办培训班4期，培训人员2200余人次。无害化处理生猪1.89万头。办理动物卫生执法案4件。出动车辆268辆次，执法人员1072人次，监督检查动物屠宰场60次、市场120次、超市48次、规模化养殖场（小区）214家。风险评估等级A级11家，B级2家，C级211家。确保畜禽食品安全。

【动物源性食品安全】 2016年，开展饲料百日大检查、兽药及生物制品整顿活动，出动执法人员520人次，出动执法车辆260辆次，发放宣传资料800余份，突击检查辖区饲料生产经营单位、养殖场及奶站60次。

【水产品监管】 2016年，加强水产品安全监管及病害监测，抽取病害检测鱼样20批次3000余尾。参加省渔业厅举办的病害监测培训班2次。

【休闲渔业】 2016年，发挥县域区位优势，引导养殖户发展休闲渔业。锦鲤农庄集垂钓、休闲、餐饮于一体，成为京津等地区旅游休闲的好去处；同泰观赏鱼养殖基地占地400余亩，年销售观赏鱼5000万尾，销往全国各地，经济效益丰厚。

（陈　萍）

水　务

【概况】 2016年，全县实施河渠水系治理，清淤疏浚河渠，防护河堤，提高防洪能力。按照《香河县2015年—2016年河渠水系治理工程实施意见》，实施"一河、六干、十一支"水系清淤工程。总投资8095万元，预计清淤土方281.95万立方米。清淤疏浚自流渠、东干渠、霍刘赵排干渠、香五西侧排干渠、梁家务干渠、牛济河排干渠6条主干渠道以及11条支渠，清淤渠道63118.6米，土方量1148288立方米。潮白河1号坝至赶水坝闸（吴村闸）段清淤河道6028.2米，两岸清障任务12056.4米，完成清障任务90%。

【水利资金引进】 2016年，全县引进国家水利专项资金1019.40万元。其中，农田水利设施维修养护项目中央补助资金392万元；中央水利专项资金258万元；地下水超采综合治理试点省级水利项目资金151.40万元；地下水超采综合治理试点中央补助资金80万元；农田水利设施建设和水土保持、防汛抗旱等省级专项转移支付资金73万元；特大防汛抗旱省级补助费50万元；大中型水库移民后期扶持市级资金15万元。

【北运河生态治理】 2016年，北运河香河段生态综合治理PPP项目一期工程初步设计经廊坊市水务局审查批复。一期工程概算核定总投资90110.73万元。主要建设内容为防洪工程、生态驳岸景观工程及环境物联网工程。

【橡胶坝景观建设】 在潮白河1、2号橡胶坝投入使用基础上，2016年，投资2950万元，启动潮白河3号橡胶坝建设，使潮白河形成一个完整的水景观。投资760万元， 美化绿化潮白河1号橡胶坝(义井村)景观建设，橡胶坝两侧景观平台约1.7万平方米，绿化其中的8700平方米。并在平台内建设景观道、健身游乐设施、休闲景点，安装景观灯、喷灌给水设施、排水设施等；在潮白河2号橡胶坝（大高坨村）上游、刘庄闸上游建引水口一处，解决潮南部分区域因输水渠道长地上水无法及时送达的难题。

【水利桥闸建设】 2016年，市级水利桥闸建设项目总投资165万元。其中，市级投资111万元。重建自流渠三百户桥、四百户桥及香五西侧排渠五百户桥3座。县级水利桥闸建设项目计划投资1872.26万元，准备重建和维修闸桥17座。

【防汛抗旱】 2016年，加强汛前检查，落实各项防汛责任制，完善各项预案修订和物资储备，确保汛期洪峰安全过境和全县人民生命财产安全。7月12日，组织以转移搜救受困群众和应急险工加固为主要内容的大规模防汛抢险演练，提高抗洪抢险队伍战斗力，为迎险实战做好准备。投资219万元，实施青龙湾减河右堤258米防护工程，提高河道防洪能力。投资119万元，维修荣各庄、庆功台、商汪甸、后骆驼港、西河头5座扬水站，保障泵站正常运行，完成除险排涝任务。加强引水调度，1月至5月，利用曹店跌水橡胶坝及其配套工程累计引蓄地上水1630万立方米，缓解抗旱用水压力，为春播春灌提供保障。使用中央抗旱补助资金50万元，实施抗旱应急工程建设，打100米深配套机井50眼，可灌溉农田3200亩，惠及7个镇、2个园区、24个村街。

【实施河长制】 2016年3月，制定印发《香河县水污染防治河长制实施方案》，全县主要行洪河道、干支渠道实施河长制，实行分段分层管理，每段河渠都明确公布责任人（河长）和管理责任。并制定信息公示制度、部门联系制度、投诉举报制度。取缔入河入渠排污口，遏制河渠水污染。

【征收水费】 2016年，实行取水许可制度，发放取水许可证52套。征收水利规费468.2

万元。其中，水资源费377.9万元（包括7月费改税后收取以前欠缴的水资源费244万元），河道费90.3万元。费改税移交工作，在审核《取用水信息登记表》后，与地税部门入户开展涉税信息核查，逐户填写水资源税纳税人涉税事项调查确认表，信息核查和费改税移交具有取水许可证者52家。

（白瑛彪）

农业开发

【概况】 2016年，全县实施农业开发土地治理项目1个和产业化建设项目2个，共引进中央、省财政资金1468万元。通过政策引导、项目推动、资金扶持，促进农业增效和农民增收。在省、市农业开发项目建设验收评比中，香河县名列全市第一，并获“全省农发项目和资金管理先进县”称号。至此，连续4年获全省“项目和资金管理工作先进县”称号。在高标准农田项目拉练中，香河县总分位列全市第一。农业开发信息宣传工作居全市第一。

【土地治理项目建设】 土地治理项目，建设高标准农田9500亩，总投资1235万元。实施在五百户、刘宋2个镇的8个村。更新机井58眼，购置安装水泵及配套109套，井台井盖52套，智能配电柜57套；铺设输水管道21.30千米，安装机井首部58套，进水口58套，出水口及保护装置426套，购置三通540个、弯头350个；架设高压线1659米，安装地埋铠装电缆24.20千米，新增变压器9台；修建过水涵洞17座，水闸1处，转弯半径10处，作业通道180处；修建小型标识牌2座；硬化5米宽水泥路1.9千米，4米宽水泥路6千米，3米宽水泥路1.41千米；栽种胸径5厘米馒头柳5000株。实施示范推广种植小麦新品种“石优20”2000亩。

【产业化项目建设】 2016年，实施2个产业化项目，争取财政资金322万元。50头奶牛养殖扩建项目，由聚鑫奶牛养殖专业合作社承担建设，总投资410万元。其中财政资金196万元，企业自筹资金214万元。改扩建牛舍4栋，面积8524.8平方米。新建水泥路2210平方米，排水沟293延长米。购置11立方米TMR饲料搅拌机2台、风机48台。

年产30万公斤设施蔬菜种植扩建项目，总投资264万元。其中，财政资金126万元，企业自筹资金138万元。扩建新型冷暖温室14栋；水泥路及场地硬化1410平方米；修建排水设施680米；铺设农电线路1165米；修建管理房45平方米；购置设备24台套。

【信息宣传】 在项目实施前和建设过程中，利用广播、公示栏、发放明白纸、入户走访等形式，宣传农业开发惠民政策和土地治理项目建设内容，使项目区群众了解农业开发、支持农业开发、参与农业开发项目建设。

深入农字形龙头企业和农业合作社宣传发动，发放产业化项目的申报条件和相关标准，鼓励有条件的企业申报产业化项目，促其做大做强。2016年，走访产业化企业8家，发放宣传资料35份。

全年市办要求信息宣传上稿32篇，结果被市级以上媒体采用48篇。其中，《中国农业综合开发》《农民日报》等国家级刊物3篇，《河北财政》《河北经济日报》《省办简报》等省级刊物20篇，《廊坊日报》《市级新闻联播》《市办简报》等市级刊物25篇。

（李士丽）

工 业

综 述

2016年，全县有工业企业8107家。其中，规模以上工业企业160家。全部工业企业营业收入590亿元，同比增长6.1%；增加值99.8亿元，同比增长8.3%；利润41.2亿元，同比增长5.9%；税金7.9亿元，同比下降5.7%。

全县有食品制造企业2237家，从业人员5689人。营业收入16.8亿元，同比下降0.9%；增加值2.85亿元，同比下降1.7%；利润1.06亿元，同比增长2.9%；税金52913万元，同比增长11.1%。纳税额超过百万元的食品制造企业有2家，分别是香河第一城酒业有限公司，纳税48949万元，占全县食品制造业纳税额的92.51%；香河正大有限公司纳税144万元。

5月，全省2015年度民营经济考核，香河县位列第一名。11月起，国家环保政策日趋严格，相关工业企业落实环保政策停产、限产。至年底，全县停产、限产工业企业1200多家。

企业管理

【概况】 2016年，全县开展"入企帮扶""进百企，解难题"服务企业工作，促进工业经济发展。11月，县工信局联合廊坊银行香河支行、邮政储蓄银行香河支行，会同渠口镇政府召开银企对接座谈会，渠口镇10余家企业参加座谈会。发挥鼎力担保公司担保作用，缓解企业融资难题。为24家企业业务担保26笔，提供贷款担保1.55亿元。

全县工业企业实施技术改造项目47项。其中，申报河北省重点技改项目8项；申请河北省重点技术改造专项资金项目1项，获得扶持资金60万元；委托贷款项目2项，获资金600万元。

【惠企政策发布】 2016年，全县中小企业公共服务平台注册企业及服务机构用户120家，微信公共平台关注用户330多个。发挥中小企业公共微信平台服务功能，发布各级部门惠企政策、经济信息、行业动态等时讯1300余条。编制《中小企业支持政策百问百答》《各银行企业贷款产品汇编》《鼎力担保公司业务介绍》《河北省中小企业名牌申报要求及管理办法》《河北省技术改造投资导向目录（2016—2018年）》等发放给企业，使企业能更好地了解各项惠企政策及措施。

【企业培训】 2016年，全县组织企业参加各类培训20次，培训人员300余人次。3月，组织40余家企业参加香河县金融知识培训。9月，组织45家企业到山东青岛参加香河工业企业创新驱动培训。11月，组织80家企业参加廊坊（香河）产业管理创新培训；组织企业参加上市知识、融资担保、网络平台、企业转型升级等省市培训。

【企业产品展览】 2016年，组织河北巨川节能科技有限公司、香河凯华齿轮有限公司参加中国西部制造业博览会、国际绿色产业博览会、APEC中小企业技术交流会；6月16日，组织香河机器人小镇参加在唐山举办的2016中国•河北国际经济贸易洽谈会；组织30家企业参加 2016 年北京金属成型展；组织香河县恒通电器设备有限公司、香河县兴华金属制品有限公司赴广州深圳考察交流钣金行业等。

【实施品牌战略】 2016 年，组织香河县兴华金属制品有限公司、香河县奥尔利金属制品有限公司、香河洋鑫博傲钣金制造有限公司、廊坊银丰科艺家具有限公司等4家企业申报河北省中小企业名牌产品。推荐廊坊精兰办公家具有限责任公司、河北富都华创家具制造有限公司、河北安旭专用汽车有限公司、香河县御娇龙家具有限公司等 4 家公司申报 2016 年市政府优先采购名优产品。组织 28 家企业加入 5 个市级行业产业协会。

特色产业

【概况】 2016 年，香河县在工业企业发展中，汽车配件、金属制品、印刷包装、家具制造 4 个行业形成规模特色产业。全县特色企业 3701 家，从业人员 58487 人，总营业收入 236.6 亿元，增加值 41.6 亿元，利润 17.18 亿元，缴纳税金 17541 万元。

【汽车配件业】 2016 年，全县有汽车配件企业 17 家，从业人员 4273 人。营业收入 25.5 万元，同比增长 4.9%；增加值 4.1 亿元，同比增长 2.5%；利润 1.81 亿元，同比增长 3.4%；税金 1975 万元，同比下降 5.6%。纳税超百万元的汽车配件企业有 6 家，分别是香河旭明源汽车配件有限公司、河北安旭专用汽车有限公司、香河凯华齿轮有限公司、香河海潮制件有限公司、赛铭瑞汽车零部件（廊坊）有限公司、香河港龙汽车配件有限公司。

【金属制品业】 2016 年，全县有金属制品企业 1119 家，从业人员 21396 人。营业收入 99.7 亿元，同比增长 6.2%；增加值 16.8 亿元，同比增长 6.3%；利润 7.10 亿元，同比增长 4.6%；税金 5721 万元，同比下降 5.7%。纳税额超百万元金属制品企业有 8 家，分别是北京多维联合集团香河钢结构有限公司、北京多维联合集团香河建材有限公司、香河县友邦电器设备有限公司、北京泰来华顿低温设备有限公司香河分公司、香河县中兴铝材有限责任公司、河北峻宇锅炉有限公司、香河县宏远机械有限公司、香河县中辰铝业有限责任公司。

【印刷包装业】 2016 年，全县有印刷包装企业 150 家，从业人员 6583 人。营业收入 26.1 亿元，同比增长 4.0%；增加值 4.9 亿元，同比增长 4.3%；利润 1.97 亿元，同比增长 3.7%；税金 2961 万元，同比下降 11.1%。纳税额超过百万元的企业有 8 家，分别是香河高氏印务有限公司、香河富士嘉利纸制品有限公司、香河华林印务有限公司、香河超达纸品包装有限公司、香河金佰包装技术开发有限公司、香河工达工艺品厂、香河华欣纸业有限公司、香河富强包装有限公司。

【家具制造业】 2016 年，全县有家具制造企业 2415 家，从业人员 26225 人。营业收入 85.3 亿元，同比增长 5.2%；增加值 15.8 亿元，同比增长 4.6%；利润 6.3 亿元，同比增长 5.0%；税金 6884 万元，同比下降 5.7%。纳税额超百万元家具制造及配件企业有 10 家，分别是喜临门北方家具有限公司、廊坊爱依瑞斯家具有限公司、河北双叶家具有限公司、河北富都华创家具制造有限公司、香河县希泉泡沫有限公司、廊坊成和办公家具工程有限公司、香河众旺木业有限公司、廊坊精兰办公家具有限责任公司、香河县翰森家具有限公司、香河县御娇龙家具有限公司。

（邱雅楠）

园区建设

家具城

【概况】 香河家具城始建于1998年，至2016年，拥有经纬、红星美凯龙、居然之家、金钥匙、嘉亿龙、中意、好百年、鑫亿隆、汇美、鹏大、顺隆、贵都、北广、明泰来、中唐、春城、华汇、顺美、新时代、兴华、京达、京华随缘、美家源等33座单体家具展厅，其商品涵盖家居、办公、宾馆套房、红木、中高档沙发、软床、户外、藤艺、工艺品等各类家具，总面积突破300万平方米。城内参展企业7500多家，知名品牌1500余个，产品除畅销北方10余个省、市外还远销东北亚、欧美和非洲等部分国家和地区。2016年市场交易额达到280亿元，上缴财政税收0.98亿元。

【获得荣誉】 2016年，香河家具城被联合国物资采购监管中心授予“家居产品采购基地”荣誉称号。2016年1月，香河家具城被中国保护消费者基金会授予“重质守信—3•15满意单位”荣誉称号。2016年11月，香河家具城管委会荣登“2016第八届中国家具行业创新金牌榜”，被评为“2016中国家具行业十大服务创新机构”。

【家居文化节】 2016年4月28日至5月2日，香河家具城与中国家具协会、河北省家具协会共同举办了第五届“中国香河国际家居采购文化节”。活动期间，累计接待客流19.8万人次，商品交易额总量达到16.2亿元，为全面构建家具产业发展招商、推介、营销、交流高端平台，进一步完善拓展家具产业链条，丰富家具产业发展文化内涵，全面提速香河家具城打造中国家具之都的进程起到了积极促进作用。

【专业培训】 2016年，家具城除了对新上岗导购人员的基层培训和全城从业人员的轮训外，为进一步提高从业人员对当前经济形势、家具市场的认识与了解，特意聘请著名讲师为各展厅物业经理和全体干部职工进行高端培训，讲述团队的建设与管理、激发员工的工作热情、消防与安全管理等内容，培训效果良好。

【品牌推广】 （一）持续完善家具城的营销模式。努力完善包括消费者试用、“一站式”的购物享受、完善部分配套设施、会员定制服务、方便的退换货机制、定期的促销优惠等营销模式，吸引并聚拢消费者。确保引入的家居产品多样化、高档化、个性化，达到艺术性、装饰性和观赏性的完美结合，简洁与时尚，流行与复古，中西结合，繁简混搭，能够满足日常生活中各种家居功能的需要。（二）持续提升家具城的品牌效应。致力于打造一个展、销、学、研一体化的商贸平台，加大对质量建设、平安建设、诚信建设等几项重点工程的专项资金投入，创新周边地区拓展、品牌发展论坛、从业人员高端培训等服务模式，努力打造“中国家具之都”这张闪亮的名片。依托全国各大媒体以及主要行业媒体资源，根据入驻企业的品牌特点量身定制宣传推广计划，力求将品牌文化最大化。将在所有的展厅内集合品牌家具和家居设计、家居配饰、原辅材料等配套行业，确保为入驻企业提供宽松优良的品牌成长空间，发现并培育有潜力的品牌，让香河家具城成为行业品牌养成的摇篮。

【消防安全】 坚持按照日巡查、夜抽查、季联查的工作方式开展消防检查工作并积极组织开展应急疏散演练；成立以管委会主任为组长，相关科室、家具城派出所、各家具展厅的负责人为组员的消防安全领导小组，具体负责整个家具城的消防工作，做到责任到人，措施到位；家具城管委会与所辖所有展厅的法人代表签订《2016 年安全生产目标管理责任书》《2016 年消防安全责任状》以及安全生产承诺书，进一步明确各家具城法人对安全生产、消防工作的领导责任，完善了各展厅的消防安全工作，建立健全了消防安全工作制度。按照定区域、定人员、定责任的要求，建立以各家具展厅为单元的三级安全网格化管理体系，形成各司其职、相互联动、综合监管的工作格局，认真贯彻落实《中华人民共和国消防法》《中华人民共和国安全生产法》及有关安全工作会议精神，按照“预防为主，防消结合”的方针，认真履行职责，积极落实消防安全责任制，保证了辖区内的消防安全工作顺利开展，杜绝了各类安全事故和灾害事故发生。

河北香河经济开发区

【概况】 河北香河经济开发区（简称香河开发区）的前身是经河北省政府于 1993 年 1 月 18 日批准成立的省级经济技术开发区—河北安平经济技术开发区；2003 年 5 月，经省政府批准更名为河北香河经济技术开发区；2005 年 12 月 30 日，经国家发改委、国土资源部、商务部等六部委审核批准，更名为河北香河经济开发区。2016 年，规划面积 21.6 平方公里，开发用地面积 12.7 平方公里，辖区 3.9 万人，企业 186 家。其中，三资企业 44 家（包括区内注册区外经济企业）。财政收入 50079 万元，占年计划 109.6%，同比增长 51.7%；固定资产投资 31.1 亿元，占年计划 101%，同比增长 9%；规模以上工业企业总产值 33.9 亿元，占年任务 100%，同比增长 5%；实际利用外资 1709 万美元。

【招商引资】 香河开发区着力引进总部经济、网络科技、现代物流、装备制造、新型材料等大项目、好项目，加大高端洽谈力度，提高招商引资成功率。2016 年，引进项目 30 个，总投资 600 亿元。其中，香河赢创科技有限公司，投资 13.9 亿元；影能（香河）机器人有限公司，投资 4.1 亿元；香河精波仪表有限公司，投资 4.1 亿元；香河机器人小镇项目签约 35 家，入驻 21 家，总投资 5 亿元。

2016 年底重点入区项目统计表

表 3

企业名称	主要产品	注册资本（万元）	投资总额（万元）	占地面积（平方米）	从业人数（人）
智航尚科（香河）航空器件有限公司	装备制造	100	15000	2429.10	30
汇天威（香河）科技有限公司	3D 打印设备	100	784.45	1968.61	20
尼玛克焊接技术（北京）有限公司	机器人焊钳	1000	5000	605.69	20

续表 3

企业名称	主要产品	注册资本（万元）	投资总额（万元）	占地面积（平方米）	从业人数（人）
陕西美宜商业运营管理有限公司	奢侈品物流展示、配送、销售	10000	120000	150000	待定
香河金栢包装技术开发有限公司	汽车结构件	15000	20000	7600	50
香河润恒节能技术机械有限公司	地热能中央空调	1000	68000	1925	待定
北京伊贝格机械有限公司	精密机械	500	25000	1400	30
北京恒基益康医疗器械有限公司	医疗器械	100	15000	2220.28	待定
北京华林嘉业科技有限公司	半导体、平板显示器生产、销售	1000	10000	905.09	待定

【优化投资环境】 香河开发区着力优化投资环境，加强基础设施建设，提高园区承载力。2016 年，投资 1800 万元，建成工业区污水处理厂，日处理量 2000 吨；投资 1000 万元，建设工业区热力站一期工程，可供暖面积 60000 平方米，确保香河机器人小镇如期供暖；投资 200 万元，建设运河大道绿化景观提升工程；投资 400 万元，完成工业区 2 号路香河机器人小镇改造提升工程；总投资 1600 万元，完成总长度 2100 米的中兴后街西段道路及市政管线翻修工程和中兴后街东段道路及市政管线新建工程。

【项目建设】 2016 年，香河凯华齿轮有限公司二期工程建成并投产，投资 3 亿元；天域九五（香河）电气有限公司竣工并试生产，投资 5 亿元；香河合益包装有限公司完成部分主体工程，投资 2 亿元；启动投资 15 亿元的中艺美宜欧洲之窗项目建设，并完成基础施工。

【节能减排环保】 严把项目进口关，实行绿色招商，吸引科技含量高、环保意识强、资源消耗低的项目进区发展；严格执行新建项目节能评估审查、环境影响评价等制度，确保入区企业技术设备、清洁生产、集约利用资源等方面达到国内先进技术水平。提高企业装备技术水平，促进传统产业升级，向高效、清洁产业方向转变。

2016 年底开发区固定资产投资 5000 万元以上企业统计表

表 4

名称	投资总额（万元）	注册资本（万元）	合同利用外资（美元）	主要产品	从业人数（人）	占地面积（平方米）
香河赢创科技有限公司	139275	500	—	减速器	23	200000
香河彬睿机械设备有限公司	11840	2000	—	机械制造	307	28880.10

续表 4

名　称	投资总额（万元）	注册资本（万元）	合同利用外资（美元）	主要产品	从业人数（人）	占地面积（平方米）
影能（香河）机器人有限公司	41321	500	—	电子元件	171	80000
香河君方科技有限公司	36856	100	—	智能工业机器人	25	—
奥尼睿尔（香河）科技开发区有限公司	9360	1000	—	防火门监控系统	30	12600
精波仪表（香河）有限公司	41090	1000	—	机器人传感器	24	59120
萨克森建筑新型材料（香河）有限公司	12798	3289	—	新型建材	65	17421
香河合益包装机械有限公司	119661	2000	—	包装机械	15	91070
香河天易铝窗有限公司	35981	500	—	智能门窗	110	72918.49

（靳雪丽）

香河县农业高新技术园区

【概况】 香河县农业高新技术园区（简称农业园区）位于香河县中西部，双安路北侧，涉及钳屯、五百户、安头屯3个镇20个行政村。总体规划面积1333.3公顷，核心区333.3公顷，示范区1000公顷。农业园区于1997年9月被河北省科委列入省农业高新技术园区建设规划。1998年10月挂牌成立。2002年4月，被河北省科技厅正式批准为省级农业高新技术园区。2016年，农业园区再次通过河北省省级农业科技园区验收。

【技术培训】 2016年，农业园区围绕“引进、示范、推广、服务”职能，不断增强服务意识，加大科技培训力度，提升园区的推广、服务功能，提高企业和农民的专业技能。邀请专业技术人员，组织4次养殖和5次种植专业技术培训，受训500余人次，发放科技宣传资料600余份，为企业提供服务20余次。

（黄德军）

河北香河环保产业园区

【概况】 河北香河环保产业园区成立于2005年,之初名为香河家具制造业基地。2010年，经县委、县政府扩区整合后，改名为中国北方家具产业基地，辖15个村（小店子、前彭家务、后彭家务、南王庄子、南刘庄、黄院、前井亭、中井亭、后井亭、孙庄子、铁佛堂、石辛庄、庞营、东延寺、李辛庄），总人口11613人，规划面积41.9平方公里，行政区面积19.2平方公里。

园区建设采取“政府主导、市场运营”模式。2013年9月，引入国兴环球土地整理开发有限公司作为开发运营主体。2014年4月，更名为河北香河环保产业园区。2016年，园区总人口12350人，起步区面积17.87平方公里，建成区面积8平方公里。财政收入6169万元，占全年任务的110.7%，同比增长21.3%；工业总产值9.05亿元，占全年任务的120%，同比增长8.8%；固定资产投资27.58亿元，占全年任务的118%，同比增长12%。

【基础设施建设】 2016年，投资7.06亿元，园区绿化改造升级面积370亩；安装路灯600盏；铺设地下通讯管网10公里、排雨水管网20.6公里、排污水管网30公里；建污水泵站2座；铺设10千伏供电线程3.5公里。

【招商引资】 2016年，引进哈工大京津冀创新产业园项目，计划总投资200亿元，占地3平方公里。主要设立哈工大京津冀工业技术研究院、教育、产业集聚及金融服务四大功能板块，为国家级创新创业基地。

在廊坊2016年"5•18"经贸洽谈会上，香河环保产业园区签约亿元以上项目2个：安博现代商务物流建设项目，外资企业，计划投资4.5亿元，占地150亩；北京中关村生物医药建设项目，计划投资40亿元，占地500亩。

在谈项目有总投资12亿元，占地200亩的稻香村集团新建香河食品加工基地等。

【在建项目】 中粮可口可乐项目：总投资10亿元，占地200亩，共建9条生产线。2016年，完成投资5.68亿元，建有饮用水、桶装水、汽水饮料、非汽水饮料等4条生产线，年产可达2.5亿标箱。

全友家具香河工业园区项目：总投资15亿元，占地192亩。2016年，起步建设。

香港弘维电子项目：总投资3亿元，占地80亩。2016年，起步建设。

河北富都华创家具有限公司、喜临门北方家具有限公司、双叶家具有限公司3个项目进行技术改造。

【美丽乡村建设】 2016年，后彭务、孙庄子、石辛庄、南刘庄、铁佛堂、南王庄子、前彭务7个村实施美丽乡村建设。其中，孙庄子、石辛庄、南刘庄为省级重点建设村。7个村均完成规划设计和预算。其中，孙庄子、后彭务、前彭务、南王庄子4个村完成招投标。改厕1500户，清运积存垃圾、杂物19600立方米，拆除违章建筑658处（约26000平方米）。完成后彭务、南王庄子、南刘庄3个村主街近100户大门更换及门楼改造。实施"煤改气"管网工程，外围中心管道铺设12000米，村街管道铺设26000米，安装1500户。其中，后彭务、前彭务完成"煤改气"安装工程。

【卫生环境】 2016年，出动2000余人次，车辆5000台次，新建改建标准垃圾池35个，清理垃圾10万余吨。秸秆还田1万余亩。整治3条主路及道路两侧绿化带卫生环境，清扫树木落叶上万吨。

【大气污染治理】 制定《重污染天气应急预案》和《大气污染防治工作实施方案》。按照《香河县大气污染防治十条严控措施》要求，建立大气污染防治监管网络，成立4支巡查小分队，实行昼夜不间断巡逻。2016年，拆除燃煤锅炉企业72家，与15个村签订《秸秆禁烧承诺书》，确保辖区内"不着一把火，不冒一缕烟。"

【辖区社会稳定】 化解各类矛盾纠纷，稳妥处理各类遗留问题和倾向性、苗头性矛盾，确保辖区社会和谐稳定。2016年，摸排登统各类生产经营单位246家，检查165家，发现安全生产隐患77家，68家整改到位。

【社会保障惠民生】 实施危房改造、保障性住房惠民工程。落实新农保、农合各项惠农政策，参保率均100%。救助弱势群体，发放困难群众救助资金21万余元；资助243名农村低保、五保户和优抚对象及二乙以上伤残军人报销药费3万余元；为310位80岁以上老人发放高龄补贴11万余元。为新增13名残疾人办理残疾证，为7名残疾人发放辅助器具，救助2名精神病患者服药。

【计生工作】 2016年，经抽查人口出生率6.5‰以内，出生政策符合率100%。为211户独生子女家庭发放奖金4.1万元，统一上意外伤害保险。奖励扶助60岁以上独生子女户、双女户及特扶户198人。

（庄英艳）

河北香河新兴产业示范区

【概况】 河北香河新兴产业示范区位于香河县北部。2013年11月，由香河现代产业园更名为河北香河新兴产业示范区。同年，被列入廊坊市11个精品园区之一。示范区东与天津市宝坻区交界，南至京哈高速公路，西与北京市通州区交界，北与三河市（县）交界。规划总面积88.3平方公里，涉及3个镇，25个村，23987人。起步区面积7.5平方公里。

2016年，有企业46家。财政收入4.14元，占预期目标102%，同比增长30.6%；公共财政预算累计收入2.98亿元，占预期目标115%，同比增长49.4%；国税6393万元；地税35011万元；固定资产投资21.11亿元，同比增长1.1%；工业产值56.23亿元，同比增长12.12%。

【基础设施建设】 2016年，示范区基础设施投资5.08亿元。其中，投资27940.24万元，完成道路、雨污水管网及便道工程6千米；鶙池河改造规划设计投入162万元；坑塘改造500万元；投资1085.76万元，完成给水管网4350米；投资10862.5万元，完成污水管网7749米；投资450万元，建成污水厂区；投资9840.3万元，完成西区规划二路、蒋北路、纬一路征地补偿及东区宝海路、纬三路、经六路（污水厂段）补偿。

【项目引进】 世界500强企业华电集团香河燃气分布式能源站项目：2016年11月17日，与华电集团旗下华电国际天津分公司签署框架合作协议，合同约定总投资额30亿元。该项目为重大清洁能源供热项目，有利促进园区产业聚集化发展，优化园区配套设施建设。

中国500强企业北京二商北京城市生活保障基地项目：由北京二商大红门肉类食品有限公司总投资86亿元，占地面积1200亩，总建筑面积约82.3万平方米。2016年11月28日，成立由县政府主要领导和分管领导以及各职能部门领导组成的北京二商北京城市生活保障基地项目推进领导小组。

通美AXT半导体晶体生产项目：2016年10月，与北京通美晶体科技有限公司签署合作框架协议，合同约定总出让土地400亩，投资总额14.2亿元。

【天网广播宣传平台】 示范区首创语音自动播报工程，利用智能中控系统与村街终端进行“实时对讲”“紧急播报”“定时播放”，实现“园区播报，村村收到”效果。以园区《广播之声》为平台，每天早中晚3次播报党的理论知识、环境治理、大气污染防治、政策理念宣传等。2016年，录制《广播之声》89期，宣传报道1000余次。“大喇叭工程”使百姓及时了解最新实时动态和新闻时讯，丰富基层文化生活，成为新思想文化主阵地，架起与广大群众沟通桥梁。通过天网工程线路，打造 “区内控制，统一播出”一体化系统，营造正确舆论导向。

【互联微信平台】 2016年，建立示范区微信公众平台，成为群众生产生活中的“小灵通”。通过“二维码扫描”搜索，及时关注“园区动态”“时事新闻”“天气预报”“便民信息”等。依托微信平台，示范区与市级、县级等微信平台搭建信息对接桥梁，及时收集各方面时事政治、新闻信息。微信平台发布党政方针、新闻动态、廉政教育信息170条，便民信息、服务指南130条。收到反馈意见30条，获得关注100余个。群众满意度100%。

（马　丹）

建设 环保

城乡规划

【概况】 2014年10月8日，《香河县城乡总体规划（2013—2030）》通过廊坊市人民政府批复。规划区范围即全县域458平方公里。规划期限为2013—2030年。规划期限内城市性质为中国北方家具之都、首都经济圈新兴产业基地和滨河特色宜居城市。中心城区建设用地38.4平方公里，人口35万人；县域城乡居民点建设用地84平方公里，总人口64万人。城市空间结构为“一城两带四组团”。“一城”是指中心城区；“两带”是指北运河生态发展带和潮白河生态发展带；“四组团”指安平、蒋辛屯、钱旺—渠口和安头屯—五百户—刘宋4个发展分区。

【规划编修】 2016年，香河县开展城乡总体规划修编工作。4月，《香河县城乡总体规划（2013—2030）》实施评估报告上报市政府审批。6月，廊坊市人民政府批准同意修改香河县城乡总体规划。8月，香河县聘请中国城市规划研究院启动《香河县城乡总体规划（2016—2030）》修编工作。12月，完成香河县城乡总体规划初步方案。

【规划管理】 2016年，依法核发建设项目规划选址意见书1份；核发建设用地规划许可证45份；核发建设工程规划许可证71份，证载总建筑面积444万平方米；核发竣工规划核实42份。

（张肖霞）

城乡建设

【概况】 2016年，香河县加强城乡道路等基础设施建设，实施系列建设工程。S271省道景观综合改造工程。全长17.38公里，占地126万平方米，总投资3亿元。北段（大厂县界至京哈高速出口）全长5.38公里竣工，投资1亿元。南段暂未开工。

五一路综合改造工程。全长6.5公里，北起京沈高速香河出口，南至规划南环路，总投资1.36亿元。2016年竣工。

康宁路综合改造工程。全长1276米，总投资2500万元。2016年，该工程全部完工。其中，主路面沥青混凝土铺设2万平方米，辅路便道砖铺设1.75万平方米，污水管道铺设1400米，新装LED路灯72套。

新建永盛路工程。2016年，完成主路面沥青混凝土铺设5800平方米，辅路便道砖铺设1470平方米，雨水管道铺设280米，污水管道铺设270米，新装LED路灯14套。

【市政设施建设】 燃气市场建设。2016年，推进“煤改气”工程，投资5215万元，敷设高压管道3公里，中压管道15公里，总计76451户开通管道燃气。

供水市场建设。全年投资450余万元，敷设供水管线4500余米。

供热市场建设。全年投资2600余万元，敷设管线6700米，改造老旧管网500米，新增供暖面积10余万平方米，新增供暖用户1000余户。

矬口排水管网工程。全长1780米，总投资2080万元。2016年，完成污水管道顶管施工1230米，顶管工作井及接收井止水帷幕23座，回填16座，投资416万元。

城区道路修缮及排水管网养护。2016年，城区街道补修沥青路面2550平方米，更换破损井盖227个，疏通堵塞管线及污水检查井28处，清理城区主要街道雨水、收集井内垃圾500余处。完成迎宾小区生活污水直排东干渠、五一路与老香安路交口排水口和新开街五一桥西侧排水口生活污水直排五一渠治理。

【农村危房改造】 2016年，根据省市总体规划，香河县追加2015年农村危房改造350户。其中，新建210户，修缮140户，总投资483万元。

【人防工程】 2016年，推进直属公用人防工程建设，严格执行防空地下室建设标准和易地建设费收费标准。批建人防工程10个，面积8万平方米。为33个单位办理人防工程结建手续。收取易地建设费6818万元。

建筑业

【概况】 2016年，全县有在建工地153个。核发施工许可证89个，总建筑面积395.07万平方米，总造价70.63亿元。完成建筑工程、市政基础设施工程合同备案75项，合同总额63.34万元。其中，公开招标项目17项，非国有资金投资建筑工程合同备案58项。受理建筑工程质量监督注册登记手续114项。完成建筑工程竣工验收监督254项。办理竣工验收备案手续38项，竣工面积263.2万平方米。严格按照省厅的量化考核工作要求，加大巡查力度，发现问题立即下发整改或停工通知单。深入施工现场检查400余次，下发质量整改通知单157份。

【安全生产监管】 2016年，开展“安全生产百日大检查”“安全生产专项整治”等活动，严格遵循“全覆盖、零容忍、严执法、重实效”原则，加强在建工地日常抽查管理。办理建设工程安全监督备案84份，起重机械使用登记106台；出动检查车辆280台次，人员560人次；下发检查记录165份，相关文件通知600余份；排查安全隐患380余处，全部整改到位。

【建筑节能监管】 实施建筑节能从项目规划—设计—审图—施工—监理—竣工验收备案闭合监管机制。推广建筑保温与结构一体化技术。2016年，新建建筑节能设计备案登记76项，建筑面积364万平方米，全部执行绿色一星标准。公共建筑项目5个，全部按节能65%标准设计；居住建筑项目71个，全部按节能75%标准设计。建筑节能标准执行率100%。居住建筑全部设计太阳能热水系统。采用一体化技术建筑项目9个，建筑面积64万平方米。建筑节能验收备案36项，建筑面积154万平方米。

【建筑市场稽查】 加强执法队伍建设，采取协调联动执法工作机制，规范工程项目事前预防、事中控制、事后查处执法。2016年，下达责令改正通知书65份，下达行政处罚决定书35份，处罚金额1600万元。

（王　冉）

房地产管理

【概况】 2016年，廊坊市下达香河县城市棚户区改造任务1050户，落实在刘庄、北岗子、胡庄子和万福辛村，全部采取货币化安置形式安排在潮白新村。完成阳光馨城经适房、限价房结转项目施工，交付使用限价商品房470套，经济适用住房428套。为解决中低收入家庭住房困难问题，使建成的各类保障性住房尽快投入使用，经过9个镇、新开街道办、新华街道办、产业园区、示范区、民政、房管等部门的三级审核、公开摇号、选房等程序，最终分配公共住房511套，为3户家庭发放廉租补贴4320元；销售限价商品房474套，经济适用住房90套。

【预售审批管理】 依法依规把好预售审批关，按照受理、审核、许可、公示等工作流程，对达不到预售条件的项目一律不予发放预售许可证。严格审核商品房预售资金使用、拨付，防范商品房交易风险。2016年，办理商品房预售许可99个，预售32631套，预售面积329.37万平方米，同比分别上升81.54%和83.61%；销售新建商品房27375套，销售面积271.44万平方米，同比分别上升19.81%和24.83%；销售均价10382.96元/平方米，同比上升64.34%。

【规范房地产市场】 县政府印发《关于促进房地产市场平稳健康发展的实施意见（试行）》《关于进一步规范全县房地产开发企业经营行为维护房地产市场秩序的通知》《关于进一步规范房地产市场秩序的通告》等文件，规范房地产市场秩序，促进市场平稳健康发展。2016年，全县有房地产开发企业78家，物业服务企业58家，房地产经纪机构161家。

【房地产市场监管】 落实房地产市场交易“日报告、周分析”制度，及时掌握市场交易数据，督办拟建和在建房地产开发楼盘项目手册备案，巡查监管销售公司等中介机构，规范企业销售行为，杜绝无证预售、违规销售、楼盘销控图未公示等现象发生。2016年，全县商品房项目专项检查7次、日常巡查80余次。

【物业管理】 2016年，执行《河北省住宅专项维修资金管理实施细则》。按照业主缴纳、企业代收、集中归集、专户存储原则统一监管，保障业主的资金安全。为居民营造良好社区环境，促进社会和谐。

（郭　灿）

住房公积金管理

【概况】 2003年初，香河县在县房管局成立住房公积金管理办公室。县政府出台《香河县住房公积金管理办法》。是年底，有8个单位建立住房公积金制度，建制人数604人，归集公积金200万元。2006年，调整县级机构，撤销县住房公积金管理办公室，成立廊坊市住房公积金管理中心香河县管理部，并从县房管局析出。2016年，全县归集住房公积金10637.52万元，占全年任务115.63%。累计归集总额53832.31万元，累计归集余额51063.69万元。新增建制单位10个，建制单位达到232个；新增缴存职工843人，缴存职工达到2万余人。缴存比例大部分为单位12%，个人8%。

【贷款发放】 2016年度，全县为323户职工发放住房公积金贷款7943.6万元，占全年任务136.96%。累计为2754户职工发放住房公积金贷款6.7亿元，累计贷款余额5.2亿元。个人贷款率101.96%。

【提取金额】 2016年度，全县为3286人次提取住房公积金8364万元，占当年归集比例

78.63%。累计提取额 2.89 亿元。实现增值收益 1090.75 万元，同比增长 1.19%。

（高鑫淼）

园林绿化

【概况】 2016 年春季，全县实施县城植树增绿建设，构建以乔灌木为主体，布局合理，植物多样，景观优美，具备休闲游憩的生态文明县城，为创建国家园林县城奠定基础。全年绿化建设投资 5113 万元，新增绿地面积 72.056 公顷，绿地率 34.3%，人均公园绿地面积 12.7 平方米，绿化覆盖率 38.3%。12 月，县园林局被廊坊市委、市政府评为廊坊市 2014—2015 年度文明单位。

【城区绿化建设】 2016 年，建设 1 个公园，即潮白河体育休闲公园，占地 117 亩，绿地面积 102 亩，栽植花灌木 32259 株。建设 6 个游园，即永秀游园、迎秀游园、气象局游园、百灵游园、民政局游园、原司法局西侧游园，面积共 29 亩。城区街道绿化工程,主要是建设、改造及修复绣水街、永盛路、香五路、二幼及迎宾路北延等绿化带以及城区行道树，补植树木 578 株。新城公园增绿 20000 平方米破硬和部分大乔木栽植。

【园林绿化管护】 2016 年，持续加大园林绿化养护管理力度，推进城区绿地精细化管理，建立健全养护管理长效督查机制，提升绿化日常养护整体水平。加强城区绿化巡查，每天一组巡查城区绿化，确保绿化效果。修剪各类苗木，加强城区内绿化带、行道树的夏季修剪，保障人们出行不受影响，提升绿化效果。入夏后，进行抗旱保墒保苗工作，每天出动水车 10 余车次，浇灌城区的绿化苗木。针对夏季高温、干旱、病虫害肆虐，制订病虫害防治方案，加强病虫害防治，保障春季栽植树木成活率和预防冬春交替季节病虫害发生。防治城区各主次干道、公园、游园、广场、绿化带病虫害，喷洒药液 500 余吨，最大限度地降低病虫害的危害。

【园林式单位小区创建】 为推动各单位和居住区绿化工作，根据省市有关要求，对城区各单位、小区对照园林化标准，查漏补缺，提高绿地率和绿化覆盖率，为申报园林式单位、园林式小区创造条件。2016 年，运河大道获“省级园林式街道”称号。新城公园获“省三星级公园”称号。珠光御景小区获“省级园林式小区”称号。香河县人民武装部、香河天易铝窗有限公司、香河机器人小镇、香河国瑞智测试设备有限公司获“市级园林式单位”称号。碧水蓝天、国隆府、潮白晓月、运河家园住宅小区、阳光优势小区、紫藤堡小区等获“市园林式小区”称号。

（陈彩霞）

环境保护

【概况】 2016 年，香河县 4 项污染物减排任务分别为：化学需氧量 163.89 吨、氨氮 17.86 吨、二氧化硫 96 吨、氮氧化物 35 吨。采取结构减排和工程治理减排等措施，推进减排工程建设。完成河北松岛菱电设备有限公司、港龙汽车配件制造有限公司和海潮制件有限公司 3 家企业锅炉煤改气工程；华香养殖场、三强隆福非织造材料有限公司 2 家企业结构减排工程；张海养殖场、兴旺养殖场 2 家企业污染综合治理工程；九矗热力有限公司脱硫治理工程；香河县开发区新区污水处理厂建成并投入使用。通过上述减排工程，全县减排化学需氧量579.28吨、氨氮38.13吨、二氧化硫502.85吨、氨氮化物99.15吨。主要污染物减排均超额完成目标任务。

【散烧煤清洁化】 2016年，采取集中供热并网、“气代煤”等方式，完成县城建成区41个村街9104户散烧煤清洁化替代工程。结合美丽乡村建设，选取76个村街推广“煤改气”，完成22044户农村散烧煤清洁化替代工程。

【燃煤锅炉提标改造】 通过集中供热、清洁能源替代工程建设，加快燃煤锅炉淘汰改造进度。2016年，淘汰10蒸吨及以下燃煤工业锅炉31台。完成全县党政机关、事业单位109个燃煤设施的清洁能源替代工程。完成21台20蒸吨及以上集中供热锅炉除尘、脱硫、脱硝设施提标改造，确保达到《锅炉大气污染物排放标准》要求。加装烟气在线自动监测设备，实现在线监测，并与廊坊市环保局联网。

【有机物（VOCs）污染治理】 开展家具、钣金等行业挥发性有机物治理，督促指导企业增上治污设施。环保不达标的一律限期整改，整改不到位的坚决关停取缔。2016年，有50家涉及VOCs企业签订治理合同。加强包装印刷、表面涂装、汽车维修、服装干洗等行业监督管理，对照相关排放标准，采取控制措施，减少污染物排放。

【水环境质量改善】 北运河为国考河流，到2019年水质目标达到地表水环境质量标准Ⅴ。为能按时完成水质目标要求，香河县聘请哈尔滨工业大学专家编制《北运河水质达标方案》。总投资约38.84亿元，实施北运河香河段生态综合整治PPP项目。投资308万元，技改升级位于北运河支流排干渠的平安污水处理厂。三强污水处理厂采纳先进工艺提标扩容改造，由原执行排放标准（GB18918-2002一级A标准）日设计处理能力2万立方米/天，提高到处理量达3万立方米/天和北京市污染物综合排放（DB11/307-2013）B级标准。

【打击环境违法行为】 加强县域各类污染企业的环境监管，定期监察污染企业，对国省控企业每月监督检查一次，减少违法排污现象发生。2016年，出动执法人员2000余人次，执法车辆550余车次，检查企业350家，夜查30次，利剑斩污行动22次，查封扣押案件69件（土小家具厂），实施限产停产案件6件，行政处罚131.7万元，责令改正环境违法行为400家次，移交公安案件5件，移交法院4家，行政拘留8人，刑事拘留6人。查处环保部、省、市三级各类信访案件800余件，办结率100%。未发生重大集体访和进京越级访案件。

【项目建设环评】 规范建设项目环评审批程序，提高环评审批效能，对县重点项目、新型产业项目、节能减排工程，建立特事特办、首问首办和绿色审批通道等环境保护措施，指导项目单位污染治理设施的设计施工。2016年，审批建设项目77个。其中，房地产类39个、工业类16个、市政工程类19个、养殖类2个、社会服务类1个。拒批化工及含酸洗工艺类项目2个。

【生态环境创建】 香河县率先在安平镇、蒋辛屯镇、五百户镇开展“环境优美乡镇”创建活动。六百户村、安平一街、王指挥庄等8个村街创建市级生态村。为试点村街建立垃圾收集、转运和处理设施，实现“户分类、村收集、乡镇转运、县处理”的垃圾处理模式。试点村街生活垃圾定点存放清运率100%，无害化处理率70%以上。五百户镇（香椿营村、香城屯村、霍刘赵村、石辛庄村、头百户村、黄小营村、九百户村、曹庄村）8个村庄进行农村污水治理，总投资1195.5万元，建污水处理站8座，建排水管网4736米。

（宋国凤）

环境卫生管理

【概况】 2016年，香河县有各类清运、清扫车辆60多辆，清扫保洁面积330万平方米，每天清运生活垃圾440吨。继续实行24小时综合作业法。机械化清扫率80%，同比增长10%。上门收集户2500家次。集中清理暴露垃圾散点300余个，散堆固定垃圾点由2013年300多个减少到10余个。清理生活垃圾和建筑垃圾1100余吨。环卫工人王海龙获河北省第二届环卫行业最佳城市美容师称号。

【垃圾收集设施】 2016年，垃圾转运点20处。果皮箱、垃圾桶、地埋箱等各类垃圾收集设施3000多个。其中，中型以上收集设施50多个。新建、改建移动水冲式公厕8座，各类旱厕、水冲公厕43座。垃圾中转站5座。

【环卫宣传】 2016年，沟通协调350余家利用商户门楣LED显示屏宣传环境卫生、公共道德等常识。在汇文金街设立“垃圾不落地，香河更美丽”文明示范一条街。香河环卫微信公众平台发送正能量信息1000余条，点击量300000人次，有20000人加入关注。先后拍摄环卫写实纪录片《城市这朵女人花—香河环卫人工作纪实》；香河首部低视角微电影《足下有礼》；无对白微电影《爱心驿站》；香河首部《香河云天国际快闪》短片。编曲作词制作歌曲《心中有了爱》MV。编排制作的《青春修炼手册》环卫广场舞，受邀参加河北省电视台演出。

（李鹏飞）

交通　电力

交　通

【概况】 香河县交通运输局设办公室、财务股、人事股、政策法规研究室、公路管理站、地方道路管理站、运输管理站、出租汽车管理站，共有干部职工约270人。主要负责全县综合运输体系的规划协调，组织拟定并监督实施全县公路、轨道交通、地方铁路等行业规划，制定全县交通运输行业科技政策、技术标准和规范，指导全县公路、轨道交通、地方铁路安全生产和应急管理，承担全县公路、轨道交通、地方铁路运输市场、交通运输基础设施建设市场监管责任和国防交通战备工作，负责交通运输国有资产管理和交通运输专项资金的管理、使用。县国防动员委员会交通战备办公室设在交通运输局。

2016年，县交通运输局领导班子以县委十届六次全会精神为指导，按照京津冀协同发展和全县经济社会发展总体思路，全面落实“路网建设年”等交通运输各项工作部署，圆满完成了公路建设养护、客货运输管理、大气污染防治、党风廉政建设及机关党建、精神文明建设等各项工作，先后荣获全市“道路运输管理工作优秀单位”“国防交通建设先进单位”等称号。

【公路建设】 以全面实施“路网建设年”为统揽，扎实推进大辛路（唐通线—义井大桥段）等重大工程前期手续办理工作，全年共完成大香线、唐通线局部路段大中修、香武线局部路段大修和蒋渠线、香北线、倪李线局部路段拓宽改造，以及引沟入潮河右堤、青龙湾右堤堤顶路新建、潮白河右堤堤顶路部分路段大修、连村公路建设等工程总里程160.9公里，建设总量持续增长，全县公路通车总里程达到1050.51公里，公路网密度为2.29公里/平方公里。为保证公路建设质量和进度，还对单位料场沥青混凝土拌合设备进行了升级，将原有设备更换为了4000型环保沥青混凝土拌合机。

【公路养护】 结合大气污染防治工作，进一步创新完善公路养护机制，扩大公路养护范围，推进各项养护工作长效化、常态化开展。每天安排人力、机械上路清扫和洒水降尘，常年随时清理路面洒落物和道路两侧的飘挂物，对高速出口、大型桥梁、过村路段及排水沟内的垃圾进行随时清运，把日常养护工作真正落到实处。新购置8台吸尘车、洗扫车和洒水车，进一步提升公路机械化养护水平。同时，对各等级公路路肩、绿化台及内外边坡进行了全面标准化整修，对主要县乡公路的路面裂缝用灌缝胶进行灌注，对四条县道及重要乡道的路面坑槽进行了挖补。为消除道路安全隐患，在堤顶路及其它路线的急弯、陡坡、高填方路段均设置了示警桩、粘贴了反光标识，对桥梁出现损坏的栏杆等部件都及时进行了维修和更换，县乡公路危桥比例下降到3.5%。

【公路管理】 源头治超与路面巡查相结合，坚决维护路产路权。认真学习新的《超限运输车辆行驶公路管理规定》，以延长公路使用寿命为目标，加强与交警部门的联合执法，大力治理超限运输车辆，严格进行检测卸载。安排公路路政执法大队执法人员 24 小时轮岗，在国省干线公路和县乡公路各个重点路段进行日常巡查，随时对占道经营、设置非公路标志及其他影响公路交通安全行为的进行及时清理、制止，对夜间损坏公路及公路附属设施的车辆进行查处，有效维护了路产路权。全年共结案行政许可案件 7 起，路产案件 35 起，治理在公路用地内堆放物品、倾倒垃圾、倾倒污水等 45 处、87 立方米，清理公路用地内摆摊设点 130 处，依法清理在公路建筑控制区内未经批准的非公路标志 140 余块。

【客运】 源头管理与流动执法相结合，严格客运市场管理，重点抓好汽车客运站、出租汽车公司的安全生产、规范经营等工作，着力提高从业人员安全运营、文明服务意识，提升香河县对外窗口形象。严厉打击非法违规经营等行为，有效维护了香河县客运市场秩序。全年共依法查处不规范经营客运车辆 12 台，非法营运的出租车 8 台。同时，积极推进城乡客运班车公交化改造，制定了《城乡客运班车公交化改造方案》，并按照市场化运作、政府购买服务的方式扎实开展改造工作。

【货运】 严格货物运输市场管理，扎实做好道路运输行政许可和车辆年审等工作，不断强化危险货物运输市场管理，落实危货运输安全责任制，提高危运企业的准入门槛，加强对现有危运公司负责人的培训，落实安全管理制度。在全县范围内开展道路货运车辆非法改装专项整治行动，以八方物流园、大通物流园等货物源头以及重点县乡道等交通主干道为重点，采取固定卡点与流动巡查相结合，实行 24 小时全天候工作机制，共出动执法人员 1520 人次，执法车辆 480 辆次，查处违章车辆 59 台，有力打击了非法改装道路货运车辆行为。开展货运车辆脱落扬撒专项整治活动，坚持路面治理与源头管理相结合，严厉查处脱落、扬撒运输车辆，对运输脱落扬撒污染道路的行为，及时发现、及时取证、及时追查污染源、及时消除安全隐患，共查处扬撒运输车辆 38 台次，确保了道路安全畅通。

（李万勇）

电　力

【概况】 国网冀北电力有限公司香河县供电分公司（以下简称“公司”），是国网冀北电力有限公司下属的趸售县级分公司，公司共有员工 343 人，固定资产 1.509 亿元。“以人为本、忠诚企业、奉献社会”的企业理念是公司处理与员工、电力客户、合作伙伴及社会之间关系的基本信条和行为准则。“奉献清洁能源，建设和谐社会”的企业使命，是公司生存发展的根本意义，是公司事业的战略定位，也是公司工作的深刻内涵和价值体现。2016 年 3 月，公司被廊坊供电公司评为“文明单位”，6 月被中共香河县委评为“先进基层党组织”，被中国网冀北电力有限公司党支部、廊坊供电公司党支部评为“电网先锋党支部”，同年 12 月被廊坊市档案局评为“全市档案工作先进集体”。2017 年 3 月，被中共香河县委评为“2016 年度新闻外宣工作先进集体”。

【安全生产】 2016 年，公司着力加强“安全管理提升工作”，公司领导班子把安全生产放在公司首要位置来抓，始终坚持“安全第一，预防为主，综合治理”的工作方针，积极开展了“安全管理提升”“施工现场反违章”“安全生产月”“电力设施保护宣传”“专项清障”等活动，明确提出抓安全要善于小题大做，把每一次小的违章作业作为一次事故来处理，召开安全例会，学习安全事故通报，深刻汲取各类事故教训，努力提高公司干部职工安全意识水平和安全管理能力；加强电力设施保护工作，做到属地单位勤宣传、护线人员勤巡视、管理部门勤监督。落实安全生产责任制，安全责任层层分解，实现安全生产可控、能控、在控，从而保证公司安全生产长周期无事故目标的实现，为公司发展夯实坚实基础。2016年底，累计实现连续安全生产11741天。

【电网建设】 公司以履行社会责任为己任，准确把握全县经济发展脉搏，及时调整电网发展规划，打造坚强电网，优化供电环境。2016年，先后投入2.45亿元进行电网建设。完成姬庄、顾家屯、西马窝三座110千伏变电站配套10千伏出线工程；完成安头屯、五百户、渠口三座35千伏变电站双电源建设工程；完成县域内全部高损配变更换工作；共新建和改造10千伏线路381.41千米，改造配变台区312个，有效优化所辖供电区域的用电环境，提高供电可靠性。在此基础上，积极协调香河境内在建特高压工程、蒋辛屯220千伏进线工程、西马窝110千伏线路工程、廊坊北500千伏输变电工程、大罗屯110千伏输变电工程。年内，廊坊北500千伏变电站站址已确定；锡盟—泰州工程已完成协调任务的72%，扎鲁特—青州工程完成30%；蒋辛屯220千伏等工程按计划顺利进行。到2016年底，全县有35千伏主变15台，容量158兆伏安；35千伏输电线路11条，长78.41千米；10千伏配电变压器6458台，容量1484.14兆伏安；10千伏配电线路87条，长1147.91千米；低压线路1252.28千米。形成电网骨架覆盖全县、网络布局愈加合理、变电设施装备精良、控制手段日趋科学的供电格局。乡、村、户通电率、一户一表率、用电排灌保证率均达到100%。

【营销服务】 全面做好优质服务工作，降低投诉。一是加大供电所规范服务行为，提高员工业务素质。二是健全公司三级监督网络。三是加强投诉的管控和考核力度，对客户投诉实行分口受理，对口办理，归口管理，认真调查核实，查明原因，分清责任，严肃处理，做到事事有结果，件件有回音。四是大力推广手机APP、95598网站、支付宝、微信、电e宝、有线电视等互联网渠道的应用。

【企业文化】 拍摄以城区供电所“环卫工人饮水休息所”为原型的《爱心驿站》公益微电影，并在公众平台展播，得到了社会各界的广泛关注；《人民日报》刊登了公司共产党员服务队为辖区内70岁以上的肢体残疾或行动不便的老人义务安装无线遥控灯具的图片新闻，扩大了公司的品牌影响力；新华社报道了我公司“煤改电”安全培训进农家系类活动；同时，利用微信“朋友圈”等新社交平台，发布停电公告、用电常识、企业文化宣传等信息，减少了用户投诉、宣传了安全用电知识、塑造了公司服务用户、服务社会的良好品牌形象。

（徐　阳）

信息化建设

邮 政

【概况】 中国邮政集团公司河北省香河县分公司从业人员104人（其中：合同用工62，劳动务工13人，劳务承揽人员29人）。香河县分公司现有机关职能部室2个，专业经营单位6个，邮政支局所10个，委办邮路2条，邮路总长度54公里（单程）。城乡投递段道5条（总长度200公里），农村投递路线17条（单程长度1450公里），邮政生产用车辆11辆，自有房屋建筑面积6467.16平方米（其中生产用房面积4527.01平方米）。

在通信能力建设方面，全年累计投资146.16万元，其中：基本建设投资73.08万元，新建了钳屯、钱旺两个空白乡镇网点投资36万元、机要室改造投资7.99万元、安平邮政网点改造投资11.09万元、安平仓储投资18万元。

在实物网建设方面，新建邮掌柜商户91个，完善三农站点26个，累计建成便民服务站100个，落实了各项网点管理制度，实现网点管理的规范化和制度化。

在信息网建设方面，制定了邮政OA系统管理信息平台的建设方案，通过建立qq群、微信群、企业微信号等，加快了上情下达，下情上报的速度，缩短了事件处理的时间，使效率成倍增长。

【邮政体制改革】 按照2005年9月份下发的《国务院邮政改革方案》，在各省（区、市）设立邮政管理局，主要职能是贯彻执行国家关于邮政行业管理的法律法规、方针政策和邮政服务标准，监督管理本地区邮政市场，组织协调本地区邮政普通服务、机要通信等特殊服务的实施。组建中国邮政集团公司，负责经营和管理国有资产，承担国有资产保值增值义务，经营各类邮政业务，强化公共服务职能，加快竞争性领域市场化进程改革。通过建立普遍服务机制、完善特殊服务机制、强化安全保障机制、改革价格形成机制四项措施，推动邮政主业和邮政储蓄两项改革，成立中国邮政储蓄银行，由中国邮政集团公司控股，继续使用中国邮政名称和标志，实现无形资产保值增值。

【业务发展】 公司牢牢把握“转方式、调结构、提品质、防风险、增效益”的总基调，做好风险管控和规范经营。2016年1—12月份，香河分公司累计完成业务收入1853.29万元，完成年计划的96.47%。

公司大力推进代理金融业务良性发展，在坚持抓好余额业务的同时，调整好业务结构，充分用好保费资源，加大期缴保费的占比，同时做大理财规模，推进了储蓄、保险、理财业务的协同发展。

代理金融专业实现收入1261.64万元，完成年计划的 97.12%。其中，保险实现收入599.07万元，完成年计划的114.33%。

集邮业务实现收入122.88万元，完成年计划的99.09%。

快递包裹业务实现收入152.01万元，完成年计划的108.58%。

（芮文颖）

联通公司

【概况】 中国联合网络通信有限公司香河县分公司是中国联通在河北省的分支机构，是2008 年由中国联通香河分公司和中国网通香河分公司合并建立的，是具有全业务经营资质的省级电信运营企业，主要经营GSM/WCDMA/第四代数字蜂窝移动通信业务移动电话、固定电话、宽带等基础通信产品和信息应用、信息内容、系统集成等综合信息服务产品。香河县分公司下设 9 个营业部，现有自有厅 6 个，自办他营厅 5 个，社会渠道 59 个（其中合作厅 6 个，沃店 53 个），社区便民服务站 253 个。服务于全县各单位及 300 个村街的通信业务需求，肩负着全县的通信保障任务。

【设施建设】 现有基站 432 个（含室分），上行宽带端口由原来 40G 提升到 100G，县乡波分 11 个点，原有波分 40G/点提升到 80G/点。

【业务发展】 2016 年底，移动用户 8.1 万户、固话用户 3.5 万户、宽带用户 5.0 万户。

【行风建设】 在行风建设方面主要推广了光纤区域内宽带障碍 4 小时内修复、装移机 8 小时内完成、宽带受理 0 退单的宽带业务“480”服务承诺，使行风建设水平和工作效率得到有效提高。

（李竹青）

移动公司

【概况】 中国移动通信河北有限公司香河分公司坐落于香河县府前街 12 号，现有干部职工 98 人，是一个集前台客服和后台支撑于一体的现代化办公场所，公司设综合部、市场部、网络部和政企客户部四个职能部室，同时下设 3 个乡镇营销部、8 个自办厅，渠道网点遍布全县各乡镇村域，是香河县最大的通信运营商之一。

设施和网络工程建设 2016 年，香河移动始终把网络基础设施建设放在首要工作中，年内共建有网运行基站 300 余个，光缆长度千余杆公里，主城区约有 50 个基站，平均每个行政村至少有一个移动基站。2016 年，实现 4G 网络的深度覆盖，LTE 工程建设已全部开通，珠光御景、山水田园、自在城、家具城新建小区等已全部完成 4G 覆盖，京汉君庭、紫宸悦府等小区开通了微基站，有效解决了区域网络覆盖薄弱的问题。根据日常拨测及用户感知，对网络进行优化处理，扩大覆盖范围，提高网络质量。

以光纤到户为核心，中国移动家宽业务发展迅速。至 2016 年底，移动宽带已覆盖 150 个点位，覆盖客户 7 万余户，包括 91 个自然村和 60 多个居民小区。县城区覆盖 50000 余户，覆盖率达到 50%以上；300 个自然村已完成建设 91 个，覆盖率 30%以上，覆盖 2.8 万户左右。

【业务发展】 至 2016 年底，公司市场占有率约为 65%，在县域内覆盖了 100%服务场所，覆盖了县域内的所有村镇，为广大客户提供了便捷的移动通信服务。根据省通信管理局《关于组织开展电话用户实名登记工作联合检查的通知》，公司对部分实名制属性不符合客户进行多次外呼回访，引导客户通过多渠道进行系统修改或补录，做到 100%符合省通信局联合检查的要求。

【行风建设】 2016 年，公司高度重视党风廉政及行业作风建设工作，公司要求党员亮牌上岗，每位党员在办公岗位上摆放“我是共产党员”牌，全体党员办公时间佩戴党徽，时刻警醒自己做合格党员等活动，在行风建设方面取得了实效。

（李　娜）

电信公司

【概况】 中国电信集团公司香河分公司现设6个部门，4个乡镇营销中心，4个自办厅，人员共计49人。主要经营固定电话、移动通信、卫星通信、互联网接入及应用等综合信息服务。2016年，中国电信拥有“天翼”“天翼飞young”“天翼e家”“天翼领航”“天翼Wi-Fi”等服务品牌，服务号段“133”“153”“189”“180”“181”“177”另外“1349”为中国电信集团卫星通信有限公司卫星电话号段。

【网络设施建设】 至2016年12月31日，香河的电信网络覆盖全年立项67个，其中26个FTTH新建项目，完成23992户新增覆盖；13个扩容补盲项目，覆盖约6000户，解决了4000户装机困难问题；城域网优化项目立项19万元，全部完工，有效的完善了了香河城区接入问题。同时还完成了16万光纤覆盖，有效地解决了香河居住人员的光纤网络需求，提升了居民的幸福指数。

【行风建设】 在行风建设方面，公司主要推广了规范服务，包括：

1.装维服务“五个一”标准，即一双鞋套，一块抹布，一块垫布，一张服务卡，一张服务质量监督调查表。

2.装维工作“十步曲”，即上门之前需预约，入室前后需沟通，现场实施需谨慎，综合布线需规范，安全规范需遵守，实施完毕需认证，准确无误再验证，指导用户很关键，结束莫忘再提醒，清理现场显素质。

3.首问责任制：用户宽带或电视报修后3小时之内联系，并上门维修，实行“谁联系，谁负责，谁维修，谁售后，不推诿，敢担当”。

4.无条件装机：有电信布线资源的小区或村街，实施无条件装机，为用户尽心服务，尽快安装完毕

5.当日装，当日修：城区范围每天16点来办理的用户保证当日安装，18点报修的故障单日维修完毕，故障不隔夜，网络保畅通。乡镇区域也在逐步推行。

（谷美娟）

商贸服务业

商　业

【概况】 香河县商务局成立于2006年5月，主要承担对外开放、招商引资职能，酒类流通发展规划、整顿和规范市场经济职能，原商业、外贸、物资部门承担的行政管理职能，以及再生资源回收管理和药品流通管理职能。是年，局机关内设办公室、对外贸易股、投资服务股、酒类监督管理股、市场整顿规范管理办公室、市场整顿规范管理办公室等6个职能股室，现有干部职工28名，其中，副科级以上领导干部6名，工作人员22名。2016年，县商务局紧扣开放和市场两条工作主线，推动外贸、外资、外经保增长、扩规模，促进商贸流通市场体系更加完善。全年，合同引进亿元以上项目88个，总投资1574亿元；社会消费品零售总额77.1亿元，同比增长10.4%；外贸进出口总值9575万美元，同比下降9.73%。

【招商引资】 完成招商引资集中行动，共引进项目88个，尼克文化旅游体验活动基地项目和万通商贸物流城两个项目在第三次中国——中东欧国家地方领导人会议暨河北国际经济贸易洽谈会上签约，廊坊市共有4个签约项目，香河县占有两席。加强与北京相关产业对接，引进商贸物流项目，与华夏公司重点推进机器人产业园建设，十余个项目已经投产。在此基础上，年内还分别参加了“海内外知名商会进河北对接洽谈会”“京津冀产业创新协同发展高端会议”“京津冀开发区创新发展高端会议”“创新中国走进廊坊创业大赛”等12项专题对接会议，邀请万通集团、北京二商集团等100余家知名企业参会。同时也展示了全县“生态香河、产业香河、品质香河”建设成果，并得到副省长王晓东、常委副市长贾永清等省市领导的高度评价，并取得3D打印机和生活类、生活教育类机器人定单20余个，签订家具订单10余个。

【农村电子商务】 农村电子商务是新农村建设一项内容，2016年，总面积620平方米县级农村电商公共服务中心已建成，包括县域特色产品展示、电子商务体验、物流指导、电子商务跨境购、电子商务培训及创客空间等功能；2500平方米的仓储物流中心库房投入运营；村级服务站建设已完成275家，实现农村电子商务全覆盖总体目标。

【外经外贸】 全县共有54家外贸出口企业，其中26家企业有出口业绩，11家有进口业绩。全年进出口总值9575万美元，同比下降9.73%（强胜电动车全年出口额达到2000万美元统计在廊坊市一达通公司，未入统我县出口额）；其中出口总值8861万美元，同比下降10.1%；进口总值714万美元，同比下降4.5%。新型材料、乐器行业出口逆势上扬，同比分别增长278%、16%，成为全县新的增长点

【商贸流通】 全县社会消费品零售总额稳步增长，社会消费品零售总额77.1亿元，同比增长10.4%，其中限额以上企业实现5.6亿元，

同比增长 3.7%。全县消费品市场总体保持稳中有升态势，市场物价总体平稳。浙家都超市、国安第一城文化旅游发展有限公司等 9 家企业参与限额以上入统；香河爱晚物业有限公司和爱晚投资有限公司等 7 家企业参与规模以上入统。

【市场监管规范有序】 加强酒类市场巡查监管，办理酒类流通备案 93 家，批发企业 37 家。加强对商贸流通企业监管，组织召开安全生产、依法依规经营培训会多次。加强成品油市场监管，全县成品油零售企业 51 家，有 1 家改建，4 家停业，其余全部完成年检。

（王立辉）

供　销

【概况】 香河县供销合作社联合社（以下简称供销社），是县政府下设的管理基层供销社和县直公司的科级事业单位，科室 4 个，公司 3 个（土产、农资、盐业）。具有经营、服务、组织、管理四大职能。主要负责农村、农业、农民的生产、生活资料供应，提供与“三农”相关的信息服务和技术服务；积极组织与农民的合作；实行“盐业专营”“烟花爆竹专营”并在职权范围内对县域内盐业及烟花爆竹市场进行规范管理。2016 年，全系统累计完成销售收入 1900 万元，上缴国家税金 15.7 万元，圆满完成年初预定计划。

【组织体系建设情况】 积极发动广大农民创办专业合作社，成功领办、创办了一批规模大、效益好、带动能力强的合作社。年内，县农民合作社工商注册登记 315 家，社员 1.45 万人。同时，为加强对合作社的组织领导，积极开展“旗帜供销”工作，努力打造“党支部+村委会+农民合作社”三位一体的模式。2016 年，分别在县社机关、生产公司、土产公司、盐业公司和刘宋镇、安平镇、五百户镇开展“旗帜供销”工程，加强对各公司及合作社的组织管理。

【服务体系建设情况】 充分发挥供销社为农服务的独特优势和重要作用，深入开展调研，全面掌握全县农民所需的农业知识类型。在此基础上，根据各镇（园区）种养殖情况和农民需求情况，采取集中培训与聘请专家到田间地头指导等形式，分别举办果树、叶类蔬菜、番茄、韭菜及测土配方施肥等各种培训 10 次，帮助农民解决种养难题，做到对症下“药”，精准服务。2016 年，参训人员达 1100 余人次。

【金融体系建设情况】 按照“合作金融普惠三农”的理念和“总体设计、风险把控、试点先行、稳步推进”的原则，借助省社平台，着力创建以安全统筹、合作金融、合作保险、农村产权交易等为主要内容的农村合作金融服务体系。年内，河北省新合作金融服务公司香河办事处已完成 16 人 P2P 金融服务平台注册登记工作，累计投资 152.5 万元，预计收益 12 万元；安全统筹工作已有入统车辆 35 辆，统筹金额 10.3 万元。

【管理体系建设情况】 按照办成实体性经济组织的要求，注册成立了“香河新合作供销有限公司”，积极推进管理体制改革，把县供销社、农民合作社联合社、社属企业通过资产、管理、技术、股本、品牌等经营要素相互参股，形成经济利益共同体。

【经营体系建设情况】 改造农资网络，转变经营方式。县生产公司针对全县实际情况，进一步转变经营方式，加强与各农民合作社的联系，以先使用后付款的方式，为合作社提供农资产品，打通了直供合作社新渠道，减少销售的中间环节。同时，不断扩大连锁配送规模，扩张农资连锁经营服务网络，促进了全县农资经营向规范化、规模化、品牌化方向发展，充分发挥了农资生力军的作用。2016年，全县共有农资加盟店57家（镇级加盟店16家，村级41家），比上年新增10家，直营店17家，比上年新增3家。全年，共销售化肥3936吨，农药128吨，同比分别增长了23%和14%。

【盐政管理】 加强盐政管理，开展连锁经营。1. 对全县302个食盐零售网点实行连锁经营，统一配送，打造遍布全县的“海晶食盐”连锁网络，确保全县食盐供应。2016年购进盐总量1465吨（海晶小包装盐950吨），销售盐总量1359吨（海晶小包装盐1021吨），圆满完成了销售和购进计划；2. 根据盐业市场的实际情况，在全县开展盐业市场整治工作。集中力量对学校、幼儿园、企业食堂及餐饮、食品加工等经营场所、食盐零售商店进行拉网式检查，严查进货渠道，进货手续，防止私盐流入，确保食盐安全。2016年，共查处违法案件7件，没收违法盐产品2875公斤，罚款11340元，出动执法人员900余人次，出动车辆300余台次。

【省市获奖名录】 2016年，县供销社被省供销社授予“食盐专营工作模范单位”称号；被市供销社评为“食盐专营工作模范单位”和“盐政管理工作先进单位”；被市供销社和市人保公司联合评为“业务发展优胜单位”。

（杨雪莲）

粮 食

【概况】 香河县粮食局是县政府主管粮食流通和粮油储备的职能部门。2015年8月，机构改革中，管理职能划入发改局。主要职能：

1.制定本县粮食购销企业市场化战略，发展规划，中长期计划。发展订单收购，优化品种，促进农业种植结构的调整。协调全县粮食总量平衡和粮食行业管理，县级地区储备粮的落实情况，负责编报行业统计工作。制定全县粮油产、购、留计划，掌握粮油总数，协同有关部门做好粮食经营户、加工户的审批，管好粮食市场，维护市场稳定。拟定粮食企业购销计划，搞好全县粮油供应，确保人民生活与部队粮油供应，做好救灾粮的供应。加强各级储粮管理，做好国家、省、市三级储备粮的收购、储存和销售工作。向农户提供储粮技术，逐步建立国家、地方和农户三级粮食储备体系。监督全县粮食企业商品粮油的安全储存，组织生产设施的规划、布局和建设工作，推广储粮。提供技术信息，帮助企业引进先进技术设备。制定粮食附营企业的改制方案，项目、人才、资金的引进工作，并组织实施。指导全县粮食财务审计和国有资产管理工作，指导全县系统内多种经营统计工作。负责管理所属各单位的国有资产，实现保值合同有关部门管理和任免（聘用、解聘）所属各法人代表及副职。落实年度各项指标，监督检查落成情况。承办县政府交办的其他事项。

2.根据上述职责，香河县粮食局设5个职能科室。分别是办公室、人事股、财审股、监督检查股、行发股。核定编制16人，现实有编制人员 24人。

【粮食企业经营】 2016年香河县粮食系统

经营实现利润30.5万元，超额完成考核目标，较上年利润有所增加。全年，在市场波动、价格多变的情况下，粮食企业改变过去盲赌后市、错季经营的做法，运用现代营销模式，抢抓粮源，稳固销售渠道，随购随销，搞活套期保值，利用电子商务远期交易等方式提前锁定销售价格或利润，规避后期粮价下滑风险，稳步提升企业经营效益。县粮食局积极引导粮食企业走向市场，开拓市场，站稳市场。全县各粮食企业主动与国有大中型粮食企业联姻。在“重点扶植，突出发展，以点带面，分工合作”经营思路的引领下，重点培育了兴业、兴旺、兴军三个龙头企业，带动其他企业全面发展。

【危仓老库改造工程】 经县粮食局多次协调，2016年申请到省以上资金654万元，对渠口、香城、五百户三个基层粮站危旧库房和配套设施进行维修改造，从而减轻了县财政资金压力，改善了基层粮站经营环境，为企业发展创造了有利条件。其中，渠口粮站总投资约650万元，对危仓老库进行维修改造，使渠口粮站，在具备储备原粮1.2万吨的基础上，还有效的提升了县域备战、备灾粮食应急供应能力；香城粮库总投资约482万元对危仓老库进行维修改造，为提高企业效益奠定了基础。五百户粮站利用省以上资金60万元，安装一台变压器，并更换了危旧线路，有效解决了粮站电力供应不足和线路危化引起火灾的安全隐患。

【龙头企业培树】 结合实际情况，按照“重点发展，突出特色，以点带面，分工合作”的经营战略，进一步明确了兴业、兴旺两个公司的经营重点和经营策略，其中兴业公司重点发展小麦经营，兴旺公司重点发展玉米经营。经营过程中，两个龙头企业各自发挥优势，通过与其他企业联合经营，定大订单等形式，增强了市场竞争力，企业效益明显。据1—6月份不完全统计，已经完成粮食购销总量8万吨，实现销售收入0.9亿元，利润16万元，占全年考核目标的53%。

【军粮供应】 局属兴军公司担负着军粮供应工作。为确保军粮供应质量，按照“一批一检一报告”原则，严把进货关，建立并完善了采购、调运、入库、保管等各项规章制度。同时还建立完善了定点加工、统一包装、统一标识、统一配送的军供保障机制，合理安排库存，有效地保证了军粮供应。

【市场监测】 2016年，落实了县级《粮食应急预案》，定期采集市场粮食价格信息，以便在粮食价格发生异常波动时，及时做出预警。同时为准确掌握粮食供需情况，还组织完成了粮食预产调查和购销存调查工作，有效保证了粮食市场的供需平衡。

【安全生产管理】 严格按照县政府及市粮食系统有关规定，认真抓好安全生产监督管理工作，局机关与各基层单位签订了安全生产《目标管理责任书》，明确了任务，强化了责任，一年来全局未发生一起安全生产事故。

（安　娜）

烟草专卖

【概况】 香河县烟草专卖局（营销部）位于香河县淑阳镇站西74号，隶属于县政府和廊坊市烟草专卖局（公司）的双重领导。主要职责：宣传、贯彻《中华人民共和国烟草专卖法》《中华人民共和国烟草专卖法实施条例》；负责本辖区烟草专卖品生产、销售、运输、储存的管理和监督；依法查处辖区内涉烟违法违规案件；审核、发放和管理烟草专卖零售许可证；负责辖区卷烟零售户的营销服务；承办县委、县政府和廊坊市烟草专卖局（公司）交办的工作。香河县烟草专卖局（营销部）内设5个科室：办公室、财务科、专卖监督管理科、营销服务科、内管派驻组，在岗人员36人。

【业务经营】 以规范经营为重点，不断提高服务质量，保持销售平稳、结构优化、效益增长的良好发展态势。2016年，累计销售卷烟14970箱。

【专卖稽查】 专卖管理工作以市场管理、打假破网、治理卷烟非法流通为重点，保持严控严管的高压监管态势，坚持内管外打，打管结合，综合治理。2016年，共查处各类涉烟违法案件179起，其中五万元以上案件3起。查获违规卷烟232.79万支，总案值84.84万元，上缴财政罚没款7.28万元。

（成志云）

石 油

【概况】 香河石油公司隶属国有大型企业中国石油化工股份有限公司。经变更现为中国石化销售有限公司河北廊坊香河石油分公司。公司坐落在香河县新华大街40号。公司设经理、副经理各一人，公司现有11座在营加油站，分布全县7个乡镇。干部职工共计72人。

【油气回收改造升级】 已经对所辖11座加油站的39台加油机按国家规定标准全部进行了二次油气回收改造并通过相关部门的验收。油品升级换代是根据上级指示精神进行的，公司按着国家规定标准对所运营的11座加油站销售的成品油进行了升级换代。取消了90#、93#、97#汽油，更换为92#、95#、98#汽油。从2016年1月1日起所售油品均为国标国（V）标准。

【市场供应保障】 2016年，公司在确保安全、环保的前提下，以质量求生存，向管理要效益，向服务要市场。全年油品销售2.5万多吨，第二加油站保持了万吨站销量好成绩。

（马瑞庆）

财政　税务

财　政

【概况】　香河县财政局隶属于香河县人民政府，是香河县人民政府综合管理全县财政收支、国有资产、财税政策、实施监督管理、参与全县国民经济宏观调控的职能部门。全局下设 22 个股室，辖 1 个收费管理局（下设征管股、票据股），1 个公有资产经营公司。业务上指导 9 个镇区财政所及新开、新华、平安街道办 3 个财政所和开发区、环保产业园、新兴产业示范区 3 个财政分局。现有行政编制 17 人，事业编制 4 个，所属事业单位编制 89 个。全局共有干部职工 118 人，党员 72 人。至 2016 年底，财政局已连续 18 年被市委、市政府评为“市级文明单位”，并首次被省委、省政府评为“省级文明单位”。

【财政收支较快增长】　面对复杂多变的发展环境，财政局深入贯彻落实各项工作部署，2016 年全部财政收入为 645762 万元，全部财政收入增速为 30.6%，其中一般公共预算收入 401017 万元，增速为 27.1%。在财政支出完成情况方面，按照省财政厅、市局和县委、县政府的工作要求，采取切实有效的措施，确保了财政支出达到时间进度要求，发挥了财政资金支持经济社会发展的积极作用。是年，全县一般公共预算累计支出 546152 万元，占调整预算数的 98.2%，同比增加 39153 万元，增长 7.7%，全市排名在第一档（按照要求支出进度达到 95%以上为第一档，排名并列第一）。政府性基金累计支出 250122 万元，占调整预算数的 99.9%，同比减少 52689 万元，下降 17.4%

【财政保障能力不断增强】　县财政局坚持统筹兼顾，突出重点，有序执行财政预算支出，充分体现了政府理财为民的精细化管理水平，使财政能力不断增强。

具体表现为：一是确保人员工资。一直以来，县财政着眼于全县的稳定大局，把保工资作为首要任务，确保公教人员工资及时发放，两险资金按时足额拨付到位，保证离退休人员老有所养、老有所医。此外，按照上级统一部署，县财政局把贯彻落实工资改革作为重点工作之一，认真执行政策，积极筹措资金，完成了政策性增资、职务与职级并行、取暖费提标、考核奖、通信补贴、交通补贴、精神文明奖发放等工作。

二是落实惠农政策。全面推开农业“三项补贴”改革（将农作物良种补贴、种粮农民直接补贴和农资综合补贴合并为农业支持保护补贴），全年以“一折通”的形式兑付补贴资金 2842 万元，享受补贴的土地面积为 29 万亩。农业综合开发土地治理项目投资达 1235 万元，涉及 6 个村街的 9500 亩土地。农机具补贴全年拨付 590 万元，补贴农户 154 户，农机具 305 台。成立“香河县荷香城乡建设开发有限公司”等三个融资平台，加强美丽乡村建设改善农村环境，全面提速项目建设，全年投入财政资金 53415 万元，大大改善了农村的面貌。推进镇村环境卫生整治工作，按照每村 10 万元的标准，累计拨付资金 3000 万元，用于农村环境卫生长效机制补助，农村环境得到显著提高。

积极支持“荷花之乡”品牌的打造，全年投入资金累计达到414万元。加大对植树造林的投入，全年共投入植树造林补助资金4971万元，对各个通道、节点、精品绿化工程等绿化工程进行了补助，有效提升了空气质量，改善了生活环境。

三是推进民心工程。县财政投入大量的资金，扶持社会弱势群体，努力改善农村的发展面貌，使之真正成为群众满意的民心工程。累计拨付20937万元用于保障性住房回购和公共租赁住房补贴，拨付1553万元用于阳光馨城经适房、廉租房项目建设，促进了香河县保障性安居工程良好发展。累计投入低保资金1155万元，保障了3003名低保对象的基本生活。基层医疗机构综合改革药品零差率补助支出2845万元，城镇居民医疗保险基金累计支出6897万元，新型农村合作医疗全年支出资金10956万元，有效减轻了居民的医疗负担。农村面貌改造提升全年投资40101万元，“一事一议”财政资金累计拨付2292.8万元，完成了90个项目的保障工作，受益人口达10万。农村公共服务运行维护机制建设投入资金1384万元，运行机制进一步顺畅，农村卫生面貌改善成效显著。认真落实政策性农业保险试点工作，累计支付保费补贴资金428.6万元，已决赔付资金500万元，受益农户2764户，为农业生产快速发展保驾护航。累计拨付义务教育阶段公用经费4159万元，生均公用经费1209元，超过国家标准。投入资金992万元用于义务教育中小学校园网建设，保证了教育学校均衡发展。落实国家助学金资助政策，累计发助学金210万元，资助学生2294名。全年，投入5497万元用于新建、改建校舍项目，提高了县域基础教育办学条件。全年安排国家文化服务体系建设资金563万元，推进了全县公共文化服务体系建设，促进了文化产业发展。累计投入资金4168万元用于“天网工程”建设，为维护社会治安打击犯罪提供了有力保障。累计投入资金1150万元用于智慧交通工程建设，为进一步改善全县交通状况提供了资金支持。及时拨付县乡两级人大换届选举经费26万元，保障了换届的顺利进行。全年安排政法机关经费17929万元，比上年增加3910万元，充分改善了政法机关办公条件，提高办案效率。全年累计组织1775名会计人员参加继续教育培训，农村财会人员财政支农政策培训工作全面开展，共组织培训558人次，取得了显著效果。

【全力支持县域经济发展】 县财政发挥调控职能，努力做好资金管理工作，有力支持了香河县经济社会的快速发展。

一是积极开展政府与社会资本合作，主动与中信国安投资有限公司沟通协调，共同推动了北运河香河段生态综合整治PPP项目列入财政部第二批PPP示范项目清单并签订合同。年底，北运河香河段生态综合整治PPP项目一期工程已经完成立项，水利、勘察和环境物联网设计招标已经完成，景观工程设计、施工招标正在积极推进。

二是全年累计拨付县本级政府投资基建资金62742万元、中央基建投资等专项资金2392万元,重点支持保障性住房配套设施建设、农村新民居建设、优势产业发展等项目建设。加大基础设施建设投入，推进环保和节能减排，累计拨付大气污染防治资金11646万元，重点支持洁净型煤推广、锅炉拆改、煤改气等大气污染防治项目，有力支持了大气污染治理工作。

三是加强政府性债务管理。积极完善政府性债务管理制度，有效防范和化解了县乡财政债务风险，同时加强财政各类借贷资金管理，合理解决财政资金供求矛盾，全年用于置换已到期的2013年三年期地方政府债券5500万元，确保了财政经济健康稳定运行。

四是积极盘活财政存量资金。香河县存量资金共计7220万，已消化2015年底存量资金66672万元，消化比例为90.2%，让“沉睡”的钱“醒”了过来，发挥了财政资金应有的效益。

五是进一步规范国有资产出租管理工作。对行政事业单位国有资产的出租情况进行进一步规范管理，对应收的租金，需全额上缴县财政“国有资产收入专户”，实行“收支两条线”管理。

六是认真开展行政事业单位资产清查工作。对纳入预算管理的200家行政事业单位的资产情况进行了全面清查，共涉及资产总额294882万元，通过清查摸清了底数，全面地掌握了香河县资产管理现状，为今后的管理工作和领导决策提供了有力的数据支撑。

七是积极与工信局、商务局及科技局等相关部门配合，组织企业申报各类专项资金，申报省级科技型中小企业等8家，为企业提供了有力的财政支持。

八是加强票据审核，进一步严格财政代开票据管理，累计为383个企业代开票，代开金额达25.8亿元，有效地防止了偷逃税收行为的发生。

【财政制度不断完善】 县财政按照公共财政体系的要求，认真总结改革经验，进一步完善和深化各项改革。

一是支付中心累计支付资金69500万元，全年共拒付134次，纠正不规范票据216张，拒付不合理资金421.5万元。

二是评审中心先后对香北线养护改造工程、倪李线改建、大香线潮白河大桥东侧景观绿化工程等130个项目完成了评审工作，项目总投资65900万元，审减资金11500万元，平均审减率达到17.4%。此外，首次通过公开招标的方式引进了12家有资质的中介机构参与到评审工作中来，加快了评审的速度。

三是政府采购通过公开招标、询价采购、谈判采购等形式，全年组织采购191次，采购金额累计完成36142万元，节约资金3329万元，节约率达到8.4%。为加强财政支出管理，促进廉政建设起到了积极的推动作用。

四是国库集中支付制度改革得到进一步深化，各项工作稳步推进，全年采用电子化方式支付资金751370万元，财政资金得到更加安全有效的利用，县本级行政事业单位全部推行了财政资金国库集中支付方式，完善国库集中支付运行机制取得了明显成效。

五是加快新版非税收入系统推广。进一步加大人力物力的投入，积极与县网通公司、各执收执罚单位等相关部门沟通协调，并为各执收执罚单位配置电脑及打印机，组织人员进行安装调试，讲解新系统的使用，确保了熟练掌握该系统的操作。年底，已经有48个单位上线运行。

六是“一问责八清理”工作顺利完成，财政局负责专项资金问题、乱收费乱摊派问题的清理工作。专项资金清理通过自查自纠、重点检查、“回头看”、建章立制阶段，共计清理检查15个镇、街道办、园区和86个县直部门；共计清查十六大类资金71.57亿元；共计发现问题88个；调整账务资金317.4万元，财政收回滞留资金1985.3万元，重新修订完善五项项目资金、财政财务管理办法，取得了显著效果。乱收费乱摊派问题清理累计向上级报告乱收费乱摊派问题30件；修订完善管理制度，构建防范治理“乱收费、乱摊派”行为长效机制，从源头上防止违规现象出现反弹、回潮问题，为香河县创造良好经济软环境打下良好基础。

七是公务用车制度改革全面推开，印发了《香河县党政机关公务用车制度改革实施方案》等5个办法，全县参加公车改革的车辆共计848辆，保留应急指挥、机要通信和执法用车共433辆，保留垃圾清运车、水车等其他车辆74辆，喷涂标识车辆164辆。到2016年底，共处置车辆21辆，其中，报废3辆，有偿转让1辆，调剂3辆，调换14辆。

（石克景）

国家税务管理

【概况】 香河县国家税务局，局机关地处淑阳镇新开街68号，全局有内设部门9个（办公室、财务管理股、人事教育股、监察室、政策法规股、征收管理股、纳税服务股、收入核算股、机关党委办公室和办税服务厅）；直属机构1个（稽查局）；事业单位1个（信息中心）；派出机构4个（城区分局、渠口分局、五百户分局、安平分局）。截至2016年底，全局共有在编人员97人。是年，香河国税紧紧围绕组织收入中心任务，坚持从严治税，从严治队，不断强化税收征管措施，规范税收执法，优化纳税服务，税收收入实现稳定增长，全年共组织税收收入18.98亿元，同比增收7.68亿元，同比增加67.9%。

【国税征收】 国家现行税收管理体制是分税制，分税制是指将国家的全部税种在中央与地方政府之间进行划分，借以确定中央财政和地方财政收入范围的一种财政管理体制。中央收入包括：消费税、车辆购置税、关税、海关代征的进口环节增值税。中央与地方政府共享收入包括增值税和税企业所得税，其中，2016年1—4月，增值税中央占75%，地方占25%，5月1日后，增值税中央占50%，地方占50%；企业所得税，铁道部门、各银行总行、海洋石油企业缴纳的所得税归中央，其余部分中央占60%，地方占40%。

【营业税改增值税】 3月18日，国务院常务会议审议通过全面推开营改增试点方案，明确自2016年5月1日起，全面推开营业税改增值税试点，将建筑业、房地产业、金融业、生活服务业纳入试点范围。县国税局认真贯彻落实国务院全面推开营业税改增值税试点改革要求，积极推进税制改革，优化税制结构。至4月30日，县国税局共接收县地税局移交营业税纳税人2026户，其中纯地税户1655户，国地税共管户371户。累计为1949户纳税人维护数据5000余条，签订三方协议1800余份，为营业税改增值税工作顺利推进提供了有力保障。5月1日零点03分，香河华鑫酒店管理有限公司顺利开具出全县第一份生活服务业增值税普通发票，价款100元，税率3%，增值税2.91元。生活服务业首张增值税专用发票的开出，标志着全县全面推开试点改革工作正式落地；标志着营业税正式走下历史舞台，新旧税制转换成功实现。自此，全县原营业税纳税人正式加入缴纳增值税的行列，开始享受新一轮税制改革带来的红利。

为保证政策顺利推进，县国税局积极组织培训、宣传等工作，先后组织营改增专题培训十余场，培训税务干部及纳税人2000余人次；通过县电视台报道，上街宣传，组织知识竞赛等途径宣传营改增新政策。在5月1日顺利开出生活服务业首张增值税发票后，实现了税制转换在全县的平稳运行。为促进我县经济结构调整和发展方式转变，支持全县经济社会协调快速发展发挥了重要作用。

【完善征管手段】 为提升征管质效，2016

年县国税局主要做了以下工作：一是抓好金税三期运行工作。适时开展数据维护工作，不断提升数据的准确度，保证系统平稳运行。二是全面落实《征管规范》。制定具体实施方案，将落实《征管规范》与干部培训、实际业务相结合，提升干部征管工作规范程度。三是继续推进“三证合一、一照一码”工作的开展。四是有序开展实名办税相关工作。五是开展国地税合作工作。六是开展风险应对。充分利用系统数据，企业用电量、财政性资金等外部信息，按户监控，控管源头，开展纳税评估工作，对存在的风险疑点问题及时应对与处置。

【优化纳税服务】 县国税局以解决纳税人关心关注的问题为重点，2016年持续推出多项便民措施。对办税服务厅进行改造和升级，降低办税柜台，装配一机双屏设备，开通无线网络，方便纳税人业务办理。进一步规范、落实领导值班制度、导税服务、一次性告知、延时服务、预约服务等制度。以“互联网+税务”为导向，建立云办税厅，配备自助购票机，实现发票领取、发票代开、申报征收等业务纳税人自助办理。落实“三证合一”“五证合一”和个体工商户“两证整合”，持续简政放权。

（任海龙）

地方税务管理

【概况】 香河县地方税务局地处县城新开大街68号，县局内设机构6个，分别是办公室、税政法规股、征收管理股、人事政工股、收入规划核算股和监察室。设派出机构7个，分别是稽查局、征收分局、税源监控分局、城区分局、家具城分局、渠口分局、五百户分局。2016年底，全局共有在编人员98人，平均年龄42.99岁，其中党员82人，团员10人，学历大专以上94人。

【地税征收】 地税局管辖各类纳税人9733户，其中企业2867户，主体税源是房地产业和建筑业。是年房地产业和建筑业合计纳税占比81.37%，其中房地产业纳税占比66.7%、建筑业纳税占比14.67%。从纳税大户来看，全县年纳税500万元以上企业共78户，纳税占总量的71.89%，其中43户为房地产开发企业。地税局注重规范税收执法，优化纳税服务，税收收入实现稳定增长，2016年累计入库各项税收35.42亿元，同比增收1.82亿元，增长5.41%（因“营改增”后没有营业税入库，所以增幅小）。

【征收管理】 地税局负责企业所得税、个人所得税、资源税、城建税、房产税、印花税、土地使用税、土地增值税、车船税、契税、耕地占用税等征收管理。地税局坚持组织收入原则，结合香河县实际制定征管措施。

一是深化税源分析和预测，向分析要税收。重点从营业税、土地增值税、企业所得税、个人所得税和契税等主体税种，从房地产、建筑、租赁和商业服务、金融、制造等主要行业去分析、去预测，找准增收的潜力，及时制定相应征管措施。

二是实施组织收入绩效管理，向责任制要税收。层层传导任务压力，按时间节点严格督导考核。

三是加强重点税源跟踪问效，向精准管理要税收。把房地产业与建筑业税收管理列为重中之重，设置房地产与建筑业税源管理组，集中管理全县建筑业和房地产业税收。

四是加强征、管、查之间协调互动，向联动控管要税收。核实155户股权转让业务，共征收个人所得税 2572.16 万元，征收印花税 266.7 万元。在营业税改增值税工作方面，2016 年全县有营业税纳税人 2260 户，其中建筑业 180 户、房地产业 168 户、金融业 70 户、生活服务业 1842 户，营业税占全部地税收入的 43.1%。“营改增”全面推开后，这部分税源全部移交，为确保不出现任何遗留问题，全局上下开展“五清一保”活动。对营业税纳税人做到户数清、手续清、档案清、发票清、纳税清等“五清”，确保不出现任何遗留问题。组织对营业税集中清理，共清理入库 8425 万元。

【优化纳税服务】 一是严格落实税收优惠政策。2016 年，共办理小微企业所得税优惠 234 户，减免税款 212.5 万元，办理小微企业营业税优惠 1485 户次，共减免税款 95.5 万元；自 2 月 22 日执行的房地产营业税、契税最新税收政策，到年底共办理优惠 3965 户，共减免 2787 万元。二是打造“互联网+纳税服务”新模式。以智能化改造为重点，升级办税服务厅，配备现代化办税、监控和评价设备，完成办税服务厅智能化建设。升级网上服务功能，全面推行网上审批和手机移动办税服务，为纳税人提供智能化服务。三是深入开展“便民办税春风行动”，实现审批事项一窗受理、内部流转、限时办结、窗口出件。地税办税大厅被省地税局评为“五星级办税服务厅”。

（尹　超）

2016 年度香河县国税系统纳税 1000 万元以上企业名录

表 5　　　　单位：万元

序号	纳税人名称	法定代表人	纳税金额
1	北京顺鑫农业牛栏山生产基地	孙兴忠	36873
2	香河第一城酒业有限公司	孙兴忠	8875
3	香河神盛商贸有限公司	孙兴忠	50
	小计		45798
4	香河县胜强房地产开发有限公司　(华夏)	刘丹	15765
5	展望房地产	马红月	11748
6	香河县农村信用合作联社	王宝生	5572
7	香河京御房地产开发有限公司　(华夏)	孟惊	5508
8	香河恒康房地产开发有限公司	马燕华	5207
9	旷世基业房地产	何剑波	3853
10	香河县逸景房地产开发有限公司	刘长胜	3086
11	百川燃气公司	王国凤	2758
12	香河理想嘉业房地产开发有限公司	朱灿	2337
13	骏豪凯星（香河）房地产开发有限公司	张曦	2250
14	国网冀北香河县供电有限公司	郭羽	1775
15	香河县龙盛房地产开发有限公司	薛军	1742
16	富力（香河）房地产开发有限公司	杨培军	1724

续表 5

序号	纳税人名称	法定代表人	纳税金额
17	香河县城镇房地产综合开发有限公司	王尚新	1709
18	万通房地产公司	李虹	1708
19	上海绿地集团香河投资开发有限公司	欧阳兵	1689
20	香河秀兰房地产开发有限公司	赵连忠	1659
21	天悦房地产公司	范德永	1628
22	香河珠光房地产开发有限公司	周雄	1434
23	喜临门北方家具有限公司	杨刚	1424
24	香河京汉房地产开发有限公司	田汉	1170
25	香河县华宇房地产开发有限公司天琴湾二期东区项目部	岳景国	1140
26	香河三田雍泓房地产开发有限公司	李家翔	1108
27	香河金汉房地产开发有限公司	高德谦	1073
28	廊坊爱依瑞斯家具有限公司	隋有彬	1017

2016 年香河县地税系统纳税 1000 万元以上企业名录

表 6　　单位：万元

序号	纳税人名称	纳税金额
1	香河维远房地产开发有限公司	10410723.87
2	香河龙御房地产开发有限公司	11464030.64
3	香河县城镇房地产综合开发有限公司尚乘华府项目部	11875369.2
4	河北盛宇房地产开发有限公司	12019084.15
5	国网冀北香河县供电有限公司	12062088.55
6	河北万特房地产开发有限公司	12203709.6
7	中国工商银行股份有限公司香河支行	12315856.62
8	香河御景置业房地产开发有限公司	14241746.01
9	香河县廉租住房和经济适用住房管理中心	14454102.56
10	香河县双隆房地产开发有限公司	14846044.56
11	香河锦绣香江房地产开发有限公司	15337951.88
12	香河紫辰机械制造有限公司	16021820.7
13	香河县华宇房地产开发有限公司新世界名苑项目部	16480729.37
14	香河县农村信用合作联社	17789664.25
15	香河京汉房地产开发有限公司	19162181.35
16	香河第一城酒业有限公司	19903327.7
17	香河县盛达房地产开发有限公司	22855501.81

续表 6

序号	纳税人名称	纳税金额
18	香河中安房地产开发有限公司	24246005.24
19	香河县天悦房地产开发有限公司	24720884.32
20	香河中商房地产开发有限公司	25193730.43
21	中星建设工程有限公司	25352696.66
22	廊坊京御房地产开发有限公司	26553804.69
23	香河县华宇房地产开发有限公司	27092134.38
24	中信国安第一城国际会议展览有限公司	27746807.36
25	香河恒泰建筑有限公司	29895032.6
26	荣盛建设工程有限公司	30995093.02
27	香河县华宇房地产开发有限公司天琴湾二期东区项目部	31046040.73
28	香河县逸景房地产开发有限公司	31728922.49
29	上海绿地集团香河投资开发有限公司	32311434.08
30	北京顺鑫农业股份有限公司牛栏山酒厂香河生产基地	34297772.29
31	香河万通房地产开发有限公司	35381607.02
32	香河秀兰房地产开发有限公司	35507615.51
33	廊坊瑞盛投资股份有限公司	38606203.27
34	廊坊旷世基业房地产开发有限公司	39817459.9
35	香河县鸿坤房地产开发有限公司	40709362.37
36	香河三田雍泓房地产开发有限公司	41228083.67
37	香河理想嘉业房地产开发有限公司	43070082.17
38	香河紫辰房地产开发有限公司	44113751.42
39	骏豪凯星（香河）房地产开发有限公司	44665302.01
40	香河孔雀城房地产开发有限公司	44858103.33
41	香河金汉房地产开发有限公司	45465550.3
42	香河县城镇房地产综合开发有限公司山水田园小区项目部	49884322.55
43	香河忠信房地产开发有限公司	61562986.39
44	香河县龙盛房地产开发有限公司	62080936.53
45	香河县华宇房地产开发有限公司潮白新村西区项目部	66552237.57
46	富力（香河）房地产开发有限公司	69650293.5
47	河北美联房地产开发有限公司	71536363.75
48	香河县三强建筑工程有限公司	83107093.2
49	荣盛房地产发展股份有限公司香河分公司	84875619.11
50	香河鼎泰园区建设发展有限公司	126502105.1
51	香河京御房地产开发有限公司	145310674.3
52	香河县城镇房地产综合开发有限公司	147697040.9
53	香河恒康房地产开发有限公司	184633334.5
54	香河县胜强房地产开发有限公司	375350967.1

金融　保险

中国人民银行香河县支行

【概况】 2016年底，中国人民银行香河县支行（简称香河人行）共有在职员工27人。其中，男职工20人，女职工7人，党员17名。专业技术人员17人，其中，中级职称9人，初级职称8人。离退休人员12人，其中党员6人。截至2016年12月末，香河县各项存款526亿元，余额位居廊坊辖县第三位，比年初增加134亿元，增加额位居廊坊辖县第二位，增长率34.2%，位居廊坊辖县第三位。至2016年12月末，香河县各项贷款470.6亿元，余额位居廊坊辖县第二位，比年初增加185.8亿元，增加额位居廊坊辖县第2位，增长率65.3%，位居廊坊辖县第三位。

【搭建政银企沟通平台】 召开3次银企对接会，达成信贷支持意向30家次，意向贷款金额4亿元，对30家企业投放贷款2亿元。参与13家银行业金融机构与企业一对一的对接1000余家次，累计与150家企业达意向贷款金额30亿元，对100家企业投放贷款15亿元。

推进新型农业经营主体主办行制度在辖区的实施。香河县“主办行”共支持新型农业经营主体130家，累放贷款3.85亿元，余额2.83亿元。

推动助民创业贷款工作，邮储银行累计发放该项贷款5笔，金额50万元。

【防范化解金融风险】 首先做好存款保险制度各项工作，严格落实金融机构重大事项报告和风险提示制度。其次加强利率监测分析，开展金融突发事件应急演练，中心支行办公室、货币信贷科、货币金银科、支付结算科共4位科室领导现场指导。第三是开展防范和打击非法集资集中宣传活动，提高群众防范和打击非法集资的意识。

【外汇管理工作】 香河人行共受理业务咨询60次，办理名录登记5家、变更9家。办理账户备案8家，办理企业贸易信贷报告16次，办理辅导企业报告2次，办理企业单位基本情况表核查14次。组织召开辖区外汇业务管理沟通会议，介绍了香河人行承接的外汇业务事项。参与廊坊外汇支局制定了《国家外汇管理局廊坊市各县（市）支局内控制度》和《国家外汇管理局廊坊市各县（市）支局货物贸易工作规程》，被中支以文件形式转发推广。2016年度廊坊市外汇管理工作总结会议暨业务培训班于12月7日在香河人行举办，香河人行在会上介绍了外汇工作的经验做法，香河人行外汇岗位人员参与了业务培训讲课。

【金融服务和管理】 努力推进香河石材城与金融服务全面对接工作，信贷资金放开支持。河北银行、信用联社共向商户投放贷款15.91亿元。金融网点建设快速推进，河北银行新建一家县级支行，香河联社将安平信用社迁址到石材城，益民村镇银行筹建了专项服务于石材城的小微信贷部，支付结算服务率先跟进。2016年底，已为石材城190余家企业、商户开立基本账户，并为140家企业安置了POS机。

《香河金融支持首都溢出产业的实践与思考》被河北金融学会的微信公众平台转发。

认真开展人民币结算账户管理，12月末，审核办理开户2482户，办理销户806户。办理各项变更手续1024户。

做好人民币管理，完成猴年贺岁币的现场兑换工作。督导信用社29家网点顺利接入人民币冠字号码管理系统。开展人民币反假宣传活动。

做好系统维护，做好国库管理，配合财政、税务等部门，全面推进财税改革，完成TCBS系统参数修订，完成财政电子化支付系统的上线。

加强征信管理，将征信业务由金融管理部调整到综合业务部，购置自助查询一体机，缓解柜台查询压力。到12月底，办理个人查询18509笔，企业查询137户。

积极开展"中小企业贷款网上对接平台上线"推广，至12月末，辖区银企对接平台注册企业516户。统计信用联社、益民村镇银行两家，通过平台申请贷款253笔，金额55.77亿元；全额放款99笔，金额15.35亿元，差额放款143笔，金额1.6亿元。

开展金融知识普及宣传活动。重点围绕人民币、反假币、征信、理财产品、金融消费权益保护等内容进行宣传，促进金融知识的普及。

【强化内部管理】 推进依法行政工作，制定《行政执法案卷评查制度》，规范执法程序和资料留存。

加强财务管理。严格控制费用开支，严格车辆管理，加强公务接待管理，开展会计内控检查，配合省"财监办"完成香河县人行2013-2015年人员经费核查，完成县人行维修维护前期工作。香河县人行维修改造前期准备工作的做法在"省人行系统2016年县支行维修项目评审暨业务培训会"上做了经验介绍。参与制定了《维修改造项目内控管理制度》，被石家庄以文件形式转发。

加强保密、印章管理。签订保密安全管理责任书，组织保密知识宣传，提高全员保密意识。严格执行印章管理制度，严格执行用印审批、登记及A、B角交接程序。

做好安全保卫工作。牢固树立"安全是底线"的理念，进行社会形势教育，强化责任意识，严格执行政务值班制度，深入开展安全隐患排查。2016年11月，对监控设备进行了改进升级，办公楼前后左右实现全覆盖，360度无死角。

加强应急管理。对各项应急预案进行调整完善，制定应急演练计划。开展了防汛桌面应急演练和金融机构突发挤兑事件应急处置实战演练，演练视频在"全省人民银行系统应急管理暨政务公开培训会议"上播放推广。

【文明单位创建和职工之家建设】 加强领导班子建设。坚持中心组理论学习制度，坚定理想信念，加强党性修养。

开展职工教育培训，举办了手机银行培训，组织业务骨干参加中支举办的"青年大讲堂"视频培训。下半年，通过民主推荐提拔了两名中层干部，充实了中层干部队伍。

开展健康有意义的活动，春节前夕组织了拔河比赛，"三八节"组织女职工到蔬菜产供销专业合作社进行集中观摩、义务劳动。组织职工到平谷石林峡玻璃栈道进行胆量和勇气的挑战，组织复转军人到辖内蒋辛屯镇北吴村和王店子村，感受"美丽乡村"建设。

积极开展职工之家建设，完善了健身房，增置跑步机、骑行车等健身器材。每月初为当月过生日的员工送上一份生日蛋糕和生日贺卡。组织职工在县人民医院进行全面体检。在全体职工中开展合理化建议活动。加强食堂管理，粉刷了墙壁，更新了地面，改善职工就餐环境，为职工送温暖，遇有职工或其直系亲属生病住院，班子成员慰问看望，增强了职工的认同感。

【党建工作】 认真落实党建工作责任制。香河县人行党组始终坚持第一职责是管党治党、第一政绩是抓好党建，时刻与党中央保持高度一致，坚定不移地执行上级党委关于党建工作的重大决策、决议和决定。将党建工作，重点创工作一齐谋划，一齐部署，一齐推动。每季度召开党组专题会听取党建工作汇报，并对党建工作进行研究部署。

加强党员学习教育，组织全体党员学习党章、学习习近平总书记系列讲话、学习十八届六中全会公报、学习“条例”和“准则”。“七一”前夕组织党员开展的党的知识答题活动。

开展党员“承诺践诺活动”。每一名党员结合本职工作亮出身份、亮出岗位、亮出承诺，制作党员公开承诺牌，摆放在显著位置以便监督。认真落实了“三会一课”制度。

积极开展支部特色活动。组织党员干部到北京平谷鱼子山冀东抗日战争根据地进行参观学习。中支机关第四党支部与香河支行党支部组织党员以“金融支持科技型企业”为主题，到香河县机器人产业港和规划馆参观学习。

【党风廉政建设】 认真落实党风廉政建设责任制。党组每季度召开会议，研究部署党风廉政建设和案件防范情况，每半年主管行长对所分管部室党风廉政建设情况进行一次汇报，分析廉政建设中存在的问题及薄弱环节。班子成员和部门负责人层层签订廉政责任书和承诺书，带头执行“条例”和“准则”，处处以身作则，做忠于职守、廉洁奉公的表率。纪检监察部门充分发挥监督作用，对党风廉政建设责任制和案件防范责任制落实情况，及时提示和监督。

严格执行民主集中制，在重大事项上，严格按规定、按程序操作。

加强反腐倡廉教育。组织大家认真学习贯彻十八届中央纪委四次、五次、六次全会精神，组织干部职工收看《蜕变的人生》《永远在路上》等教育警示片，筑牢反腐倡廉思想防线。

上好廉政党课。营造廉政文化氛围，在县人行办公楼走廊内，悬挂了廉政警句及廉政漫画。在办公楼后院宣传橱窗开辟廉政建设专栏，时时提醒告诫大家要遵规守法。

加强岗位风险防控。制定实施了《岗位风险提示提醒监督管理办法》。该办法自 7 月份实行以来，收到提示提醒单 18 份，提示内容涉及任职提示、休假期间安全提示、对外执法监察廉政提示、红白喜事操办提示等9个方面，试行效果明显。县人行制定实施《岗位风险提示提醒监督管理办法》的做法被中支《动态信息》转发。

（刘建蓬）

中国工商银行股份有限公司香河支行

【概述】 2016 年，中国工商银行香河支行（简称香河县工商银行）主要业务指标实现了较快增长，整体竞争优势明显提升。至 2016 年末，该行各项存款余额 80.09 亿元，较年初增加 30.42 亿元，同比多增 26.11 亿元，存款增量同业占比首位，全省排名第二。各项贷款余额 111.86 亿元，较年初增加 47.38 亿元，同比多增 27.72 亿元，贷款余额和增量占比同业双首位。全行完成中间业务收入 7036 万元，同比多增 3354 万元，居同业首位。实现拨备前利润 2.78 亿元，净利润 2.11 亿元，分别较同期多增 8700 万元和 6700 万元，增幅为 45.55% 和 46.53%，创历史性新高。

【贷款业务】 县工商银行针对香河县域房地产发展势头，精诚与本地龙头企业香河城镇房地产开发有限公司的合作，以项目融资为突破口，先后为其办理了 3 亿元的固定资产支持融资贷款和 5.8 亿元的并购贷款，项目合作赢得了企业的认可和信赖。2016 年 9 月，县工商行与香河城镇房地产签订了全面战略合作协议，该公司旗下的多家房地产公司全部在工行办理按揭业务，实现按揭业务覆盖率保持在 90% 以上。是年 12 月，县工商银行成功向香河县城镇房地产综合开发有限公司发放了廊坊首笔北京产业外迁项目——“香河建材装饰博览交易中心”项目贷款 3.9 亿元，推动了银企合作迈上新的台阶。针对县域经济特点，该行坚持特色发展，全力打造“个贷业务精品支行”，个贷业务实现了新跨越。是年 3 月，县工商银行个人贷款余额突破 50 亿元，跻身全省县域支行前三甲。是年 11 月，该行个人贷款余额达 82.4 亿元，上升至全省第二位，成为系统内第二大按揭支行。2016 年，县工商行成功营销了华夏幸福、荣盛发展、北京鸿坤、北京富力、保定秀兰等大型房地产开发公司与该行合作，使个人贷款的客户结构大幅优化，有效提升了同业的综合竞争力。

【存款业务】 县工商银行坚持存款“行长抓，全行办”的方针，强化整合营销理念，形成“人人想存款，人人抓存款，时时抓存款”的存款营销大格局。全面落实省行提出的“三抓工程”，即抓日均增长、抓市场竞争、抓客户拓展，促进“三个提升”。一是促竞争力提升。突出储蓄存款在个人金融资产配置中的核心地位，牢牢抓住源头资金流向，以创新产品推广吸引新存款、新客户。公司存款主要是完善客户分包机制，逐户落实责任和目标。用好工商注册信息库、大额资金平台等系统，提高源头营销获取率。机构存款则是抓住财政、社保、公积金、部队资金分配格局调整机遇，紧盯进度，积极对接，全力抢占市场份额。二是促基础提升。开展“依托大数据实施精准营销拓户”活动，推动行内客户潜力提升、行外优质客户拓展和产品渗透率提高。三是促贡献提升。完善营销机制，推动被动负债向主动负债协同发展转变，形成理财产品与存款产品的协同发展机制，确保客户金融资产在行内循环，提升客户贡献。为实现资产与负债业务的均衡发展，该行积极推进“大零售”业务发展战略，“以个人住房消费贷款客户为载体，通过挂接大零售产品，推进大零售产品业务发展，提升大零售业务对全行经营的贡献度”。为做好精准营销，该行建立了大额存单、节节高、重点基金、保险目标客户营销名单，重点代发工资单位维护拓展名单和金融资产 8 千元至 1 万元客户提升计划名单，下发至各部室网点，落实专人维护管理，定期考核营销进展及目标达成情况。围绕提升同业竞争力这一核心目标，该行抢抓机遇、锐意进取、克难攻坚，成功完成商品房预售资金监管账户和农民工预储金监管账户的争揽工作，为全行对公存款稳步增长打下坚实基础。

【多元发展　提升创收】 积极推动大零售业务转型，做大储蓄、理财、基金保险等个人金融资产池，做强年轻客户和中高端客户群等客户基础，加快信用卡、私人银行、支付结算精品产品营销，更好地发挥大零售业务盈利稳定器和压舱石的作用，打造新常态下效益增长的多元支撑。全力推进大资管业务，打造多点增长极。高度重视资产管理、金融市场、同业、票据、养老金和托管、贵金属等大资管业务创新发展，进一步形成中间业务收入和效益增长的新引擎。加强资源整理、承接非首都功能疏解、PPP等领域的市场拓展和业务推广，实现融资额、收入额双提升。县工商行扎实推进网点转型，打造服务新业态，积极树立全渠道发展理念，深入研究分析客户、渠道、产品三者之间的匹配关系，使每一个渠道成为与客户的链接点、业务的触发点，提高客户满意度和忠诚度。认真落实总行互联网金融发展要求，以手机银行、工银e支付、融e购、融e联等推广应用为基础，加大宣传力度，强化软硬件资源保障，实现人人会使用、人人能营销，努力把移动金融服务融入客户的日常工作和生活，同时积极探索智能化银行建设，打造线上线下一体化渠道体系，实现以互联网思维制胜网点转型，用极致思维做服务，用简约思维做产品，打造完美个人金融生态圈。全面推广“厅堂微沙龙”，着力提高厅堂服务“温度”，实现“微沙龙”活动在各网点100%全覆盖。

【夯实基础　构建和谐】 坚持“两手抓、两手硬”，妥善处理好风险防范与业务发展的关系，切实提高合规意识、风险意为、制度意识，确保全行各项工作在正确的轨道上健康发展。严把贷款准入关，认真筛选优质客户和项目进行合作，严格执行双人面客谈话制度，严防假按揭和假车贷，从源头消除风险隐患。彻底转变“重贷前，轻贷后”“重不良，轻关注”的观念，将逾期贷款催收和不良贷款压降工作常态化，确保资产质量控制在较好水平。充分发挥内控监察员职能作用，每月组织进行案例剖析和业务培训，把好组织末端风险防控底线。积极落实银监会的监管要求，突出抓好员工违规问题的专项整治，确保安全稳健运营。牢固树立以人为本的管理思想，进一步营造以人为本的和谐环境，理解员工、爱护员工，真正为员工办实事、办好事、解难事。坚持工会“三必访”制度，即员工大病住院必访、员工直系亲属丧事必访、员工家庭遇突发事件必访，给予更多的人文关怀。积极开展职工之家、职工小家创建活动，努力营造和谐温馨的工作环境。正确引导员工理解全行改革的目标任务、工作要求和重点措施，努力化解工作中的各种矛盾，营造人心思上、工作图进、共谋发展的良好氛围。

（杨福祥）

中国建设银行股份有限公司香河支行

【概况】 建行香河支行巩固基础，与时俱进，开拓市场，建设了一支实绩突出的队伍 。至2016年末，建行香河支行一般性存款余额48亿元，较年初新增17.5亿元，计划完成率147% 。其中，对公存款余额27亿元，较年初新增13.7亿元，计划完成率142% 。个人存款余额21亿元，较年初新增3.8亿元，计划完成率173%。各项贷款余额85亿元，较年初增加43亿元，计划完成率284%，其中个人贷款余额84亿元，较年初新增43亿元，计划完成率310%。利润1.8亿元，比上年增加3860万元。

【业务拓展】 随着京津冀一体化发展战略确立，支行牢牢把握个贷发展机遇，至2016年末，支行个贷余额达到84亿元，当年新增43亿元，计划完成率310%，新增额位居分行系统内第一名，创支行十年来增速最快局面。年初，组织开展了个贷业务攻坚战活动。确定行长和主管行长为主要营销责任人，密切与职能部门联系，连续多日拜访当地政府、房管局领导和售房企业，全面及时掌握重大项目的开工及预售情况，优化工作流程，及时调整营销方案，经过努力，最终富力的个贷项目全部落在支行，与美联、忠信、京汉三家公司达成独家合作协议，并争取到了华夏、荣盛公司较高的业务合作份额。

【房改资金监管】 支行在发展个贷业务的同时，特别注重加强监管资金的联动营销。为规范房地产开发流程，保障房地产市场的健康发展，县政府推出商品房预售资金监管办法，确立了房管局、开发商、银行间的合作模式，支行确立专人负责此项业务的对接，每周走访房管局两次，及时掌握监管资金情况，为房地产公司和房管局做好服务，成为第二家与房管局合作的银行，签订 31 亿元商品房资金监管协议，房改金融监管资金最高时超过 17 亿元，为稳定全年对公存款打下了坚实的基础。

【专业营销】 1.按照分行工作部署，香河支行积极谋划家具城市场营销工作。2016 年一季度，由各部门选调业务骨干，组建了由 12 人组成的专业营销团队，从事家具城市场营销工作。团队开展地毯式营销，逐个商户上门营销支行 EPOS 为主的产品套餐，共布放 500 多台 EPOS，同时拓展我行的手机银行、结算通卡、快贷、五贷一透等产品，个人有效客户得到较快增长。2.成立助农团队，扩大建行品牌效应。家具城的营销团队在二季度转身变成“助农团队”，先后在各个相对富裕乡镇，逐村走访村街的小卖部，宣传布放支行的燕赵乡情卡和 EPOS。从产品营销到申请材料的上报，分别确定工作时限，确保营销工作高效运转，经过艰苦努力，助农团队最后在 9 个乡镇、70 个村街布放 70 台 EPOS，吸收存款 1.1 亿元。下一步，将把这些商户转换成龙商户，提升支行市场竞争份额。

【小企业营销业务】 面对同业竞争激烈，支行转变思维模式，做好项目的跟进营销和客户拓展，扎实做好信贷基础管理，甄别客户，有进有退，防范信贷风险。支行积极贯彻“顺势而为，积极发展，调整结构，严控风险”的总体发展思路，支行出台了发展小企业业务的专项政策，推进小企业人员全员营销。至 2016 年末，累计发放贷款 20 笔，金额 1.2 亿元，新增小企业客户 9 户，助业客户 6 户。

【拓宽业务渠道】 支行在做好柜面服务的基础上，着力培植壮大高端客户群体，对当地市场进行深入调研，认真梳理目标营销区域和目标客户，制定营销方案，组织银企座谈会，重点产品营销阐述会以及形式多样、内容丰富的联谊活动，加强与客户的沟通，听取客户的需求，及时介绍支行的代发工资业务，理财产品及代理销售的各种保险，对支行的新业务、新产品及时向客户传导。保持月均两次以上与高端客户进行座谈，确保双方保持常态化沟通。至 2016 年末，对公结算账户达到 1384 户，同业保持第一。个人 AUM20 万元客户超过 3000 户，总量和增速居系统前列。12 月中旬，成功营销全县教育系统 77 所学校教师年终奖代发业务。燕赵乡情卡发卡 3200 张，同步签约电子银行，代工 6600 笔，代发金额 8000 万元。措施成效为支行的下一年度旺季营销开了好局，站稳了脚步 。支行在香河文化中心体育场、富力新城、兴济路、第一城共有 4 个离行式自助银行，自助设备总量达到 26 台。支行有 17 台智慧柜员机，对增加市场竞争活力、加速渠道转型，真正从交易型向营销型转变起到了巨大作用。2016 年支行增加了 4 名个人客户经理，维护高端客户，释放前台活力、促进了从形转到实转。

【风险防控】 支行强化基础管理，狠抓规章制度的落实，扎实做好案件防控工作，加强员工安全防范教育和违规积分管理，加大业务检查和主动积分力度。层层签订安全责任书和案件防控责任状，对重点环节、重要部门、重点人员重点排查，确保全行全年安全无事故、无案件。

【监督检查工作】 充分发挥委派会计主管和柜员主管作用，严格控制政策风险和操作风险，及时做好新入行员工的业务培训工作，在全行形成人人争先进，人人守规章的良好风气。强化基础管理，严控信贷风险。抓好信贷流程管理，从信贷的受理、调查、评价、发放到贷后管理，严格按章操作合规经营，防范信贷风险。强化教育，规范员工职业行为，确保合规运营。高度重视内控管理和风险防范，坚持合规经营，按章办事，不断加强操作风险排查，抓好制度落实，确保业务健康发展。时刻把控关键风险点，特别是个人贷款调查审核、个金产品合规销售、客户风险提示、客户信息防泄漏等环节，加大检查频次和力度，严控操作风险和道德风险。

【抓党建，强队伍，保动力】 香河支行始终围绕价值创造这一中心，以转型发展为主线，以奋发有为不懈怠，抢抓发展敢担当的精神全力抢拼市场，坚持资产引领、公司联动的发展策略，多措并举提升工作业绩。组织建设了“党员之家”，设立党员活动室，配备图书，悬挂党员活动展示板，每月组织党小组学习。按照“三会一课”制度，落实支部讲党课，组织全体党员集中学习和进行专题讨论。平日工作中，全体党员全部亮牌上岗，带头发挥党员的模范作用。

（杜旭霞）

中国农业银行股份有限公司香河县支行

【概况】 中国农业银行股份有限公司香河县支行是国有商业银行，行政隶属中国农业银行廊坊分行。全辖共有员工 113 人。支行机关内设 5 个部室，即综合管理部、财会运营部、风险与信贷管理部、个人金融部、公司业务部，下辖 6 个营业网点，其中城区 3 个，安平、渠口、刘宋 3 个镇各 1 个。

2016 年，中国农业银行股份有限公司香河县支行结合自身实际，优化服务、创新发展、合规经营，本外币各项存款余额 746173 万元，比年初增加 79207 万元。本外币各项贷款余额 691105 万元，比年初增加 347013 万元。实现拨备后利润 17623 万元，实现中间业务总收入 2576 万元。全年未发生案件事故。2016 年，被评为全省农行系统先进职工之家、省、市分行 2016 年度先进单位。

【体制改革】 深入推进绩效考核系统建设，建立分层分类员工考核激励约束机制，制定《2016 年度综合绩效考核实施细则》，各营业单位还根据内部各岗位实际制定二次分配方案，最大限度细化考核、量化奖惩，调动了积极性，激发提速发展的原动力。开展“双先”评比、极大激发了员工的工作热情。同时充分发挥工会职能，开展丰富多彩的文体活动、拓展训练等，满足员工情感、精神上的需求，员工的归属感、团队的凝聚力有效提升。

【工作创新】 为提高工作效率，在该行的四个试点单位推进网点标准化转型工作。转型工作按照“八步六法”有序推进，“八步”指八大核心措施，包括：充分预热，做好准备。环境引导，提升素养。机具先行，释放人力。减高增低，业务分离。标准作业，提升效率。优化流程，科学营销。梳理职责，改进绩效。科技助力，工具提质。“六法”指六大核心机制，包括：目标管理机制、过程控制机制、现场管理机制、递进沟通机制、文化引导机制以及学习提升机制。“八步”是从团队建设和组织效率建设入手，改善组织绩效，推动网点标准化管理。“六法”侧重于思想建设和能力建设，形成人的内生动力推进网点转型。2016 年，网点标准化转型工作初显成效，高端硬件设施到位，机具布放合理、服务质量有效提升，创效能力有效增强。

【业务拓展】 农行香河支行努力拓宽渠道建设，加大电子机具布放，提高分流率，2016 年新增了 18 台超级柜员机、6 个离行式自助银行高效运转，有效分流了业务量。同时在县城主要街道、各大社区、中小学开展了反假币宣传，小微企业金融服务宣传月活动，“3•15”金融消费者权益保护宣传周活动，银行卡助农取款服务宣传周活动以及防范和打击非法集资宣传教育活动，打击防范电信诈骗集中宣传活动，金融产品进乡村活动等。进一步普及了征信、信用和金融知识，加强了中小企业和农村信用体系建设，营造良好的用信环境，百姓安全防范意识得到有效提升。年内该行成功堵截虚假存单、虚假身份证、电信诈骗、网络诈骗等 15 起，为客户挽回经济损失 622.5 万元。

【员工素质建设】 加强管理层自身建设，提高战略管理和创新能力。着力提高班子成员的能力与素质，特别是创新、营销、风险控制和带队伍的能力。加强后备队伍建设，认真贯彻落实人才强行战略，注重对青年员工的选拔和培养，打造一支素质优良、数量充足、结构合理的后备人才队伍，为加强全行队伍建设做好保障。强化政治学习和业务知识、业务技能的培训，提升员工服务水平，提高全员整体素质。

【党风行风建设】 努力推进学习型党组织建设，采取党委书记、党支部书记上党课、开展党日主题活动，召开支部党员大会或座谈会等形式，组织开展“两学一做”活动，学习《中国共产党廉洁自律准则》《中国共产党纪律处分条例》文件等，突出教育的针对性和实效性。着力创建创先争优长效机制，开展“亮标准、亮身份、亮承诺，比技能、比作风、比业绩，群众测评、党员互评、领导点评”的共产党员创先争优活动，提升了党员领导干部的思想意识，政治立场更加坚定。

（郎瑞芸）

中国农业发展银行香河县支行

【概况】 中国农业发展银行香河县支行（简称香河县农发行）是香河县唯一一家农业政策性银行。主要职责是按照国家的法律、法规和方针政策，以国家信用为基础，筹集资金，承担国家规定的农业政策性金融业务，代理财政支农资金的拨付，为农业和农村经济发展服务。目前在岗正式员工 17 人，设 1 个党支部，党员 12 人（其中在职党员 12 人）。

【存款】 香河县农发行属农业政策性银行，不吸收个人存款，现有存款均来自与支行有信贷关系的 26 个企业。存款余额 26907 万元，比年初增加 13581 万元。

【贷款】 粮棉油收储贷款。县级储备贷款190万元。农业农村基础设施建设贷款，全年累放贷款5190万元，贷款余额8604万元，贷款合计8794万元，比上年末减少4572万元。年利润162万元。

一是及时展期储备小麦贷款190万元，及时启动评级、授信、额度核定一站式办贷操作模式，制定应急预案，加强市场评判，严控风险，定期向地方政府做好专题汇报。二是支持地方经济发展。省分行批复中信国安（香河）总公司贷款73400万元，用于北运河香河段生态综合整治项目。已发放5000万元。

二是积极营销农发行基金业务。2016年9月份，香河县农发行积极配合中信国安环境有限公司，向发改委和上级行申请基金借款1.37亿元，用于北运河香河段生态综合整治PPP项目一期工程。经过几个月的调查、整理上报，于2016年12月27日，向中信国安科技控股有限责任公司发放基金借款1.37亿元。

三是积极营销政府主导的美丽乡村、农村路网、污水管网等项目。主动向政府主管领导及相关部门汇报、沟通，赢得了县委、县政府领导及相关部门的理解与支持，相继成立了3个融资平台公司，并在开立了基本账户，注册资本金全部存入我行，同时提出了资金需求。一是承贷主体国兴环保产业园污水管网项目，企业性质为国有控股企业，项目投资4.13亿元，申请贷款3.3亿元，另一个是大辛路（唐通线—义井大桥段）养护改造工程项目为国有独资企业，项目总投资1.76亿元，申请贷款1.41亿元，用于大辛路（唐通线-义井大桥段）养护改造。以上两个项目均已签订政府购买服务合同。到年末，香河县环保产业园污水管网项目申请的3.3亿元贷款，已经省分行批复。在落实贷前条件后发放。大辛路养护改造项目也已经省分行贷前调查，材料组卷上报已完成，等待省分行贷审会的通过。

四是做好存量贷款的收回、展期工作。对1000吨县储小麦贷款190万元贷款及时做好了展期工作。

【业务拓展】 香河县农发行初期只支持粮棉油收储及涉农贷款，发展到农村路网、美丽乡村、水利建设、整体城镇化、园区基础设施建设，服务领域得到了稳妥的拓展。

【员工素质建设】 香河县农发行深入学习贯彻习近平总书记系列重要讲话精神，坚决落实中央、总、分行党委全面从严治党的决策部署，牢固树立“抓好党建是最大政绩”的理念，坚持“两手抓、两手都要硬”，坚持支部书记与党员、群众谈心谈话制度，引导广大员工坚守正道、弘扬正气，以信念、人格、实干立身。一是规范召开民主生活会，引导党员干部坚持用好批评与自我批评的武器，敢于直面问题，动真碰硬，红脸出汗，触及灵魂。开展积极健康的思想斗争，促进批评与自我批评常态化，及时公布民主生活会召开情况和整改落实情况，主动接受群众监督。督促党员领导干部严格执行双重组织生活制度，既认真参加领导班子民主生活会，又以普通党员身份参加党小组的生活会。二是坚持民主决策。坚持以上率下，严格落实《支部议事规则》，重大事项坚决做到集体研究，民主决策，坚持用制度管权，管人，管事，不搞“一言堂”或暗箱操作。严肃贷审委、财审委、风管委、评先委等各类委员会和领导小组职能，支持依规独立开展工作，行使职权，保障重大事项民主决策，阳光操作。规范审批流程，分事行权，分岗设权，定期轮岗，强化内部流程控制。三是加强干部管理。坚持党管干部原则，按照好干部“五条标准”，坚持以发展为导向，激发干事创业激情。

【党风廉政建设】 香河县农发行认真学习习总书记系列讲话精神，不断增强全体党员的“四个意识”，坚定地维护以习近平同志为核心的党中央权威，自觉向党中央看齐，向党的理论和路线方针政策看齐，向党的决策部署看齐，为推动农发行改革发展，助力“三农”经济发展，凝聚攻坚克难的强大力量。加强党章、准则、条例学习指导，开展支部书记讲党课活动，参加市分行组织的专家授课，组织全员网络答题和45岁以下员工的闭卷考试。认真抓好违纪违法党员排查、党费收缴专项检查等重点任务落实，促使广大党员增强党性观念、严守组织纪律。一是认真落实上级行党委、纪委“两个责任”清单。按市分行制定的《关于建立和完善县级支行党风廉政建设监督机制的意见》《中共中国农业发展银行廊坊分行纪律检查委员会委员履职考核办法》，做到党风廉政建设有人管，有标准，有考核。二是强化“一岗双责”。明确支行关各部室负责人、为本单位党风廉政建设第一责任人，并签订责任书，层层分解任务，层层落实，形成横向到边，纵向到底，覆盖完整，责任落实的党风廉政建设责任体系。三是参照市分行建立党风廉政建设和案件防控季度联席会议制度，各条线参与，全方位排查，超前性预警，抓早抓小抓经常，努力建设“不能腐”“不敢腐”“不易腐”的监督机制。扎实开展经常性的“八项规定”、党规党纪检查活动，监督调动全员干净干事、尽心干事的积极性。

（李建忠）

中国银行股份有限公司香河支行

【概况】 中国银行股份有限公司香河支行（简称香河县中行）隶属于中国银行廊坊分行的县级支行，经中国银行业监督管理委员会批准建立。主要经营：办理人民币存款、贷款、结算、票据贴现业务。代理发行金融债券、代理发行兑付政府债券。代理收付款项业务，办理信用卡业务。代理保险业务，外汇存款、外汇贷款、外汇汇款、外币兑换。国际结算、结汇、售汇业务。个人实盘外汇买卖、资信调查、咨询、见证业务。经中国银行业监督管理委员会依照有关法律、行政法规和其他规定批准的业务。香河中行内设4个部室（中心）及2个分理处，员工49人。

【存款】 至2016年底，各项人民币存款余额247310万元，比年初下降11092万元。其中人民币公司存款余额121080万元，较年初下降23648万元。人民币储蓄存款126229万元，较年初增加12556万元。外币存款折美元575万美元，其中储蓄存款450万美元，较年初增加177万美元。企业存款124万美元，较年初增加8万美元。至10月底，跨境人民币国际结算量76.66万元，外币国际结算量4995.58万美元，国际结算新增客户4户。

【贷款】 至2016年底，各项人民币贷款余额369260万元，比年初增加了164886万元。其中个人消费贷款344460万元，比年初增加165087万元。公司贷款24800万元，同时，商品房预售资金监管系统经过大半年的努力，于11月底顺利实现投产。

【其他业务】 2016年，继续加大不良资产清收力度，催收人员和律师密切配合，多次电话、上门进行清收，至11月底，消费贷款不良余额217.31万元，不良率0.06%。关注类消费贷款余额1875万元，涉及业务80笔。银行卡不良资产余额8.39万元，不良率0.99%。

【工作创新】 加快智能柜台建设，中国银行已试点投产了智能柜台项目，运用前沿技术和互联网思维，对柜台流程进行了大刀阔斧的重塑再造，使柜员效能大幅提升。2017年，中国银行提出智能柜台要覆盖50%的网点，力争覆盖70%的网点。香河中行位于京津冀协同发展的关键区域，此项工作正在积极运作。

【业务扩展】 一是坚持存款立行，保持存款稳定。公司存款方面，通过做大做强理财业务，授信业务，行政事业，金融机构等，实现存款的稳定增长。个人存款方面，通过大额存单、社保卡等优势产品，抢抓热点存款、代发薪客户，坚决打赢个人存款翻身仗。二是扩大客户基础，突破发展瓶颈。公司客户方面，狠抓单位银行结算账户、有效客户、新模式中小企业客户、大客户的维护工作，至11月底香河中行单位结算账户661户，较年初增长110户。个人客户方面，持续抓好代发薪的拓展、存量客户挖潜与提升、中银E商、ETC的推广等，全年贯彻执行每人每月一张信用卡任务，持续扩大客户基础。三是狠抓国际结算，确保领先地位。将进一步提升国际结算和跨境人民币市场份额，采取各种有效措施确保我行市场优势地位。四是调整信贷结构，保持存贷平衡。公司贷款方面，香河中行重点投放收益高、附加值高、能够带来存款的房地产项目，新兴城镇化建设、新模式中小企业和新模式中型客户。个人贷款方面，紧抓房贷不放松，充分利用香河县的地域优势，尽最大能力抢占京津冀的住房贷款市场，加大域外发展力度，大力发展县域内二手房业务，多次举办二手房中介机构座谈会，扩大传统产品优势，提前完成贷款余额目标。

【员工素质建设】 着力改进工作作风，狠抓文明优质服务工作。狠抓劳动纪律和作风转变，从健全制度、考核机制上强化综合管理工作，着力提升服务品质，狠抓文明优质服务和技术练兵，自9月18日至10月19日，香河中行组织集中练兵工作，每天下午班后练兵一小时，于次日对成绩进行公示，着力改善服务环境和服务效率，强化大堂经理和引导员的职能发挥，提升服务规范化程度和社会满意度。

【党风行风建设】 深化开展“两学一做”活动，完善党建工作。严格履行“一岗双责”，把党建工作与业务发展同规划、同考核、同问责，真正做到两手抓、两手硬。2016年度完成了支行及迎宾路支行党支部的换届选举工作。一名预备党员如期转正，吸纳培养优秀积极分子3名。

（靳善雯）

香河县农村信用合作联社

【概况】 中国历史上第一个农村信用社合作社是由“华洋义赈救灾总会”于1923年6月在河北香河正式成立，它的诞生是中国信用合作事业发展的一块基石，历经近百年的风雨，香河县农村信用合作联社（简称“香河联社”）如今已发展成为香河县内资产规模最大的一家金融机构。至2016年12月，香河联社各项存款余额123.01亿元，比年初增加155887万元，增长14.51%。其中，储蓄存款余额95.19亿元，比年初增加37710万元；对公存款余额27.82亿元，较年初增加118177万元。各项贷款余额79.94亿元，比年初增加87233万元，增长12.25%，存贷比例为64.99%。实现考核利润2.86亿元，比上年增加5182万元。

香河联社设有部室19个，分别为：办公室、人力资源部、授信审批部、安全保卫部、稽核部、监察部、计划财务部、会计结算部、风险资产管理经营中心、风险监控部、党委办公室、科技部、业务拓展部、营业部、客户经理部和 4 个客户经理分部；20 个信用社和 8 个信用分社，工作人员 386 人。

【坚持存款立社】 一是积极开展存款营销。本着早安排、早部署的原则，统一思想，及时传导，迅速行动，狠抓落实，抓市场、抓客户、抓占比、抓效益。加强存款优质客户营销，尤其是抓好财政专项资金的营销。二是将存款任务分解到各单位，同时按不同岗位性质，每人按月落实一定数额的揽存目标。按月对单位和个人吸存揽存情况进行统计，对个人按季通报，结果与员工个人业绩及今后固定工资的调级晋档工作挂钩。对单位每半年进行一次考评，两次考评结果为差的，则单位负责人年度考核为基本称职或不称职。员工揽存以客户就近方便为原则，存款完成进度与所在单位考核脱钩。三是向全体员工公开各项营销费用，保证业绩与费用直接挂钩，做到公开、公平、公正，充分调动全员参与积极性。四是强化客户经理营销职能，由以前只营销贷款改为存款、贷款、中间业务、电子银行等各项业务的综合营销模式，为客户提供一条龙服务，客户经理存款营销将考核到个人。五是建立客户信息库。加强客户关系管理，密切关注与信用社有信贷关系企业的资金回笼情况。同时，各网点要建立自身的存款管理体系，掌握客户尤其是大客户存取款规律，确定重点客户目标，增加存款稳定性。另外，提高敏锐度，关注外部经营环境的变化，防止出现“存款搬家”现象。六是大力发展电子银行业务，带动存款增长。充分发挥电子银行产品对存款的带动作用，根据不同客户制定相应措施，利用现代化支付结算手段提升竞争力，留住客户存款。

【调整信贷结构】 一是积极调整信贷结构，在满足中小企业正常发展需求的前提下，有条不紊地压降信用贷款比例，提高抵押、质押类贷款占比。至 2016 年 12 月，香河联社抵押、质押类贷款余额 52.76 亿元，比年初增加 2.27 亿元，占全部贷款的 66.01%，比年初提高了 3.74 个百分点。二是立足普惠金融，抓好绿色信贷。坚持“立足县域、服务三农”的市场定位，进一步推广“阳光信贷”“绿色信贷”，做实做强普惠金融。科学规划筹措信贷资金，把握农业现代化、新型城镇化、产业集群化三个着力点，加快构建标准化、流程化信贷管理模式，加大辖内农业龙头产业、绿色产业种养加工、特色产业做大做强的支持力度，积极培育了经济发展中的新产业、新动能、新力量。

【清收不良贷款】 一是继续完善和推进不良贷款挂牌清收活动，逐月进行挂牌标价，实行全员清收，并把“清非”工作与年度考核、工资奖金、评优评先、竞聘上岗挂钩，打造全员“清非”工作氛围。二是深入贯彻落实省联社贷款五项新规，加大责任追究力度，从源头上杜绝不良贷款产生，遏制前清后增的情况发生。三是加大依法清收力度。对信誉状况差、多次催收无果的不良贷款户，采取上门催收、公告催收等方式清收，并做好诉讼时效保全工作。

【拓展中间业务】 一是继续拓宽中间业务领域，在现有的代理保险、代发工资、代收交通罚款等中间业务产品的基础上，扩大代收代付业务。二是提高自助机具使用率。通过加强回访与指导、提高宣传与考核、引入退出机制等方法提高 EPOS、POS 等自助机具的使用率和经营效益。拓展“农信村村通”布放的深度和广度，对于交易量大的助农金融服务点，通过安装小额现金循环机、间连 POS 等代替 EPOS，改善客户体验。继续推进离行式银亭的布放，完善服务网络，拓宽服务渠道。三是加大对互联网渠道业务的营销推广力度。通过对网银、手机银行、支付宝、银联无卡支付四项互联网渠道业务的组合营销，推动各项业务均衡发展，提高互联网渠道有效签约户数，促进电子银行交易占比的提高。

【“营改增”工作】 根据国家税务总局规定，2016年5月1日起，金融机构停止缴纳营业税，改征增值税。为响应此项赋税改革，在4月底5月初及时将营业税缴纳完毕，并于5月积极参加省联社、办事处和国税部门举办的各项培训，以确保“营改增”工作的顺利进行。截至目前，香河联社增值税缴税系统和人员培训基本就绪，确保增值税的正常缴纳。

【企业文化】 一是开展形式多样的企业文化活动。继续发挥工会职能作用，配合业务经营，组织开展好各岗位业务技能比赛和多形式文体活动，增强员工归属感，建立起和谐健康的企业文化氛围。二是加大主题宣传力度。利用自身LED显示屏、官网、微信平台等资源，借助广播电视、报刊网络、广告牌站牌等平台，抓住重要节日庆典、业务经营取得重大突破等有利契机，声势浩大地宣传农信社的品牌、产品和服务手段。三是以人为本开展信访维稳工作，强化网络舆情收集、研判和处置工作，加强正面舆情宣传。

（刘亦兵）

中国邮政储蓄银行股份有限公司香河县支行

【概况】 中国邮政储蓄银行香河县支行于2008年5月22日挂牌，辖区内拥有一个自营网点和6个代理网点。单位设4个部室，编制35人。支行开办的主要业务有：储蓄存款业务、小额贷款业务、消费贷款业务、小企业贷款业务、商务贷款业务、公司信贷业务、同业业务、电子银行业务、国际业务、信用卡业务、人民币理财业务等，与其他商业银行形成互补，支持了香河县经济建设，被称为“绿色银行”。

【存款】 至2016年底，支行存款余额为144214万元，其中个人存款余额为63680万元，公司业务时点余额80534万元。年度净增29679万元。邮储银行香河支行理财销售12735万元。

【贷款】 邮储银行香河县支行自成立以来，不断加大对“三农”和实体经济等领域的支持力度，累计投放贷款6.7亿元。至2016年12月31日，信贷总结余为117156万元，年度净增38354.64万元。其中个贷结余114199万元，小企业结余2957万元。

【其他业务】 开展了丰富的信用卡营销活动，涉及购物、健身、观影、娱乐、餐饮、洗车、装修等多个领域，其中“超市满减”“中石油刷卡特惠”“购手机享分期”等活动的开展，取得了良好收效。至12月底，累计新增发卡2560张，累计消费金额1985.53万元。

【电子银行业务】 支行积极拓展网上银行、手机银行线上交易渠道，开展多项营销活动，提升客户规模和客户黏性。通过“电子银行手拉手”“亿路有你”“智享网络，激活有礼”等营销活动，促进业务快速提升。至2016年12月底，累计加办手机银行16794个，累计加办网上银行17971个，交易笔数308421，交易金额58060.54万元。

【工作创新】 8年来，邮政储蓄银行香河支行一直致力于支持三农经济，扶持乡镇经济。2016年9月28日，邮政储蓄银行在香港成功上市，下一步将继续转变经营理念，构建有特色的竞争优势，着力探索创新业务发展新途径。

【贷款业务创新】 邮行以客户需求为中心，加快与政府合作的一系列新产品的推进力度，针对不同客户的发展需求创新了多个贷款品种，比如企业贷款的税贷通、助保贷、医院贷、政府采购贷、小企业供热收费权质押贷款、快捷贷等多贷款品种，并且在审批和利率执行方面，也是本着“审批速度快、利率执行低、不收取任何手续费”的原则进行业务发展，更好地服务地方经济建设。通过认真落实晨夕会、技能考核、服务培训等一系列制度，不断提升员工的综合营销能力，使营业网点的业务功能逐步向营销服务。

（张　微）

香河益民村镇银行股份有限公司

【概况】 香河益民村镇银行股份有限公司（简称：香河益民村镇银行）是由廊坊银行控股发起，经中国银行业监督管理委员会批准、工商行政管理部门注册登记设立，具有独立法人资格的新型农村金融机构。2010年9月16日正式挂牌开业，是河北省首批，廊坊市首家获批开业的村镇银行。香河益民村镇银行现有职工89人，平均年龄30岁，是一支年轻化、专业化、高素质的金融服务队伍。总行内设6个职能部室，即综合办公室、计划财务部、风险管理部、运营管理部、业务发展部、人力资源部，开设5家营业网点，分布在香河县城、渠口镇、五百户镇、刘宋镇、安平镇，铺开了农村金融服务网点。

2016年，香河益民村镇银行秉承支农助小的经营理念，践行村镇银行的社会责任，在全年工作中坚持稳中求进、开拓创新的工作思路，至2016年12月末，各项资产总计135375.49万元，较年初增加9399.09万元，增幅7.46%；存款总额123786.30万元，较年初增加7716.52万元，增幅6.65%；贷款余额70392.39万元，较年初增加6412.36万元，增幅10.02%；拨备前利润2718.32万元，拨备率2.82%；年内实现净利润1512.87万元。2016年1月，被中国银行业监督管理委员会廊坊监管分局评为“廊坊市银行业2015年度支农服务先进单位”。

【金融服务】 2016年6月3日，香河益民村镇银行官方网站正式上线，新版网银也随之启用，既提高了支付结算的安全性，又增加了线上申贷功能，为“三农”和小微企业审贷提供了便利。6月12日，手机/微信银行系统的顺利上线，标志着该行向现代化村镇银行迈进了一步。至此，该行实现了网上银行、手机银行、微信银行、电话银行四位一体，为客户提供全方位现代化金融服务。

【益民送温暖】 2016年8月24日，香河益民村镇银发起了“益民献爱心，托起求学梦”的资助贫困生活动，张杰行长带队在蒋辛屯镇政府工作人员的引领下，走访了蒋辛屯镇北三百户、北头百户、河北吴村的四个贫困生家庭，为这些贫困家庭送去了米、面、油等慰问品，并送出了贫困助学金。

【文化搭台经济唱戏】 2016年5月27日，香河益民村镇银行开展了为期4个月的“送电影下乡公益活动”，为30个村街的10500户老百姓送去50余场精彩的电影。伴随此次“送电影下乡公益活动”，搭建起宣传金融知识、产品、政策的互动平台。不仅给群众送去了欢乐，也提高了村民的安全防范意识，为村民带来了心贴心的惠农服务，进一步拉近了与老百姓之间的距离，受到当地百姓的好评。

【企业文化】 香河益民村镇银行在开拓业务的同时，不断充实和完善属于益民村镇银行专有的企业精神和文化内涵，提出的“亲民、务实、创新、高效、廉洁”的企业精神，成为全行统一思想和行为规范的纲领。制定的“快、活、净”三字原则和“做裁缝店不做服装店”的产品设计理念，成为全行信贷文化建设的中心内容。坚持的“风险为本、有舍有得”的风控理念，为全行抗拒风险文化建设制定了主基调。贯彻实施的“以人为本，以行为家”的家文化理念，是确保全行团结一心，和谐发展的动力。

【服务宗旨】 香河益民村镇银行始终坚持“支农支小”的市场定位不动摇，制定了“立足县域、专注小微、造福三农、惠及于民”经营理念，把服务对象和发展着力点始终不移的放在“三农”，特别是面对日趋激烈的同业竞争环境，制定了“错位竞争”的发展策略，深入研究广大农村金融需求特点，有针对性地开发“接地气”的服务产品，赢得了广大农民的信赖与支持，从而掌握了发展的主动权。

【战略目标】 香河益民村镇银行始终坚持“四大发展战略”，即大爱战略、创新战略、本土化战略和联动战略。大爱战略：大爱是一种文化，香河益民村镇银行服务的对象是广大农村和农民，必须要用爱心、细心和耐心去打动客户，用大爱去拉近与农户的距离。

创新战略：香河益民村镇银行以创新的思维不断丰富自身产品，用高效率的服务吸引客户，不断深入研究三农需求特点，不断量身订制特色产品，不断开展集群化营销业务，让客户想来存款，能贷上款，真正办成农民自己的银行。

联动战略：香河益民村镇银行是在社会一片质疑声中成长起来的新型农村金融机构，必须走联动发展的路子，切实加强与县、乡、村三级党委政府的联动，加强与发起行的联动，为全行的发展增添动力，在信息科技、功能开发以及大额贷款等方面加强与其他大型商业银行的联动，做到资源共享、优势互补。

本土化战略：香河益民村镇银行是根植于香河大地上的本土银行，要把发展的“根”深深植入香河这片沃土，吸收发展所需要的“营养和水分”，做到全行的业务要本土化，员工队伍要本土化，思维方式同时要本土化，努力把自身打造成为一个香河百姓自己的银行。

【存款】 至2016年12月末，存款总额123786.3万元，其中居民储蓄存款63441.55万元，对公存款60344.75万元。在2016年内组织政府类、企业类非工资款项代发55次，代发金额12318.92万元。

【贷款】 至2016年12月末，贷款余额70392.39万元，其中涉农贷款占比达100%，小微企业贷款投放增速10.33%，余户346户，申贷率达93.42%。是年针对小微企业用信特点推出等额本息还款方式的“小微贷产品—益信贷”业务。“益信贷”程序简单、放贷速度快、门槛低、额度高，分期还本付息，减轻还贷压力。该行贷款客户可依据其自身生产经营、回款周期情况，自主选择贷款期限和还款方式。

香河益民村镇银行成立六年间，组织大量人力，由行领导亲自带队，深入企业、田间，调查香河县域农村经济发展特点、产业结构和金融服务需求，逐步找准村镇银行市场定位，把目标客户群锁定在香河县域广大农村的小微企业和农户，与其他银行业机构开展错位竞争，做到“人无我有、人有我专、人专我快、人快我净”，设计开发了“益民金口碑”“益民乐业贷”“益民创富通”三大系列，八项信贷产品。

推出“银行+合作社+农户”贷款模式，得到了市场的广泛好评。香河益民村镇银行在支农助小的道路上，探索出了一条具有自身特色的科学发展道路。

【工作创新】 香河益民村镇银行在贷款发放与后期客户维护上，始终坚持“快、活、净”三字原则，得到了广大客户的一致好评，并多次收获客户送予的表彰锦旗。该行“支农助小”的成果，也多次被《金融时报》《河北日报》《廊坊日报》及廊坊电视台等多家媒体详细报道。同时，各级政府和监管部门也对该行进行了荣誉表彰。2016年1月，被中国银行业监督管理委员会廊坊监管分局评为“廊坊市银行业2015年度支农服务先进单位”。

【党风行风建设】 该行成立后党建工作顺利开展，党支部积极主动地组织“两学一做”教育培训。2016年，在党支部书记的领导下，该行党员在各领域起到了模范带头作用。党员干部在企业中是中坚力量，是企业的排头兵。党员干部都能以身作则，带头吃苦，把整个团队带动起来。该行抓好正面教育工作，不断增强全行职工自律意识。把“两学一做”真正学习并运用到实际工作中去。学习“八荣八耻”荣辱观等，强化思想道德，增强防腐意识。组织全行党员、干部认真学习贯彻执行有关法纪法规。认真落实廉洁自律工作要求。完善行级领导干部、中层干部重大事项报告制度。坚持干部人事工作民主、公平、公开、的竞争程序。认真做到任前严格考察和谈话制度，任后严格监督与考核，实行动态管理。

（凌　昔）

河北银行股份有限公司香河支行

【概况】 河北银行股份有限公司香河支行，于2012年12月28日开业，现有员工19名。至2016年末，香河支行各项存款时点余额274923万元，增长159263万元。是年末香河支行各项贷款余额273780万元，增长86476万元。

【公司业务及小企业业务】 公司存款余额228386万元，增长154876万元；存款年日均163312万元，增长89492万元。公司贷款余额111138万元，减少3676万元；小企业贷款余额24124万元，增长7243万元。

【个人业务】 个人客户管理总资产89929万元，较年初增长1995万元。其中，储蓄存款余额45855万元，较年初增长2890万元。保本理财5516万元，增长990万元。储蓄存款年日均余额50615万元，较年初增长12222万元。保本理财日均6058万元，下降259万元。个人贷款余额138528万元，增长83489万元。高端客户392户，增长72户。中端客户2463户，增长户246户。电子银行有效户3051户，增长442户。个人中间业务收入420万元，银行卡中间业务收入42.92万元。

【体制改革】 2016年，由于机构建设，香河支行有6名员工出现变动，涉及主管副职、3

个团队的负责人和业务骨干。支行未雨绸缪，提前谋划，提前作出妥善安排。加大人员培训和轮岗的力度，配套了相应的奖罚措施。年底，全部柜员都能达到综合柜员的岗位要求，1、2级柜员占比达到100%，3名员工取得了总行营业室主任的任职资格，2名员工取得理财经理资格，5名员工取得2、3级客户经理资格，能够独立开展项目申报。先后有4名优秀员工分别充实到营业室正副主任、公司部经理和个人部经理的岗位。克服了人员总量减少、骨干流失造成的不利影响，达到了战斗力不减、活力提升、素质提高、业绩增长的目标，确保了支行重大项目营销以及重点工作任务的圆满完成。

【工作创新】 2016年，支行在总行组织的微创新大赛上，积极响应、周密组织，广泛动员，结合明确的奖励机制，取得了非常突出的效果。共提交有价值的创新项目12个，2个项目获总行提名，2名员工被评为创新积极分子，香河支行获得优秀组织奖。同时引导员工积极吸收借鉴他行创新成果，为我所用。既锻炼了队伍，又促进了业务发展。

【业务拓展】 商品房资金监管业务取得重点突破，全方位带动业务发展。通过走访得知香河实行新建商品房预售资金监管制度，认识到这是一个重大机遇。在零投入的情况下赢得了房管局的认可，成为第2家准入的银行。支行以最快的速度促成了资金监管系统的核心上线、专用监管POS的研发，尤其是早于各大行率先配合房管局提出的跨行放款监管要求，打开了业务的突破口，成为今年工作的最大亮点。

【员工素质建设】 继续坚持预防为主的工作思路，认真开展案件和消防事故警示教育、定期组织案件风险排查和员工行为排查活动，做到培训日常化，演练实战化，提高全员合规操作与风险防范的自觉性和主动性，实现全年安全无事故。

【党风行风建设】 按照总行党风廉政建设及员工职业操守等相关规定和要求，严格规范自身言行，带头做到洁身自好，廉洁自律，勤政廉政，积极倡导求真务实的工作作风，为员工做出表率，在全行营造了风清气正的工作氛围。

（姬亚民）

沧州银行股份有限公司香河支行

【概况】 沧州银行香河支行成立于2013年1月18日，现内设营业室、信贷部、存款部三个部门，有员工26人。至2016年底，沧州银行香河支行各项存款余额51.97亿元，比年初增长10.62亿元，超额完成存款任务。支行贷款余额12.97亿元，较年初增加3.7亿元，全年实现利润总额9540万元。

【金融服务创新】 2016年，支行把存款营销工作放在首位，积极开展房地产账户营销，壮大了客户群体，圆满完成了既定的存款任务目标。是年，支行上线智能存款产品“立得利”，在对定期存款结构转变初期，支行积极营销“立得利”产品，至年底累计营销“立得利”产品2.62亿元，实现了支行定期存款结构的成功转型。同时，利用代发机关事业单位工资的机遇，宣传业务，彰显服务品质，为我行存款营销长久发展打下了良好基础，拓宽了营销发展渠道。在制度建设方面，支行严格按照制度治行的原则，重新制定和完善了有关文明服务工作的各项规章制度，提出了限时服务要求，柜员要严格遵循15分钟让客户离行的办理业务时限，让客户不在支行耽误时间。在业务品种方面，急客户所急，想客户所需，最大限度满足客户需求。

【加强员工素质建设】 一是结合岗位实际，按照经营管理人员、市场营销人员、信贷人员、临柜操作人员不同层面，有针对性地开展岗位培训。二是结合各类考试进行培训，组织员工班后学习，应对上级行的技能考试和业务考试，多角度提高员工的技能水平和业务素质。三是结合知识结构分层培训，以老带新，提升总体业务素质。四是结合文明服务要求，打造规范化、人性化、航空化的文明服务。培养员工自觉遵守“爱岗敬业、诚实守信、办事公道、服务群众、奉献社会”五项职业道德的基本规范，以社会主义核心价值观为导向，建设一支实事求是、与时俱进、务求实效、淡泊名利、无私奉献的员工队伍，推动经济发展。

【加强内控管理】 2016年，为继续保持连续多年零案件发展局面，支行深入分析新常态下银行业案件防控严峻形势，积极开展案件隐患专项整治活动，大力开展业务检查，有效防控业务风险发生。首先，支行成立专项领导小组，明确专项检查责任分工，安排专人负责相关检查工作，明确整治重点，并且制定严密的专项检查实施方案，明确各阶段工作任务，最终做到各项业务、制度、人员、轮岗、对账等全覆盖。其次，加强安防制度建设，严格落实安防制度刚性约束，如严格执行交流、轮岗、回避和强制休假等“四项制度”，加强员工行为排查和内部审计工作，使安防制度真正落入实处。检查发现的问题，按照银监会的处罚标准和河北银监局制定的处罚四项原则进行无缝对接、从严处罚，加大责任追究力度。

【扶助县域经济】 积极扶持小微企业发展。2016年，为解决无抵押物中小企业融资难问题，支行与香河鼎力担保公司建立了独家合作关系，总行为其审批的担保额度为4亿元。支行抓住机遇，积极与担保公司相互推荐优质客户，加大合作力度，增强支行同业市场竞争力。至2016年底，支行合作担保客户30户，担保金额17630万元，较年初新增4户，增加1950万元。

（王 楠）

廊坊银行股份有限公司香河支行

【概况】 廊坊银行香河支行于2016年2月2日开业。自此，廊坊银行的营业网点已经全面覆盖廊坊市的三河、大厂、香河北三县，加大了京津冀周边各县域园区、企业、社区、居民的服务辐射范围。虽然香河支行为2016年新设支行，但支行在筹建伊始就一直坚持“创新经营、科学管理、服务至上、稳中求进”的工作思路，各项存款余额达28.9亿元，本外币各项贷款余额4.76亿元，利润2250万元，全年未发生一起各类案件事故。

【业务扩展】 由于香河支行为2016年新设支行，自开业以来狠抓业务宣传，曾多次下村播放电影宣传涉及香河周边各个村落，既做到丰富百姓生活的同时又提高了廊坊银行认知度，不仅得到了百姓的认可，又为支行拆迁村的存款营销做出巨大贡献。第一年，支行与香河县政府签订战略合作协议，加大对接政府项目、与园区项目合作，并成功营销华夏幸福、鸿坤等房地产百强企业，开立有效单位结算账户156户。

【服务“三农”】 立足信贷支持“三农”不放松，全面提高扶持“三农”质量，帮助农业增产，农民增收。根据农户生产、经营的实际，注重改进信贷服务的方式和内容，千方百计降低“门槛”，做到农民需要什么就提供什么，以农民满意不满意作为工作成功与否的标准。一是简化贷款手续，提高办公效率，从而更加有力地支持“三农”。支行对专业合作社、家庭农场、种养大户专门推出了家庭农场(种养殖大户) 贷款业务，利率低，还款方式灵活。按照国家政策调整方向，支行继续以服务“三农”、服务小微企业为宗旨，贷款重点投向农村种、养殖户、园区重点企业等，与当地经济息息相关的产业。二是改进工作作风。为继续发扬走村串户的优良传统，支行提倡“一少三多”的务实作风，即：少坐机关，多下基层，多找农民，多进农门，要求员工走进农民，熟悉农民，做农民的知心朋友，把服务工作做实做细。深入在田间地头、农家的炕头现场办理放贷手续，把信贷资金送到农户手中，密切了社农关系，增强了我社在农村中的金融地位。

【员工素质建设】 支行将培养人员素质作为重点工作来抓。根据部室职责的不同，分别开展了每周两次的会计培训和一次信贷知识讲座，通过人人当主讲的方式，增强了员工的学习思考能力。通过人人把重点变成考题的方式，建立了自己的考试题库。通过学习促进了工作效率。支行讲座以实战为主，以理论知识为指导，理论知识成绩与考核绩效挂钩，使员工知荣辱肯刻苦。考试不达标不予转正或单独加练，严把了支行进人关。通过树立服务标兵和建立柜组长制，形成了正向的激励机制。正是由于支行不断加大人员培养力度，员工加强了主动学习态度。此外，支行不断强化员工的安全防范意识，先后组织了多次防抢及消防演练。聘请了安次消防队的人员传授消防知识，根据周边治安环境数次下发了安全通知，这些举措，提高了员工的自我保护意识，确保了支行全年工作稳定运作。

【党风行风建设】 支行自开业以来，重视组织员工加强业务学习、深刻领会和执行党的金融政策，强调党风正行风清，以良好党风行风来维护党和政府的形象，以优良的党风促行风，坚持“两学一做”，弘扬正气，奋力拼搏，在苦干实干中创造业绩。

【制度建设】 完善制度建设，防控金融风险，支行主要从以下方面开展工作：一是强化检查的力度与频次，对各项基础管理及各个条线进行彻底检查，并严格处理发现的问题，下发整改通知书，督促其及时整改，强化了整改跟踪制度，从而杜绝屡查屡犯的问题发生。二是严格落实岗位轮换及人员排查制。定期开展岗位轮换工作，加强风险合规学习，把合规服务的意识深入到每位员工心中。三是加强安全保卫工作。确保网点资金财产安全，对支行办公场所及网点进行全面风险排查，对支行所辖网点安防设施、消防设施以及电源、电路进行全面检查，消除安全隐患。加强员工案件防控的学习，定期进行消防、案防演练，提高应急能力，确保支行安全生产和环境稳定。四是加强舆情工作。成立舆情领导小组，专人负责，制定应急预案，定期组织全员进行学习，提高对社会热点问题和各类突发事件的敏感度，高度重视信访工作，营造良好的舆论氛围。及时向上级行、人民银行、监管部门报告涉及区域金融稳定、可能引发系统性金融风险的各类重大突发事件、重大金融案件，确保支行各项业务安全稳定运行。积极配合人民银行金融风险监测工作，按时上报金融风险监测报告、报表，通过对我社各项数据的分析，及时监控我行金融运行状况。

（周朋霏）

张家口银行股份有限公司香河支行

【概况】 张家口银行香河支行（张家口香河支行），成立于2016年2月23日，有在职员工24人，其中香河县本地人20名，基本实现员工本土化。张家口香河支行设综合业务部、营业室、办公室。2016年末，存款余额205052万元，贷款余额28699万元，理财产品累计销售超过5亿元，且全部兑付预期收益。

【体制改革】 张家口香河支行不断完善内控建设，先后建立内控工作小组、案防工作小组、声誉风险管理小组，从机构建设上强化业务上的运作。制定了“员工绩效考核办法”等文件，全面保障各项业务的顺利开展。

【工作创新】 为全面提升工作效率，张家口香河支行积极开展创新案例汇报会，用案例将工作方法具体化，工作开展中全面贯彻“三段论”，即方向论、问题论、方法论。积极采用“阿米巴”管理模式，行内试行“三会一表”，即共识会、质询会、复盘会、日清表，全面提升工作效率与员工职业素养。

【业务扩展】 张家口香河支行积极开展各类对公业务，结合香河县发展特点，一方面积极营销预储金、拆迁补偿款、机构类存款，另一方面与各大房地产公司建立良好合作关系，2016年为房地产开发有限公司发放1.2亿元房地产开发贷款，这是张家口香河支行成功发放的第一笔房地产开发贷款。为更好地服务客户，张家口香河支行在欧陆豪庭小区设立自助银行，成为香河县第一家真正走进居民区的网点。为切实做好社区服务，坚持每周三为周边百姓进行免费测量血压、血糖，并定期组织开展各类公益讲座，2016年举办各类讲座10余次。2016年，支行走进香河一中校园，无偿安装自助机具2台，为一中师生免费办理张家口香河支行好运金卡。同年，坚持为各房地产公司提供上门收费服务，有效提升了服务辐射面。

【员工素质建设】 2016年张家口香河支行以“企业文化建设”与“人才成长”为年度主题，积极开展各类文化建设活动，员工户外拓展活动，全力打造“幸福银行”。以员工业务水平、道德素质提升为主要出发点，每天坚持班后技能训练、业务知识学习、大堂服务技巧实际模拟；客户经理积极参与总行、分行各类专项业务培训等。鼓励员工积极参与“幸福香河 多彩骑行”“魅力香河 文明出行”为主题的自行车赛，密切与社会团体的联系，有意引导员工在生活实践中提高自身素质。

【党风行风建设】 支行有党员3人。2016年，坚持“两学一做”学习教育活动，积极组织员工学习党章党规、学习习主席系列讲话，做合格党员。同时通过制度上墙、集中学习、抄写党章、戴党徽亮身份等活动，促进优良作风的形成。

（孙文静）

中国人民财产保险股份有限公司香河支公司

【概况】 中国人民财产保险股份有限公司，拥有遍布全国城乡的网络机构，包括1万多个机构网点，320多个地（市）级承保、理赔客服中心。公司率先在全国开通365天24小时服务专线“95518”，随时随地为客户提供优质、高效的保险服务。人保财险香河支公司是中国人保集团在廊坊派驻的分支机构，坐落于香河县康平路 6 号。公司现在拥有 4 层办公大楼 1205 平方米，6 个农村营销服务部，9 个网点，共有员工 43 人，营销员 65 人，专业理赔团队 11 人。近三年年均保费 8000 万元，人均保费 186 万元。服务保障范围涵盖了机动车险、企业财产险、家庭财产险等领域，公司保持了持续稳健的发展。

【农村保险业务发展】 人保财险香河支公司成立以来，筹建了刘宋、安平、淑阳、钳屯、安头屯、渠口 6 个农村营销服务部。每个服务部都有独立的营业场所，办公设备，电子屏，牌匾，人员编制到位。负责各辖区的种植业、养殖业、农村治安保险和所辖区域的其他保险。2016 年，种植险保费 483 万元，养殖险保费 348 万元，治安家财保费 70 万元，机动车及其他保费 1071.39 万元，使受损失保户得到有效及时补偿。是年种植险、养殖险、家财险等共赔偿 719.18 万元。

【提升服务水平】 针对公司的承保、理赔服务，提出了专业服务、文明服务、限时服务。来有迎声、问有答声、怨有歉声，走有送声，接待客户的“四声”服务。在理赔上我们始终坚持“五个一”服务，即：一句温馨话，赠一瓶矿泉水，发一份理赔指南，做一次理赔服务满意度回访，发一张理赔服务监督卡。小额案件现场定损。严守理赔八条禁令，以客户为中心，主动、迅速、准确、合理的处理案件。在国内率先开通 365 天 24 小时全国范围的服务专线“95518”和 e-picc 电子商务平台，向客户提供“快、优、全、广”的咨询，投诉，回访，救援，预约投保等多项功能，个性化保险服务。我们始终坚持在投保方式上不断创新，车主可以通过电话投保（成立了专业的续保团队），网上投保，手机算费投保（每位营销员安装人保手机 APP），柜台投保等四个主要途径进行投保算费。

【扩展业务】 继续加大车商业务开拓力度，进一步整合送修资源，密切与车商的合作关系，经过多方工作，合作车商已由原来 5 家，增加到 7 家。非车团队、续保团队业务能力持续突显，发展尚好，非车团队保费收入达 1700 多万元，完成全年任务 89%，增速达 24.19%，一方面成功完成了农房、治安、校园方、教职工续保险种，还使诉讼保全这一新险种实现了零的突破，成功签单 56 笔，保费 6.5 万元。

（奇兆发）

中国人寿保险股份有限公司香河支公司

【概况】 中国人寿保险股份有限公司香河支公司分设有个险、银保、团险 3 个发展渠道，综合、客服两个部门，现有内勤员工 32 人，外勤员工 847 人。至 2016 年 12 月底，保费总量达到 16457.58 万元。首年标保 2668.7 万元，达成全年任务指标的 132.64%。首年期交 5656.63 万元，其中十年期交 3826.41 万元，达成全年任务指标的 128.62%。银保期交 786.31 万元，完成全年任务指标的 103.6%。趸交 3507.96 万元，达成全年任务指标的 101.21%。长险首年 9164.59 万元，短期险保费 1208.31 万元，完成全年任务指标的 110.15%，其中意外险 693.6 万元。赔款支出 453.68 万元，全年医疗给付 300.67 万元，死亡给付 238.35 万元，满期给付 9681 万元，年金给付 736 万元。

【新农合意外险业务】 为满足农村居民的医疗保障需求，完善农村社会保障体系，人寿保险公司香河支公司与香河县卫生局、计划生育局协议，自2016年7月，由中国人寿承保农村合作医疗业务中意外伤害保险部分，保险期限为半年。参合对象为县域内农村居民。保险费的缴费标准为每人每年16.5元，从新农合统筹基金中列支，每一被保险人独立保险金额为1.65万元。保险期间内，中国人寿对每一被保险人累计给付发到最高限额的，该被保人的保险责任终止。半年来，共收缴个人参合资金197万元，参合率达到100%， 接收理赔案件300多笔，共计赔付约合170多万元，其中单笔赔付最大金额为1.65万元。

【小额保险业务】 继续推行小额保险服务，发挥保险稳定器的功能。按照“政府引导，公司试办，农民自愿” 的原则大力推动农村小额保险。中国虽然已经初步建立了社会保障体系，然而还存在着保险覆盖面小，保费投入不足等问题，无法全面满足农村低收入群体对保险保障的潜在需求。小额保险具有保费低廉，保障适度，保单通俗，理赔简便等特点，是小额金融的重要组成部分。公司组织人力多次深入到农村，宣传小额保险的重要意义，已在部分村落建立起小额保险制度，将小额保险办成真正的惠民工程。面对日益激烈的竞争压力，需要不断培养销售人员来促进公司的发展。公司面向村街、乡镇招募驻村（社区）代表，长期对外招聘销售人员，对于条件优秀的人员要求可以适度放宽，来到公司可以兼职，工作时间可以灵活掌握，解决了社会上一批失业人员的再就业难题，实现了社会资源的有效配置，有效缓解了就业压力，最终实现了双赢。

【诚信服务】 加强保险营销员诚信教育，强化诚信服务意识。利用大小晨会宣导《诚信文化建设工作管理办法》等相关规定，强化销售人员的风险防范意识，坚决杜绝代签名、销售误导等不合规行为的发生。按照公司及外部监管机构要求，规范岗位职责，依法合规经营。在做好内部管控的同时，做好外部宣传活动。不定期组织公司业务骨干在县委广场、社区内等区域，宣传远离非法集资、宣传打击洗钱犯罪，彰显保险公司的社会责任感，营造了良好的经济发展环境。

（王翠鑫）

科学技术

香河县科学技术局

【概况】 香河县科学技术局是香河县发展改革局管理的行政机构。2016年，科技局内设办公室、工业科技股、农业科技股、社会发展科技股、科技成果与技术市场管理办公室、知识产权办公室六个股室。局机关编制24名，其中行政编制6名，事业编制18名。全县专利申请达到165件，专利授权141件。全年新增河北省科技型中小企业216家。新增科技小巨人企业5家。成功认定高新技术企业5家。成功认定10家市级企业技术研发中心。新增市级科技企业孵化器1家。成功培育1家众创空间，并先后获批省级、国家级众创空间。成功获批首家河北省院士工作站。建立1家科技领军人才创新驱动中心。是年，被市科技局评为"科技管理工作先进单位"。

【科技项目研究】 2016年，香河县重点在医疗卫生、工业及农业方面进行科技研究，其中医疗卫生科技项目有：1.雾化吸入沙丁胺醇和氨溴索联合振动排痰治疗COPD急性加重期的临床疗效研究；2.多排螺旋CT重建技术和1.5TMRI聚焦磁化平衡技术应用于腕掌关节损伤的临床研究；3.低剂量阿替普酶静脉溶栓联合0.1兆帕高压氧治疗急性脑梗死的效果研究；4.口腔种植修复联合正畸治疗创伤性牙缺失伴骨缺损临床研究；5.胸外科疼痛评估效果观察；6.盆底治疗联合归棱止痛胶囊治疗女性慢性盆腔痛的临床疗效研究；7.超声引导连续神经阻滞置管用于上肢手术后镇痛的临床研究；8.多模式个体化镇痛应用于骨科疼痛管理病房的效果观察；9.手法松解及理疗联合"肩三针"治疗肩周炎的临床研究；10.自体输血技术在外科手术中的临床应用研究；11.方块缝合联合卡前列素氨丁三醇治疗剖宫产术中子宫下段出血的疗效研究。工业科技项目有：1.无氧拉拔低成本生产铌锆合金丝材；2.一种耐高温半导体温差发电器件。农业科技项目有：设施蔬菜新品种应用与示范。

【科技示范与普及】 鼓励涉农企业和农户开展自主创新活动，2016年，为百运达食用菌、新恒昌养鸡、聚鑫奶牛等种养殖专业户申报备案了省级星创天地。组织了科技下乡、全国科普日、世界知识产权日等科普宣传活动。全年共组织大型科普宣传3次，发放宣传材料6000余份。

【科技成果】 2016年，取得了六项科研成果。1.自体输血技术在外科手术中的临床应用研究；2.双虎清肝颗粒联合恩替卡韦片治疗慢性乙型病毒性肝炎临床研究；3.普拉提式联合疗法促进COPD患者肺功能改善的临床研究；4.PFNA治疗股骨转子间骨折手术时机的选择对围手术期失血量影响的临床研究；5.改良小脑血肿穿刺法配合依达拉奉治疗小脑出血；6.归棱止痛胶囊中药灌肠联合抗生素治疗盆腔炎长期疗效的临床。

【科技拓展】

1.集中精力实施科技型中小企业、科技小

巨人企业、高新技术企业及创新型企业培育工程，搭建“个转企、小升高、高改股、股上市”成长阶梯，促进科技型企业加速发展、裂变式增长。2016年，新增190家河北省科技型中小企业， 全县已拥有科技型中小企业400家，新增5家河北省科技小巨人企业，全县科技小巨人企业达到18家。指导香河国瑞智测试设备有限公司、香河华北制冷设备有限公司等6家企业申报高新技术企业，全部认定成功。全县已拥有高新技术企业12家。

2.围绕香河县特色主导产业的技术需求，加强与京津高等院校、科研院所的合作，鼓励企业特别是规模较大工业企业，采取自办、校企共建等形式，加快建设重点实验室、工程技术中心、技术研发中心、产业技术研究院和技术创新联盟等研发平台。2016年，推荐精波仪表（香河）有限公司、香河中冶长城重型机械制造有限公司等10家企业的研发机构，申报了市级企业技术研发中心，全部认定成功。截止到2016年底，全县已拥有市级企业技术研发中心26家。

3.支持企业、科研院所、高校建设专业化孵化器和众创空间，引进域外尤其是京津的创新创业资源，在香河县设立分支机构或合作共建双创服务载体，推动双创平台壮大起来。2016上半年，由国安第一城（香河）文化旅游发展有限公司投资运营的国安创客空间，成功获批省级众创空间。同时，为推动国安创客空间进一步上档升级，7月，指导其申报了国家级众创空间及市级科技企业孵化器，已全部获批。8月，中冶长城重型机械制造有限公司，运营的中冶长城创客空间，申报市级众创空间，已正式获批。是年，为百运达食用菌、新恒昌养鸡、聚鑫奶牛等种养殖专业户申报备案了省级星创天地。

4.人才工作实现新突破。面向京津，坚持人才资源优先开发、人才结构优先调整、人才投资优先保障、人才制度优先创新的原则，实施科技人才发展战略。逐步建立完善与京津接轨的高层次科技人才对接引入机制，加快在全县形成人才优先发展的战略布局。2016年，华夏幸福基业股份有限公司（香河区域）与科学技术部人才交流开发服务中心正式签约，在香河共同建立科技领军人才创新驱动中心。这是科技部人才中心，首次与企业联合打造领军人才创新驱动中心。香河华北制冷设备有限公司、中科院周远院士工作站，被正式批准为河北省院士工作站。

5.项目申报取得新收获。2016年初，由香河县推荐河北星耀稀有金属材料有限公司“无氧拉拔、低成本生产铌锆合金丝材”项目，通过了河北省创新基金项目审批立项，获省科技厅无偿资助30万元。香河东方电子有限公司“一种耐高温半导体温差发电器件”项目，申报了2017年河北省中小企业技术创新基金。农业科技方面，县科技局为香河县桑梓乐园蔬菜产销专业合作社“设施蔬菜新品种应用与示范”，申报省科技成果转化项目，获得资金支持20万元。

（袁宝军）

地震工作

【概况】 香河县地震办公室设在香河县建设局，主要职能是负责香河县的防震减灾工作。有4名工作人员。 香河县共有3个地震观测台站，分别是安头屯台站、五百户台站和凌家吴村地震前兆台站，地震办积极加强维护保养，没有出现过无故停机、停测现象。对于台站的日常维护，做到月月现场检查，专人负责管理。同时对台站周边的建筑进行监督，避免对台站造成影响。2016年，香河县4所防震减灾示范学校，有两所被评为市级防震减灾示范学校。

【地震群测群防网络】 地震办积极推进“三网一员”队伍建设，形成了“横向到边，纵向到底，不留盲点”的群测群防网络体系。2016年针对乡镇人员调整，村组换届造成的部分“三网一员”人员不在岗的情况，对全县“三网一员”人员重新进行了核实、抽检，抽检率达100%，对缺位的及时进行了补充。全县现共有“三网一员”人员289人，达到了村村都有联系员，切实解决了震情信息收集、上报的问题。

【地震灾害预防】 全县已将建设工程抗震设防纳入基本建设程序，积极协调规划、建设等相关部门，做好配合执法工作。严把建筑物抗震设防关，所有建设工程项目，都要到地震部门进行抗震安全性评估。重大建设工程项目必须进行地震安全性评价工作。2016年，共审批抗震设防要求确定项目19件。

【防震减灾宣传】 2016年，利用“5·12”“7·28”防震减灾宣传日（月），在人流较为集中的广场等地设立宣传点，开展集中大型宣传活动2次，悬挂宣传横幅3条、摆放地震知识宣传展板 20 余幅。向群众发放了宣传册3000份、宣传购物袋100多个。接受500余人次的咨询，提高了全县广大群众对防震减灾知识的了解。

【地震应急救援】 香河县在 2015 年已完成全县所有县直部门、乡镇、开发区、居委会、村街的地震应急预案的备案工作，有一支由30名民兵组成的“抗震救灾排”，是香河县唯一一支专业地震应急救援队伍。另外，香河县还有三支地震应急救援志愿者队伍，分别是“香河一中青年志愿者救援队”“香河三中青年志愿者救援队”和“香河县新华街道办社区志愿者队伍”总人数达到了360人。

【地震应急准备】 香河县研究制定了《2016年香河县地震危险区专项抗震救灾应对工作方案》，并下发各相关部门。各部门都制定了相关机制，全县物资库、救援器材储备工作有序开展。经过多方筹措资金，补充应急物资，2016年购置对讲机20部、地震救援服30套、防爆应急灯3台，柴油发电机3台，日常认真做好应急物资的保养、维护及管理。联合县民政局共同建立地震救援物资储备库，并联合县水务、交通、电力等部门共同建立香河县防灾减灾物资储备调用预案，通过统一管理调用，使救援物资在各种灾难发生时可以及时发挥作用。

【应急救援演练】 全县各部门进行应急疏散演练100余场，包括卫生系统演练、教育系统演练和县家具城管委会组织的应急疏散演练等。2016年改建了两个地震应急避难场所并且安装了功能指示牌，分别是县第三中学操场和县第四小学操场。

【地震灾害队伍建设】 通过整合全县建立专业应急救援队伍6支共300人。人员组成主要由县（市、区）消防支队、消防中队官兵组成。地震应急救援志愿者队伍3支，360人。加强了应急演练，确保一旦发生紧急情况，能够集中统一组织开展救援工作。

（魏迎杰）

气　象

【概况】 香河县气象局是香河县人民政府主

管气象的职能部门，业务上受廊坊市气象局指导。建站于1964年1月，现有人员6名，其中工程师1名，助理工程师1人，参公人员4名，大专以上学历占100%，属国家一般站。

【拓展公共气象服务】 2016年，香河县气象局制定了《2016年决策气象服务周年方案》，根据天气情况及时制作相关服务材料并报送到县委、县政府、县人大、县政协及各相关单位，共报送雨情信息28期，预警信号79期，气候评价12期、环境气象周报46期等共计294期。发布手机短信127次。为春节、春运、全县“两会”、元宵节、清明节、香河家具节等及时提供专题气象服务，受到各界一致好评。深入田间，靠前服务，对辖区内农民合作社、专业大户、农业企业等新型农业经营主体信息进行了重新核实，做好直通式服务。合作不断深化，与环保局建立雾霾天气会商及重污染天气预警预报应急联动机制，与水务、农业、民政等部门建立了合作机制，形成了多部门协同推进气象现代化的合力。发展互动式气象服务，提高公众满意度，按照省局统一安排，按时将气象服务信息上传气象信息共享平台，实现对气象信息服务的业务管理。积极推进新媒体技术在公众气象服务业务中的应用，开通微信、微博“两微”公众平台，受到好评。

【气象防灾减灾工作】 3月22日，召开了气象灾害防御指挥部会议，成员单位及相关单位主要负责人参加了会议，并对气象防灾减灾进行安排了部署。以气象防灾减灾绩效管理为抓手，香河县最大限度地减轻了因气象灾害造成的人员伤亡和财产损失，避免了重大气象灾害责任性事故发生，使气象灾害防御效果得以提升，出色地完成了各项目标任务。

完成了各镇气象灾害应急预案的收集和上报，确定10个气象灾害防御重点单位，编制了气象灾害应急预案，并进行了公示。气象灾害防御指挥部办公室实体化运行，发布了人员任职文件、完善了工作流程，落实了2名地方编制人员。2016年，香河县气象灾害防御指挥部共发文10期。5月，对全县信息员进行了核实和更新，同时通过手机信息等形式对信息员进行了培训。联合县政府应急办，加强预警平台建设，及时发布了重污染天气预警。

【气象社会管理职能落地】 防雷年检工作稳步推进。完成了加油、加气站等易燃易爆场所的防雷设施年度检测工作。完成了“两会”期间及汛期安全生产专项检查，参加了全县燃气泄漏事故应急救援演练。

【基础业务工作】 自动站、区域站运行正常，测报、报表无错情，观测资料数据传输及时有效。3月，对9个镇的区域站进行了重新校检。在建3套区域气象观测站升级改造，已全部完成。五百户新观测站增加了监控摄像头的数量，并于1月、4月、7月、10月开展局站分离对比观测，现局站分离远程观测模式运行良好。签订了人影安全目标责任书。4月8日，开展了人影安全事故应急演练。10月27日，实施了人工增雨作业，缓解了旱情。

【基建工作】 县政府于7月26日召开了翻建业务楼的部门协调会，现址业务楼拆除工程清单预算与工程拆除做法于8月9日上报。11月22日，业务楼通过第三次规委会的规划论证。五百户新观测站业务用房基本建设，中标单位于8月19日进场，聘请了监理人员对工程建设进行监督，已完成施工。县政府已印发《香河县气象台站探测环境保护专项规划（2015—2030年）》。

【气象安全宣传】 先后利用“3·23”气象日、“5·12”防灾减灾日、安全生产月等节日开展气象宣传活动。对气象法律法规、防雷减灾知识、探测环境保护等内容进行了系统的宣传。期间，共发放宣传材料 5000 余份，气象宣传手册 500 本。

【“两学一做”学习教育活动】 牢固树立科学发展观，贯彻中共十八大精神及十八届五中、六中全会精神，积极开展“两学一做”学习教育活动。科学管理、落实责任、提高效能，凝心聚力推进发展。贯彻落实县纪委、市局党组党风廉政建设工作部署，落实中央八项规定精神，积极开展局务公开工作，坚持做到全面、真实、及时公开。完成了固定资产清查工作，配合市局完成了2013—2015年经济责任审计。

【精神文明建设】 “七一”庆祝表彰大会上，气象局再次被县直工委评为“先进基层党组织”，宋仕锋被评为优秀共产党员。 3 月 28 日，通过了市级文明单位验收组的验收。参加全市气象系统 2016 年迎国庆羽毛球比赛，杨雅红获得女单季军。

【和谐单位创建】 在办公、生活等诸多方面，为职工提供便利，调动了职工的工作积极性。对退休职工，做到了勤走访、勤联系，广泛征求他们对本局工作的意见，为更好地开展工作提供了有力支持。在中秋、重阳节前夕，慰问了退休老干部，带去了节日的祝福和关心；在老干部因病住院期间，前去探望，送去了组织的关怀。

（赵春森）

文 化

文化工作

【概况】 香河县文化广电新闻出版（版权）局（简称文广新局）是县政府主管文化艺术、广播电影电视、新闻出版、版权、文物、体育的直属事业机构。主要职责是贯彻落实国家、省、市关于文化艺术、广播电影电视、新闻出版、版权、文物、体育的工作方针、政策和法规。局机关设有办公室、文化股、文化体育市场股、广播电影电视管理股、文物管理股和体育股6个职能股室。下辖香河县文化市场行政执法队、香河县文化馆和香河县图书馆3个事业单位，人员编制54人。2016年，以创建国家公共服务体系示范区为契机，规范文化市场秩序，加强文物古迹保护和利用，不断丰富群众文体活动，较好地完成了各项工作任务。香河县代表廊坊市通过了国家公共文化服务体系示范区创建工作现场验收，承办了京津冀运河书香文化节、河北省公共文化服务体系建设工作现场会——分会场两项省级现场会。组织508人参加廊坊市历时6个月的第七届全民运动会，参与了26个项目的比赛，青少年组夺得了金牌16块，银牌23块，铜牌18块。群体组获得了6个项目优胜奖，群体老年组参加了全部6个项目的展演活动。县代表团也一举获得了廊坊市第七届全运会县（市、区）青少年组优秀奖，县（市、区）群体组优胜奖，体育道德风尚奖和优秀组织奖四项县（市、区）团体最高荣誉。大方足球队在廊坊市五人制甲级足球联赛获亚军，赢得代表廊坊市参加河北省五人制甲级足球联赛资格，取得了省联赛第四名。在廊坊市第四十二届钓鱼比赛中，县代表队勇夺冠军。香河武术协会代表中国赴韩国进行文化交流。香河县文广新局被廊坊市委、市政府评为市级文明单位，被廊坊市创建国家公共文化服务体系示范区工作领导小组评为“创建国家公共文化服务体系先进集体”，局领导班子被县委、县政府授予“2015年度实绩突出的领导班子”称号，局机关党支部被县委评为优秀基层党组织。

【文化宣传】 为营造浓厚的文化宣传氛围，重点打造新华大街，沿路两旁制作创建宣传旗帜200面，巨型宣传展牌、擎天柱宣传展牌各一块，条幅200条。协调歌舞娱乐场所、网吧等场所利用电子屏滚动播放创建宣传标语3000余次。制作公共文化宣传册500本，县级文化地图500份、创建宣传片50份。出版印制《全民运动会》《幸福香河大家唱》摄影集各500本，《数说安头屯中幡》2000本，编印了3万份创建工作应知应会明白纸和年历。组织开展下乡演出50余场次。档案管理在9个迎检区市县中，获档案管理第一名。

【文化惠民】 先后组织开展了国安第一城京津冀中华大庙会，审核筛选30余支民间花会队伍参加中华大庙会。在县规划展馆成功举办“携手香河•通州读书点亮人生”文化惠民活动，全县14个镇、街道、园区的综合文化站接受了通州图书馆捐赠的3000册图书。“五一”期间，支持国安第一城组织筹办“草莓音乐节”，来自全国各地的11万观众纷至沓来享受音乐盛典。支持国华影视基地举办首届香河牡丹博览会免费游园活动。文化馆举办免费戏曲艺术和绘画培训活动，邀请国家级评剧表演艺术家来香河讲课，与戏迷互动并到刘宋进行演出。筹备并成立香河画院，举办首届金秋书画展，并组织书画家走进企业、走进社区、走进农村，开展流动图书车服务城乡群众活动，共有 5 万余人次参加。组织安头屯中幡会，代表廊坊市参加北京市朝阳区举办的“首届京津冀地区民间花会展演——暨朝阳区第四届温榆河民俗文化节开幕式”活动。组织参加廊坊市“劳动者之歌”文艺调演活动，其中香河县赵培独唱的原创作品《家在香河》，获优秀表演奖。省级非遗项目河北吹歌《打枣》获优秀表演奖。八方艺术团创作的《妈妈的生日》荣获创作三等奖和优秀表演奖。组织参加首届京津冀非遗精品联展——暨第四届廊坊特色文化博览会，香河县景泰蓝、古建模型、玉石雕刻、香河肉饼，作为参展项目进行了为期 5 天的展览展示。安头屯中幡作为展演项目，在开幕式当天进行了精彩表演。7 月，举行农村公共文化服务器材发放仪式，共发放电脑 100 台，拉杆音响 100 台，象棋 2000 副，手绢 4000 个、大鼓 100 面、扇子 4000 把及镲鼓等乐器。8 月，举办纪念中国工农红军长征胜利 80 周年文艺演出，组织全县干部、群众、学生 500 人观看了演出。开展“幸福香河大家唱”惠民活动，定期深入各村街、社区、工地进行文艺演出，演出 50 余场。投入资金 50 万元打造网络图书馆，在机关、学校、医院等人口密集场所设置“云数字”图书阅读机 10 台、全民阅读卡 10000 张，为图书爱好者提供在线阅读书籍 50000 册，在线听书 30000 集，将香河县的实体图书馆和虚拟图书馆建设成为“书香香河”创建的亮点和特色。

【文化市场管理】 不断加强文化市场监管力度，打击文化市场违法违规活动。2016 年，县文广新局出动执法人员 800 余人次、车辆 240 余辆次，共检查文化市场企业 600 余家次，均未发现明显问题。与此同时，协助公安查处安平镇共青社小区黑电台一家。正版软件工作于年初制订了《实施方案》《工作计划》，并顺利完成统计工作，经统计香河县 44 家单位现有 2030 人，共有电脑 875 台，正版软件 2550 个。为深入开展扫黄打非工作，充分的利用春节、“两会”“五一”等重点时间段，深入开展文化市场企业综合修复工作，实现全面查，集中查，在重点时间段，共检查文化企业 200 家次，并根据查处问题性质，制定严格的整改时间和方案，有效地促进了文化市场的和谐发展。在案件卷宗的制作上，坚持做到与事实相符、与证据匹配、与标准统一、与实践统一的原则，积极推进案卷制作工作上档升级。完成出版物印刷企业和出版物发行单位年度审验，应检印刷企业 86 家、出版物发行单位 15 家，并全部做到年检率 100%。组织举办文化市场法律法规培训暨安全生产工作会，150 名文化业主参加了培训。

【文物管理】 按照第一次全国可移动文物普查工作要求，香河县通过开展调查，确认有 59 件可移动文物，并对这些文物进行了信息采集。为满足文化艺术中心的文博馆展陈要求，根据馆内藏品的分布状况及研究需求，在全县范围内开展了藏品征集活动。对渠口镇宣教寺村北的古墓进行抢救性发掘。经过现场勘探发掘，该墓属于宋辽时期。出土了十几枚宋代大观通宝、太平通宝、元丰通宝，属于平民墓葬。

【除隐患保安全】 以经常性的隐患排查治理和安全专项检查为抓手，突出以人员密集场所为重点，加强事故的防范，确保文化市场安全稳定。深化安全隐患排查治理，抓好元旦、春节、各级“两会”等重要时间节点的安全工作，组织开展 “除隐患、保安全”消防专项行动和各项安全生产专项整治行动，大力推进安全隐患排查治理，加强安全隐患库建设，落实预防安全监管举措，确保隐患发现一起，解决一起。指导、督促文化经营单位开展安全应急演练，进一步强化文化经营单位安全主体责任意识，夯实安全工作基础，提高安全应急和处置能力。抓好夏季游泳场所安全开放和卫生工作。督促游泳场所健全管理、警示等制度，落实安全管理措施，组织游泳救生员参加上级培训，召开游泳场所负责人会议，部署夏季游泳场所开放任务，开展一周两次以上的常态化巡查，确保了游泳场所的安全有序运行。

（付 奎）

旅 游

【概况】 香河县旅游局成立于 2010 年 8 月 23 日，为县政府直属事业机构。县旅游局设有办公室、市场开发股、规划发展股、教育培训股、监督执法股五个股室。核定事业编制 15 名，局长 1 名，副局长 2 名，股级领导职数 7 名，其中正股 5 名，副股 2 名。2016 年，香河全域初步形成旅游环线，乡村旅游重点片区蒋辛屯片区、安头屯片区、五百户足球小镇片区、刘宋万亩荷塘片区、运河带状休闲旅游带渐以形成；旅游总体规划完成了招标工作，乡村旅游规划完成初稿；县委、县政府印发了《关于全县旅游业发展体制机制改革的实施意见》，万亩荷塘万亩森林片区获得首批市级乡村旅游片区称号；河北电视台公共频道乐游河北栏目组，已播放香河乡村旅游节目；香河旅游微信公众号在河北省、市县级旅游微信综合排行榜榜上有名，曾达周榜前 12 名；整合全县旅游资源，出版了香河旅游宣传册、旅游宣传折页，全新改版 2016 版香河县旅游资源分布图和香河县旅游美食地图；成功举办第十三届荷花节，推出香河旅游宣传口号“运河驿站 荷香香河”；“2016 京津冀国际旅游季”在中信国安第一城景区启幕，“五一”假期共吸引了全国各地的乐迷、游客 15 万余人（次），其中“2016 草莓音乐节” 共吸引游客 11 万人次，首次推出并成功打造“音乐+文化+旅游”的文化旅游新模式；第一城景区获得“十大互联网营销景区”称号；为期近 6 个月由廊坊市政府主办的“中信国安杯”廊坊乡村旅游创客大赛组织奖 5 月 4 日评选揭晓，香河县以最高分荣获“中信国安杯”廊坊乡村旅游创客大赛组织奖一等奖。香河肉饼获得铜种子奖，老树客栈获得优秀种子奖。“2016 十佳旅游饭店”评选活动落幕，中信国安第一城景区的正安宫、福安宫两家酒店喜获“廊坊市十佳旅游饭店”荣誉称号；老树客栈酒店被评为“最具个性化服务”酒店荣誉称号，老树客栈在河北省“美丽河北”评选活动中荣获“最美农家乐”称号。旅行社有 17 家，其中设立社 2 家，分社 5 家，旅行社服务网点 10 家。2016 年接待游客约为 360 万人次，同比增长 28.6%，实现旅游收入约 12.7 亿元，同比增长 36.8%。

【旅游景区】 香河共有 3 家国家 A 级景区：中信国安第一城国家 AAAA 级景区，金钥匙国家 AAAA 级购物景区，新城广场国家 AA 级景区。

中信国安第一城景区：为国家 AAAA 级景区，占地 3600 亩，总建筑面积 36 万平方米。是中信国安集团公司投资兴建的一座集会议展览、旅游观光、休闲度假、娱乐健身、美食购物、影视拍摄等多功能于一体的大型国际会议展览中心。第一城按明清北京城垣格局，采取“缩地不缩景”的建设原则，22 座错落有致的城楼镶嵌在 5 公里长的空腹城墙之上。圆明胜景、宅府院落，点缀在城池之中，整个建筑群体彰显华夏古今文化之精华、神州民族建筑之异彩。具有浓郁中国传统文化风格的建筑群和独具匠心的皇家园林组成的景园内，有百亩珍奇荷花园，佛教圣地北方峨眉大安寺，亭台楼榭，九曲回廊，雕梁画栋，融中国南北古典园林艺术于一身，虽经人工，宛若天成，第一城三季有花，四季有绿，是游客放松身心的一个好去处。中信国安第一城景区于 2015 年、2016 年成功举办了“京津冀国际旅游季”活动，吸引了数以万计的旅游爱好者前来游玩。

香河金钥匙景区：占地面积 15 万平方米，建筑面积 18 万平方米，全国排第二位、北方规模最大及配套最齐全、行业最集中、功能最强大的超前家居商业中心。景区入驻商户 400 余家，年成交额 20 亿元，年纳税约 3000 万元。

香河新城广场景区：位于香河新华大街北侧，永盛路西侧，占地 170 亩，包括大门广场、中心集会广场、运动区、景观道、儿童娱乐区、亲水等区域。各区域功能明确，视线通畅。园区道路分主要景观道、次要景观道和景观小道，满足不同景观点的人流量的不同要求。

【旅游示范点】

万亩荷塘。位于刘宋镇庆功台村，2013 年始种植藕荷 1.4 万亩，品种有大地红、红莲、飘花、野荷、珍珠等 10 余个系列，并育有精品荷花园。荷塘建有荷花定情园、观荷厅、荷宴园、牤牛场旧址、庆功之台、杨六郎大破辽军古战场等十余个景点。为北方平原莲藕单体面积最大的种植基地，2014 年，被廊坊市科技局认定为市级农业科技园区，全部通过北京专业机构绿色食品检测。2016 年万亩荷塘万亩森林片区获得首批市级乡村旅游片区称号。是年 4 月，在万亩荷塘景区内建杨家寨景区，并于当年 7 月对对外开放，游人可在“青青荷叶浩如海，点点芙蓉似浪花，栈道浮桥探幽径，一叶扁舟畅晚霞”的意境中放松身心，尽享自然之美。

潮白码头度假村。河北省工农业旅游示范点。位于赶水坝大桥西，占地 67000 平方米，水面面积 363000 平方米，是集餐饮、住宿、垂钓、游艇、楼船、摆渡、戏水、采摘、农事体验等于一体的综合度假休闲之所。

东方千年古葡萄庄园。位于安头屯镇大青庄务村南，占地 700 多亩，由张家口东方科技有限公司投资建设，定位发展高档庄园葡萄酒，其葡萄苗木被列为世界重要文化遗产，是中国古老的优质葡萄品种之一，采取传统的漏斗架方式进行栽培。已完成投资 1500 万元，栽种古葡萄 350 亩，并新建看护房、围墙、环园路等设施，阳光温室正在进行框架搭建。全部建成后，将成为集葡萄种植、酿酒以及休闲观光、生态旅游于一体的现代农庄。

乐农美联生态农场建设项目。位于安头屯镇大青庄务村东，计划投资 1 亿元，占地面积 400 亩，新建阳光暖棚 15000 平方米、蔬菜大棚 20000 平方米，并建设野外采摘、珍味养殖及农家特色小吃等功能区域。已完成 2400 平方米阳光温室建设，20 个暖棚正在建设中。

【乡村旅游】

蒋辛屯片区：“古渡蝶湾”康乐度假板块。以滨水与民俗为核心，做足滨水空间游憩项目，做活民俗体验项目，形成“水游乐、俗体验”双重特质。滨水项目强调参与性、体验性、竞技性。民俗项目强调文化性、标识性、地方性。通过“水、俗”双元素的极致表现，构建热情、奔放的区域特征，形成特质鲜明的地域旅游特色与品牌。

安头屯片区："五彩农庄"科技体验板块。通过农作物种植的多品种、多色彩、多层次以及设施农业室内外游憩活动的多体验、多时空，共同构成本区域的内在特质，形成一个绚烂多彩，艺术创意的现代科技农业示范。

运河带状片区："运河驿站"文化休闲板块。强调自然生态属性，为周边生活区营造生态、氧化的生活空间，为市民提供一个休闲散步的绿色通道，属于城市滨水休闲区域，将水岸生活的丰富性与主题文化街区相融合，突出多元文化主题休闲园区。通过湿地公园、运河文化主题公园、运河遗址公园等的建设延续运河文化脉络，针对下游青龙湾片区旅游资源相对平淡，通过创意艺术的多层次、多空间，形成乡村旅游的另类表达，以环境塑造、创意设计集聚人气，商气，打造多彩的艺术空间。

五百户足球小镇片区："快乐足球"康体运动板块。生命的本源就在活动，生命的意义在于运动。运动精神体现在增强体质，健康向上，积极努力，挑战人的意志力和爆发力。通过国安足球小镇的建设，将运动概念延伸到境域的每一处，倡导体育精神，激发激情活力，锻炼群众自身素质，达到运动的极致体验。

刘宋万亩荷塘片区："水韵荷香"特色小镇板块。以万亩荷塘做生态基底，将荷文化做到极致，深入体现荷花的高雅、艳丽及出淤泥而不染的高贵品质，并与禅相结合，塑造禅荷一体的风韵，勾勒出一种闲适、清幽、与世无争的生活状态。

（韩金凤）

文学艺术

【概述】 香河县文学艺术界联合会位于香河县文昌街8号，是全县群众性文学艺术工作者联合组织，是县委、县政府联系广大文艺工作者的桥梁和纽带，主要职责是：团结广大文艺工作者，坚持文艺为人民服务，为社会主义服务的方针，办好文学刊物，扶植文艺新人开展国内外文学艺术交流活动，促进文艺繁荣。2016年，共编辑出版《香河文艺》4期，举办各种活动10次，组织专家讲座5次，组织协会建设、学习、研讨会11次。是年3月被市文联授予"文艺人才队伍建设工作先进单位"称号。5月，《香河文艺》在第二届河北省文学内刊评选中获得"河北文学内刊贡献奖"。

【文化活动】 2016年10月为纪念中国工农红军长征胜利80周年，讴歌革命先辈功绩，在规划展览馆组织举办了"回眸红色历程、弘扬长征精神"纪念长征胜利80周年主题书画展。共展出书画等作品50余幅。12月23日，在县规划馆举办了"迎新春摄影展"，参展作品60余幅，受到了广大群众和摄影爱好者的好评。2016年4—6月，组织开展了"药安食美"杯广场舞大赛。经过广泛的发动，近百支队伍一千多人次参加了比赛，经过8场初赛、复赛，于2016年6月21日在新广场举行了决赛。2016年4月至6月，组织了香河好声音大赛暨中国好声音城市海选，本次活动共200多人参加了比赛，经过11场比赛，经过初赛进入复赛人数100多人，经县决赛共有9人进入廊坊市决赛，其中2人进入河北省决赛，1人进入省最后名次争夺赛。是年12月，邀请了全国著名儿童文学作家汪玥含老师到香河县第四小学为广大师生开展了文学讲堂活动，免费向学生发放图书50余册。广泛开展书法艺术活动。以弘扬传统文化为出发点，把中、小学生作为书法作品的征集对象，在香河县规划展览馆举办了优秀书法作品展。通过举办书法展览提高了广大中、小学生学习传统文化的热情，受到了广大师生及家长的欢迎。香河县书法家协会骨干人员，每周到香河县三小、二中为广大师生免费辅导书法，使广大师生对书法这一传统文化有了更进一步的了解，书写水平也得到了较大的提高。香河县文联把教育、行政事业单位、社会各界喜爱书法的人士组织起来，相互沟通合作，多次组织书法笔会和交流研讨会，使书法艺术走向学校，创造了良好的艺术氛围。

【文学艺术创作】 香河县诗词协会出版了《香河诗词选》，该书收录了香河县30位诗词作者的精品力作，共16.6万字。张玉清的小说集《小百合》入选长江少年儿童出版社重点图书百年百部经典儿童文学作品系列，在全国儿童文学界很有影响；他的儿童文学作品《直面青春系列》获得第九届“廊坊文艺繁荣奖”；短篇小说《一百元》在《人民文学》发表，并被《小说月报》选载。王洪勇的中篇小说《作家林林的快乐生活》在第一届“浩然文学奖”中荣获三等奖；散文《三驾马车》发表在河北省作协主办的大型文学核心期刊《散文百家》第一期。高勤的散文《有一种生活如梦如画》在河北新闻奖中获得二等奖。尹玉如创作的《乡愁三部曲》第三部《抹不去的乡愁》，全书52篇，20余万字，已由中国电影出版社出版。曲艺家协会编排了群口相声《学艺》、对口相声《文明礼仪》《难忘西柏坡》《讴歌香河新时代》《环卫赞歌》《香河肉饼传奇》《颂歌“两学一做”》《中幡传奇》等优秀节目，起到了赞美香河、宣传香河的作用。王丛民表演的“越说心里越觉甜”在“牵手京津冀•欢乐进万家”第二届“京东大鼓书会”中，获得“优秀表演奖”。

【摄影家协会工作】 香河县11名影友参加了中国摄影家协会网站群影友联谊会，在联谊会的擂台赛上，香河县一幅作品获得二级佳作奖。牛宝森的作品《售楼员的故事》，在第23届河北省摄影艺术展中，荣获金质收藏奖。

【影视家协会工作】 上半年，在第一城承接了中央电视台纪录片频道“地图传奇”的拍摄录制，协会会员分别饰演里面重要角色，参与电影“勿忘初心”的录制。《香河肉饼传奇》的剧本和快板词已经完成撰写。

【作家协会换届】 2016年5月，香河县作家协会圆满完成了换届工作，选举产生了新一届的县作协主席、副主席和秘书长。

（周月如）

广播电视

【概况】 香河县广播电视台是香河县委直接领导的事业单位，属县委宣传部直接管理。广播电视台实行台长负责制，承担香河县广播、电视舆论宣传的相关工作。主要职责是：贯彻执行党和政府的有关广播、电视工作的路线、方针、政策，组织广播电视宣传和广播电视创作与生产，坚持正确的舆论导向，宣传县委、县政府的重大决策、中心工作及各行业的新成就，关注民情民生，坚持正能量舆论导向，对外宣传政治经济及人文状况，提升香河县在社会上的影响力。完成国家广播电影电视剧、河北省广播电影电视剧、廊坊市文化广电新闻出版（版权）局交付的各项业务。承办县委、县政府交办的事项。广播电视台内设办公室、广播电视运营监管保障部、财务室、播控中心、微波站、广播电视活动中心、广告信息中心、电视节目中心、电台节目中心、新闻宣传中心、制作中心、新媒体中心、广播电视节目评审部等13个科股部室。事业编制44名，工勤编制

4名。

【新闻宣传】 广播电视台在新闻宣传的实际工作中，不断探索增强新闻的温度、厚度、维度，围绕受众关心的热点、焦点做新闻，增强实用时效性。主要体现在以下方面。

1.时效新闻先声夺人。2016年,广播电视台及时全面地报道了县委十届六次全会，县十四届人大六次会议和政协香河县八届五次会议，“4•28”第五届家居文化节等重大新闻事件。

2.宣传重点响鼓重锤。围绕县委、县政府出台的各项民生政策和举措，群众关注问题，及时在《香河新闻》开辟《聚焦“三个香河”建设，率先全面建成小康》《美丽乡村建设进行时》《学党章党规，学系列讲话，做合格党员》等17个栏目，全方位、多角度、深层次、立体化的报道了各级、各部门的新举措、新成效。

3.宣传方式浓墨重彩。《香河新闻》大量增加社会新闻分量，向民生新闻、社会新闻倾斜，增加群众喜闻乐见的新闻板块，如《生活如歌、百姓舞台》《香河最美工匠》《直击不文明行为》等，使新闻节目信息量大大增加，有效提升了节目质量。

4.对外宣传全员行动。继续实行人人参与外宣工作的全员外宣方式，多次邀请省市台记者到香河帮助策划选题做宣传，扩大香河的知名度，树立香河对外良好形象。至11月底，广播电视台采编制作的新闻在中央级媒体上稿8条、河北电视台上稿11条、廊坊电视台上稿270条，并成功与央视七套《乡村大世界》节目对接，在香河县筹划录制了《过年了》5场全国农民大联欢特别节目，以及春到新农村特别节目。

【自办栏目】 围绕县委、县政府出台的各项民生政策和举措，对准焦点问题、群众关注问题，及时在《香河新闻》开辟《聚焦“三个香河”建设，率先全面建成小康》《美丽乡村建设进行时》《学党章党规、学系列讲话，做合格党员》等17个栏目，全方位、多角度、深层次、立体化的报道了各部门的新举措、新成效。另外开办《文化之旅》《香河快乐吧》《时尚香河》《一起出发》等一系列突出本土文化、接地气、上档次的名片栏目。其中《文化之旅》栏目拓宽视角，在深入挖掘香河县传统文化的同时，不断融入新的本土文化元素。《香河快乐吧》栏目经过精心选题、精良制作，用诙谐的话题、幽默的素材给观众朋友带来欢乐。《食尚香河》已全新改版升级为《时尚香河》，涵盖了吃、穿、住、用、行等全方位消费理念，节目内容多元化，更加丰富多彩。《一起出发》栏目组深入各个景区，真实体验各地不一样的风土人情，在寓情于景的体验中，带给观众更多的休闲文化享受。

【安全播出】 电视台新闻频道、影视频道、资讯频道安全播出18980小时，播出新闻410小时，电视剧10585集，电影2920部。电台安全播出8640小时，播出新闻1836条，评书15部。线电视台微信公共平台关注人数达到35000人,共推送图文信息335期，单条信息最高阅读量达29000人次。

【获奖节目】 2016年，电视综合节目频获大奖。城市宣传片《我爱香河》，荣获中国广播电视协会，市县委员会原创电视作品一等奖、第九届中国旅游电视周电视节目好作品奖。《一起出发》荣获第九届中国旅游电视节目好栏目奖、中国电视艺术家协会行业委员会好栏目一等奖。新闻《安平镇农家用品陈列室讲述农家过去的故事》获河北新闻奖三等奖。另有《最美香河工匠》《我的清明上河图》等8部作品在第二十届中国行业电视节目展评活动中分别获纪录片类一、二、三等奖，栏目类一等奖及最佳摄像奖。

（魏　静）

地方志工作

【概况】 香河县地方志编纂委员会办公室（简称县方志办）是香河县政府办公室管理的主管地方志编纂工作的事业机构。主要职责：制定县志纲目，收集整理县志资料，统编志书，参与上级志书、年鉴的编纂，指导基层志书编纂。编制4名，其中主任1名，副主任1名，工作人员2名。2016年实有人是7人。2016年，县方志办本着“多出精品，不出纰漏”的原则，完成省、市级年鉴供稿及《香河县志（1979—2008）》的省级终审工作。

【年鉴编修工作】 为《河北年鉴》和《廊坊年鉴》提供资料,是县方志办每年必做的一项重要业务工作。县方志办主要领导争取县政府主管领导的支持及有关部门的配合,3月24日召开了各镇，新开、新华、平安街道办，开发区、农业园区、家具城、北方家具产业基地、新兴产业示范区管委会，县委办、政府办、组织部、统计局、综合执法局、环卫局、建设局等27个部门参加的年鉴编修会议，详细布置了这项工作。各乡镇、各单位专人负责，专人编写，县志办编修人员全面搜集资料，使资料翔实、准确无误，认真筛选提炼，并与上级主笔反复沟通探讨。工作认真细致高效，率先完成编写任务。

【《香河县志（1979—2008）》续修工作】 《香河县志（1979—2008）》续修工作是一个系统而庞大的社会工程。做好编写工作，调动每一个修志人员的积极性,机关编修人员进行了细致分工，量化责任。在编写工作过程中，大家分工合作，在《香河县志（1979—2008）》征求意见稿的基础上，顺利完成《香河县志（1979—2008)》的编写工作。按照省、市的安排部署，验收“四审”制（县级评审、市级评审、省级评审、省级终审)，快速、高效地推进修志工作。重点围绕志稿三审评审会会上各位专家提出的意见、建议，逐条梳理，细校细改，精心组织，强化措施，制定修志工作流程，细化工作内容和工作任务，层层督促落实，严把各个环节和关口，努力确保志书质量。是年11月底,《香河县志（1979—2008)》顺利通过省终审。

【方志馆建设】 根据国家及省市方志部门的要求，在县文化艺术中心与文博馆、图书馆合并建设县方志馆,展厅面积1272平方米，2016年7月始展陈布置工作，志书馆藏面积60平方米，计划2017年上半年对外开放。在方志馆建设期间，县方志办参观了秦皇岛市方志馆、昌黎县方志馆、杭州市方志馆、余杭区方志馆，以及保定市方志馆建设，从中汲取了大量成功经验。香河县方志馆将成为廊坊市第一家方志馆，将为廊坊市方志馆建设开一先河。

【理论研究】 县方志办在完成好二轮志书编修、省市年鉴资料上报、指导刘宋村志编写等工作的基础上，不断加强理论研究。4月27日至28日，县方志办主任高景全撰写的论文,《再谈消失事物的分类与记述》在2016皖冀地方志理论研讨会上交流，并被编入皖冀地方志理论研讨会论文集；杜怀银撰写的《关于对恩格尔系数的认识》刊登在《河北地方志》上。

（王树春）

档案管理

【概况】 香河县档案局是县委直属事业局，执行政府档案行政职能，业务上受廊坊市档案局指导。1987年1月，建立档案局，隶属香河政府。1996年4月香河县机构改革，档案局与档案馆合并，一个机构两块牌子，属县委事业局。2002年4月机构改革中，档案局为香河县委直属事业局。主要任务是：贯彻执行档案工作的法律、法规和方针政策，协调各有关方面力量，制定本县档案事业发展计划和档案工作的规章制度，并组织实施。负责对本县内其他机关、团体、企事业单位的档案工作进行监督、指导，组织并指导县内档案理论与科学技术研究，档案保护、档案教育、档案宣传及档案管理人员培训。内设机构有办公室、执法指导股、编研管理股，共计10人。

【档案接续工作】 机关档案工作是档案事业的基础，为确保归档文件准确完整，整理规范，我们加大对全县各立档单位的指导力度。2016年，完成全县立档单位2015年度档案接续工作。立卷合格率县直达到95%以上，乡镇达到90%以上。

【档案信息化建设】 2016年，县档案馆有123个全宗，馆藏档案总计28615卷、18057件。据测算，共计约合502.23万页。按照省、市档案信息化工作的部署，2016年香河县聘请专业公司北京正金和科技发展有限公司已完成档案扫描29.83万页和目录著入3.39万条。2016年初，县财政增加预算100万元，用于信息化建设。7月份，招投标工作顺利完成，并与北京正金和科技发展有限公司签订合同，扫描工作开始，截至2016年底，已完成档案扫描118.42万页，目录著入8.67万条。大大加快了香河县档案馆的档案数字化进程。

【档案工作管理】 2016年，在深入开展《中华人民共和国档案法》的宣传工作的同时，继续推进档案法制建设。先后对香河县检察院、香河县技术监督局等39家单位进行了档案业务工作指导。为顺利完成今年的档案升级认证工作，局指导股对机关档案员进行了专门的业务培训，同时，采取集中学习，以干带训的方式，逐个指导。2016年已完成档案升级认证工作的10家立档单位，其中检察院4A级，电力公司3星级，科协、文联、工会等8家单位2A级，档案升级认证工作位列全市第一。

【档案开放、利用工作】 按照《中华人民共和国档案法》"年满30年档案应向社会开放"的规定，香河县档案馆将1986年以前应开放的档案已经全部向社会开放，共计16985卷，其中永久卷9796卷，长期卷7189卷。2016年共开放616卷，其中永久341卷，长期382卷。档案的最终目的就是提供服务，一年来香河县努力提高服务质量，突出服务为主题，完善了各项制度，建立了责任制，借助馆藏档案、现行文件利用中心等平台，共接待社会各界档案利用者620余人，查阅档案达2830卷次。为香河县经济建设、编史、修志、落实政策、机关查考、调解纠纷、核实工龄、工作调动、户口迁移、复退伍军人安置、学术研究等方面提供了大量翔实的第一手资料，解决了大量的问题，增强了社会档案意识，扩大了档案工作的知名度。

【档案接收】 档案资源是档案事业发展的基础。2016年，县档案馆继续接收各立档单位2008年以前档案进馆，到年底已接收妇联和园林局2家单位档案进馆，共计365卷。全年收入馆藏的图书和三级党报合订本共计 40 册。

【完善社区建档工作】 2016 年，香河县大力加强社区民生档案的建档指导工作，5 月下发了《关于开展各街道社区档案工作调研的通知》，对社区档案工作进行详细的业务指导，利用开展社区档案登记的工作契机，在巩固和提高社区建档率的基础上，指导社区建立健全辖区低保及困难家庭、再就业职工、居民健康保健、特殊群体、社会救助等方面档案的收集归档和管理使用，构建城区民生档案的基础性平台。

（吴　华）

精神文明建设

【概况】 2016 年，香河县文明办积极围绕培育和践行社会主义核价值观以及大力倡导公民基本道德规范，全面推动开展群众性精神文明创建活动，积极开展各项工作。

【文明单位创建】 2016 年是省、市级文明单位申报年，文明办先后多次召开协调会，对申报省、市级文明单位的各相关单位进行指导，确保文明单位创建工作的先进性。围绕“组织领导、活动开展、档案管理、创建实效”，重点对各申报单位“一堂、一队、一牌、一桌、一传播”五个一创建活动进行了严格审核，严格对照标准，“挖亮点、找不足”，促进各申报单位之间的经验交流。结合文明单位创建活动，督促窗口行业、执法部门等进一步规范行业行为，提高服务质量和诚信度，并通过观摩、督查活动，推动行业各项工作的落实，转变工作作风，提高服务水平，为全县经济和社会发展营造良好的软环境。全县共推荐上报省级文明单位 10 个、市级文明单位 43 个，相关材料已报至省、市文明办进行审核。年底前，所申报的 43 个市级文明单位已全部获批。

【省级文明县城创建】 一是制定了香河县《关于开展省级文明县城创建的意见》和《省级文明县城创建工作实施方案》，成立了由党政主要领导亲自挂帅的领导小组，建立了定期调度、考核督办、资金保障、社会监督等工作机制，形成统一领导、齐抓共管、各负其责的工作格局。同时，积极营造舆论氛围，在县委机关报《新香河》、香河广播电视台均开辟专栏对此项工作进行专题报道，引导全县上下共同参与创建工作。年底前，创建工作相关档案已报送至市创城办，省市考评组对我县创建工作进行了实地测评。

【正能量街道】 一是组织协调团委、妇联、工会等多个部门，共同举办第三届“最美香河人”推荐评选活动，活动将镜头和焦点对准基层，组织发动社会各界和群众推荐身边的平民义举、草根英雄，在全县上下掀起行善举、献爱心、做贡献的新高潮。经综合评定从各单位推荐的百余名候选人中综合评选出“最美香河人”10 名，并于 2016 年 11 月举办了盛大的颁奖典礼。二是积极参与“最美廊坊人”评选活动，认真开展“中国好人榜”和“善行河北 网评河北雷锋”推荐评选活动，分别推荐我县 5 名“中国好人榜”候选人和“善行河北 网评河北雷锋”10 名候选人，进一步弘扬文明新风尚，传递社会正能量。三是县电视台和《新香河》开辟专栏，大力挖掘和报道基层学习践行的凡人善举，在全社会营造向上向善向美的道德力量。四是弘扬“奉献、友爱、互助、进步”的志愿精神，在学雷锋日积极开展大型志愿服务活动；组织公共文明创建活动，积极开展“身边环境自己动手清扫”主题活动，继续深入实施“文明交通行动计划”。

【未成年人思想道德建设】 积极开展文明校园创建活动，把此项工作作为提升未成年人思想道德水平和创建省级文明县城的重要抓手，积极谋划，抓好落实。全力推进“乡村学校少年宫”建设工作，进一步完善教育阵地建设。同时，加强未成年人思想道德建设系列主题活动。通过开展“全省中小学生爱国诗文书画征集大赛活动”“中华经典诵读大赛”“汉字书法大赛”等主题活动，在未成年人中大力弘扬爱国主义精神，引导他们从力所能及做起，培养勤奋学习、积极向上、艰苦奋斗、勤俭节约的优良品德。

【阵地建设】 一是积极推进社会主义核心价值观涵育基地建设工作。县医院“农家博物院”社会主义核心价值观涵育基地以社会主义核心价值观“二十四字”“富强、民主、文明、和谐；自由、平等、公正、法治； 爱国、敬业、诚信、友善”为核心，以传统文化、红色文化等为内容，积极开展社会主义核心价值观涵育基地建设工作，现省级专项资金 50 万元已经划拨到位。二是强化公益广告宣传。结合城区实际，把握关键位置，以展牌、宣传栏、电子显示屏和城乡沿路工地围挡为重要载体，充分展示社会主义核心价值观宣传图片、廊坊及香河身边好人风采以及文明创建系列成果，不断营造良好舆论氛围、凝聚正能量。

展巾帼风采　舞幸福香河

——“大爱公益 第三届最美香河人”

胡秀清事迹

作为香河华鑫集团总经理的胡秀清在汹涌澎湃的经济大潮中，劈波斩浪，不断前进，是一位非常成功的女企业家。她在注重企业发展的同时，更是时刻不忘社会责任，热心公益事业，积极回报社会，努力为家乡的精神文明建设贡献自己的力量。

2015 年初，在县有关领导和业务主管部门的推荐下，胡秀清女士担任了香河舞蹈家协会主席。上任伊始，胡秀清女士既兴奋又深感肩上的担子重、责任大，兴奋的是可以有机会为家乡舞蹈文化事业的发展做出贡献，而感到有压力则是因为这些年虽然时刻关注和支持着家乡文化事业的发展，对舞蹈事业充满热情，但在组织舞蹈活动的经验方面仍有不足。

胡秀清深知，组织保证是推动香河舞蹈事业健康有序发展的重要前提，建立一个强有力的领导班子是做好这项工作的前提。为此，她发挥自身优势，在县文联的帮助下亲自联系李海燕、徐风荣等女企业家和县里各类舞蹈专家，经过县民政局的批准，成立了新一届香河舞蹈家协会领导班子。舞协班子成立后，胡秀清与领导班子一班人，专门到北京、廊坊及周边各县学习取经，找专业舞蹈老师请教，并多次召开会议与班子成员共同商讨，明确了各阶段的工作任务，制定出舞协年度工作计划和未来五年发展规划。

在与领导班子成员深入社区、乡镇进行实地考察，走访舞蹈爱好者并与之交谈后，胡秀清发现，随着群众对精神文化生活需求的日益增长，大众的舞蹈活动越来越多，广场舞队伍不断壮大，但这些活动大多由爱好者自发组织，由于缺少专业老师的指导，许多舞蹈在内容与动作方面都缺乏合理性、不够规范，不光导致舞蹈队伍的水平得不到提高，而且有可能因为不得要领而损害身体健康。她意识到要想推动舞协各项工作顺利开展，就必须培养一支由专门舞蹈人才组成的专业强、素质高的骨干队伍。于是在2015年11月，县舞协聘请4名专家老师在我县青少年活动中心举办为期4天的专业舞蹈知识培训，对全县各舞蹈队领队及业务骨干进行了免费培训，使全县每个舞蹈队都有了自己的指导教员。同时县舞协还不定期将这些业务骨干召集在一起进行艺术交流，共同探讨。胡秀清及舞协一班人把树立良好社会风气、促进社会和谐发展、引导人们健康生活、引领全民健身风潮作为工作的出发点和落脚点，目的是使舞蹈在全县范围内得到进一步的推广普及，繁荣香河的舞蹈艺术事业，提升香河人民的幸福指数。为此，县舞协积极参加县内组织的各项活动，2015年8月，在香河县总工会主办的“幸福跳起来”全县职工广场舞大赛中，县舞协多次组织舞蹈经验丰富的老师下到乡镇，为参赛队伍进行免费艺术指导，同时县舞协多位专家应邀出任大赛评委；2016年春节到来之际，县舞协积极组织专家原创出舞蹈《幸福香河》参加由县委宣传部、县文联、县电视台主办的香河2016年春节联欢晚会，节目主题鲜明、积极向上、有很强的感染力，受到观众们的一致好评，获得县委宣传部颁发的春晚节目“优秀奖”；2016年4月，为全面检验舞协工作效果，吸引更多舞蹈人才加入到舞协当中来，香河舞蹈家协会举办了一场声势浩大的全民广场舞比赛，经过前期筹备，各镇的舞蹈爱好者踊跃报名，全县共96支队伍、1056名队员参加报名。大赛历时两个月，经过五场初赛、两场复赛和一场决赛，最终评选出了一、二、三等奖并给予各获奖队伍物质上和精神上的奖励。一年来，县舞协各项活动的开展极大丰富了全县城乡人民群众文化生活，推动了群众文化繁荣发展及全民健身运动深入发展，促进了群众广场舞队伍水平的整体提高，使香河舞蹈家协会为全县舞蹈爱好者和百姓所熟知，切实提高了舞协在全县的知名度和权威性。

从无组织无场地无设备无指导，到专业的舞者之家；从乡亲们纷纷点赞到全民健身在香河的全面普及，胡秀清及其领导下的香河县舞蹈家协会在为香河人民打造丰富的业余文化生活、强健体魄、陶冶情操方面做出了有目共睹的贡献。充分展现了香河群众朝气蓬勃、奋发向上的精神面貌，提升了香河人民的幸福指数。现在，无论是在社区还是乡镇，热爱舞蹈的群众一提起胡秀清和舞蹈家协会都要竖起大拇指：“胡主席带领下的舞协，让我们真正有了家的感觉，不仅舞蹈得到了专业的技术指导，而且遇到困难时舞协总是及时给予支持，帮我们渡过难关。县舞协的各项活动既丰富了业余生活，提高了文化层次，又促进了身体健康和社会的和谐。”

多年来，担任香河华鑫集团总经理的胡秀清女士在发展企业的同时不忘关爱家乡、回报社会，积极投身于公益事业。从为香河孤儿院、敬老院捐赠资金到捐建甘肃的母亲水窖再到对青海贫困县的藏族孤儿进行助学助养，她的爱心遍布全国各个角落。作为一名有责任感和使命感的女企业家，她主动参加社会各类公益活动，将公益当成自己的第二事业，不遗余力地奔走，矢志不渝地付出，把爱心化作对社会、对职工的责任，真正做到了尽己所能、回馈社会。

教　育

【概况】 2016 年，香河县共有各级各类学校 159 所，其中小学 67 所(含教学点 1 个)，初中 10 所，高中 2 所，中等职业学校、教师进修学校、特殊教育学校、广播电视学校、成人教育总校各 1 所，乡镇成人学校 9 所，国办幼儿园 2 所，注册民办教育机构 64 所（其中幼儿园 49 所，短期培训机构 13 所，民办学校 2 所）。教职工 4909 人（含民办教育机构 823 人），专任教师 4246 人，在校生 62278 人。教育系统全年共获得国家级奖励 6 项，省级奖励 10 项，市级奖励 16 项，县级奖励 13 项。教育局被授予“全国义务教育发展基本均衡县”“河北省学校安全稳定工作先进集体”“第五届河北省教育系统优秀志愿者服务先进单位”“河北省中小学生法律知识竞赛优秀组织奖”“廊坊市文明单位”等多项荣誉称号。

【重点工程建设】 按照打造“良心工程、精品工程”标准，投入 2.6 亿元，扎实推进新建城内第五小学、新建第三幼儿园等 26 项重点工程，进一步优化学校发展环境，投资 2181 万元更新教育装备，均衡资源配置，提升教育现代化水平。

【电代煤气代煤工程】 紧紧围绕持续改善空气环境质量这一目标，对全县非集中供暖的 76 所学校全部进行“煤改气”和“煤改电”，采取新型能源采暖方式，形成城内学校采取燃气集中供暖，农村学校燃气、供电相结合的多元化供热格局，营造了良好的教学环境。

【提升幼教水平】 规范幼儿园建设，投资 551 万元，启动成自务、河南吴村、前土门楼、梁家务和西延寺 5 所小学附属幼儿园改扩建项目。投资 20 万元为五百户一小、安平一小、大田小学、梁家务小学幼儿园购置保教设备，创设良好办园环境。以活动为载体，开展幼儿趣味运动会、亲子运动会、趣味游戏、艺术体操、器械操等丰富多彩的体育活动，努力提高办园质量。

【招生工作】 严格执行学籍政策。“小升初”招生工作中，按照“就近入学”原则，教育局将各小学六年级毕业生，全员划入各招生片所属初中，统一组织各所初中，全额录取片内小学毕业生。严格实行“一人一籍、籍随人走”。单校划片学校，采用对口直升方式招生。“小升初”招生工作中，按照“就近划片学校”，根据学生基本情况进行有序升学，维护了初中校际间招生的均衡。高中招生工作中，组织普通高中按照县招委录取结果，采用统一招生录取方式录取，经教育局审核同意后，录取成为学校新生。

【高考成绩】 2016 年高考，一本上线达 708 人，同比增加 353 人，实现比去年翻番目标。本科上线人数突破千人大关，一中 3 名同学跻身全市理科前 5 名，周敬鑫同学考出 692 分近年最高分，李亦霏同学被清华大学美术学院录取。

【职业教育】 投资 600 余万元，加强基础设施建设，提升学校办学品位。成功与北京商鲲教育控股集团、燕郊天子宝贝双语艺术幼儿园、国家足球训练基地等实现校企合作，联合办学，在特色学科上吸引优秀学生，以工养学，以工促学，校企双赢。

【师资队伍建设】　建立师资队伍补充交流机制，按照“逢退必补”原则，面向社会，公开招聘 230 名优秀大学毕业生补充教师队伍，优化教师队伍结构，促进学校可持续发展。挖掘自身资源，拓宽教师补充渠道，返聘本县内或域外教学经验丰富的优秀退休教师 60 名，扩充人才队伍，弥补师资缺口。深化人事制度改革，开展第二轮义务教育学校校长教师交流工作，146 名校长教师通过互动、培养、支教形式走上新的工作岗位，缩小校际间、城乡间师资水平差距，促进教育优质均衡发展。建立队伍鼓励关怀机制，出台《香河县乡村教师支持计划（2015—2020年）实施办法》，从师资培养、生活待遇、职称评聘、荣誉奖励等方面向农村教师倾斜，关心偏远农村教师成长，确保他们安心从教、乐于从教。投入资金 780 万元，为全县农村教师发放乡镇工作补贴，进一步提高农村教师待遇。设立教师表彰奖励专项资金，对部分扎根农村基层的优秀教师给予 5000 元或 2000 元奖励，对稳定农村教师队伍，起到了积极的作用。强化教师绩效考核，从职业道德、管理能力、工作总量、考勤情况、工作业绩等方面，科学制定考核细则，实现由重身份、重资格、重评审向重能力、重业绩、重贡献转变。根据考核结果，县政府拨放资金 2150 万元，作为年终考核奖，按业绩大小奖励教师。每年组织教师进行一次免费体检。利用教师节大好时机，大张旗鼓表彰 96 名优秀教师，10 名优秀教育工作者，30 名农村 10 年以上优秀教师和教育工作者，109 名农村工作 30 年以上在岗教师和教育工作者，64 名师德标兵。建立队伍培训监督机制，组织 3340 名校长教师开展远程培训，选派 543 名教师参加国培计划、省级培训和市级骨干教师培训，组织 2200 名教师赴北京、天津、石家庄、沧州、唐山等地参加专题培训、教学观摩和教育交流等活动，提高队伍专业素质和业务水平。以专项治理、严惩重罚为手段，对教师补课行为进行明察暗访，不定期到各学校与校长、教师、家长代表及学生代表座谈，问询教师有偿补课行为，发现问题，从速从严给予查处。

【教育政策资金落实】　严格执行国家助学政策，完成义务教育阶段学校免费教科书结算工作，免费教科书资金 215.5 万元，39622 人次享受优惠政策。发放补助寄宿生生活费 80.6 万元，涉及学生 1283 人次。发放高中助学金 264 万元，涉及学生 2755 人。发放幼儿贫困补助 61.25 万元，涉及幼儿 736 人。为 648 名家庭经济困难学生申请“冠群”奖助学金 36 万元，确保每名学生不因家庭经济困难而失学。为全县 704 名享受中高考优惠加分的考生办理了相关手续。

【校园周边环境整治】　投入 487 万元购买保安服务，加强校园安保力量。强化隐患排查，对全县中小学、幼儿园、民办教育机构开展 4 次安全大排查，排查整改 400 余处。协调公安、住建、质监、安监、环卫、食药监、卫生、综合执法等相关部门，对校园及周边环境开展专项整治，共检查中小学、幼儿园、培训机构 160 所，责令整改问题 120 余件。加强安全防控，聘请首都师范大学副教授肖宝华讲授“校园意外伤害事故的预防和处理”知识，增强干部教师在法律法规层面，对校园安全管理意识，提高校园意外伤害事故的预防和处置能力。利用开学第一课、“全国中小学安全教育日”“安全生产月”等重要节点，加强安全常识教育，防患于未然。全年共开展相关活动6次，参与学生达5.1万人次。

香河县教师进修学校

【概况】 香河县教师进修学校位于香河县淑阳大街82号，是一所隶属于县委、县政府的中等专业学校。学校占地面积18.8亩，在编在岗教职员工48人，属干部序列的45人，属工勤序列的3人。现有专任教师41人，其中，本科学历41人，专科学历7人；高级职称11人，中级职称27人，助理级职称3人。学校专任教师均能掌握现代教育理论，了解本学科发展趋势，具备较强的实践能力、创新能力和教育科学研究能力。学校主要担任全县中小学教师继续教育工作——开展中小学教师继续教育科目培训、科任教师培训、骨干教师培训、师德培训、学历提高培训等，对新上岗教师、非师范类毕业生、新任小学校长等进行上岗培训。

【校园建设】 学校现有集办公、教研、教学于一体的综合楼1栋。共有10个标准教室，其中普通教室2个，微格实验室、专用语音教室、综合实验教室、音乐教室、美术教室、图书资料室、微机室、档案室各1个，能同时开展350人以上的培训。建立了网络系统并能够实施网络教学。学校图书室藏书现有7000余册，各类报刊74种，音像资料总量1300多小时。积极做好校园绿化、美化和校园文化建设工作，提高教师硬件环境水平，进一步增强了广大教职工的积极性和幸福感。

【党风廉政建设】 2016年，学校根据县委统一部署，按照《关于在全县党员中开展“学党章党规、学系列讲话，做合格党员”学习教育实施方案》的文件要求，召开活动动员会，制定了符合学校特色的实施方案和学习计划。按照学习计划开展了学习《中国共产党章程》《中国共产党廉洁自律准则》《中国共产党纪律处罚条例》等活动。开展了以“坚定信仰信念，保持党员本色”和“强化看齐意识，严守纪律规矩”为主题的两次专题研讨活动。要求全体党员撰写了学习心得和学习笔记。推进作风建设，坚持把维护党章、严肃党纪作为党风廉政建设的第一项任务，自觉担负起执行和维护党的纪律的责任。

【教学教研】 认真完成全员远程培训工作。6月初，选派11名骨干教师到石家庄参加了全员培训辅导教师培训。学校共设有1个管理员，11个辅导教师。11名辅导教师全部按时完成了每学科300名教师的教学研讨、实践作业评判、在线交流、推优等工作。7月，完成了全县中小学教师基本信息收集、按照学科分班、接受学校和教师个人咨询并予以耐心解答等多项工作。

【特色教学】 完成继续教育证书验证盖章工作。7月，对全县4261名教师2015年的继续教育成绩进行登统，并对取得合格证的教师在其继续教育证书上盖章。完成教师资格证定期注册相关工作。学校完成了2015年88名新教师进行教师资格审核，审核教师资格证原件、复印件，打印教师定期注册申请表。负责对以上材料进行严格初审，并协助市里进行了细致复核。完成国培省培教师名额分配工作。4月份，学校选派一名教师完成了2016年21名省培教师名额分配工作，并指导教师完成登陆、信息更新、密码重置等活动。

【校本教研】　为把新课程理念从理论层面推向操作层面，整体提高教师的教学水平，每周四下午，学校继续举办“每人一节公开课”活动，要求每位教师围绕自己所学专业，主讲一课时的专业课。教师们围绕公开课共同研究问题，从教学方法上寻求突破。教师们从不同角度、不同层面去学习教育的新理念、新方法，业务水平有了很大提高。学校积极组织教师观看优秀教师演讲视频、参与课题研究。每周三上午，观看视频，每周四上午，进行课题活动。通过这两项活动的开展，提升了学校教师的自我提高的内在动力和整体科研水平。为提高教师将学科教学与现代信息技术进行整合的能力，学校开展了课件制作比赛和校本教研论文比赛等活动。学校对优秀课件和论文予以奖励，并将评选出的优秀课件和论文报上级有关部门参加评选。

（冯晓明）

香河县职业技术教育中心

【概况】　香河县职业技术教育中心（简称职教中心）前身为香河农业中学，1996年正式运行，1999年入选省级重点职业学校序列，2004年晋升为国家级重点中等职业学校。本校是一所集职业高中、职业中专、短期培训等多种办学形式于一体的中等职业教育学校。前国家主席杨尚昆为本校题写校名。学校占地85亩，建筑面积26815.6平方米。教职员工102人。2016年，学校荣获“河北省电子行业特有工种职业技能实训基地”称号，并高质量通过省级语言文字标准化示范校验收。是年学校教学质量稳步提升，毕业生合格率100%，就业率保持在96%以上。全日制在校学生1100人。全年，1013人参加了各类培训。

【校园建设和专业设置】　学校现有主体建筑7栋，包括2栋教学楼、2栋实习实训楼、2栋学生生活服务楼、1栋办公楼，可容纳学生近2000人。2016年，投资600余万元改造运动场，建成了高标准塑胶跑道、人造草坪和配套的观礼台。投资300多万元，改造职业教育硬件环境，提升教学装备水平。先后配套建设了多能报告厅、标准化餐厅、舞蹈形体房、钢琴教室、绘画教室、声乐教室、多媒体教室、汽修实训车间等。配套购置1300套课桌椅、添置餐厅桌凳、学生公寓配置洗浴设施、增设高像素监控设备及多功能户外双面电子屏。学校设有计算机应用专业、汽车运用与维修专业、旅游服务与管理专业、学前教育专业、机械加工技术专业、会计专业6个影响力相对较强的专业。

【党风廉政建设】　香河职教中心坚持把开展“两学一做”学习教育作为全年党建工作的重中之重，明确和细化党风廉政主体责任，切实把思想和行动统一到习近平总书记系列重要讲话精神上来，统一到党中央和省市县委的决策部署要求上来，坚持把党风廉政建设和反腐败工作纳入学校重要议事日程，认真落实民主集中制，完善校长办公会等制度，使决策更加民主化。积极发挥工会、教代会民主管理作用，遵循民主决策、民主管理、民主监督的管理程序，强化校内监督，使学校的各项工作逐步向制度化、规范化、民主化、科学化方向发展。

【教研教学部设置】　结合本校专业发展及教学管理实际，启动了教学管理系部制，整合设立了公共教学部、计算机部、机械汽修部、学前教育部、旅游会计部等教学部。结合教师专业特长，选聘6名具有管理经验和创新意识的优秀教师充实进教学管理队伍。

【创新教学内容】 积极探索与职教学生身心特点相适应的教学改革，开始将茶艺课、书法课、手工课及非物质文化遗产宋代斗拱、五行太极通臂拳引进课堂，是年又利用商鲲师资优势，将礼仪课、军体课等引入课堂，同时开设书法、武术、合唱、模特、足球等社团近10个，引进国家级非物质文化遗产香河中幡参与社团建设。

【成绩与荣誉】 2016年，河北省中等职业学校“创新杯”教师信息化教学设计和说课大赛中，香河职教中心7名教师获三等奖；在河北省第二届中等职业学校班主任基本功大赛中，学校获团体三等奖，3名班主任获个人三等奖；1人获得省级德育说课大赛三等奖；在廊坊市举行的同类比赛中，学校2名教师获二等奖，8名教师获三等奖，4名教师获优秀奖，学校获优秀组织奖；1名教师在市师德论文评选活动中荣获一等奖。学校学生代表队，在参加河北省中等职业学校学生技能大赛中，获得客房服务、餐厅服务2个团体三等奖，12名参赛选手分别获得个人三等奖和优秀奖。

【创新办学】 2016年，围绕国务院关于“允许以资本、知识、技术、管理等要素参与办学并享有相应权利”的政策精神的实践与探索，经全面跟踪考察，香河职教中心选择了与北京商鲲教育控股集团的战略性合作。2016年6月15日，香河职教中心成功与北京商鲲教育控股集团签订专业共建、校企合作战略性合作协议，并于秋季开始展开全面合作。12月31日，香河职教中心与北京商鲲教育控股集团又联手举办了4000人规模的元旦联欢会暨京津冀协同发展成果展示活动，得到社会各界代表好评。

（刘　硕）

河北省香河县第一中学

【概况】 河北省香河县第一中学始建于1940年，是河北省示范性普通高中。占地235亩，总建筑面积72000万平方米。2016年，有教学班72个，学生4173名，在岗教师393名（其中正高级教师1名，副高级教师147名，省特级教师4名，省级骨干教师6名，研究生学历16名），学校内多媒体教学、计算机教室、电子备课室、校园网、天文观象台、理化生实验室、通用技术专用教室、图书馆等，实现了教学设施多样化。

【党风廉政建设】 2016年，学校党总支以学党章党规，学习习近平总书记重要讲话，做合格共产党员，“两学一做”学习教育活动为重点，认真落实党风廉政建设主体责任，健全完善“一把手负总责，分管领导各负其责，班子成员齐抓共管”的领导体制和工作机制。推进作风建设，坚持把维护党章、严肃党的纪律作为党风廉政建设的第一项任务，自觉担负起执行和维护党的纪律的责任。推进制度建设，根据上级精神，学校修订了教职工工作制度及工作纪律，完善了一系列制度。有“班子成员议事程序”“食堂超市管理制度”“财务管理及公开制度”“ 职称评聘评优评先制度”“重大工程招投标制度”“教学资料采购制度”等。并进一步强化制度的落实，较好地完成了党风廉政建设的各项任务，做到了“把纪律和规矩挺在前面”，为推进全校教育事业可持续发展提供了坚强保障。

【教研推动教学】 开展教师读书活动，加大教研教改力度，进行大组研究，备课组集体备课，以科研促教学，以科研推动“专家型、学者型”教师的培养，拓宽教师视野，更新教育观念。高度重视青年教师的培养，组织好教师评比课、示范课、优质课，不断提高师资水平。2016年，请专家为教师讲座108节次。全年教师评比课、示范课、优质课、观摩课、说课达260节课。上半年举行了综合学科教学大赛，以及组织教师网上晒课，“一课一优师” 等活动。下半年组织了新调入青年教师过关课比赛和全学科说课大赛。教师外出参观学习200人次。教师论文、课件、教具、技能大赛等，获得省市县各级奖励总计100人次。

【“激励式”成人教育】 一年来全体教职工本着“成才先成人”的观念，着眼于学生终身受益的习惯与责任感的培养，狠抓学生高尚、文明行为的强制与教化，让学生在提升个人修养中获取成长成熟的快乐。主要做法有六点；1.班主任注重开好主题班会，开发精品德育课程。2.转变德育观念，抓好班主任队伍建设。3.培育和践行社会主义核心价值观，让学生拥有良好的品行和积极向上的人生观，做正能量的传递者。4.开展心理咨询辅导活动，加强心理育德。学校政教处和校团委组织常规性的教育活动。5.励志教育活动不断开展。齐呼班级口号、朗读励志信、各类宣誓等活动，展示出一中学生对生活的热爱，激发学习激情。6.开展主题系列教育活动。3月学雷锋系列活动，4月盘山烈士陵园扫墓活动，5月纪念五四运动系列活动，“十八岁成人礼”活动，6月迎建党94周年纪念活动，9月教师节庆祝活动，10月国庆诵读比赛，纪念红军长征胜利八十周年系列活动等等，都收到了很好的效果。

【校园环境硬件建设】 做好校园绿化、美化和校园文化建设工作，提高教师办公硬件环境水平。增建教师运动场地，建成5个教师健身室。暑期完成了教学楼外墙粉刷工作，对教学楼内老旧暖气管道进行全面改造升级，更换教师办公桌椅，完成了教学楼及学生食堂照明灯架、灯管的更换工作，新建男教工宿舍，购置家具，配备卫生间及洗浴设施，改善单身教师住宿条件。对校内存水、积水路面增设排水口，保障汛期排水畅通。完成锅炉房天然气罐改工作，顺利接口百川燃气。教工服务队发扬优良作风，为教职工家庭维修45次。一系列的“为民、务实”举措，进一步增强了广大教职工的积极性和幸福感。

【高考准备】 2016年县一中的高考复习工作由精细到精致，由优秀到卓越，做到了抓“早”，做“细”，从“严”，落“实”。

1.阶段宏观规划。一轮复习阶段，低起点，缓爬坡，全覆盖，高要求，实现“双基”过关。二轮复习阶段，以备课组为单位，集思广益确定专题。三轮复习阶段自主复习，回归课本，模拟练兵，开展了考前心理辅导和情绪调节工作，实现学生知识准备和竞技状态的最佳化。考前适应训练阶段，重温经典，考前热身，让学生进入高考兴奋期。

2.微观落实，做好五个强化。强化练习环节，强化规范作答，强化高效课堂，强化边缘生跟踪，强化复习节奏调控。

3.严格管理，狠抓过程，强化协作。加强过程管理，向过程要成绩。班级六科老师团结协作，各备课组所有老师团结协作，加强集体备考研究，注重分工合作，资源共享，打整体战。

4.加强思想教育，调动学生学习积极性。张贴激励感言，精选励志文章。加强对学生的思想纪律教育。按时召开学生大会、心理辅导讲座，及时召开家长会。加强对学生表彰激励，在二百日、百日之时，召开迎高考誓师大会。

【成绩与荣誉】 高考成绩再创辉煌。一本上线人数629人，比上年增加308人，上线人数实现翻番。本科以上上线人数1185人，比上年增加322人，本科上线率达92.1%。周敬鑫、怡林生、王薇薇同学，分别以692分、682分、681分的成绩居于全市理科二、三、四名。李亦霏同学被清华大学美术系专业录取。

学校获得的主要荣誉有：

1.全国体育工作示范校。校橄榄球队荣获全国青年7人制橄榄球冠军赛第四名。河北省第八届青少年运动会，橄榄球比赛男子甲组第二名。

2.2016年12月，学校选送的教学影视作品《利用“三大守恒”书写金属腐蚀的离子方程式》荣获第13届全国中小学校园影视作品大赛三等奖。此项活动由中国教育电视协会、中央电化教育馆主办。

3.2016年6月22日，论文《科技启智，创新育才——香河县第一中学科技创新活动巡礼》获河北省首届中小学实验教学优秀案例展评特等奖。

4.2016年8月，第31届全国青少年科技创新大赛组织委员会授予香河一中“科技教育创新优秀学校”。在第31届河北省青少年科技创新大赛上，王派、周斌等6名同学荣获省一等奖，其余1人获省二等奖，18人获省三等奖，参赛和获奖人数均位列廊坊市首位。

（赵默然）

校园简介

【香河县直第一幼儿园】 香河县直幼儿园位于香河县文化路一号，始建于1968年。1996年，通过省评估验收成为省级一类园，是一所国办日托制幼儿园。2016年，园内设有小、中、大班17个，在园幼儿613名，教职工76人。该园以“一切为了孩子的生命成长作奠基”为办园宗旨，以“用爱与孩子的生命能量共振”为办园理念，以“办出活力，办出质量，办出特色”为办园目标，全力打造优质园所。先后荣获“廊坊市教育工作先进集体”“学前教育工作先进集体”“教育宣传工作先进单位”“学校安全工作先进集体”等多项荣誉称号。

【香河县第二幼儿园】 香河县第二幼儿园，位于香河县新华大街北永盛路西侧，始建于2011年4月，2013年5月正式投入使用，2016年5月顺利通过省级示范园验收，现为河北省城市示范性幼儿园。幼儿园占地面积16675平方米，建筑面积10105平方米。园内设小中大26个教学班，在园幼儿860余名。教师64人，其中学前教育专业32人，本科学历教师39人，学历合格率达100%。该园以“尊重个体，呵护生命，用爱点亮美好未来”为核心理念，以“服务于幼儿、家长、社会”为宗旨，以“让每个孩子拥有童年里最美的光阴”为工作目标，坚持“依法办园、规范办园、诚信办园、民主治园”的办园方向，以“身体好、心情好、习惯好、能力好、性格好”的五好教育为保教工作出发点，全力打造高起点、高标准、高质量、温馨快乐、美丽现代的精品儿童乐园。建园以来，相继被授予“廊坊市平安校园”“香河县绿色学校”“县学前教育先进集体”“县学校安全工作先进集体”“香河县教育宣传工作先进单位”等多项荣誉称号。

【香河县城内第一小学】 香河县城内第一小学位于香河县城淑阳大街68号，始建于1898年，是全县校史最长、规模较大的一所县直属国办完全小学。占地面积16188平方米，建筑面积14924平方米，建有呈“品”字形3栋教学楼。校园环境整洁优美、教学设施齐全。2016年，有教学班50个，学生2809名，教职工167人。学校坚持党的教育方针，以“一切为了学生，为了学生一切，为了一切学生”为办学宗旨，以“依靠全体教师，服务全体学生，培养个性特长，全面和谐发展”作为办学思想。努力形成“团结、奋进、求实、创新”的校风，“勤钻研、讲奉献、勇创新、争一流”的教风和“乐学、善学、刻苦、明理”的学风。学校坚持凝心聚力抓管理，一心一意抓教学，积极构建质量一流、平安、和谐的育人模式，取得了丰硕的育人成果，赢得了社会、学生和家长广泛认可。

【香河县城内第二小学】 香河县城内第二小学始建于1991年8月，现有教职工174人，教学班51个，在校生3062人。学校坚持党的教育方针，以“办规范加特色的学校，育合格加特长的学生”为办学宗旨，把造就一支德才兼备的教师队伍作为立校之本，以科研带动常规教学，坚持素质教育，努力把学校建成学生、家长、社会满意的特色学校。学校先后被评为“全国现代教育技术试点校”“河北省素质教育先进校”“河北省校务公开示范校”“河北省依法治校示范校”“河北省传统体育项目学校”。

【香河县城内第三小学】 香河县城内第三小学始建于1991年，占地面积14473平方米。2016年有教学班39个，在校生2300人，教职工112人。学校坚持以育人为本，遵循“把学校办成能适应当地发展需要，学生向往、家长放心、社会声誉好的小学”这一办学思想，凝聚全体教职工团结一心，拼搏敬业。德育教育从“走好路、做好操、扫好地、唱好歌、行好礼”五方面入手，同时开展以“责任”为核心的各种德育教育主题活动，增强学生责任意识，规则意识。教学以向课堂“四十分钟”要质量，强化教学作风，加大教学质量检测力度为举措，深化课堂教学，狠抓教学常规管理，提高教学质量。学校加强师生法制安全教育，努力提高全体师生法律意识和安全防护能力，完善法制安全工作台账，保证各项创建工作顺利实施。重视学生特长培养，常年开设各种课外社团和兴趣辅导班，让学生的爱好、特长在三小得以充分健康的发展，文体艺成绩赢得社会赞誉。

【香河县城内第四小学】 香河县城内第四小学成立于2013年9月，占地30000平方米，建筑面积13600万平方米，校园布局合理，环境优美。教学设施完备，教室和专用教室均达到河北省一类标准，65000册图书和30万册电子读物满足学生阅读需求。300米高标准塑胶跑道运动场、小足球场、塑胶篮球场，能够保证所有学生的体育课和课余锻炼。2016年有教学班41个，学生2605名，专任教师120人。学校图书馆被评为“河北省一级图书馆”，学校先后被评为“廊坊市文明单位”“廊坊市学校安全管理工作先进集体”“廊坊市绿色学校”“廊坊市十佳学校”等多项荣誉称号。

【香河县第二中学】 香河县第二中学建于1979年，是一所国办初级中学，位于香河县淑阳镇新华大街65号。占地面积34662平方米，建筑面积近20000平方米，有各种专用教室45个，藏书90000余册，各类报刊20多种。2016年有教学班36个，学生近2500人。教职工148名，其中高级职称61人，中级职称84人，初级职称3人。研究生学历1人，本科学历138人，专科学历9人。省级骨干教师3人，市级骨干教师8人，县级骨干教师23人。2016年各项工作取得了显著成绩，中考有323人被一中公助录取，300人次教师参加各种培训，教育局组织的各项活动基本上获得全县第一名。

师生200多人次获得各级各类表彰奖励，顺利通过河北省国防教育示范校和家长学校示范校检查验收。接受了省、市“两学一做”督导检查，被教育部命名为全国青少年足球特色学校。与中国教育品牌网合作，使学校重大活动在全国不少于 20 家网站播放宣传，扩大了学校的知名度。

【香河县第三中学】 香河县第三中学始建于1956年，现位于香河县城新华大街101号，是一所国办高中学校。校园占地面积67000平方米，建筑面积 33000 平方米。现有教学班 44个，在校生 2400 余人。学校拥有一支实力雄厚、结构合理的高素质师资队伍。现有教职工217人，其中专任课教师209人，中学高级教师 66 人，中学一级教师 129 人。市、县级教学能手、骨干教师、学科带头人20余人。2016年校史馆建成开馆并隆重举办了建校六十周年庆祝活动。

【香河县第四中学】 香河县第四中学始建于1956年，现位于香河县刘宋镇政府南侧，是一所国办初级中学。2006年6月，原刘宋中学并入香河县第四中学。学校占地面积约48691平方米，有教学楼、宿舍楼、大型多功能厅各1栋，建有标准400米塑胶田径运动场。校舍建筑面积14004平方米，建有物理实验室、化学实验室、生物实验室、微机室、音美活动室、体育器材室、劳动器材室、卫生室等多个专用教室，所有教室实现多媒体教学。学校藏书42463册，各类报刊 17 种。2016 年，学校有教学班 18 个，学生 750 人，教职工 82 名，其中高级职称 31 名，中级职称 39 名。

【香河县第五中学】 香河县第五中学始建于1956年，现位于香河县五百户镇，是一所国办初级中学。2006年6月，原五百户中学、香城中学、李庄中学合并为香河县第五中学。学校占地面积约 41001 平方米，校舍建筑面积15074平方米，建有教学楼、教研楼、科技楼、男生公寓、女生公寓、教师公寓各一栋，校园绿化面积5000余平方米，各种花草50多种，被评为“廊坊市园林学校”。2016 年，学校有教学班 18 个，学生 727 人，教职工 96 名，其中高级职称 39 名，中级职称 49 名。

【香河县第六中学】 香河县第六中学始建于1956 年，现地处京哈高速香河出口北，蒋辛屯镇政府东，是一所国办初级中学。2006年6月，原蒋辛屯中学和梁家务中学并入香河县第六中学。学校占地面积约70035平方米，建筑面积 11744平方米。有集办公、教研、教学于一体的综合楼1栋，配置多媒体教室及实验室、仪器室、计算机室、音美活动室、体育器材室、劳动器材室、综合训练馆等 18 个专用教室。学校图书馆现有藏书 100000 余册，各类报刊杂志 60 余种。学校设有 20 个教学班，1450名学生，在职教职工103人，其中高级职称27名，中级职称50名。

【香河县第七中学】 香河县第七中学原名安平中学，始建于1962年。2005年8月，王家摆中学并入安平中学。2006年9月，安平中学更名为香河县第七中学。学校位于安平开发区平安大街东段，延福屯一村南口，是一所国办初级中学。学校占地45846平方米，建筑面积5771平方米，教学班18个，在校生845人，教职工70人。

【香河县第八中学】 香河县第八中学位于香河县渠口镇许庄村北，是一所国办初级中学。2006年9月，由原渠口中学、东鲁口中学、石虎中学整合后，在原香河三中校址重新组建香河县第八中学。学校占地面积 57230 平方米，建筑面积 21810 平方米，固定资产总值 17670665.24 元。2016 年，学校有教学班 24 个，学生 1017 人。教职员工 113 人，其中具有中学高级职称的教师 38 人，具有中级职称的教师 64 人，教师学历达标率 100%。

【香河县第九中学】 香河县第九中学始建于 1972 年，原名城关中学，后改名淑阳中学。2006 年 9 月，淑阳中学与金辛庄中学合并，同时更名为香河县第九中学。2013 年 8 月，香河县第十三中并入第九中学。校址位于县城新华大街北侧，是一所国办初级中学。2016 年，学校有教学班 24 个，学生 1229 人。教职员工 95 名，其中高级职称 33 名。本着“全面发展，特色兴校”的办学思路，遵循“爱校、尊师、文明、守纪”的校风，依法治校，规范管理，均衡发展。先后被评为学额巩固先进校、德育工作先进校、财务工作先进校等多项荣誉称号。

【香河县第十中学】 香河县第十中学原名安头屯中学，始建于 1967 年。2006 年 9 月更名为香河县第十中学，位于安头屯镇政府东 500 米香宋公路南侧，是一所国办初级中学。2016 年，学校有教学班 12 个，学生 388 人，教职工 51 名。学校以“厚德、博学、敬业、进取”为校训，坚持“以人为本、科学发展”办学理念，秉承“五育并举、德育为首”。以“学会做人、学会做事、学会求知、学会合作”为办学宗旨，形成了“潜心育人，问心无愧”的教风。学校先后被授予“河北省创新创造示范基地”“廊坊市素质教育示范校”“廊坊市现代教育技术先进单位”“廊坊市控辍保学先进学校”“廊坊市交通安全学校”“廊坊市家长示范学校”等多项荣誉称号。

【香河县第十一中学】 香河县第十一中学原名钳屯中学，始建于 1968 年。2006 年 9 月，钳屯中学更名为香河县第十一中学，学校位于钳屯镇政府东侧，是一所国办初级中学。2010 年以来，学校基础建设取得重大突破，校园面貌得到彻底改观，实现绿化、美化、硬化，成为一所四季有绿、三季有花的园林式学校。2016 年，学校有教职工 53 名，其中高级教师 14 名，中级教师 25 人，47 名教师具有本科以上学历。学校秉承“健康、乐学、成人、成才”的办学理念，以“德育为首，教学为主，育人为本，全面发展，培养特长”为指导思想，不断强化质量管理，细化常规管理，加强教育科研，深化教学改革，全面提高教育质量和办学效益。

【香河县第十二中学】 香河县第十二中学原名钱旺中学，始建于 1970 年，2006 年 9 月，更名为香河县第十二中学。学校坐落于香河县钱旺镇钱旺村 2 号，是一所国办初级中学。学校占地面积 16933 平方米，建筑面积 4662 平方米，现有 13 个多媒体教室及多个专用教室，仪器室和教学仪器设备均达到一类标准，藏书 27000 余册。学校有教学班 9 个，学生 322 人。教师 49 人，其中高级职称 14 人，中级职称 25 人。

教育机构简介

【淑阳镇中心总校】 淑阳镇中心总校位于淑阳镇政府，下辖淑阳镇 10 所小学。2016 年，全镇各小学占地总面积 106401 平方米，校舍占地面积 16858 平方米。教职工 191 名，教学班 65 个，学生 3062 名，图书 65489 册。总校本着“以人为本，为学生终身发展奠定基础”为理念，视教学质量为生命，努力打造教学特色，全面实施素质教育。2016 年，在县级教具制作比赛中，12 名教师荣获一等奖。在全县篮球比赛中，获得小学男子组第二名，女子组第一名的好成绩。

【安平镇中心总校】 安平镇中心总校下辖 6 所小学。各校总占地面积 10.9 万平方米，建筑面积 18000 平方米。2016 年 9 月，在校小学生达 3000 人，幼儿 1136 人，教师 222 人，教师学历达标，年龄结构合理。各校校园布局合理，功能区划清晰，教室及辅助用房内部设施齐备，图书、电脑、仪器设备能够满足教学需求。

【钳屯镇中心总校】 钱屯镇中心总校位于钳屯镇政府院内，下辖 6 所小学，学校占地面积总和 78687 平方米，建筑面积 8799 平方米。各校教学仪器设备均按省级一类标准配备，能够满足常规教学需要。各校均建有图书室，现有图书 32337 册，生均图书 29 册。2016 年，小学在校生 1371 人，幼儿 746 人。教师 121 人，学历达标率 100%。

【安头屯镇中心总校】 安头屯镇中心总校，位于安头屯镇政府东 500 米香河第十中学院内，有教职工 5 人。下辖 6 所小学，现有小学教学班 43 个，学生 1341 人，幼儿教学班 31 个，幼儿 691 人，适龄儿童入学率、巩固率、完成率均达到 100%。教师 152 人，各校教师学历达标，年龄结构合理。

【五百户镇中心总校】 五百户镇中心总校位于香河县第五中学院内，所辖五百户镇中心小学、五百户镇第二小学等 8 所小学。全镇共有教职工 210 人，其中男教师占 24.76%，女教师占 75.24%。硕士及以上学历 3 人，本科学历 75 人，大专学历 112 人，学历达标率 100%。全镇共有小学生 1840 人，在园幼儿 1161 人，小学入学率、前学入园率均 100%。硬件设施配备基本到位，各校功能室齐全，仪器设备和微机不断得到更新。

【刘宋镇中心总校】 刘宋镇中心总校下辖小学 7 所，其中中心小学 2 所，完全小学 5 所。小学共 68 个教学班，小学生 1820 人。学前三年幼儿 34 个班，幼儿 1006 人。全镇小学在职教师共 207 人，其中专任教师 199 人，专科以上学历 182 人，学历达标率 100%。2016 年，总校投资 6.8 万余元，努力改善各校办学条件，为各校购置音、体、美器材 1600 多件套，购置图书 4000 多册。

【渠口镇中心总校】 渠口镇中心总校位于渠口镇便民服务中心院内，辖区内有小学 9 所，附属幼儿园 10 所。小学占地总面积近 11 万平方米，校舍建筑面积 16345 平方米，生均建筑面积 5.46 平方米。小学在校生 2991 人，幼儿 939 人。小学教职工 190 人，其中专任教师 181 人，教师学历达标率 100%。其中，本科学历 82 人，专科学历 92 人，教师专科以上学历占 91.5%。幼儿专任教师 63 人，教师学历达标率 100%。

【钱旺镇中心总校】 钱旺镇中心总校位于钱旺镇政府院内，下辖全镇 5 所小学及 5 所附设幼儿园，总占地面积 53000 平方米，建筑面积 1.01 万平方米。各学校布局合理，校园文化氛围浓厚，具有良好的教风、学风，教育教学工作井然有序。2016 年，全镇有小学生 1362 人，幼儿 729 人，入园率为 100%；教职工 141 人，学历合格率为 100%。全镇各学校功能室齐全，图书 35948 册，计算机 191 台，并全部实现网络化，能够满足日常教育教学需求。

【蒋辛屯镇中心总校】 蒋辛屯镇中心总校下辖6所小学（中心小学2所，完全小学4所，小学附设幼儿班6所）。在校学生1535人，教学班51个，生均占地47.23平方米，生均建筑面积11.05平方米。幼儿园现有幼儿884人，教学班23个。全镇教师163人，其中专科以上学历135人，本科以上学历78人，研究生1人，学历达标率为100%。教师高级职称16人，中级职称126人。2016年，小学毕业142人，招录新生389人，学校图书馆藏书为47585册，生均图书31册。

【淑阳镇成人学校】 淑阳镇成人学校始建于1984年，位于淑阳镇政府。服务于淑阳镇、环保产业园区、新开街道办、新华街道办共53个村街，人口3.8万人。2016年，成人教育学校大力宣传党的新农村政策、惠民服务措施，对村街体育工作进行技术传授与指导，推进了全镇的精神文明建设。

【安平镇成人学校】 安平镇成人学校办公设备齐全，专用教室2个，建筑面积300余平方米，课桌椅90套，图书资料1800余册，电化教学设备、实验仪器、教学挂图、常用标本等，能满足各类培训需要。学校充分利用这块阵地，针对镇内青壮年，提升各项专业技能，开展各种培训，传播科学知识，提供致富信息，推动了科技兴镇和经济腾飞。

【钳屯镇成人学校】 钳屯镇成人学校始建于1987年，位于钳屯镇窝头村，服务全镇19个自然村。学校占地面积200平方米，校舍5间。专供学员学习基地40亩，有电视机、电脑、投影仪、照相机等教学设备，图书资料2100册。专职校长1人，外聘教师5人，其中大专学历1人，本科学历4人。

【安头屯镇成人学校】 安头屯镇成人学校始建于1983年，占地10亩，教师6名，其中中学高级教师1名，特聘教师5名。近年来，在香河经济迅速发展期间，学校根据本镇实际，先后开展了红木雕刻、法式家具漆工等培训班，为本镇经济发展起到了辅助作用。

【五百户镇成人学校】 五百户镇成人学校位于五百户镇霍刘赵学校院内，占地面积1200多平方米。学校以面向“三农”，服务“三农”为导向，本着“实用、实际、实效”原则，利用广播、录像、讲座、印发科技资料等手段，开展实用技术培训及农村劳动力转移培训，并协调县科协、农林等部门，对全镇农民进行多角度、多方位农业产业化培训，全方位提高农民科学文化素质。

【刘宋镇成人学校】 刘宋镇成人学校负责刘宋镇域内青少年扫盲、经济作物种植培训、家禽家畜养殖培训等任务。学校办公地址在八户幼儿园，设有办公室、培训教室、图书室，室内设施齐全，有各类培训图书3500余册。设有校长1人，兼职教师4人。成立由主管教育的镇长为组长，中心总校校长为副组长，成教、普教、妇联、共青团、财政所、农技站领导为成员的校务委员会。全镇25个行政村，都建有成人学校或教学点，促进农村劳动力转移，服务三农经济。通过各级各类培训，全镇农村劳务输出呈现良好发展态势，农民人均收入大幅提高。

【渠口镇成人学校】 渠口镇成人学校建于1982年，占地2.2亩，共有校舍9间，建筑面积 180 平方米。有办公室 1 个，专用教室 2 个，其中图书室、学员教室各 1 个。实习基地 1 亩。学校贯彻成人文化技术教育方针，坚持“面向成人、面向社会、培养适应性人才、为经济建设服务”的办学方向，积极开展农民、企业和群众的专业技能、劳动力转化培训，培养多种类型的实用性人才，推动新农村建设。

【钱旺镇成人学校】 钱旺镇成人学校地处本镇青年路，服务 21 个行政村，现有农民文化技术站 21 个。学校以抓好脱盲人员继续教育工作为重点，广泛开展实用技术培训和劳动力转移培训，举办多期农业产业化培训和农村劳动力转移培训班，加大宣传力度，强化成人高中招生和培训，进一步提高了全镇广大青壮年的文化科学素质。

【蒋辛屯镇成人学校】 蒋辛屯镇成人学校始建于 1984 年，现有教师 12 人，专职校长 1 人，专任教师 11 人，本科学历 4 人，专科学历 7 人。学校占地面积 1200 平方米，建筑面积 300 平方米，建有办公室、教室及图书阅览室、仪器室等专用教室，现有图书 2000 册。

【廊坊广播电视大学香河分校】 廊坊广播电视大学香河分校成立于 1983 年 2 月，是香河县最早的一所以高等学历教育为主的学校。先后举办了高中，中专，大专，本科，二学历，非学历培训等多种办学形式的办学。学校开设汉语言文学，文秘，政史，乡镇企业管理，法律，会计，金融，园林，中西医结合，高级护理，建筑施工与管理，小学教育，旅游等九大门类 16 个专业。2016 年，学校有 190 多个教学班，在校生 720 人，建校 34 年来，累计向社会输送各类毕业生 7000 余人。

【香河县特殊教育学校】 香河县特殊教育学校建于 2004 年 12 月，是一所集听障、智障、视障三类儿童少年为教育对象的综合性寄宿制学校。学校占地面积 20100 平方米，校舍建设面积 3600 平方米，建有律动室、家政室、模拟室、康复训练室等专用教室及室外健体活动区，能够保障学生学习及运动需要。目前有学生 49 名，专任教师 13 人，教师学历达标率 100%。

【香河县青少年活动中心】 香河县青少年活动中心位于香河县迎宾路东侧，工程总投资 335.88 万元，占地面积 1.5 亩，建筑面积 2260.72 平方米。该中心是国家彩票公益基金扶持项目，是一所公办性质的校外教育机构，负责全县中小学生校外教育的服务和指导工作。中心本着以“服务社会、服务学校、服务青少年”为宗旨，以“挖掘潜能、张扬个性、规范管理、彰显特色”为理念，以“社团带活动、以活动带培训、以培训促发展”为模式，以提高青少年综合素质为己任，聘请富有专长、业务精熟的优秀教师担任专兼职辅导员，利用双休日和节假日开设了钢琴、电子琴、古筝、书法、绘画、羽毛球、舞蹈、播音与主持等特长培训班，并大力开展公益性课程，如舞蹈、合唱、乒乓球、科技、讲故事、亲子瑜伽等，免费对全县中小学生进行培训，并逐步走进校园，推动全县中小学校外活动发展。

（程金友）

卫生 体育

卫 生

【概况】 2016年1月，香河县卫生局与香河人口和计划生育局合署办公，成立香河县卫生和计划生育局（以下简称卫计局），为县政府工作部门，位于永明路92号。负责贯彻执行国家卫生、人口与计划生育工作方针、政策和法律、法规；研究拟定卫生工作规定、管理办法；研究提出全县卫生事业发展规划和战略目标，贯彻落实卫生技术规范和卫生标准并监督实施，研究制定全县农村卫生发展规划和政策，指导农村卫生体制改革；加大农村卫生投入，完善农村卫生服务体系；开展全民健康教育，制定对重大疾病防控预案，组织对重大疾病进行综合防治，确保群众生命安全，全面提高农民的健康水平和生活质量。对突发公共卫生事件、重大疫情、病情实施紧急处置，防止和控制疫情、疾病的发生、蔓延。

香河县卫生和计划生育局内设机构13个职能股室：办公室、人事股、财务股、医政股（医改办）、规划与法制股、卫生股（突发公共卫生事件应急指挥中心）、基层卫生与妇幼保健股、信息统计股、综合监督股、中医股（挂红十字会、血源办合署办公）、爱卫办、流动人口管理股、宣传教育股、计划生育基层指导和家庭发展股；下属县级医院3所：县人民医院、中医医院、县气管炎哮喘专科医院；下属医疗机构21家：疾病预防控制中心、卫生计生综合监督执法局、妇幼保健计划生育服务中心、新型农村合作医疗管理中心、药品配送中心、卫校各1所，中心卫生院3所、卫生院6所和非乡镇政府所在地医院6所。卫计局人员编制40人。

2016年，卫计局稳步推进卫计工作各项改革，不断加强公共卫生计生服务，实施全面两孩政策，积极探索公立医院、分级诊疗及药械供应保障改革，各项工作取得了显著成绩：5月13日，被河北省委、河北省人民政府授予“2015年度人口和计划生育工作先进县（市、区）奖”；8月，香河县人民医院被河北省总工会河北省职工文化体育协会授予“河北省职工文化优秀示范团队”称号；10月，香河县人民医院被中国医院协会授予“全国百姓放心百佳示范医院”；12月，卫计局被国家卫计委授予“2014—2016年全国计划生育优质服务先进单位”“国家级妇幼健康优质服务示范县”两项业内最高荣誉称号；12月，安头屯镇卫生院、刘宋中心卫生院被国家卫计委授予“2015—2016年度”群众满意的乡镇卫生院；12月，香河县人民医院被河北省质量协会、河北省总工会河北省妇女联合会授予“河北省用户满意服务明星班组”。

【项目建设】 2016年，率先在淑阳镇、钳屯镇开展镇村两级卫计机构整合试点。将原镇计生办更名组建卫计办，计生技术服务中心职能由乡镇卫生院承担。同时，设立村卫生计生服务室，明确居民健康档案管理、健康教育、卫生监督等11项工作任务，配齐专业人员和必要设备。

将原卫生监督所、医疗执法队、计生监督执法队进行整合，组建了卫计综合监督执法局，明确公共场所卫生监督、卫计从业人员行为监督、医疗机构监督检查、受理投诉举报等职责，做到工作部署统一、人员调配统一、案件执行统一。将原计生技术站职能及设备划转到县妇幼保健院，成立妇幼保健计生服务中心，按照“精简高效、一专多能”的岗位设置原则，将人员和科室进行了合理调整，设置孕前优生健康咨询室，承担起免费孕前优生健康检查、免费生殖健康检查服务、计生技术服务等项目职能，孕产妇检查、办证等实现一站式、一条龙服务，在全市率先完成了县镇村三级卫计机构整合，2016年9月，镇村两级机构整合工作全面顺利完成。

2016年，投资357万元，对五百户、金辛庄、东鲁口、梁家务等部分镇卫生院进行了修缮。

【中医事业发展】 投资13万元建设3家“国医堂”医院，增加了25家中医药示范村卫生室；中医医院与北京中医药大学东直门医院签署了“中医战略联盟合作”协议书，确定了教学、科研、医疗等方面的具体合作项目；7家乡镇卫生院设置了中医科和中药房，开展针灸、推拿、理疗、煎药等多项中医药服务，配备中药饮片300种以上，其中刘宋、渠口等7家卫生院建立了中医药综合服务区，极大满足了农村群众对中医服务的需求。全县215家村卫生室已全部配备针灸、拔罐等中医设备，其中90个村卫生室能提供不少于100种中药饮片，乡村医生能够运用中医药技术进行诊疗。

【医疗机构整治】 2016年，共出动卫生监督人员300余人次，执法车辆100余辆次，共监督检查私立医院10家、门诊部14家、个体诊所43家、村卫生室80余家。对情节轻微的医疗机构下达现场笔录、卫生监督意见书予以警告，逾期仍不改正则进行行政处罚。对情节严重的医疗机构进行立案处理，共立案27起，结案27起。处罚私立医院3家、门诊部4家、诊所15家、村卫生室4家。罚款人民币9.35万元。

【公共卫生体系建设】 2016年，在16所基层医疗卫生服务机构实施基本公共卫生服务项目，对居民健康问题实施干预措施，有效预防和控制传染病及慢性病发生、发展。

强化领导，建立健全基层公共卫生服务体系。县卫计局通过实行“1131”管理模式，即成立一个基本公共卫生服务项目领导小组，局机关设立基本公共卫生科，成立由疾控、妇幼、监督机构成立三个基本公共卫生服务业务指导小组，对承担基本公共卫生服务的医疗机构实行“一体化管理”，有力推动了基本公共卫生服务项目工作开展。

县卫计局、财政局联合制定了《香河县基本公共卫生服务项目绩效考核和项目资金使用管理办法》，确保资金使用规范合理。按照年初预拨，年底考核结算的方式，保障了基层医疗机构有钱开展基本公共卫生服务工作，使所有村卫生室均达到标准化建设。

强化考核，提升社区卫生服务机构执行力。县卫计局对基层医疗机构考核2次，督查指导不低于4次，疾控、妇幼、监督机构业务指导不低于4次，并按照单项项目服务情况进行排名，对排名靠后的单位，实行约谈制，针对问题提出整改意见，并跟踪督促落实。

【卫生应急】 2016年初，完成了对《香河县突发公共卫生事件应急预案》及《香河县突发公共卫生事件医疗卫生救援应急预案》的调整。将落实贯彻《突发公共卫生事件应急条例》纳入各单位年度考核目标，并签订目标责任书，为正确及时处置突发公共卫生事件打下坚实基础。

建立重大传染病、突发公共卫生应急事件的信息主动搜索机制。结合《中华人民共和国传染病防治法》，完善传染病疫情监测预警体系，规范全县传染病疫情报告和管理，疫情报告单位每月按时将传染病疫情网报。提高学校因病缺课监测敏感性，提高报告质量，加强疫情监测、报告和信息资料的分析利用，及时、有效应对重大疫情和突发公共卫生事件。

调整充实辖区内医疗机构的卫生应急队伍，明确卫生应急人员的岗位职责。重点做好卫生基层应急管理人员和专业医疗卫生救援人员的专业知识和技能的培训，完善队伍装备，实现卫生应急队伍的常态化和规范化管理，提高队伍的应急反应能力和现场处置能力。

积极做好救灾防病准备工作。参照国家及省市卫生应急队伍装备和物资储备目录，有计划、有重点地配备卫生应急物资储备，加强使用管理，及时补充、更新消耗或失效的救灾防病物资，完善应急物资的调用机制，为快速有效地应对各种突发公共卫生事件提供物资保障。2016 年，疾控中心共计储备应急物资 780 件。

切实做好急性传染病防控工作，加强监测预警，规范传染病报告、诊治、调查和控制等应急处置技术。重点加强人感染高致病性禽流感、新发急性传染病等严重威胁公众安全的重大突发公共卫生事件的防范和应对工作，健全不明原因疾病暴发流行的处置机制。开通了国家疫情信息网上直报系统，加强了各医疗单位信息传递，提高了疫情报告的及时性、准确性。

【医疗机构管理】

1. 2016 年，全县卫生单位 425 家，其中县级医院 3 家（县医院、中医医院、气管炎哮喘医院），预防保健机构 2 家（计划生育妇幼保健中心、疾病预防控制中心），卫生监督机构 1 家，药品配送中心 1 家，卫生学校 1 家，镇卫生院 9 家（中心卫生院 3 所，一般卫生院 6 家），一级综合医院 14 家，基层医疗卫生机构 394 个（含村卫生室 315 个）。

2. 2016 年，全县政府办医疗机构共有床位 1363 张，其中 4 家县级医疗机构 878 张，9 所镇卫生院 365 张，一级医院 6 家 120 张。每千常住人口医疗卫生机构床位数 3.7 张，每千常住人口医院床位数 2.4 张（公立医院床位数）；每千常住人口基层医疗机构床位数 1.3 张。

3. 2016 年全县卫生系统共有干部职工 1889 人，其中，副主任医师以上 65 人，主治主管医师 411 人，医师 538 人，每千常住人口执业（助理）医师 2.4 人；执业注册护士 663 人，每千常住人口执业注册护士 2.5 人。医护比为 1：0.9。床医比为 1:0.49；床护比为 1:0.45。

4. 2016 年，全县千元以上器械设备 1580 台件，其中大型医疗仪器有核磁共振机、CT 机、高压氧舱、大生化分析仪、彩色 B 超机、透析机、碎石机、腹腔镜、体外循环机、X 线透视摄影系统等仪器设备。

【打击非法行医】

2016 年共立案非法行医 案件 5 起，结案 5 起。均为美容院未取得《医疗机构执业许可证》擅自开展医疗美容活动，共罚款人民币 1.81 万元，没收非法所得人民币 9.64 万元。没收一次性注射器一箱、“盐酸肾上腺素注射液” 2 盒、“盐酸利多卡注射液”7 支，韩国进口“玻尿酸” 5 支。对 8 家黑诊所、乡村口腔游医进行取缔，没收处方 3 本、药品 2 箱、血压表等医疗器械 3 件、广告牌 2 块；共受理群众举报案件 8 起，办结反馈 8 起。

计划生育

【全面两孩政策落实情况】 一是认真组织培训，准确掌握全面两孩生育政策。二是启动生育服务管理制度改革。取消两孩审批，实行生育登记服务制度。推进计划生育网上办事大厅建设，实现生育服务证电子化，推行一站式服务和承诺制。妥善处理政策前、后违法生育社会抚养费问题，依法依规处理政策外生育行为。

【计划生育法规落实情况】 根据新修订的《中华人民共和国人口与计划生育法》和《河北省人口与计划生育条例》规定，自2016年1月1日起依法组织实施全面两孩政策。

【计划生育工作常态化】 各镇、街道定期调查婚育信息，有效控制“错”“漏”现象，确保育龄妇女信息与全员人口信息库平台信息相符，对清理清查出的各种问题，及时制定出解决的措施和办法，并立即进行整改。

加强基层计生队伍建设，提升服务层次，把日常计生考核与年终考核结合起来，制定和完善计生管理制度，全面实施计生工作目标管理责任制，建立考评、奖罚工作机制。

把人口和计划生育宣传教育与重大计生活动相结合，以世界人口日等重大节日开展宣传活动为契机，集中人员，通过咨询、发放宣传品、展出宣传板等活动，向广大群众传播婚育新风。在村服务室、主要路口和村民主要活动场所悬挂并及时更新宣传标语，利用街道和村级人口学校定期对育龄群众进行有关婚前保健和性教育、新婚避孕知识及计划生育指导，提高社会知晓率。

建立计划生育回访制度，对群众做好优质服务，帮助办事群众排忧解难，及时给予解决答复，并将回访服务与计生法律法规、奖励帮扶政策宣传相结合，将优生优育、避孕节育、生殖保健、知情选择、优惠政策等相关知识融入回访内容中,丰富回访服务，提高回访质量。

【流动人口计划生育管理】 香河县截至2016年9月底，全县流动人口总数为22605人（其中流入总人口 20037 人，流入已婚育龄妇女4641人，流出总人口2568人，流出已婚育龄妇女1021人）。

截至2016年7月中旬，已向流动人口户籍地发送避孕节育报告单3646人次。投入十万余元为县乡村三级流管工作人员定制了62台移动终端机并投入使用，已为113位流动人口办理了电子婚育证明。

为广大流动人口免费提供国家规定的基本项目计生技术服务，包括放环、取环、流产、一年四次的查环查孕服务。

已经连续6年开展河北省“民心工程”生殖健康免费检查服务活动。流动人口凭健康存折或有效证件即可参加服务，流动人口占参检人数的六分之一，全部实现免费参加、服务过程保优保质。全县已设立327个计划生育药具免费发放点，流动人口已婚育龄妇女只需携带有效的婚育证明(临时婚育证明)、暂住证、本人身份证便可到免费发放点领取避孕药具。完成了各镇综合便民服务大厅建设。购置了触摸式查询仪、电子显示屏、公开办理流动人口婚育证明和查验证明的程序，实现了快捷、开放、高效的服务。淑阳镇还以“关爱女孩”超市为平台，帮助流动人口解决就业子女上学、就医等方面的难题，并向每一位流动人口发放计划生育“连心卡”，公开计划生育包村干部和村街计生专干的联系电话，如有需求即可上门服务。

【综合治理出生人口性别比】 2016年，县政府印发了《香河县人民政府办公室关于集中整治“两非”专项行动实施方案的通知》及《香河县计划生育领导小组关于进一步加强 B 超和终止妊娠手术管理的通知》，并对各医疗机构进行警示教育。查处 2 起典型的“两非”案例，在全县起到了警示和震慑作用。

【惠民工程】 2016 年，为 5996 名领取独生子女父母光荣证的农村独生子女进行了每人 100 元的意外伤亡投保。在保险期内投保人出现意外的伤害身故残疾、意外伤害医疗、意外伤害住院津贴、疾病身故等可获得最高 10 万元的赔付。

是年，进一步加大了对独生子女死亡、伤残家庭的扶助力度。一是实施医疗补贴优惠及生活护理补贴制度。为特困家庭夫妻及其子女缴纳参加新型农村合作医疗或城镇居民基本医疗保险的个人缴费部分，将符合条件的计划生育特殊困难家庭夫妻及伤残子女纳入城乡医疗救助范围，住院治疗费除新型农村合作医疗以及城镇医保报销外,剩余部分由县里补贴 50%；对因病住院的计生特困家庭发放住院护理补贴,住院期间给予每人每天补贴 100 元。二是实施养老保障制度。对符合条件的计生特困家庭成员参加城乡居民养老保险的,按照规定给予参保缴费补贴。对 60 周岁及以上的计生特困家庭夫妻,给予每人每月 100 元养老补贴,特别是完全丧失或部分丧失劳动能力的,优先安排入住政府兴办的养老机构,或根据失能程度，每年给予 1 万—3 万元不等的生活护理补贴。全年，共为计生特困家庭发放各项补贴 42.1 万元。

医改工作

【县级医院改革】 县人民医院实行院长聘任制、县中医院实行委任制，让医院院长充分享有自主经营管理权、用人自主权等。同时，改革医院员工收入分配制度，将工资收入与管理责任、技术水平、工作量挂钩，体现多劳多得、优绩优筹。

县级公立医院全部实行药品集中采购，调整医疗服务价格项目 849 项，推出 30 个病种临床路径管理，对最常见的阑尾炎、剖宫产等 8 种常见疾病实行单病种定额补偿、限价收费，并严查严处滥检查、大处方等过度医疗问题，切实减轻就医负担。

2016 年 11 月，将新农合人员、编制、经办机构全部划归人社局管理，成立了城乡居民医疗保险管理中心，全面完成新农合与城镇医疗保险整合工作，进一步增强了城乡医保兜底和保障能力。

引进优质医疗资源，与北京同仁医院、积水潭医院、解放军总医院等高水平医疗机构开展深层次合作；购置尖端医疗设备，开展冠状动脉造影及支架植入、肿瘤治疗等大病医疗技术；设立中医药适宜技术推广基地，建立“全国名老中医传承工作室”，大力发展中医药事业。

【妇幼卫生】 香河县妇幼保健院始建于 1956 年，2016 年 4 月由原“妇幼保健院”与原“计划生育技术服务站”进行整合，成立香河县妇幼保健计划生育服务中心，同时保留“妇幼保健院”名称。该中心坐落在县城核心区的新开街，建筑面积 2789.32 平方米，服务人群辐射到周边各市县,是一所集医疗、保健、计划生育服务为一体的综合性医疗保健机构、是全县妇幼卫生、计划生育工作的技术指导中心，为辖区内近 11 万妇女儿童提供围产保健、妇女保健、儿童保健等妇幼保健服务和妇女儿童常见病防治、助产等技术服务；承担计划生育宣传教育、技术服务、优生指导、信息咨询、随访服务、生殖健康、人员培训等任务；开展妇幼重大公共卫生服务项目、孕前优生健康检查和出生缺陷综合防治等工作。整体综合实力位居全市妇幼保健机构前列，被国家卫计委评为“妇幼健康优质服务示范县”，与北京陆军总医院附属八一儿童医院建立技术协作关系。

【孕产妇保健】 2016年，全县产妇4194人，产妇建卡3986人，孕产妇建册率95%，系统管理率89.1%，住院分娩率99.9%，高危产妇管理447人，高危住院监护率100%。基本完成了各项表、册、卡的填写。是年香河县孕产妇死亡1例。

【儿童健康管理】 2016年，全县7岁以下儿童30293人，保健管理人数29567人；管理率97.6%；3岁以下儿童11652人，3岁以下儿童系统管理率达94%。5岁以下儿童营养评价，实查20277人，查出体弱儿760人，全部进行了专案管理，对查出的疾病及缺陷均给予了治疗与保健指导。全县五岁以下儿童死亡15例,5岁以下儿童死亡率3.6‰。

2016年，全县助产机构共接生活产5808人，新生儿四病及35种遗传代谢病筛查知情率100%，采集标本5495份，筛查率95.2%，听力筛查5626人，筛查率96.9%，先心病筛查3508人，筛查率60.4%，对有高危因素及初筛未过的新生儿全部进行随访复筛，复筛仍未过的及时转至上级保健部门进行诊治。

【农村孕产妇住院分娩补助】 认真审核各种资料并做好登记，按时上报月报、季报、年报，提供助产机构垫付补助人数及域外分娩人数，财务及时拨付补助资金。2016年，全县产妇数5774人，发放补助4544人，域外分娩预拨资金随时发放。

【农村妇女增补叶酸项目】 2016年，发放叶酸7745人，服用人数6924人，服用率89.4%；依从人数5409人，依从率78.1%；发放叶酸27007瓶，随访人次数23981人；增补叶酸知识调查人数4027人，知晓3855人，知晓率95.7%。镇卫生院定期为准婚、准孕、流动人口妇女发放叶酸，院保健部、各级医院产科门诊负责查漏补缺，确保叶酸发放及时到位。

【新生儿出生缺陷干预工程】 2016年，全县共筛查5419人，所有妊娠信息都进行随访随录，筛查率96 .8%。其中，高风险213人，全部进行转诊。

【宣传培训】 利用“三八”妇女节、“学习雷锋日”等节日进行宣传、义诊，组织宣传队深入到城区和各乡镇集市上，通过现场咨询、发放宣传资料进行面对面宣传，发放各种宣传材料近万张。同时，通过孕妇学校对准妈妈、准爸爸们进行孕期、产后、育儿知识培训；积极推进母乳喂养，使在院母乳喂养率达到90%。

疾病预防控制

【健康教育】 2016年，全年开展宣传活动21次；对香河县职教中心开展以艾滋病、结核病、控烟为主题的健康巡讲受众2500余人；对渠口镇的100多名居民开展“慢性病防治中知识培训”活动；对香河安抚社区，开展“公共卫生服务宣传进社区”活动；对香河县第三小学、香河县人民医院、淑阳镇小罗屯村、喜临门家具厂、大气层小区5个健教试点分别进行了20次的督导检查；对香河县第二中学、河北止务村、安头屯村共500人进行了结核病、艾滋病防治知识调查问卷；全年共制作色彩鲜艳的简报37篇，在报刊上发表3篇；成功处置了2起突发公共卫生事件，取得了较好的成效。

【免疫规划】 2016年，全县累计接种卡介苗5506剂次，接种率100%、脊髓灰质炎疫苗14359剂次，接种率88.4%、百白破疫苗19008剂次，接种率98.9%、麻疹类疫苗9912剂次，接种率99.3%、乙肝疫苗15021剂次，接种率99.4%，白破3575剂次，接种率98.8%、A群流脑7557剂次，接种率98.7%、A+C群流脑7465剂次，接种率98.9%、乙脑9466剂次，接种率99%、甲肝5975剂次，接种率99.2%。HepB报告首针及时接种率为100%。统计报表按要求完成并及时上报。由于脊灰疫苗剂型转换，全县所有预防接种门诊于2016年5月1日起全部停止使用三价脊髓灰质炎疫苗，二价脊灰疫苗供应不足，所以脊灰疫苗接种率偏低。

【卫生应急】

1. 加强业务指导。规范各级医疗机构卫生应急管理组织机构和物资储备体系，对县级医疗机构累计指导8次，乡镇级卫生院累计指导20余次，不符合要求的单位，责令限期整改。

2. 加强业务培训。对全县20所医疗机构的防疫人员进行了霍乱、鼠疫、人感染H7N9禽流感、寨卡病毒病、人感染猪链球菌病和非典型肺炎等突发公共卫生事件相关知识的培训。

3. 积极开展卫生应急培训演练。2016年10月25日，参加“廊坊市重大自然灾害卫生应急综合实战演练”，以优秀成绩圆满完成演练考核。在应对各类突发公共卫生事件中均能做到第一时间到场、第一时间调处和第一时间救治。

【结核病防治】 2016年1—12月，结核病门诊共接诊可疑肺结核病人846人次。胸部X线检查810人次，初诊痰检690人，复诊痰检346人，涂片2762张（初诊可疑肺结核病人涂片2070张，其中阳性涂片104张，随访病人涂片692张，其中阳性涂片8张）。发现并登记肺结核病人154例，其中涂阳患者74例，涂阴患者80例，可疑肺结核病人就诊人数、涂阳肺结核病发现人数和涂阴肺结核病人80例，可疑肺结核就诊人数、涂阳肺结核病发现人数和涂阴肺结核病发现人数，分别完成全年工作指标的81%、79%、82%。

【慢性病管理】 全县慢性病共计建档39604人，其中高血压病建档29298人，规范管理24762人；糖尿病建档9296人，规范管理6858人；重性精神疾病建档1010人，规范管理755人。

【职业病防治】 进入职业危害企业共计159家，对有关工人进行上岗前、在岗期间、离岗时相应的职业健康检查。并且对所有的企业发放了职业病防治宣传画册。对廊坊及周边地区企业33家的职工进行职业健康体检。

【公共卫生】2016年4月，根据《国家基本公共卫生规范（2011版）》的要求，成立了以疾控中心主任为组长，副主任为副组长的领导小组，并组建了基本公共卫生科。

香河县疾控中心负责新开街道办的城镇居民健康档案管理、健康教育、预防接种、0—6岁儿童健康管理、重性精神疾病患者管理、孕产妇健康管理、老年人健康管理、高血压患者健康管理、2型糖尿病患者健康管理、结核病患者健康管理、传染病及突发公共卫生事件报告和处理以及卫生监督协管服务规范。辖区共有6个居委会，88余个居民区，16961户，居民40000人。自5月开始，共建立居民健康档案3245份，发放宣传材料13560份；

5月21日始，为辖区内60周岁以上的老年人进行了免费体检，体检项目包括血常规、尿常规、空腹血糖、血脂、肝功能、肾功能、心电图和B超等8项，截至12月9日，共体检470人，其中65岁以上老年人272人。开展了2次街头健康知识宣传，走进安抚社区开展高血压健康知识讲座1次，发放宣传材料12种，共计13560份。

爱国卫生运动

【概况】 贯彻国家爱国卫生工作的方针、政策和法规；研究拟订全县爱国卫生事业的发展规划和目标，并组织实施；负责城乡社会公共卫生管理、卫生监督及检查评比；组织实施全县农村改水、改厕规划，开展以改水改厕为重点，带动环境卫生整治、预防和减少疾病发生的农村爱国卫生工作；负责组织全县城乡除“四害”活动；组织协调开展创建“卫生城市”“卫生县城”活动；组织开展创建卫生乡镇、卫生村活动，促进农村两个文明建设；组织协调镇（乡）、有关部门和团体的爱国卫生工作；检查全县爱国卫生工作开展情况。进行卫生效果评价；开展爱国卫生宣传和健康教育活动；完成市委、市政府和省、市爱卫会交办的其他事项。

【农村改厕】 2016年，农村改厕任务17958座，落实在10个镇、新兴产业示范区、环保产业园区，68个村实施，已建成12249座，改厕材料已全部发放到位，宣传培训工作完成。

香河县人民医院

【概况】 香河县人民医院始建于1950年，是全县唯一的一所综合性二级医院，现设人民医院院区、心脑院区、新院区3个院区，总占地面积8万平方米、建筑面积8.18万平方米，固定资产3.8亿元，编制床位450张，开放床位1133张，设21个临床科室，9个医技科室，14个职能科室，还有泰康老年公寓、天使幼儿园。

全院管理、医、药、技、护及其他工作人员共962人，拥有西门子公司64排和16排螺旋CT、800毫安大型血管造影机，2台1.5T超导核磁，飞利浦彩色B超、日立全自动生化分析仪、碎石机、腹腔镜、菲森尤斯血液透析机等大中型医疗设备千余台，能够满足患者各种疾病检查诊断和治疗康复的需要。

【优异成绩】 先后荣获“全国百姓放心百佳示范医院”“全国卫生系统先进集体”“全国院务公开示范点”“河北省文明单位”等100多个国家、省、市级荣誉称号。近年来,省院务公开、普法工作、社会管理创新、创先争优科学发展等工作先后6次在该医院召开现场会，被省领导誉为卫生战线上的一面旗帜。全国有20多个省市、近千家医院、万余名卫生行政和医院管理人员来院参观学习，成为一所患者依赖、职工自豪、同行尊重、社会满意的医院。

香河县中医院

【概况】 香河县中医医院是一所以“中西医并重”发展，集医疗、教学、科研、预防、保健、急救、康复为一体的国家二级甲等中医院。医院设有骨伤科、外一科、外二科、普内科、脑病科、肿瘤科、妇科、产科、急诊、综合科等10个住院病区及门诊、医技等科室43个，其中省重点专科1个，市重点专科5个，市重点专科建设单位3个。

【特色门诊】 医院综合能力全面提升，几年来，骨科开展了全膝关节置换术、人工全髋、颈腰椎前路术、断指（趾）再植术、股骨头置换等；外科开展了腹腔镜手术、各类肿瘤手术、开胸、开颅等；内科开展了心脏起搏器置入术、心脑血管超早期溶栓、颅内血肿介入微创治疗等；妇产科开展了妇科肿瘤、阴式子宫切除术；急诊科成功抢救心脏骤停患者十余例，全院技术水平再上新台阶。

【科研成果】 近年来，共有18项科研课题通过鉴定，1项获省科技进步一等奖，4项获省科技进步三等奖，5项获省科技成果奖，6项获市科技进步三等奖，5项获县科技进步一等奖。2016年，又有6项省科研课题立项。

【荣誉称号】 近年来，荣获“全国中医药工作先进单位”“全国中医药系统创先争优先进集体”“全国爱婴医院”“河北省文明单位”“河北省医药卫生系统先进集体”“河北省十二五标准化县级中医院”等国家、省、市、县荣誉称号百余项。是河北医科大学、承德医学院、北京中医药大学东方学院等教学实习医院。与北京协和、天坛、积水潭、同仁、妇产医院等20余家三甲医院常年保持进修及业务合作，各院50余知名权威专家随时来院开展会诊、手术等临床工作。

香河县气管炎哮喘医院

【概况】 香河县气管炎哮喘医院坐落在河北省香河县经济技术开发区，西面毗邻北京市。占地面积27000平方米，其中绿地面积12000平方米，建筑面积21500平方米。固定资产4866.5万元，是一所集医疗、教学、科研、预防、保健为一体，气管炎哮喘专科为特色的大型综合性全民所有制二级医疗机构。

医院共设有气管炎哮喘专科、内一科、内二科、妇产科、外科、急诊科、中医理疗科、麻醉手术科、肛肠科、耳鼻喉科、放射科、检验科、功能检查科、制剂中心等30余个临床医技科室，开放床位200张，万级净化手术室2个。12月20日，全院共完成业务收入3864.41万元，比上年同期增长7.4%。门诊量70758人次，住院3808人次。

【哮喘专科】 医院气管炎哮喘专科成立于1983年，为河北省重点中医专科，正在申报国家重点中医专科，有自主知识产权的制剂4种。哮喘专科独创气管炎哮喘绿色免疫增强体系，运用口服中药汤剂及中药胶囊、温根汤足浴、梅花针扣刺、针灸、穴位注射、中药贴贴敷、气运平衡操等综合疗法，个体化治疗慢性支气管炎、支气管哮喘、支气管扩张、肺气肿、肺心病，尤其针对长期依赖激素、抗菌素的患者，效果显著。

【荣誉称号】 被评为河北省十大发明单位，全国治疗哮喘病明星单位，中国知名专科医院，社会公认满意医院，河北省三星级窗口单位，消费者信得过单位，中国传统医药特色疗法国际交流协作单位等荣誉称号。受到国家、省、市、县各级领导的好评，《人民日报》《健康报》《河北日报》《中国报道》《经济半小时》和中央电视台等新闻单位都先后对我院进行了报道。

镇级医疗机构

【刘宋中心卫生院简介】 刘宋中心卫生院地

处香河县城东南 16 公里处,位于刘宋镇刘宋村，是一所集医疗、护理、预防保健、公共卫生于一体的综合性医院。占地面积 5000 平方米，建筑面积 2305 平方米，辖区内 37591 人，25 个行政村，共 25 个村卫生室，担负着全镇及周边地区的医疗保健工作。医院现有职工 49 人，病床 34 张。临床设有内科、外科、妇产科、口腔科、中医科、中医骨伤科、针灸理疗科等科室。

该院中医药科室近年来有了新的发展，尤其是设立“国医堂”以来，全面开展中医适宜技术。“国医堂”设有中医科 1 科（中医皮肤科）、中医 2 科（中医骨伤科）、中医理疗科、煎药室、药物熏蒸室、中药房等科室，中医药科是其重要科室，环境典雅肃静、古香古色、突出国医风格。

【安平中心卫生院简介】 安平中心卫生院（原王家摆卫生院）。始建于 1960 年 3 月,2008 年 3 月经县卫生局批准更名为：“安平中心卫生院。”院址坐落于安平镇王家摆村东口，距王家摆运河大桥正西一华里，占地面积 1350 平方米，建筑面积 900 平方米。房屋 35 间，住院病床 24 张。是香河县三所中心卫生院之一。辖区现有常住人口 2.1 万，达标村卫生室 25 所，乡村执业医师 25 人，其中大专学历 3 人，中专学历 18 人，具有主治医师资格 4 人。

【渠口中心卫生院简介】 渠口中心卫生院位于京畿之地京唐公路北侧渠口镇中心。始建于 1956 年，是一所集医疗、护理、预防保健、公共卫生于一体的综合性医院。其间，渠口镇中心卫生院历经数次改建与扩建，现占地面积 14 亩，建筑面积 6041 平方米。辖区内 28445 人，27 个村街，共 27 个村卫生室，担负着全镇及周边地区的基本医疗和公共卫生工作。是新型农村合作医疗、职工医疗保险、城镇居民医疗保险定点医疗机构。医院设有门诊楼、病房楼，住院床位 89 张。现有职工 59 人，设有内科、外科、妇产科、儿科、急诊科、中医科、口腔科、骨科等 16 个科室，建设了中医国医堂，国医堂以纯中医为特色开展中医内科、儿科、中医骨伤科、中医理疗科。

【安头屯镇卫生院简介】 安头屯镇卫生院坐落于香河县东南 10 公里安头屯镇东侧，占地面积 5670 平方米。安头屯镇卫生院 1956 年建院，辖区 25 个行政村，一体化管理村卫生室 24 个，总人口 27960 人，是一所集医疗、预防、保健为一体的综合性乡镇卫生院，是中国人寿保险、城乡居民医疗保险定点医疗机构，是香河县中医医院合作定点帮扶对口支援单位。全院现有职工 33 人，设有内科、外科、妇科、儿科、中医科、口腔科、检验科、放射科、防保科、妇幼保健科、公共卫生科等多个科室，现有床位 48 张，能够为村民提供基本的医疗、预防及保健服务。

【钱旺镇卫生院简介】 钱旺镇卫生院是一所由政府举办的非盈利、集体性质的医疗机构，地处香河县钱旺镇钱旺村，全镇共有 21 个行政村，24000 人。卫生院成立于 1956 年，占地 6.5 亩，房屋建筑面积 1294 平方米，拥有固定资产 100 多万元。住院床位 16 张，内设基本医疗科室包括内科、外科、骨科、儿科、防保科、妇幼科、化验室、手术室、处置室、放射科、护理部、妇产科等，是一所集医疗、护理、预防保健、中医、医学影像、医学检查等基本医疗和公共卫生于一体的综合性医院。

【五百户镇卫生院简介】 五百户镇卫生院成立于 1956 年，位于香河县城南 10 公里，下辖行政村24个，总人口数19199人，集体产权村卫生室22所，村医19名，下辖中小学校四所，学生总数2343人。占地约2000平方米，业务用房1256平方米，是一所集公共卫生服务与基本医疗等为一体的综合医院，设有内科、外科、妇科、儿科、中医科、口腔科、检验科、放射科、防保科、妇幼保健科、公共卫生科等多个科室，现有床位15张，能够为村民提供基本的医疗服务及预防保健知识。

【钳屯镇卫生院简介】 钳屯镇卫生院成立于1956年10月，位于县城南7公里，东南临五百户镇，西接安平开发区，全镇人口约2.2万，总面积38.5平方公里。卫生院占地面积5902平方米，房屋建筑面积1620平方米，设有内、外、妇、儿、中医、检验科、B超室等10余个临床科室，医院的骨外科采用中药涂擦、小夹板等治疗方法，疗效安全可靠，受到广大患者好评。

医院配备了300MA双管双床X光机、多功能手术床、全自动生化分析仪、多功能牙科椅、B超机等医用设备，使医院在诊断疾病的硬件水平上有了很大的提高。

【蒋辛屯镇卫生院简介】 蒋辛屯镇卫生院位于现代产业园富力新城，面积200平方米，各类用房15间，设有内科、外科、中医科、公共卫生科、化验室等科室，设有病床3张。辖区现有24个村街，人口17165人,村卫生室16所，村医16人，其中集体产权村卫生室12所。

【淑阳镇卫生院简介】 淑阳镇卫生院位于香河县淑阳镇大罗屯村，位于香河县城西4公里。建筑面积2053平方米，配备万元以上设备20台件，临床科室13个，精神科为医院特色专科。2010年基层卫生改革以来，按照“保基本，强基层，建机制”的医改总方针，认真落实医改方针政策，执行国家基本药物制度药品网上招标采购，药品零差价销售，制定卫生院奖励绩效工资实施方案和卫生院绩效工资考核指标，实行院长目标管理。积极开展农民合作医疗住院报销制度，落实农民公共卫生均等化，实行乡村卫生服务一体化管理。坚持基本医疗和基本公共卫生服务并重。

一级医疗机构简介

【渠口镇石虎医院简介】 石虎地处于蒋渠路东侧石虎辛庄南端。始建于1956年，是一所集医疗护理、预防保健、公共卫生一体的综合性医院。石虎医院历经数次改建扩建，现占地面积2000平方米，建筑面积1000平方米，辖区内人口11500人，9个村街，10个村卫生室，担负着全辖区基本医疗和公共卫生工作。医院设有内科、外科、防疫科、妇幼科、检验科、注射室、B超室、心电图室、放射科、药房、药库等科室。

【渠口镇东鲁口医院简介】 东鲁口医院始建于1956年，坐落在唐通公路北侧大鲁口村南，是一所集医疗、护理、预防保健、公共卫生于一体的综合医院。占地面积2400平方米，现有房屋720平方米，其中业务用房530平方米。辖区现有人口9055人，有12个行政村，10个村卫生室。医院担负着辖区和周边地区群众的基本医疗服务、基本公共卫生服务。

【淑阳镇金辛庄医院简介】 香河县淑阳镇金辛庄医院，1956年初，由公私合营成立联合诊所。1958年，改名为金辛庄人民公社卫生院。1986年，改名为金辛庄乡卫生院。2008年4月，更名为淑阳镇金辛庄医院，位于香河县淑阳镇金辛庄村香宋路路东，占地面积1000平方米。内设科室：内科、外科、中医科、妇幼保健科、儿科、防保科、口腔科。

【五百户镇李庄医院简介】 李庄医院位于县城南端，距县城 15 公里，南与天津市武清区毗邻，是一所集医疗、护理、预防保健、公共卫生于一体的综合性医院。医院占地面积 3430 平方米，房屋建筑面积 1115 平方米，辖区服务人口约 8 千人，共有 9 个行政村，8 个村卫生室，4 个一体化村卫生室，承担着本辖区及周边地区的医疗及妇幼保健工作。

【五百户镇香城医院简介】 香城医院位于县城南 15 公里，下辖行政村 10 个，总人口数 11581 人，集体产权村卫生室 10 所，村医 13 名。成立于 1956 年 3 月，占地约 3158 平方米，房屋总面积 1634 平方米，业务用房 950 平方米，是一所集基本公共卫生与基本医疗保健服务为一体的综合医院，现设有内、外、妇、儿、口腔、检验、放射、防保、妇幼保健、公共卫生等多个科室，现有床位 20 张，配备有彩超、DR、全自动生化仪、血球分析仪等 10 余台专业设备，能够为村民提供基本医疗及基本公共卫生服务。

【蒋辛屯镇梁家务医院简介】 梁家务医院建于 1982 年，1984 年投入使用，位于香河县城西北端，距离县城 15 公里，北与大厂县毗邻，辖区人口约 12000 口人。医院占地面积 3533.33 平方米，房屋建筑面积 673.49 平方米，各类用房 20 余间，设有内科、外科、妇科、儿科、中医科等临床科室。辅助检查科室有 X 光室、化验室、B 超室、心电图室，承担着本辖区及周边地区的医疗及妇幼保健工作。本辖区内共有 11 个村街，乡村医生 13 名，集体产权卫生室 9 所，2016 年与 11 个卫生室全部签订了一体化服务协议。

香河县疾病预防控制中心

【概况】 香河县疾病预防控制中心成立于 2008 年 8 月，是在原香河县卫生防疫站基础上组建的、为县卫计局所属的全额拨款事业单位。承担全县疾病预防控制及突发公共卫生事件处置工作。科室设置有办公室、财务科、信息中心，健康教育科，免疫规划管理科、应急传染病防治科、质量管理科、病媒与寄生虫病防治科、结核病防治科、性病艾滋病防治科、地方病防治科、慢性非传染病防治科、职业病防治科、学校疾病防治科、放射卫生科、体检检测科、接种门诊部、饮用水卫生科、环境危害控制科、营养与食源性疾病防治科、微生物检验科、理化检验科等 22 个行政业务科室。承担着全县突发公共卫生应急处置以及传染病、慢性非传染性疾病、地方病、寄生虫、职业病、食源性疾病、学生常见病、中毒等疾病的预防控制与监测。负责营养与食品安全、职业安全、环境与健康相关产品安全等公共卫生业务管理；负责全县公共卫生信息管理，并作出预警和预测分析。

【荣誉称号】 近 8 年，疾控中心不断加强传染病防控力度，提高突发公共卫生事件处理能力，切实履行疾控职能，较好地完成了各项疾病预防控制任务，先后获得全省“十一五”期间疾病预防控制工作先进集体称号，多次获得全市“结核病防治工作先进县”“职业卫生防治工作先进县”“疾控预防控制暨卫生应急工作优秀县”等先进称号。

（张　靖）

体　育

【概况】 2016 年体育工作，结合美丽乡村建设，筹措资金42万元购置健身器材，加强健身场地设施建设，积极申请省市配套健身器材，为美丽乡村省级重点村配备健身器材，更换老旧健身器材，截至是年末，为农村新配备了60套健身器材，全县健身小广场和安装健身器材率达到了98%。体育社团的组织建设、制度建设、队伍建设不断强化，体育社团实体化进程得到全面推进，新成立了瑜伽协会、鞭友协会、网球协会3个体育协会。篮球、武术、钓鱼、信鸽协会分别成立了俱乐部，并将象棋协会整合升级为棋类协会。截至是年底，全县已经成立体育协会20家，俱乐部4家。积极组织群众热情参与体育活动。2016年，先后举办了"恒源印务"杯象棋比赛、"雨晴杯"乒乓球大赛、全民健身自行车赛、"云天国际杯"2016京津冀毽球大赛、2016京津冀"河北欧乐家具杯"舞蹈大赛、"2016香河县京津冀足球大联盟"足球赛，在"驭马为梦　跃动香河"2016首届马术嘉年华中，中国马术协会西部马术绕桶巡回赛和北京市青少年马术锦标赛吸引了国内众多顶级骑手，提高了香河的美誉度。

【全民健身】 县文化艺术中心（乒羽中心）投入使用，香河县体育场规划建设中。香河县美丽乡村建设首批共20个村街，2016年以前体育健身器材已达标8个村街，余下的12个村街体育健身器材在本年度内全部发放并达标。定期举办社会体育辅导员培训工作，2016年累计培训社会体育辅导员45人。

【第七届全民运动会】 廊坊市第七届全民运动会，2016年4月开赛至9月结束，历时6个月，我县共派出了508人的代表团参加比赛，其中运动员475人，教练员33人，参加群体、青少年、老年三个组别26个大项的比赛。本届农民运动会上，香河县代表团取得了优异的成绩。香河县代表团获得了青少年组优秀组织奖，群体组优胜奖。突出贡献奖和体育道德风尚奖四个集体奖项。

台球、乒乓球、健身气功、象棋、门球、足球、围棋、羽毛球、钓鱼、自行车、武术、舞蹈分别获竞赛优胜奖、优秀组织奖。

青少年组羽毛球获女子组总分第四名、男子组总分第六名；青少年组跆拳道获女子组总分第二、男子组总分第五；青少年组乒乓球获女子团体第二、男子团体第三；青少年组武术获团体总分第七名；青少年组男子足球获得第四名；青少年组游泳获团体总分第六名；青少年组篮球获女子组获第二名，男子组第八名；青少年组田径获得男子团体总分第二名、女子团体总分第二名，总成绩第二名；青少年组个人单项共获得16金、26银、21铜共计63块奖牌。

【县外赛事】 7月15日，香河县门球协会青少年代表队，参加了廊坊市第十六届中小学生门球比赛。香河县二中、四中获得甲组第二、第三名。钳屯、五百户、城内二小、安平、雀林院、分别获得乙组前五名。9月28日，在廊坊万庄举行了廊坊市第四十二届钓鱼比赛，香河钓鱼协会代表队获得冠军。11月20日，"2016年河北省五人制足球甲级联赛"，本届比赛是河北省规格最高的足球赛事。香河县足球代表队，通过43场廊坊赛区预选赛，最终获得了河北省甲级比赛资格，香河县足球队代表廊坊市参加了省甲级比赛，经过三周九轮精彩激烈的比赛，香河县足球队取得了第四名的好成绩。

居民生活

人力资源和社会保障局

【概况】 人力资源和社会保障局（简称人社局），为政府20个组成部门之一，内设14个股室：办公室、城镇职工医保股、城乡居民医保股、事业单位管理股、公务员管理股、人才交流中心（军转办）、专业技术人员管理股、工资福利股、劳动争议仲裁股、劳动关系与就业股、劳动监察大队、档案室、财务室、监察室；设6个下属单位：就业服务局、社会保险所、工伤保险管理中心、城乡居民社会养老保险管理中心、城镇职工医保中心、城乡居民医保中心；在9个镇、3个街道办、2个园区设立劳动保障事务所；在县城10个社区设立劳动保障工作站。县人社局行政编制22人，事业编制138人，现有在职干部职工149人，离岗15人，党员102人。2016年，圆满完成了上级下达的各项任务指标，被审查核定为“青少年维权岗”（国家级）、“巾帼文明示范岗”；被授予“基层新闻宣传工作先进单位”“先进服务窗口”“全省就业服务工作先进集体”“先进基层党组织”等荣誉称号，局领导班子连续三年被县委考核为“实绩突出领导班子”，全局多项工作多次受到市局的表彰。

根据企业需要，为第一城、正大集团、华联香百超市、高氏纸制品厂、富士嘉利公司、县医院、气管炎哮喘医院、华安电器等21家企事业单位引进高技能人才510人。

【城乡就业】 按照“劳动者自主择业，市场调节就业，政府促进就业”的方针，全年新增城镇就业岗位6175人，完成全年任务的103%；下岗失业人员再就业523人，完成全年任务的105%；就业困难人员实现再就业523人，完成全年任务的190%。农村劳动力转移2517人，完成全年任务的84%。城镇登记失业率为1.64%。积极开展“春风行动”，为农村劳动者免费提供就业指导、职业介绍等活动，共发放宣传材料4万余份；每月15日、25日，在县人力资源市场定期举办招聘会。2月20日举办的“春风行动”人才交流洽谈会上，有54家企业参加招聘会，提供就业岗位1617个，进场求职人员约900余人，达成就业意向的有659人。已经有华联超市、华林印务等企业先后招用就业困难人员300多名，仅在冬季宣传活动中，就招用高校毕业生149名；积极开展职业技能培训鉴定工作。组织技能鉴定考试三次，截至2016年底，鉴定人员199人，其中初级191人，中级8人，培训机构参考190人，社会自主报名9人，涉及维修电工、计算机维修工、焊工、汽修、家具修复等10余个工种。195人通过考试并领取了职业资格证书，通过率为98%。

【社会保险】 2016年，共有参保单位162家，在职参保人员11819名，共收缴养老保险费20907万元,离退休人员4328名，支付离退休人员养老金19477万元。离退休费社会化发放率100%，机关事业征缴率达到100%，社保基金结余2687万元。工伤保险：至2016年10月，工伤保险参保单位403家，在职参保24003人，新增参保2048人，完成全年总任务的102.4%，收缴工伤保险费 1494 万元（其中按项目参保 648 万元），完成全年征缴费 900 万元任务（不含项目参保）的 94%，年底完成全年征缴任务的 100%，发放工伤保险待遇 283 人，共计支付 821 万元。城镇职工基本医疗保险：参保人数 31080 人。至 10 月，共收缴医保基金 17124 万元，比上年同期增长 64%，其中基本医疗保险 8806 万元，大病基金 504 万元，生育保险 107 万元。为参保患者所发生的住院费用基本医疗支付 4149 万元，支付生育保险 107 万元。基本医疗保险结余 16647 万元，个人账户暂存 6535 万元，大病结余 1261 万元。城镇居民医疗保险：参保人数 24525 人。为参保患者发生的住院费用支付 391 万元。失业保险：1—10 月，共收失业保险费 7535907 元，参保人数 10970 人，领取失业金人数是 271 人，失业待遇支出 1983880 元，基本医疗保险支出 709959 元，取暖补贴支出 120778 元，失业动态确认 271 人。

【职称评定】 2016 年，为 446 名专业技术人员评审了初级专业技术职务，涉及教育、建筑、交通等专业。为 2015 年取得职称的教育、工程、卫生等系列 304 名专业技术人员办理并核发了专业技术资格证书。

【考核奖惩】 2016 年，对全县政府系统 60 个科级以下事业单位工作人员进行了年终考核工作，共涉及 7647 人。共评出优秀等次人员 1233 人，称职或合格等次 6127 人。在考核工作基础上，积极做好公务员、事业单位工作人员的奖励工作，共评出嘉奖人员 1121 名，三等功人员 237 名。

【工资管理】 根据省市文件精神，完成机关企事业退休人员增加退休金的审批工作。其中，企业 5024 人，人均月增 155 元；机关 1477 人，人均月增 231 元；事业 2640 人，人均月增 233 元。机关事业单位在职人员普调工作。从 2016 年 1 月 1 日起，为机关、事业单位部分工作人员调整工资，共涉及调整工资的有 11568 人，人均月增 77 元。调整机关事业单位工作人员基本工资标准和增加机关事业单位离休人员离休费。从是年 7 月 1 日起,调整机关事业单位工作人员基本工资标准和增加机关事业单位离休人员离休费，其中机关事业单位工作人员 10049 人，人均月增 290 元；机关事业单位离休人员 81 人，人均月增 490 元。

【劳动仲裁】 一是加大《中华人民共和国劳动合同法》贯彻落实力度，组织开展小企业实施劳动合同制度专项行动，规范劳动合同的履行，提高合同签订率。加快推行劳动用工备案制度。严厉打击使用童工、强迫劳动、非法职介、欠薪逃匿等严重违法行为。广泛深入开展劳动保障法律法规宣传培训工作，增强用人单位守法意识。二是进一步完善劳动争议调解仲裁制度，加强对用人单位的指导和服务，切实加强调解仲裁队伍建设，加大争议案件柔性处理力度，提高案件调解率，保持劳动关系总体稳定。共受理劳动争议案件 149 起，按争议类别划分，工伤赔偿争议案件 62 起，工亡案件 5 起，非法用工案件 4 起，工资福利待遇案件 78 起。从用人单位的性质来划分，外资企业 6 家，国有企业 8 家，私营企业 135 家。立案率比上年同期下降了 12.8%。其中，期限内结案 131 件（调解 54 件，裁决 52 件，撤诉 25 件），正在处理之中 18 件，期限内结案率为 100%。涉案金额 401 万元。

（宋邦杰）

民　政

【概况】 民政局是主管全县民政工作的县政

府组成部门，其主要职责是研究制定全县民政事业发展战略，组织指导全县拥军优属、拥政爱民活动，负责全县退伍义务兵、专业士官、复原干部、退役伤残士兵及军队离退休干部的接收安置工作；管理全县社会救助工作，负责困难户临时救济、定期救济及农村五保户的五保供养以及其他特殊救济对象的救济工作；负责全县农村救灾和灾区生产自救、发放救灾款物工作；指导全县基层政权建设和全县村委会、居委会等群众自治组织建设工作，负责全县社会团体和民办非企业单位的审批登记管理和年度检查工作；主管全县婚姻登记、殡葬改革和儿童收养登记工作；负责全县及县外流浪乞讨人员的收容遣送工作；主管全县地名管理工作，负责全县城乡地名标志设置等；主管全县社会福利企业管理、社会福利有奖募捐工作；管理老龄委办事机构的日常工作等。根据上述职责，民政局设9个职能股室。分别为：办公室、优抚股、安置股、救灾救济股、建政和地名管理股、民政股、社会募捐办公室、殡葬管理所、综合管理股。

【城乡低保】 2016年，全县共有城镇低保对象211户，352人，低保标准每人每月540元，是年人均月补差由335元提高到395元，已发放城镇低保资金217.8万元。农村低保对象现有1937户，2655人，低保标准是年由每人每月300元提高到360元，人均月补差由175元提高到210元，已发放农村低保资金660.4万元。

【困难群众医疗救助】 资助城乡低保、五保对象、孤儿参加新农合、城镇医疗保险，实现了城乡医疗救助制度与城镇基本医疗保险制度、新型农村合作医疗制度的资源共享、同步结算。医疗救助已救助510人，224.4万元，临时救助108人，13.38万元。

【农村五保供养】 全县共有五保老人548人，三所中心敬老院共接收入住390人，集中供养标准每人每年5750元。分散供养158人，供养标准每人每年5000元。

【救灾工作】 投资64万元，为全县8万户农房投保，为575户房屋受损农户理赔了51.3万元，减少了灾民财产损失。

【优抚、安置工作】 按时足额发放优抚对象各项抚恤补助金1176.4万元，报销重点优抚对象住院费用30万元，发放门诊医疗补助资金43.5万元，发放冬季取暖补助26.4万元。筹措资金12万元，完成了5户重点优抚对象危房重建和修缮。

接收义务兵、复员士官、转业士官114人，其中符合安置条件的城镇复员士官1人，已经提出自谋职业申请，发放自谋职业一次性经济补偿金11.9万元，4名转业士官的安置工作已于10月初分配完毕，发放待安置期间生活补助费4320元，109名自主就业退役士兵一次性经济补助金402.5万元全部发放，55名有培训要求的退役士兵职业教育和技能培训已经完成，有效提高了其就业能力。

【老龄工作】 发放7654名80岁以上高龄老人生活补贴565万元，为60岁以上老年人办理老年优待证3700余个。计划新建香河县民政事业服务中心综合楼，该项目规划总用地面积1.16万平方米，总建筑面积1.66万平方米，容积率1.44，绿地率19%，停车位32个，总投资3000余万元，已列入县财政预算。目前项目的规划设计、地质勘查以及审图等前期工作均已完成。

【殡葬管理】 购置高档殡仪车两辆、更新改造高档火化机一台，并对业务区、火化区公厕进行升级改造，对公墓区进行硬化。此外，继续推行文明殡葬、健康殡葬，规范丧葬用品市场，2016年火化遗体2494具，火化率连续28年稳定在100%。

【福彩助学】 2016年，共资助51名贫困大学生15.2万元入学，圆寒门学子大学梦。

【婚姻登记】 实现了婚姻登记全省联网资源共享，2016年已办理结婚登记3282对，离婚登记1833对，合法登记率和登记合格率均为100%。

【民间组织】 全县共有社会组织118个，其中社会团体72个、民办非企业单位46个，较2015年新增3个社会团体和4个民办非企业单位，年检合格率均为100%。

【地名工作】 对全县62个美丽乡村建设行动村街中沿公路两侧的44个村统一设置村牌、街路牌、沿街商铺户牌、各家庭住户门牌等地名标志。2016年底，已完成村庄平面图和地名规划方案，确定了街路牌、巷牌、户牌数量及位置，并制作了图表,3个村街已安装完毕。认真开展第二次地名普查工作，共采集11个大类，1100余条信息，河北省第二次全国地名普查领导小组对香河县地名普查第一阶段成果验收合格。

（孔昭丹）

镇城区概况

淑阳镇

【概况】 镇政府位于县城新开街站西小区，全镇总面积25.66平方公里，辖28个行政村街（朱庄、大王庄、许台、杜屯、孟庄、郎庄、池套、前套、后套、大罗屯、小罗屯、前小屯、后小屯、赵庄、姬止务、河南止务、河北止务、孙止务、姚止务、王止务、宋止务、凌家吴村、河南吴村、郭辛庄、赶水坝、金辛庄、矬口、计庄子）。2016年，财政收入完成7.1亿元；先后获得“香河县农村公路养护工作先进单位”“廊坊市家庭教育工作示范乡镇”“先进基层党组织”“先进党建示范点”“先进服务窗口”等多项荣誉。

【基层党建】 淑阳镇现有党(总)支部45个，党员1546名，建立“淑阳镇党员之家”微信公众号，定期推送“两学一做”学习教育信息。围绕“三提升两促进”，实施定期学习培训、多元化实践锻炼、全方位查验作风。按照《淑阳镇村“两委”干部绩效考核办法》，对村“两委”干部进行综合考核。规范村街网格化管理，借助“天网工程”网络线路，村村在办公活动场所安装摄像头，实时记录督导党务村务活动开展情况。推行党组织书记抓党建工作责任清单，实行项目化管理。以村街班子建设、队伍建设、制度落实、工作业绩、群众评价等为主要指标，在村党组织书记中实行星级管理制度。借势“美丽乡村”建设，一村一策、分类施治、集中攻坚。规范发展党员程序，完善党员活动日制度，深入开展“党章学习日”、党员志愿服务等系列活动，增强党员党性意识。

【民主法治建设】 借“创建国家公共文化服务体系示范区文艺演出”活动之机开展了法制宣传。组织了2次法律知识学习活动， 组织全体党员干部参加了“两学一做”学习教育系列活动党规、法律知识的考试。在小罗屯、许台、前套建立了标准规格的调解室，并完善了调解制度。申请了“精品调委会”和金、银、铜牌调解员。通过主动申请、上级委派等方式共接收法律援助案件125起，其中成卷25件，口头咨询100件。

【农业基础设施建设】 以老夏安线南北两侧、京哈高速河南吴村以及凌家吴村段为主，种植各类树木4.4万余株，共计730余亩。建立健全行使有效地防汛机制。建立了常备队、后备队、打桩班的人员，对防汛物资进行了筹备和落实，编织袋4250余条、彩条布850余米、树桩200棵、树枝130吨、大型运输车5台、推土机1台、挖掘机2台、潜水泵5台、木锨300把、电缆100米、地龙300米。成立了由10人组成的防汛抢险应急小分队，巡查险工险段，清理沟渠垃圾，保障村街排水畅通。在潮白河亮化清障工作中，淑阳镇大王庄村、朱庄村位于潮白河南岸，2个村共涉及50多亩地的树木需要进行砍伐，通过丈量土地、确认树木棵数、做村民思想工作，利用一个月时间顺利完成了此项工作，

【违建拆除】 拆除违建520处，共计3.86

万平方米。签订保证书、承诺书 190 份，收集涉及违建信息 690 余条，包括有价值线索 120 条。

【农村环卫工作】 出动车辆 2000 余次、人工 3000 余人、清理垃圾 60000 余吨。同时，不断加大投入力度，增至垃圾清运车 12 辆、建立垃圾转运站 2 个，垃圾房 1 座，环保型垃圾桶 1000 个。

【大气污染防治】 加大秸秆禁烧治理力度，与各村街、小麦种植户分别签订秸秆禁烧工作责任书、承诺书，确保在麦收期间绝不发生焚烧秸秆现象。成立巡逻小分队，实行 24 小时全天候全程监控，利用无人机对全镇 400 余亩麦田进行航拍监测，留下影像资料，发现问题及时处理；对辖区内永泰路、老夏安线、新华大街西延等路段露天烧烤、店外经营等进行集中清理，进行全天性不间断巡查，特别是加大对夜间露天烧烤、经营门店的整治力度。截至 2016 年底，共发放严禁露天烧烤的通告 40 余份，出动执法车辆 100 台次，执法人员 210 余人次，整治烧烤 40 余处；对辖区内扬尘严重的 22 条路段进行重新整修，全长共计 12083 平方米，投资 148.75 万元。

【信访稳定工作】 实施科级干部轮流坐班接访制度，每周一、三，分别由党委书记、镇长亲自接访，其他副科级以上干部，每天轮流到信访室坐班；采取“日常周排查”和“敏感时期日排查”工作机制，加强对全镇各村街矛盾隐患的摸排和掌控。全国“两会”期间，未发生一起进京上访和非正常上访。截至 2016 年底，已化解 162 件，省市交办重点信访案件 2 件、县交办重点信访案件 2 件已全部办结，结案率 100%。无错查、错办、漏办案件，无因工作失误造成矛盾激化案件。

【各项事业】 实行“预防震慑、实时监控、有据可查”的动态管控模式。同时，以贴近百姓生活为主，将“大喇叭”广播分为早、中、晚三个时间段六个栏目组进行播放，不断扩充宣传内容，播放各类稿件近 2000 条。建成 300 平方米的综合文化站免费对外开放，成立了音乐舞蹈、书法美术、戏曲等多项俱乐部，会员达到 200 余人。组织开展“文化共享惠民下乡演出”“创建国家公共文化服务体系示范区演出”及“阅动淑阳 共享书香”百人诵读、“七一红歌会”、“我的中国梦 幸福淑阳人”文化下乡等多项活动。望运观潮小区手续已全部完善，准备回迁；赵庄回迁楼主体建设已全部完工；王止务回迁楼 3 栋已建设完成，发放补贴款 82873.7 元，受益农户 526 户，补贴面积 845.65 亩；发放养老保险金 546 万元，达 43000 人次；为年满 80 周岁老人发放生活补贴 20.8 万元，发放现役军人优待金 15.5 万元，发放临时、医疗、残疾人、康复救助资金 29.4 万元。

【计划生育】 发挥互联网优势，建立淑阳镇卫生计生微信公众服务平台。共落实独生子女费、奖励扶助等各类资金 25 万元。为 448 户独生子女家庭投保了意外伤害保险近 4.5 万元，累计投入 20 万元，对 16 个村街卫计服务室进行了上档升级。

【重点企业】 中国京津冀汽车零部件物流交易中心：该项目由辰强汽车零部件销售(香河)有限公司承建，计划总投资 19.8 亿元，选址在新华大街西延北侧，占地 600 亩，主要建设高标准全自动立体化仓储中心，汽车文化展示中心、招商中心、交易中心、电子商务中心、物流中心、生活服务中心及相关配套设施等，总建筑面积 62 万平方米；香河文化艺术中心项目：该项目由华夏幸福基业股份有限公司承建，计划总投资 1.1 亿元，选址在新华大街西延南侧，占地 40 亩，总建筑面积 3.5 万平方米。

（李　盼）

安平镇

【概况】　安平镇政府驻地安平镇一街村，距县城 12.5 公里。全镇总面积 32.55 平方公里，辖 29 个行政村街(一街、二街、四街、后庄、东庄、扁城、赶古庄、谢屯、周庄、贾庄、延福屯一村、延福屯二村、草沙河、成辛庄、小友垡、甘露寺、王家摆、谭庄、曹店、太平庄、堡上、鲁家务、孙家务、王指挥庄、乔庄、三间房、枳根城、陈辛庄、高庄）。2016 年，全镇人口 20523 人；财政收入 32635 万元，同比增长 13.5%；农民人均纯收入 15256 元；从业人员 12759 人；公共财政预算收入 20535 万元，同比增长 3.8%；规模以上企业工业总产值完成 28.11 亿元，同比增长 0.3%；利润 4907 万元，同比增长 1.29%；全年固定资产投资 17.37 亿元。常用耕地面积 1335.819 公顷，粮食播种面积 635 公顷；粮食总产量 3821 吨；安平镇镇区辖 5 个行政村街（一街、二街、四街、后庄、东庄），总面积 0.87 平方公里，镇区总人口 4067 人。镇区规划涉及 11 个行政村街（一街、二街、四街、后庄、东庄、扁城、赶古庄、谢屯、周庄、延福屯一村、延福屯二村），总规划面积 13.95 平方公里。

【新农村建设】　全镇 29 个村街共涉及四个开发组团进行开发建设，其中涉及城中村改造项目 1 个（燕都新村项目）和新民居建设项目 3 个（香安城项目、运河新村项目，运河小区项目）。这 4 个项目在回迁楼及基础设施建设上均有较大进展。2016 年，实现谭庄 151 户回迁，截至 2016 年底，已有一街、东庄、二街、草沙河、甘露寺、贾庄、延福屯一村、谭庄共计 8 个村街实现回迁。

【美丽乡村建设】　2016 年 9 月，安平镇被河北省住建厅批准为“河北省特色小城镇”。市级重点片区旅游点安平镇共涉及 9 个村街，分别为高庄、王指挥庄、太平庄、三间房、王家摆、乔庄、堡上、枳根城、陈辛庄。其中，高庄村为 2015 年市级旅游精品村，王家摆村为 2016 年的市级旅游精品村，鲁家务为 2017 年县级自主提升重点村街。是年底，美丽乡村片区 9 个村街已完成：规划编制、安全饮水、厕所改造、民居改造、“三清一拆”和垃圾治理、村庄绿化、农村电子商务网点建设、乡村文化建设、基层组织建设等工程。已实施的路网建设有：老夏安线改造提升工程、太平庄至堡上连村路建设、堡上东至枳根城大堤路段铺装工程、老夏安线至曹店堤顶路建设及两侧彩砖硬化工程、枳根城堤顶路建设（与北京相连接）。旅游精品村建设：高庄村的蔬菜大棚、果树种植品种多样，采摘面积 200 余亩，2016 年共吸引游客 1000 余人次，游人可在舒适的环境中尽享采摘乐趣，并根据实际需要已申请专项资金修建旅游厕所一座。“运动、骑行、健身”公园建设：以骑行健身运动为主兼具休闲、游憩功能的生态型运动主题公园选址于竹柳基地内，占地 186 亩，引进银杏树 37 株，种植大叶黄杨、金叶女贞、锦带绿篱等灌木 5 万余株，依托竹柳基地，植被的覆盖率高达 85%以上。目前，该公园的规划设计、招投标等工作已完成，已入场施工。产业提升：2016 年新增蔬菜大棚、果树种植 80 亩。其中，2015 年秋季溪香樱桃园投资 300 万元新建温室大棚 25

亩，2016年4月中旬下果，比露天大棚早2个月；硬化园内道路3700余平方米；樱桃园累计吸引游客2.3万余人次，同比增长53.3%。

【大气污染防治】 （1）散烧煤污染治理。八个村街的“气代煤”工作已完工，正常供暖的有一个：谭庄村为回迁村，140户均已正常供暖。正在推进未达到供暖条件的村街有两个：王家摆村和枳根城村。其中，王家摆村已铺设管道16015米，挂表390户，安装壁挂炉390台；枳根城村已铺设管道4360米，挂表91户，安装壁挂炉91台。（2）燃煤锅炉淘汰治理。镇域内需要整改的10蒸吨及以下锅炉共109个，其中已整改完毕83个。剩余锅炉正在整改或拆除中。（3）扬尘污染治理。一是建筑工地施工扬尘治理。对镇域内与主要道路（103国道、平安大街、老夏安线）相连的小路路口进行硬化，避免车辆碾压带泥上路，已完成硬化3000平方米。对建筑工地加强巡查，工地内部发现问题，通知县住建局。工地外部与镇域道路连接部分由镇环卫部门负责清扫、洒水降尘。二是道路交通扬尘治理。对辖区内主要街道进行洒水除尘，四辆水车由每天洒水两次增加至每天四次，并按轮岗制确保24小时有水车在岗在位处理突发事件。两辆巡查车每天对镇域内环境卫生、点火冒烟进行巡查的同时，播放秸秆禁烧广播稿等宣传资料；村街及镇域主干道共张贴悬挂条幅500余条，发放环保倡议书7000余份。（4）家具企业污染治理。对辖区内涉及的所有家具企业发放相关通知，并严厉打击喷漆、打磨等不法行为，对违规企业进行限电警告，对拒不整改者实施贴封条、关停处罚。（5）重污染天气应急响应。按照京津冀城市预警统一要求，完善重污染天气应急预案，制定重污染天气应急响应通知，明确村街、企业等减排措施及注意事项，并安排专人进行督查暗访，对应对不力的进行严肃问责。（6）认真落实《香河县大气污染防治十条严控措施》。成立联合督导组，重点督查各企业、工地措施落实情况，发现问题立即上报。（7）严格实行网格化监管。一级网格（镇级网格）：以镇为单位由1个总网格组成，成立大气污染防治网格化指挥部，由镇党委书记、镇长任组长，分管环保工作的负责人任副组长，其他副科级领导为成员，统筹做本镇辖区内大气污染防治网格化管理工作。二级网格（村级网格）：由29个村组成，网格长由各村街书记、村委会村主任担任。三级网格（网格员）：由2名以上负责相关工作的人员任网格员。

【计划生育】 2016年5月，被评为“全国计划生育协会工作先进单位”。

【精神文明建设】 2016年12月，获得“廊坊市2014—2015年度文明乡镇”。

【重点企业】 香河国际建材交易中心（香河石材城）是一个集石材展示、交易、仓储、物流、微加工、综合服务为一体的大型石材交易中心，位于香河县安平镇103国道东西两侧，是由西联建材装饰城有限公司及华荣建材城共同承办，分为A、B、C三个区域，占地面积3200亩。其中，A、C区由西联建材装饰城有限公司（宏星石材等闽商）共同投资建设；B区由华荣建材城投资建设。计划总投资105亿元，主要建设总部结算区、电子商务区、仓储交易区及相关附属设施等，项目建成后以综合运输、仓储配送、展览展示和电子商务为支撑，打造集“厂商办公、产品展示、零售交易、产品批发、仓储、物流配送、信息处理、娱乐休闲”八大功能于一体的新型体验式石材产销基地。截至2016年底，入驻香河石材城的大、中、小石材企业600余户。其中，95%以上的企业已正式对外营业。入驻企业90%以上为原北京西直河地区优秀的石材企业，经营世界各地精品石材达500余品种，与福建水头、广东云浮成三足鼎立之势，南北呼应构成国内三大石材集散中心。为确保环境整洁，资源节约，对石材加工区域统一规划建设，污水分级沉淀，通过3—4个沉淀池，使污水缓慢逐级自然流动、自然沉淀，将污水转换为清水，并循环利用。在石材打磨区域，引进国际先进的水循环利用系统、粉尘颗粒物收集系统和降噪设备，要求打磨区域为全封闭区域，确保一粒粉尘不外扬。同时，市场单独划出3000平方米碎石堆放区，使用专用碎石清运车辆，对厂区碎石进行清运、回收、再利用。

【农展室】 为了给后人留下一些历史的记忆，让年轻人了解到祖辈生活的艰辛，珍惜今天的幸福生活，安平镇于2015年创建农展室。农展室内涵盖耕地工具、排灌工具、运输工具、厨房用具、照明用具、各式毛主席像章、老报纸、农民生产生活老照片等与百姓生产生活息息相关的近20个类别。生动地展示了安平事件、王家摆渡、周庄煤场、甘露寺豆腐等安平特色历史文化，向广大群众全面展现了安平镇古老的历史发展渊源以及厚重的历史文化底蕴。该农展室作为安平镇青少年教育基地，已全面对外开放。

（李　盼）

钳屯镇

【概况】 钳屯镇位于香河县城西南，距县政府6公里，北邻淑阳镇，东连环保产业园区和五百户镇，西与安平镇和香河经济开发区接壤，京杭大运河、青龙湾两条河流从镇区西部和南部穿过。

全镇总面积31平方公里，下辖19个行政村(红庙、茅草店、后家湾、二百户、起河屯、坨子、西延寺、前延寺、贾庄、窝头、钳屯、叶屯、尚店、张庄、池屯、赵屯、草寺、刘庄、雀林院)。全镇总人口20186人，其中从业人员9307人，常用耕地面积1990.24公顷，粮食播种面积1936公顷；粮食总产量16845吨，农林牧渔总产值2.9亿元；农民人均纯收入1.22万元。2016年，财政收入完成1.87亿元，完成任务的104.5%，同比增长1.8%，全社会固定资产投资完成7亿元，镇民营经济单位508家，从业人员5966人，实现产值36.5亿元；规模以上工业企业产值完成14.05亿元。是年，全镇固定资产投资千万元以上项目7个，总投资236.3亿元；计划开工千万元以上项目11个，总投资427.6亿元；在谈项目6个，总投资53.5亿元。各项经济指标均居全县前列，多项工作荣获先进，先后被评为2016年度河北省建设领域统计工作先进集体，市级文明乡镇，廊坊市工业和民营经济工作先进集体，廊坊市1%人口抽样调查先进集体，县级先进基层党组织，县级优秀领导班子；武装征兵、大气治理、信访维稳、计生、民政地名工作、农村低保、救灾救济、优抚等工作被评为先进单位。

【基层组织建设】 全镇共设立基层党支部21个，其中，镇机关支部1个，企业支部2个，教联支部1个，老干部支部1个，19个村街设立党总支3个，党支部16个。全镇有党员974名，其中，镇机关支部党员65人。30岁以下的138人，60岁以上的478人，研究生7人，本科57人，专科136人。农村党支部成员61人，村“两委”成员101人，村民代表296人。

1. 党委班子自身建设。健全完善党委班

子规章制度，实行重大事项民主决策，完善中心组学习制度和周五集中学习制度，加强理论武装，要求班子成员恪守“五有”（心中有党、心中有民、心中有责、心中有戒、心中有同志），力行“四戒”（戒令下懈上、戒不敢负责、戒事情过夜、戒糙之大概），做到“三个全程参与”（全程参与所包村重要决策议定、重大工程实施、信访矛盾化解），强化“政治意识、大局意识、核心意识、看齐意识”，以班子自身建设不断加强为基层作表率。

2．村街干部队伍建设。成立村干部绩效考核小组，结合年度重点工作，对村两委班子进行考核打分。对发展党员、村民宅基地审批、困难补助申请等 33 项村街党务、村务工作，制定“小微权力清单”，形成运行流程，让干部明确权责，照流程运行操作。严格管理，用好“四种形态”，对个别村干部出现的违规苗头及时诫勉谈话。

3．开展网格化管理。全镇实行网格化管理，设立一级网格 13 个，二级网格 19 个，三级网格 75 个，建立农村基层动态管理系统，实行镇级相关部门对网格运行、天网工程重点部位情况的动态监管，在大气治理、安监巡查、矛盾化解、服务群众等方面发挥作用。

【民主法治建设】 结合“七五”普法，开展各种形式的思想道德和法制教育，进一步抓好预防青少年违法犯罪、流动人口管理、刑满释放人员帮教等重点工作，下大力解决好校园周围的突出治安问题。深入开展中小学生普法宣传教育工作，重点是加强对学生的道德和法制教育，增强遵纪守法的自觉性，推动规范校园安全管理，提高校园整体防范水平。

【农业基础设施建设】 2016 年，钳屯镇新修建村内及连村公路 8 条，全长 10.87 公里，路面宽度 5 米，涉及 8 个村街。其中水泥路 2 条，长 2.1 公里；沥青混凝土 3 条，长 8.77 公里。现所有路段均已修建完毕；19 个村全部通上自来水，农田灌溉机井 384 眼，先后封堵枯井 145 眼。

【农村容貌改造提升】 以双安（安平至安头屯）路、香务（香河至河西务）路为依托打造高标准、立体化的镇区多功能区。加大双安路两侧改造建设力度，投资 650 万元建设两处节点公园，沿街建设绿色景观带，打造双安路两侧小 V 地型景观带，全程建设硬化路，主要种植多彩及长青树木，休闲区域安置条椅，周边不规则安砌天然景观石，总绿化面积约 4 万平方米。双安路东段为绿化提升工程，双安路西段土地预征，为县里 30 米绿化带打好基础。截至 2016 年底，双安路升级改造工程已经完成，路宽由 16 米增至 48 米，主辅路分开基础上增设便道，在路两侧铺设彩砖 1.4 万平方米，铺设排水管道 1600 余米，铺设沥青辅路 6000 余平方米，绿化带 1800 余平方米，安装路灯 68 盏。聘请九易庄宸公司对双安路两侧建筑外立面及景观节点进行规划设计，形成初步规划方案。

【农村环境卫生管理】 建立长效保洁机制，全镇配备专职保洁队伍，签订环卫工人用工合同。共建设垃圾池 186 个，聘用保洁员 63 名，配备大小垃圾车 24 辆，对镇村主干道全天清扫保洁，对干道两侧土堆、料堆全部苫盖，对来不及硬化的村街出口使用碎石硬化道路。

【大气污染治理】 完善大气污染防治办标准化建设，规范管理机制，实行至少每月一次的重点企业现场环境监察，确保环保设施正常运行。对辖区内涉及污染企业进行集中整治，同时对喷漆打磨等企业进行升级改造。在全镇范围内推广洁净型煤及农村节能环保炉具的使用，在各村街安装节能环保炉具1400余台，推广洁净型煤1800余吨，取缔散煤销售点2处，清理街边店铺小煤炉20余个。完成辖区全部93台10蒸吨及以下燃煤锅炉淘汰拆除工作。对管控区内的8个村街集中清理木柴，置换型煤，封堵灶台2081个，发放电热水毯2081个。全镇“气代煤”工作已完成天然气管道铺设24400米左右，安装炉子448台，燃气表挂表898个。

【综合治理】 全镇19个村街成立了综治维稳工作站，小村由3人组成，大村由5人组成，交叉任职，各负其责，村级民调、治保组织人员全镇共75人，义务调解员460人。建立全镇信访隐患台账，实行动态管理，做到底数清，情况明，发现新的隐患随时入账。投入80万元，对平安指挥中心进行再改造再升级，配备12块显示屏，在镇域内双安路、香武路、大香线、运河大道等主要路口、各村主街道路口、村街便民服务站等安装摄像头120个，进行全方位、全时段的实时监控。凡是涉及信访维稳的工作，镇村主要领导、部门负责人、各相关人员必须在第一时间作出反应，确保小事不出村、大事不出镇，一切矛盾纠纷化解在基层，确保和谐稳定。

【新农村建设】 1．双安新城社区：位于双安路以北，占地234亩，规划建设21万平方米，已开工建设16栋。主要包括坨子、贾庄等5个村街回迁。2．钳屯村独立开发建设:按照县村庄整理办公室的批复青山集团开发钳屯村，按照相关程序紧张有序地开展工作，已做出土地流转400余亩。3．香荷嘉里社区：涉及开发8个村，包括赵屯、草寺、池屯、叶屯、张庄、尚店、刘庄、雀林院。总规划面积740.021亩，批回的周转用地面积为274.722亩，回迁楼占地款已按每亩17.5万元一次性发放到位。4．万福嘉园社区：涉及西延寺、前延寺2个村街,回迁楼的规划编制工作已完成。是年底，荣盛集团已和河北万特房地产开发有限公司达成合作计划，由荣盛集团全面建设新民居回迁楼。

【社会保障】 镇卫生院已纳入县政府重点工程计划，全镇19个村街全部建立村级卫计室，最大程度方便群众就近就医。2016年，全镇参加新农合总人数17357人，参合率达98.5%，总金额260.37万元；全镇设初级中学一所（县十一中），小学6所，国办幼儿园6所，拥有在岗教职工145人。2016年，采取企业捐助方式，奖励新入学大学生35人，发放奖金4.6万元。加强“普九”教育，小学适龄儿童入学率100%，初中适龄人口入学率、小升初升学率、九年义务教育覆盖率均达100%；为全体60周岁以上老人建立档案，发放银行卡，将108户贫困对象纳入低保范围，完成165名本地/异地离退休人员的退休登记和网上认证工作。慰问全镇80岁以上老人54人；养老保险参保9659人，总金额112.97万元，参保率98.8%，居全县前列。

【计划生育】 2016年5月，率先完成了卫生和计生合并的试点工作，先后组建了钳屯镇卫生和计划生育办公室，设立了“钳屯镇卫生、计生综合监督执法室”，成立了钳屯镇妇幼保健、计划生育服务站，并整合了村级卫生室和计划生育服务室，更名设立“卫生计生服务室”，保留了“人口家庭公共服务室”。在群众工作中心设立了卫生计生服务窗口，方便群众办证及业务咨询，2016年办理一胎服务卡130个，二胎服务登记卡160个，奖扶36人，发放救助公益金40000元，独生子女费73470元，奖扶补贴48600元，特困人员补贴12156元，住院补贴5300元，救助贫困大学生一名，发放3000元的助学金，独生子女中高考加分40人，流动人口婚育证明20本，妇幼保健计划生育服务站为全镇3935名育龄妇女进行查环、查孕及上、取环服务。是年符合生育政策率93.61%，出生率13.04‰，手术135例，综合避孕率为90%，基层群众自治村街达到90%，流动人口电子建档率达到了60%，出生统计求实率达到100%，孕前优生检测完成了任务的91%，并且在镇卫生院设置了药具免费发放点。

【美丽乡村建设】 窝头村、后家湾、二百户村作为美丽乡村建设重点村街，相继启动实施改水改厕、污水处理、地面硬化、墙体保温、美化亮化、燃气入户等工程。三个村街累计改厕930处，修建污水处理设施845处，拆除私搭乱建523处，铺设燃气管道10000米。窝头村各项工程全部完工，新建35亩集休闲、娱乐、健身于一体的生态公园一处，整体环境大大改善，被评为省级精品村街。二百户、后家湾地下工程基本完工。二百户村已完成厕所改造475座，建造小型污水处理设施248个，新安装自来水管道10000米，后家湾村已完成厕所改造425座，建造小型污水处理设施224个，新安装自来水管道8000米。下步将重点实施道路硬化、墙体保温、坑塘改造、村街活动场所建设等工程，努力建成省级精品村。

【招商引资】 2016年以来，总投资150亿元的青山•奥莱•米兰小镇项目已进场动工，其建成后将成为钳屯镇现代商贸业的又一鲜亮名片。总投资150亿元的青山•奥莱•米兰小镇项目已进场动工，其建成后将集中央休闲购物区、现代服务产业集群、产业综合服务于一体，成为钳屯镇现代商贸业的又一鲜亮名片；投资1.2亿元的精兰家具有限公司扩建北京学生标准化建设二期项目计划新建三层厂房20000平米、引进价值4000万元的自动生产线两条，现已完成厂房建设6000平方米、固定资产投资3500万元；投资1.1亿元的北京华成防火涂料有限公司生产防火涂料项目，生产车间及办公楼基本建设完工；投资2.5亿元的廊坊祖阁家具有限公司年产1万套办公家具项目，占地70亩生产车间及办公楼基本建设完工；投资1.2亿元的香河金山办公家具厂年产2万套办公家具项目，生产车间、办公楼建设基本完工；投资1.5亿元的香河宜美利嘉家具有限公司生产车间、办公楼建设基本完工。

（撰稿人：石磊）

五百户镇

【概况】 五百户镇位于县城以南10公里，镇内有北运河、青龙湾两条主要河流，南部与天津市武清区仅一河之隔，全镇辖43个村街，总人口3.8万人，幅员60.5平方公里，耕地面积6万亩。2016年，五百户镇全面贯彻落实中共十八大和十八届三中、四中、五中、六中全会以及习近平系列讲话精神，在县委、县政府的正确领导下，团结带领干部群众抢抓机遇、真抓实干，着力打造特色鲜明、舒适宜居、功能完善、生态优美、产业繁荣的小城镇，各项事业取得重大突破，实现了农民增收、农业增效、民生改善、社会稳定、镇村面貌极大提升，先后获评全国重点镇、全国千强镇、先进党建示范点、先进基层党组织等荣誉称号。

【基层组织建设】 五百户镇党委始终坚持执

行“一二三”工作法，即每月至少召开一次党委会，每周两天时间坐班处理机关事务，每周三天时间进村入企调研，对“两委”班子建设、发展党员等工作进行研究部署，全力推动督导落实；制定并完善《五百户镇关于在农村“两委”干部中实行“两考三评一定”绩效考核办法的实施意见》，建立“三个清单”，不断强化纪律意识和规矩意识，规范村干部干事创业，坚持平时考核与年终考核相结合、定量考核与定性考核相结合、实绩分析与群众公认相结合，提高了村干部的工作效率和服务质量。五百户镇党委先后投入1.2亿元，以九百户、头百户等村为中心，创建高标准党建示范区；累计投入1000万元，对全镇18个村级组织活动场所进行新建或装修，建设村街文化广场26个，建立村街文娱队伍40支，有效丰富了群众的业余文化生活，使组织活动场所成为凝聚人心、服务群众的有效平台；投资500万元，安装光纤网络设备，把现代信息技术有效植入党建工作，实现了基层党建工作信息化、现代化。

【民主法治建设】 近年来，五百户镇采取多种宣传方式，多次大规模开展法制宣传、教育工作。针对青少年在校学生，开展“送法进校园”活动。组织派出所、司法、综治、信访等部门的人员开展法制课教育，大力宣传《中华人民共和国未成年人保护法》《中华人民共和国妇女、儿童权益保护法》《中华人民共和国教育法》《中华人民共和国刑法》等，进一步强化青少年儿童的法制观念，教育他们从小遵法、守法。针对村街群众，五百户镇采取广播、板报、宣传栏等通俗易懂的方式，在“两会”、十八届六中全会安全保卫等期间共发放各种宣传资料2万余张，挂宣传条幅三百余条，增强广大群众自觉维护治安安全的意识。针对全镇机关工作人员，采取定期培训的方式。将每周五下午定为学习日，针对近期开展重点工作，集中讲解相关法律知识。针对企业管理人员采取轮岗培训及送法进厂相结合的方式,2016年6月组织法律宣讲团到志海橡塑有限公司宣传《中华人民共和国劳动法》。

【农业基础设施建设】 五百户镇重点做好镇域水系治理、农田蓄水灌溉等设施建设，加快电网改造，提高农业标准化水平和抗风险能力。2016年，新建了每日供应200立方米的镇区水厂，为28个村街更换了供水管网。投用后，将改善1.5万群众的饮水安全问题，实现供水稳定、水质达标。同时，先后完成了辖区内十三支、十四支、十五支和自流渠、排干渠等清淤工程，更新机井1眼，配套机井14眼，铺设地下电缆线路3885米，新建作业通道33个，转弯半径2个，铺设防渗管道1588米。新建水泥路16818米，栽植农田防护林1066株，使农田水利条件得到全面改善，群众饮水、农业增产增收有了保证。

【农村容貌改造提升】 2016年，五百户镇重点实施镇区主次干道的硬化铺装工程，对香武路（香河至武清）沿街立面进行整体改造，新建荷塘月、小南湖等景观公园、文化广场，同时组建综合执法队，对露天烧烤、店外摊点、占道经营等进行全面取缔。以推动全镇经济大发展和改善群众出行条件为中心，不断加快交通路网建设步伐，同时，以打通农业园区、畅通工业小区，促进沿线村街经济发展为目标，建成了东西相接、南北贯通、内联外畅、镇村通联的路网格局，为镇域经济发展提供了完善的交通支撑。扎实推进美丽乡村建设。年底前，已把37个村街列入改造范围，基本实现了美丽乡村建设全覆盖。依托五百户镇独特的区位优势和资源禀赋，积极主动与中信国安集团接洽，谋划了中信国安运河小镇项目，对镇域内部分村街重新进行了组团规划，以文化创意、休闲旅游、高端农业为产业支撑，致力于打造北方乃至全国一流的特色小镇。

【农村环境卫生管理】 为让广大群众更好地享受“碧水蓝天”，五百户镇政府坚持铁腕治污，全面强化环保网格管理，环保监管越发严格。切实加强镇域卫生环境保护工作，重点对畜禽养殖、垃圾污染、燃煤焚烧进行综合整治，强化镇区、各村街和镇域主次干道的环境卫生整治，着力改善农村生产生活条件，提高人民生活质量和水平。2016 年，五百户镇共查处“小非违”企业（污染重、规模小、非法生产、违法生产企业）94 家，关停喷漆打磨小家具企业 34 家，淘汰分散燃煤锅炉 76 台，清理整顿煤场 17 家，强化 4 个搅拌站监管，配合秸秆禁烧、道路洒水、裸土苫盖等手段，镇域水环境治理和大气污染防治各项工作取得了良好成效。

【大气污染治理工作】 五百户镇始终坚持走节能低碳发展之路，完善大气整治长效机制。2016 年，全镇共查处“小非违”企业 94 家，关停喷漆打磨小家具企业 34 家，淘汰分散燃煤锅炉 76 台，清理整顿煤场 17 家，强化 4 个搅拌站监管，配合秸秆禁烧、道路洒水、裸土苫盖等手段，镇域大气污染防治各项工作取得了良好成效。

【稳定工作】 五百户镇政府始终秉承“一心为民、热情服务”的理念，以精准服务为中心点，以集约化和信息化办公为落脚点，打造集便民服务、矛盾化解、信访稳定于一体的现代“服务平台”。累计投资 540 万元，先后建立了便民服务中心、综合调度指挥中心和群众工作中心 3 个服务平台，为 43 个村街安装了天网监控和视频会议系统，完善了首问负责制、限时办结制、一次性告知制、责任追究制等工作机制，提供“一站式办公”“一条龙服务”，畅通了群众表达诉求的通道。同时，依托天网工程，实现了技防手段的现代化；实行网格管理，实现了社会治理的信息化；通过“大喇叭”，实现了群众宣教的全覆盖。五年来，全镇综合发案同比下降了 40%，矛盾纠纷下降了 57%。

【社会保障工作】 五百户镇紧紧围绕“为上分忧，为下解困”的工作目标，不断强化措施，全面落实国家支农惠农政策，切实减轻农民负担，使医保、救助、养老等政策惠及广大群众，使困难群众遇急有助、遇困有帮。认真落实新型农村合作医疗和养老保险制度，明确目标、责任到人，开展送政策进村、送服务进院，使村民熟知缴存方式、缴费标准、参保手续及应享受的待遇等事项。2015—2016 年，共发放小额贷款及扶持资金 663 万元，吸纳带动 2000 多人就业。积极为困难群众申办最低生活保障，在认真审核、复核的基础上，做到应保尽保、公开公正，切实解决好优抚对象、残疾人等弱势群体的生活保障问题，帮助大病群众和困难群众渡过难关。2016 年，共为 15 名优抚对象发放生活救助款 8.6 万元，为 53 位困难群众发放救助款 12.6 万元，改造农村贫困户危房 80 户；发放农村五保供养 8 人 1.58 万元；“一对一”帮扶残疾户 407 个、低保户 321 个、困难户 160 个，切实解决了困难群众的实际问题。投资 50 万元的香椿营回民敬老院投入使用，已安置 10 余位孤寡老人入住。

【重点村】 1. 九百户村：位于香武路东侧，距县委约 7.8 公里。全村共有 195 户、770 口人，耕地 1200 亩，主要农作物为蔬菜种植。2016

年，九百户村全面实行美丽乡村建设，“两改一清一拆”和垃圾治理工作全面完成。2．曹庄村：位于香河县城倪李路北侧，距县委约12.6公里。全村共有130户、470口人，主要农作物为蔬菜种植。2016年，曹庄村以“建设美丽乡村”为契机，全面提升村街整体面貌。

【重点企业】 1．香河众望木业有限公司：公司位于五百户全民创业基地内。成立于2012年，投资总额1.8亿元，法人代表刘芳旺，在职员工140人。主要生产销售环保型中密度纤维板。占地面积80亩。2．香河海潮制件有限公司：公司位于双安路北侧，1982年建厂，主要生产汽车零部件。厂区占地10万平方米，现有职工400人。

（杨艳晶）

刘宋镇

【概况】 刘宋镇位于香河县城东南部18公里处，辖区总面积59平方公里，有25个行政村（刘宋、东张庄、倪庄、马庄、程官屯、庆功台、王家务、八户、德辛庄、小刘庄、太平庄、幞头屯、吴庄、尹庄、北村、北务屯、辛立屯、中营、刘庆庄、小陈庄、荆庄、大田、东王各庄、西王各庄、南孙家庄）。耕地63193亩，人口35503人，党员1541名，“两委”干部131名。

2016年，刘宋镇先后获得县级以上荣誉20多个，其中省级荣誉2个，分别是“全省先进基层党组织”“全省关心下一代工作先进集体”；市级荣誉6个，分别是“廊坊市文明乡镇”“廊坊市文明村”“廊坊市地方道路管理先进单位”“廊坊市文化体验小镇”“廊坊市统计工作先进集体”“廊坊市调查工作先进单位”；县委、县政府荣誉2个，分别是“香河县先进基层党组织”“香河县优秀领导班子”。万亩荷塘、植树造林、水系治理等多项工作接受上级检查、验收及领导调研20多次，均得到肯定和好评。

【基层组织建设】 一是明确目标，扎实开展“两学一做”学习教育。全镇涉及机关、村街及镇直党组织29个，党员1541名。活动中，向全镇29个基层党组织分别派驻了指导员，负责全程协助开展工作。在镇区、村街主要路口、文化广场、办公场所等显著位置悬挂宣传标语130条，利用“大喇叭”广播系统，每天上、下午2次对学习教育的主要内容、目标任务、基本环节进行广播宣传，并按时间节点认真组织学习。二是多措并举，提升“两委”干部整体水平。严格落实《刘宋镇农村“两委”干部“两考三评一定”绩效考核实施细则》《刘宋镇村务活动专项经费管理考核办法》《刘宋镇创建“五星”级党组织考核办法》。同时，年内先后组织17名支部书记和致富带头人到北京、山东、浙江、廊坊固安参观学习。三是把好关口，加强党员队伍建设。严格落实发展党员工作培养、预审、公示、票决、谈话、追责“六项制度”，确保发展党员质量，控制发展党员数量，年内圆满完成全年发展党员任务18名。在全镇25个村街分别落实了网格化管理，共划分五大网格，每个支部将网格划分、工作职责、小微权利清单、党组织书记抓党建责任清单、帮扶清单等制作展牌全部在村民活动广场、村委会、公开栏等显要位置展示。四是打造特色，着力推进文化道德建设。深入开展以“双十”（文明道德建设十倡导、村规民约建设十不准）聚民心促党建活动，在各村村民活动场所、文化广场显著位置统一规格安装了“双十”规范展示牌，庆功台村建设了4200平方米“双十”文化广场；年底还评选了“双十”文明家庭户、五好党员、五好干部等先进典型，弘扬正能量。

【民主法治建设】 一是加强组织领导，深入学习贯彻有关法律法规，努力提高依法行政工作能力。镇政府成立了依法治镇工作领导小组，负责刘宋镇全面推进依法行政工作的组织协调和领导工作，并坚持常抓不懈；镇政府通过印发实施意见，对全镇依法行政工作任务进行了逐项分解，责任落实到具体部门和单位。在加强组织领导工作的同时，全镇各部门广泛开展了法律法规的学习、培训活动，领导班子学法6次，并举办了领导干部专题培训班，召开10次普法宣传讲座，形成了领导干部带头学法、守法、用法的良好风气。二是推进行政管理体制改革，进一步转变政府职能。积极实施政务公开和科学民主决策制度。全镇主动公开政务信息数50余条，举办各类公开培训6次，接受培训人数350余人。政务公开工作逐步规范化、制度化，为广大群众参政议政提供了便利的条件。三是建立完善监督机制，强化行政执法监督工作。镇政府制定了规范性文件管理办法，对部门规范性文件由事后审查改为事前审查，严格了备案审查的原则、内容、程序等，有效遏制了滥发规范性文件的现象。

【农业基础设施建设】 年内，对香北线刘宋段7.1公里道路进行了拓宽改造。同时，加强道路日常养护工作，修复坑洞及破损路面共5600平方米，倪庄至东王路段、孙庄至渠庆线路段和刘宋吴辛庄至宝坻界路段已全部通车。京唐城际高铁项目涉及7个村街，71个点位，截至2016年底，地勘工作已全部顺利完成；完成香绣渠、东干渠、五一渠、中绣渠、庆功台排干渠五条干渠的环境整治，清淤渠道42000米，清运垃圾57吨；为程官屯、陈庄、北务屯、张庄、马庄安装管道4700米，新打机井10眼，检修水闸5座。建设刘宋、程官屯、张庄、德辛庄、刘庄、太平庄6个村街的农业开发工作。其中，穿路涵管14座，更新机井57眼，地下管道21300米，低压线路19193米，变压器9台，高压线1659米，水泥路7950米，农防林5000株。

【严格公共性住房把关申报】 本着实事求是原则，帮助全镇符合条件的非农业人口做好公共租赁住房的初审报批工作，其中申报现价房的38户，经济适用房的4户，共有40户全部通过审核。

【推进农村危房改造】 本着公平、公正、公开原则，按时间要求和改造标准，对追加的65户新增危房改造户进行了改造，其中，64户原址翻建，1户修缮，并通过了县危改部门的验收。

【落实各项惠农政策】 认真做好农业支持保护补贴面积核实及公开、上报工作，保证县局拨付的补贴资金及时、准确地打入农户账户。2016年，农业支持保护补贴资金535.43万元，补贴面积为5.46万亩，共涉及农户8478户。年内免费发放小麦一喷三防农药，吡虫啉、磷酸二氢钾、腈菌唑共计1100箱，有效预防了重大病虫害发生。年内，全镇共有10个村街申报了建设项目，修水泥路2400米，建村民活动中心450平方米，铺设自来水管线22000米，安装路灯58盏。做好农田水利工作。此外，残联年内应急救助11人，救助款53000元；民政年内为10户困难户发放医疗救助金45500元，为35户困难户发放临时救助金103000元。新农合、新农保等项工作稳步开展。涉及煤改气的庆功台、程官屯、王务、八户、太平庄、北务屯、刘宋 7 个村街铺设燃气管道 13 万多米，安装燃气表 4953 户，燃气炉 3389 户。

【农村容貌改造提升】 一是镇区面貌全面升级。完成街区改造 42000 平方米，镇域可规范围全部完成灰面墙体粉饰，建设地标性彩虹桥，植种玉兰、丁香等各类树种 40 余种，完成玉兰一条街建设。同时对望仙街、东兴路进行总体美化包装，并安装太阳能路灯 40 盏，栽植花木 1000 多株，地下排水管网 1200 米。二是机关形象整体提升。对机关进行粉饰、绿化和美化，墙体按照江南徽派粉饰成灰白格调，院内栽植玉兰、海棠、牡丹、月季等绿植数十种，建设文明风尚墙，强调镇机关就是美丽乡村的示范点，以此风格为典范，推动美丽乡村建设加快进程。三是村街环境实现大变样。对庆功台、程官屯、王务、八户、太平庄、北务屯 6 个村实行美丽乡村建设，聘请天津市新型建材建筑设计研究院对村街进行高标准规划设计，扎实推进创建工作。全年，6 个村街清理垃圾杂物 28400 余立方米，拆除临建近 4000 处，约 26000 平方米，改厕 3840 座，安装太阳能路灯 1844 盏，立面改造粉刷墙体 75 万平方米，立面改造抹灰墙体 17600 平方米，改造仿古门楼 164 户、仿古围墙 2355 米，铺设安全饮水管线 36 万多米，污水治理管线 9 万多米，安装水表 3800 多块。

【农村环境卫生管理】 镇区与临街各单位和个体工商户签订了“环境卫生门前五包责任状”，明确了责任，规定了义务，并针对镇区私搭乱建、乱贴乱挂、侵街占道等进行严厉打击和制止。香宋路、倪李路、香北路等重点路段，实行分段负责制，明确每段总责任人、具体责任人和具体的工作任务，加强工作调度，确保整治效果。同时坚持环境卫生长效机制常态化。围绕落实《镇村卫生管理暂行办法》《村街保洁员管理实施细则》等规章制度，加大宣传力度，引导村民遵守村规民约，养成良好的卫生习惯;加强村街保洁队伍和专业保洁队的管理，实行镇环境卫生督导领导小组每日一调度、每周一评比、每月一观摩，每季一通报，促进工作落实，巩固治理成果。

【大气污染治理】 建立环境保护网格化监管体系，覆盖镇区及 25 个村街，明确责任，强化监管，共关停家具企业 75 家，错峰停产企业 3 家。在整治期内，因违规生产、喷漆打磨采取断电企业 36 家，共传唤违规生产企业负责人 15 人，对两人行政拘留；对家具企业 10 蒸吨以下锅炉改造燃煤锅炉进行了摸底调查，共上报锅炉改造企业 38 家。已改造完毕 2 家（汉林食品加工厂、龙津生物工程有限责任公司，龙津生物改造为沼气池）。

【安全生产工作】 年初，与各村街签订了“安全生产目标管理责任书”；年内开展家具行业火灾事故演练 1 次；开展“安全知识赶大集”活动 1 次，发放资料 2300 余份，咨询群众达 600 余人次，现场解答群众提问 200 余条；3 月、5 月、9 月期间，着重对家具行业较密集的村街进行巡逻检查 12 次，检查企业 73 家，发现安全隐患 80 余处，其中大部分已现场整改，下发整改通知 42 份。此外，还协调刘宋、庆功台、程官屯、太平庄等 13 个村街，建设了微型消防站，明确专人管理；针对全镇 350 个优抚户、低保户免费发放独立式感烟火灾报警器，并安装到位；市政消火栓已安装 4 处（马庄、园区、中营村、大田村各 1 处）。

【新农村建设】 聘请中科院建筑设计研究院有限公司对刘宋片区进行了整体规划设计，同时结合打造省乡村旅游建设示范村，聘请天津市新型建材建筑设计研究院对庆功台村进行了规划设计，聘请河北望远城市规划设计有限公司对其余 5 个村街进行了规划设计。着力建设太平庄→北务屯→八户→程官屯→庆功台→刘宋→王务村的环形观光旅游带，形成以庆功台村为乡村旅游中心的观光片区，通过庆功台村的乡村旅游发展，辐射带动周边村街农家乐餐饮服务、家庭旅馆、果蔬采摘、手工艺品、花卉等产业的发展。庆功台村为美丽乡村建设省级重点村，其余 5 个村为县级自主创建村。

一是“两改一清一拆”（改造城中村和永久保留村，改造危旧住宅和旧厂房，清垃圾杂物，拆违章建筑、临时建筑、残垣断壁）。庆功台、程官屯、王务、八户、太平庄、北务屯村 6 个村街总计清理垃圾杂物 24000 余立方米，拆除临建近 4000 处，约 26000 平方米。二是厕所改造。2016 年，全镇改厕任务为 3161 座，截至年底，王务完成 593 座，太平庄完成 141 座，程官屯完成 723 座，八户完成 372 座，北务屯 706 座，以上 5 个村街已基本完成；庆功台完成 1100 座，已进入扫尾阶段。各村街共计完成 3635 座。三是煤改气工程。刘宋村内的煤改气工程正与安全饮水工程同步进行，涉及美丽乡村建设的 6 个村街的煤改气工程正与安全饮水工程、污水治理工程同步进行。四是道路硬化亮化工程。6 个村街的硬化亮化工程已完成招投标工作。五是民居改造工程。庆功台、程官屯、北务屯、王务、八户的墙体立面改造粉刷工程已基本完工；太平庄村的墙体立面改造抹灰工程已进行过半，并同步进行墙体立面改造粉刷工程；太平庄村和王务村的仿古门楼、仿古围墙工程已完成招投标及施工。

【社会保障】 残联年内应急救助 11 人，救助款 53000 元；民政年内为 10 户困难户发放医疗救助金 45500 元，为 35 户困难户发放临时救助金 103000 元。新农合、新农保等项工作稳步开展。

【计划生育】 全面完成人口控制目标，人口出生率 10.78‰，自增率 4.67‰，符合政策生育率 96.73%；全面落实人口和计划生育利益导向机制，2016 年新增奖扶 94 人，全镇享受奖扶人员共计 740 人，发放奖励扶助金 710400 元，享受特扶人员 9 人，发放特别扶助金 37200 元，对计生特殊困难家庭发放慰问金 8500 元，独生子女父母退休一次性奖励 4 人，15-27 岁未婚独生子女意外伤害保险 839 人，独生子女费及奖特扶人员新农保补贴发放工作正在进行中；加强人口与计生公共服务体系建设，投入 50 余万元加强村级计划生育阵地星级建设，目前 20 个村街达到五星级标准；重视公共卫生工作，完成居民健康卡信息采集工作，共采集人员信息 33188 份；积极开展“健康中国行——走进香河活动”，为 300 多名群众提供健康服务，发放惠民免费体检卡 100 余张、《居民及老人健康管理》及《中医保健养生常识》800 余份，组织专家讲座 3 次；加强计生协会工作，完成 23 个村级协会章程和村民公约的重新修订工作，年度救助困难大学生 1 名，发放救助金 3000 元。

【万亩荷塘建设】 在万亩荷塘已有发展基础上，基本完成了“西观荷区、南佛教文化区、东休闲娱乐区、北生态森林区”的功能区划分，按照“一节、两路、三园”建设目标，突出荷特色，全力打造荷乡多彩胜景。一是建设“双十”广场。以文明道德建设十倡导、村规民约建设十不准为精神核心，建成一座双十广场。二是建设万米沿路荷花色带。在完成荷塘景区11公里环路建设基础上，拟建设11公里环路两侧30米带状藕田，根据不同路段栽种不同品种，打造万米沿路荷花色带。进一步提升了万亩荷塘景区的品位和档次。三是建设杨六郎古战场风情大寨。投资1500万元，建设占地200亩的杨六郎古战场风情大寨。该项目用稻草、片草、木雕和现场演绎形式，重塑辽宋古战场原型，并结合美丽乡村、万亩荷塘建成大型荷塘游乐园。四是打造感恩园。在庆功台村东南建一座占地100亩的感恩园，体现现代文化气息。成立了荷塘管理办公室，组织20余人分8个小组，从卫生、秩序、安全、交通、市场等几个方面安排专人加强荷塘的管理，并且配备了电瓶式警务用车8辆，移动步话机20余台。

（王立昆）

安头屯镇

【概况】 安头屯镇政府驻地安四村，位于香河县城东南9公里处。辖区总面积37.44平方公里，有21个行政村，分别是：安一、安二、安三、安四、西口头、北口头、前口头、东口头、韩营庄、杨营庄、孙营庄、赵营庄、顾家屯、黄庄、东兴隆庄、东太平庄、商汪甸、前独立庄、后独立庄、大青庄务、小青庄务。2016年，全镇人口21986人，其中从业人员9360人；2016年年末常用耕地面积2237公顷，粮食耕种面积1713公顷，同比减少30%；粮食产量10660吨，同比减少28%；农林牧渔产值23670万元；财政总收入1383万元，同比减少1.5%；农业机械总动力29820千瓦时；全镇工业总产值14.1亿元，同比增长8%；镇区总人口4382人，镇区面积4.9平方公里。

【基层组织建设】 安头屯镇党委所属29个党（总）支部，其中农村党总支2个，党支部29个，镇直和镇直非公企业党支部4个，全镇共有党员1107名。安头屯镇党委所属21个农村党（总）支部：大青庄务村党总支、后独立庄村党总支、安一村党支部、安二村党支部、安三村党支部、安四村党支部、东口头村党支部、西口头村党支部、北口头村党支部、前口头村党支部、韩营庄村党支部、赵营庄村党支部、孙营庄村党支部、杨营庄村党支部、黄庄村党支部、顾家屯村党支部、小青庄务村党支部，前独立庄村党支部、商汪甸村党支部、东太平庄村党支部、东兴隆庄村党支部。镇直和镇直企业党支部4个：安头屯镇机关党支部、教育联合党支部、老干部党支部、林森木业党支部。

【民主法治建设】 广泛宣传信访条例、宪法、婚姻法、土地法、水法、河北省人口与计划生育法等与群众生活息息相关的法律法规。共开展法制宣传12次，办法制宣传专栏4期，完成县目标任务100 %；设点宣传12次，动员宣传车60台次，广播宣传60余天，发放各种宣传资料2万余份。深入开展严打专项整治斗争，遏制各类案件的发生。2016年刑事立案19起，破获8起，抓获犯罪嫌疑人7人，逮捕5人；共办理治安案件50起，查处8起，调解42起，处罚16人，有效震慑了犯罪，保持了社会治安秩序的持续稳定。

【农业基础设施建设】 因地制宜，突出生态主题，全力引进现代设施农业项目，着力建设“万亩林果蔬菜采摘项目功能区”。完成镇区东北部2800亩土地流转工作，鼓励全镇56家农民专业合作社不断发展，其中“富一方蔬菜种植、桃源养殖、利农农机、牧丰养殖”等7家农民专业合作社在2016年“9•26”农交会上积极参加农超对接活动，并洽谈成功。已引进“乐农美联生态农场、汗普士养殖有限公司项目、现代农业示范区、东方千年古葡萄庄园、富一方生态科技种植园、荷香缘生态农场”等较大规模项目13个，总投资6.5亿元，拟利用外资6亿元。全镇已建成阳光棚40000平方米、冷暖棚50个；存栏汉普士种羊1800余头，种植营养牧草150余亩，种植各种果树1600余亩。同时，对全镇21个村庄及田间林网进行了药物喷洒，有效防治美国白蛾。免费发放农药500余箱，有效减少了小麦蚜虫危害。

【农村容貌改造提升】 投资2700多万元，完成对西口头、前独立、东太平庄等8个村街自来水管网、燃气管网、污水管网及污水处理站建设工程，硬化道路16万平方米。配合全县通道绿化精品旅游线路打造工程，抓好潮白河堤项路、村间路及干线公路两侧景观林带建设工作，共植树20万株，完成绿化面积4600亩。

【农村环境卫生管理】 组织专业人员，出动铲车、挖掘机等车辆，对全镇主干公路沿线及各村街主要街道的垃圾杂物进行定期清理，对镇域内违建进行全面清除，2016年，共清运垃圾杂物35126立方米，清理包括户外厕所在内的违章建筑、残垣断壁和路障338处，完成“双瓮式”农村厕所改造1952户。

【大气污染治理】 出动宣传、巡逻车对各村街及“双安”“国安”“香宋”等公路沿线进行不定时巡查，严禁秸秆、落叶、垃圾禁烧现象发生。推进“气代煤”工程，已完成11个村街3168户、燃气管道铺设83760米的目标任务。全部取缔镇区露天烧烤，全镇11家餐饮商户全部安装了油烟净化设施。督促指导企业增上环保治理除尘设备，建立独立喷漆房等环保除尘设施。2016年，镇域内第一批11家改造企业已全部改造完毕，巡查关停企业63家。对辖区内煤厂、料堆、土堆全部采取了苫盖措施，并对镇区主街道及各厂区进行每天两次洒水降尘处理。

【社会稳定】 在镇村建立领导信访接待日、信访事前排查等制度，建立各村重点问题、重点人员台账，重拳化解信访积案；同时，加大办案力度，建立“不敢为”的惩处机制，已调查处理案件2起，处理党员2人。国家大型会议、活动期间无一人次到市赴省、进京越级上访及群体性事件的发生。

【农村文化建设】 投资280万元，新建北口头、东口头、赵营庄等5个村级文化活动室，将县二级保护文物“韩营村1200年古槐树”作为珍稀宝贵资源，采取积极措施给予保护。中幡、秧歌、高跷等花会项目及广场舞、现代舞等健身活动在村街迅速普及，极大地丰富了群众的业余文化生活。

【社会保障】 2016年，农村养老保险参保人数10451人，收缴保费1142100元，农村合作医疗参保人数18312人，收缴保费2746800元，月发放养老金60余万元；累计为全镇农村低保户、伤残军人、参战涉核人员及60周岁农村籍退役士兵等优抚对象发放抚恤金177.6万元，并完成21个村、206位困难残疾人生活补贴和重度残疾人护理补贴的登统和申报工作。全镇列入改造计划的10户危房户均圆满完成了危房改造任务。累计投入10万元，完善各小学校园的基础设施建设和绿化、美化等工作；慰问贫困教师82人，救助贫困学生14人。

【计划生育】 连续开展河北省“民心工程”农村已婚育龄妇女生殖健康检查免费服务活动,共普查3460人，为92对夫妇进行免费优生检测；全面落实各项奖励优惠政策，共发放独生子女费等各类计生专项奖励扶助资金46.44万元，办理中、高考加分47个，全年实施各类避孕节育措施300例，发放免费避孕工具药具1000余人次。发放宣传册、宣传单等共计3000余份，极大地提高了群众对计生政策、法规的知晓率。

【文化活动】 2016年1月12—14日，安头屯中幡代表香河县参加CCTV-7农民频道2016年农民春晚《过年了》的节目录制；9月26日，参加廊坊市第二十届农交会开幕仪式表演；12月18—23日，安头屯中幡会和大青小车会两支花会表演队伍，受邀赴第一城参加了央视CCTV-7农民频道2017年农民春晚节目录制。

（康亚静）

渠口镇

【概况】 镇政府驻地渠口村，位于县城东12.5公里处，全镇总面积66.32平方公里，辖48个行政村（渠口、北渠口、金庄、许庄、王刘圈、邵庄、店子务、康庄、宣教寺、荣各庄、代家阁、牛济河、小高坨、小河各庄、魏家滩、孙各庄、温庄、小圈、西梨园、东梨园、三岔口、卢庄、邱庄、韦各庄、高山、炭户、石虎辛庄、固庄、韩庄、躲各庄、豆庄、闫胡套、卸甲庄、黄沙务、蔡庄、谭家务、大鲁家口、东鲁家口、大七里、小七里、渔阳院、东魏各庄、西魏各庄、北张庄、西河头、唐屯、青寺、青户）。2016年，全镇总人口49826人，比上年增加0.65 %；从业人员22915人，比上年增加0.21%；常用耕地面积47491亩，比上年减少8.8%；粮食种植面积40661亩，比上年减少10.1%；粮食总产量23443吨，比上年减少9.6%；农林牧渔总产值32731万元，比上年减少15.7%；农民人均纯收入12450元，比上年增加1.8%；财政收入5896万元，比上年增加0.61%；农业机械总动力52424.1千瓦，比上年减少2.5%；农村非农总产值1011419万元，比上年增加4.8%；镇区一般预算收入2053万元，比上年增加5.9%；总人口10791人，比上年增加0.5%；占地面积117.97公顷，比上年增加0.4%。

【基层组织建设】 一是加强基层党组织建设。2016年底，全镇共有党支部58个，党员2295名,其中农村党支部48个,农村党员2130名。在所有党员干部中组织开展了“两学一做”学习教育活动，创建了以店子务、邵庄为中心，辐射小圈、康庄、友邦电器公司的党建示范区，促进一般和后进基层党组织对标先进、上档升级。二是狠抓班子队伍团结。一方面加强党委自身建设，通过开展定期专题学习、交流谈心、民主议事等活动，党政领导班子成员间形成了分工协作、团结共进的良好氛围。另一方面抓好村班子团结，包村、包片干部定期与村街干部开展谈心交流，增进村班子团结，凝聚工作合力。三是实行网格化管理机制。对全镇48个村街实行网格化管理，统筹推进安监、环保、信访稳定各项工作，并制定严格的检查评比制度，通过走访座谈、民意测评等方式，对村街的网格化管理进行定期考评，与绩效工资挂钩，奖优惩劣，形成比学赶超的良好工作氛围。四是坚持全面从严治党。

认真贯彻执行《中国共产党廉洁自律准则》和《纪律处分条例》，引导广大党员自觉用党章党规党纪规范自身的言行，切实把纪律和规矩挺在前面。严格落实党风廉政建设“两个责任”，聚焦服务群众“最后一公里”问题，着力破解不作为、慢作为、乱作为等问题。

【民主法制建设】 一是坚持依法执政，夯实民主法治基础。每季度召开专题会议研究法治建设工作。建立了社会风险评估制度和重大决策评估机制，对于决策的议事范围、执行和反馈进行量化，广泛征求意见，反复论证，形成一套科学完整的民主决策体系。二是坚持主体地位，加强改进人大工作。积极支持人大依法行使职权。镇人大每年组织调研视察和执法检查，在此基础上，依法作出决议、决定。三是坚持法治惠民，推进法治渠口建设。坚持以法治惠民为目标,用法治思维和法治方式推动工作。依法执政、依法行政、司法公正，强力推进平安渠口建设和省级依法行政示范镇创建工作，营造良好的法治环境。

【农业基础设施建设】 一是协助县农机局做好农机购置补贴的登记工作。2016 年共登记农机购置补贴 92 台套；二是做好河渠清淤疏浚工作，深入排查重点河段、沟渠隐患点，对侵占河道、私搭乱建、阻水坝埝等拦蓄设施进行清除。汛期前，清除荣各庄扬水站站前闸、窝头河首闸的垃圾、漂浮物，累计清除垃圾杂物 540 吨；对金庄支渠、西河头排干、蔡庄支渠、二分干、三分干、三分支等渠道进行清淤疏浚，累计清淤长度 14553 米；三是扬水站维护。东魏扬水站建于 1979 年，管道设配已严重老化锈蚀，无法保障汛期排水。年初，更换、维修了东魏扬水站水泵、抽水管，垒建了护坡。

【农村容貌改造提升】 一是完成 14 村街美丽乡村建设。道路硬化已按计划全部建成完工，其中连村道 148479 平方米，村内主街道 222900 平方米，村内巷道 145000 平方米，共计投入 3877 万元。无害化厕所改造也已完成，共改造 3676 处，投入 312.5 万元。二是开展造林植绿。以通道、河渠两侧为重点，种植绿色片林；以重要节点、窗口地带为重点，建设节点游园；结合美丽乡村创建，以街道、庭院绿化为重点，打造绿化精品村。2016 年春季渠口镇造林任务 1090 亩，完成 4564.6 亩。三是加大节点游园建设。结合通道绿化、河道治理及美丽乡村建设等工作，在重要节点、窗口地带建设节点游园。2016 年，沟河东唐通路北 62 亩游园，小高坨引道东牛济河排干南 11.7 亩游园建设完毕。村庄绿化以街道、庭院绿化为重点，重点打造了闫胡套、唐屯两个精品绿化村街，栽植了海棠、木槿、樱花、刺槐、核桃等景观、经济树种。

【农村环境卫生管理】 一是开展“三清一拆”。渠口镇 2016 年美丽乡村创建村 14 个，通过镇村干部入户做工作，党员干部带头清障拆违，14 个村全部完成了“三清一拆”任务，共拆除各类违规私搭乱建 2600 户，拆除厕所 3602 户。二是规范垃圾处理。招标引入专业保洁公司统一对镇域垃圾开展清运、清理，村街垃圾实现了专人清扫、定点存放、每日集中清运，真正做到了生活垃圾日产日清。三是提升通唐路形象。结合通唐路拓宽改造，聘请了专业规划部门，对路两侧建筑进行了高标准规划设计，统一进行立面改造和硬化、美化、亮化建设，2016 年底前设计施工方案和可行性研究报告初稿已完成。针对马路市场占道经营问题，在渠口村南新建占地 80 亩的集贸市场，马路市场商贩已全部搬入新市场经营。

【大气污染治理】 一是严格落实大气污染防治管控。成立了镇村禁烧巡查队，安装了覆盖全镇的烟火预警系统，确保第一时间发现，第一时间处置，境内垃圾秸秆焚烧问题得到有效控制。将村干部、企业负责人联系电话录入信息发送平台，应急响应第一时间发送通知，应急反应能力明显提高。二是淘汰燃煤锅炉。对全镇442家企业逐一进行了核查登统，累计淘汰了306台燃煤锅炉,92家企业安装了环保设备，42家餐饮企业安装了油烟净化设备，有效地减少污染排放。三是积极推进气代煤工程。协调用工施工单位抓紧施工，至2016年底渠口镇17个试点村主管道和5100余户入户管线、设备等全部安装到位，等待统一供气。

【社会稳定】 坚持把维护稳定作为贯穿各项工作的主线来抓好。一是用好群众协调员,充分发挥群众协调员在化解农村矛盾中的作用。二是强化村街干部职责，将信访工作纳入村干部绩效考核。三是完善群众工作中心各项工作制度，规范工作流程，完成搭建了三级视频联动接访平台，第一时间掌握群众诉求，及时做出处理；建立信访议事会议制度，相互通报各自掌握的信访隐患，沟通问题进展，共同研究解决措施和维控方案；加大反邪教宣传力度。2016年6月和10月宣传车分别在渠口镇进行为期一周的宣传，深入到村街、学校和集市进行反邪教的宣传，确保反邪教工作家喻户晓。

【新农村建设】 一是建设农村文化大舞台，充分发挥综合文化站的作用，大力举办文艺演出、才艺比武等丰富多彩的系列文化活动，每两周举办一次戏迷会和广场舞交流会。二是全面通过验收。2016年，全镇48个村全部通过“创建国家公共文化服务体系”验收。三是整理并出版渠口镇历史文化沿革。通过查阅大量的历史文化资料和走访座谈，编写了《渠口镇历史文化沿革——底蕴深厚的文化名片》一书，使本镇的历史文化得到了进一步传承和发扬。

【社会保障】 农村医疗保险和养老保险参保率达到了98%以上，2016年对68户340间农村危房进行了修缮或重建。全面落实低保救助政策，做到应保尽保，完成了397户554人低保调标工作，发放临时救助款8万元。联系远山行志愿者服务组织对5户贫困家庭开展了助学活动。

【计划生育】 2016年，全镇共出生婴儿585人，其中政策内一孩301人，政策外一孩3人，政策内二孩253人，政策外二孩5人，政策内多孩8人，政策外多孩15人。计划外出生二孩7人，计划生育率为96.07%。

【美丽乡村建设】 渠口镇利用美丽乡村建设的契机，不断加大村庄建设力度，2016年筹资12710.123万元共对大七里村、代家阁村等14个村街进行了美丽乡村创建。在民居改造方面，完成了门窗改造110个、立面改造8700平方米、院墙改造2000米；在污水处理方面，集中处理铺设管网6000米；在道路硬化方面，共计硬化连村道路148479平方米、村内主街道222900平方米、村内巷道145000平方米、电网改造线路1800公里；亮化工程方面，安装更换路灯2760个、新栽路灯线杆2760个；无害化厕所改造方面，完成无害化厕所改造3676个；“两改一清一拆”（改造城中村和永久保留村，改造危旧住宅和旧厂房， 清垃圾杂物和残垣断壁、拆除违章建筑）方面，清理杂物30900立方米、清残垣断壁和路障143处、清理庭院3258户、拆除违章建筑28970平方米；在垃圾治理方面，新建垃圾处理设备23

个，设立垃圾处理专项资金260万元；在村庄绿化方面，完成环村林带等村外绿化30396平方米、村内街道和休闲游园绿化30374平方米、庭院绿化38400平方米；在村民中心建设方面，完成1个综合服务中心，1个农家书屋、1个村史馆建设；环境美化方面，整饰临街建筑立面264887平方米、绘制农村文化墙32141平方米、文化广场建设24482平方米，建设体育设施13处、村庄标识13个。使渠口镇的村庄环境建设步入了一个和谐发展的良性循环。

【招商引资】 渠口镇深入贯彻县委、县政府主要领导指示精神，围绕“全员抓经济、重点造环境、集中精力上项目”的工作理念，积极转变工作方式，拓展项目发展空间，改善全镇发展软环境，全力引进一批科技含量高、投资强度大、资源消耗低、带动作用强的重大产业项目和环保型企业入驻渠口。2016年，渠口镇引进项目4个，年产400套除尘设备项目、配电柜、展柜升级改造项目、配电箱升级改造项目和车辆配件升级改造项目。1. 年产400套除尘设备项目：由北京韩星通环保技术有限公司与香河华阳节能环保设备有限公司合资建设，项目拟投资3.2亿元，占地60亩，主要建设生产车间、库房、研发中心、办公楼及相关附属设施等，总建筑面积为51500平方米。2. 配电柜、展柜升级改造项目：由北京鑫华兴金属制品有限公司与香河洋鑫博傲钣金制造有限公司合资建设，项目拟投资1.1亿元，占地45亩。改造厂房6000平米，改造喷涂流水线，更新设备，购置数控剪板机、折弯机、封边机等15台(套)，新上喷淋清洗流水线一条。3. 配电箱升级改造项目：由北京宏日金属制品有限公司与香河县国顺金属制品有限公司合资建设，项目拟投资1.1亿元，占地35亩。改扩建厂房12000平方米，购置配电箱加工生产线、自动喷涂生产线等设备。4. 车辆配件升级改造项目：由北京南车时代车辆有限公司与香河县光明车辆服务有限公司合资建设，项目拟投资1亿元，占地30亩。改扩建厂房10000平方米，购置车辆配件生产线、自动喷涂生产线等设备。年底前，四个项目厂房改造均已完成，正在购进新设备。

（张玲玲）

钱旺镇

【概况】 钱旺镇政府驻地钱旺村，位于县政府东侧，距县政府5公里，辖区面积36.90平方公里，有21个行政村：土堡子、马房顶、刘庄、元庄、田贾庄、焦康庄、义井、达古庄、大高坨、袁官屯、大六王庄、小六王庄、大河各庄、富各庄、东马家窝、西大街、后大街、和平街、姜吴街、成自务、钱旺村。2016年，全镇总人口26604人，人口自然增长率6‰；从业人员 5800 个劳动力；年末常用耕地面积2171.6公顷；粮食播种面积1978.94公顷；粮食产量11622吨；农林牧渔产值22467万元；农民人均纯收入10049元，同比增长8%；财政收入6791万元，同比增长27.4%，农业机械动力60120千瓦；全镇工业总产值222586万元；镇区总人口1940人，占地面积0.45平方公里。

【基层组织建设】 钱旺镇党委所属30个党（总）支部，其中农村党总支5个，党支部16个，镇直和镇直非公企业党支部9个，全镇共有党员1193名。钱旺镇党委所属21个农村党（总）支部：大河各庄党总支、义井村党总支、田贾庄村党总支、姜吴街党总支、成自务村党总支、土堡子村党支部、马房顶村党支部、元庄村党支部、刘庄党支部、焦康庄村党支部、西大街党支部、后大街党支部、和平街党支部、东马家窝党支部、富各庄村党支部、小六王村党支部、大六王村党支部、袁官屯村党支部、大高坨村党支部、达古庄村党支部、钱旺村党支部，镇直和镇直企业党支部9个：钱旺镇机关党支部、青年路党支部、教育联合党支部、峻宇锅炉党支部、创业基地联合党支部、工矿配件恒通电气党支部、构件厂水泥厂党支部、华兴党支部、富家家具党支部。

【民主法制建设】 为切实维护村街的稳定，钱旺镇建立健全村街法律顾问，依法、及时、妥善地处理农村人民内部矛盾，解决影响农村稳定的各种纠纷。组织各调委会主任学习、探讨，提高调解人员的调解技巧及处理问题纠纷的能力，做好深入细致的思想政治工作，从源头上防止和化解引发矛盾纠纷的各种因素，防止矛盾激化，找准群众利益的共鸣点和宣传的切入点，引导群众按正常的渠道反映和解决问题。

深入开展法制宣传教育，建立健全了普法、学法制度。镇司法所不定期用平安网进行法律宣讲，充分利用天网广播、发放明白纸、悬挂横幅、中小学校黑板报等形式进行普法宣传，并在镇政府明显位置建立了宣传栏，不定期更换内容，加大了对普法工作的宣传力度。

加强对社区矫正人员的管理，对入矫人员及时进行登记，宣告入矫，与村干部谈话了解入矫人员的基本情况及在村表现，结合矫正人员的实际情况制订社区矫正方案，做到一人一档，并有专人负责管理。加强社区矫正人员日常工作的管理，要求矫正人员每周电话报到一次，每月到司法所报到一次，严管人员每周到司法所报到一次。对矫正人员每月进行一次个别谈话，组织一次集中学习教育和义务劳动。按时参加县局组织的学习培训，并要求矫正人员对每次的学习内容写份感想或收获。同时，使用管理机，随时察看每名矫正人员的行动情况，有无关停机情况。对于刑满释放人员的管理，采取一名司法干警和一名村干部负责帮教一名刑满释放人员的方法，确保安置帮教工作真正落到实处。截至2016年底，钱旺镇共有刑满释放人员41人，分布在10个村街，各村街在司法所的协调下，本着坚持“教育、感化、挽救”的方针，认真有序地开展了刑释解教人员的教育和就业安置工作，有效地预防了重新犯罪。

【农业基础设施建设】 积极推行小麦“一喷多防”管理技术，发放技术资料800份。配合农业局小麦蚜虫防治工作，按时发放免费农药4.2吨。对绿化地块通过承包管护方式，划分管护任务，细化管护责任，鼓励并发展林下经济；化学防治美国白蛾，配合飞机防治，有效地遏制了虫害的发生趋势。

【农村容貌改造提升】 确定“分步走”的发展目标和“抓点、连线、成片”的工作思路，把达古庄村作为试点村先行，后大街、袁官屯提速跟进。按照“两改一清一拆”的要求，对后大街村内的私搭乱建、违法占地进行清理拆除。清除垃圾杂物1000余吨，清理庭院500余户，拆除违建420余处，为美丽乡村建设奠定了坚实的基础。对4000米环村沟渠进行清淤除杂，对水体进行了净化处理，并修整了渠坡，确保水清、岸洁、景美，有力支援了美丽乡村建设。

【农村环境卫生管理】 重点治理“脏、乱、差”和清理垃圾，实现村街“四清”“四化”标准。对全镇21个村街的垃圾实行镇统一发包清运，各村街负责街道清扫、垃圾入池等，每个村设 3—5 名专职保洁员负责清扫街道，统一着装、统一发放保洁车辆，实现“户收集、村清扫、镇清运”的运行管理模式，镇环境巡查小组每月至少一次对各村街卫生情况进行考评和验收,并将成绩与其工资相挂钩。充分利用广播、宣传车等方式宣传环境建设，每月开展集中整治行动，对主干路两侧沟渠以及村庄周边无人清运垃圾点进行彻底清理。

【大气污染治理】 组建大气污染监管网络，对家具钣金、喷漆企业，燃煤锅炉进行了清查。清查出涉污企业 257 家，及时下发了《限期整改通知》并多次突击检查，有效地制止了企业偷产、偷排污染大气的行为；核实镇域内 10 蒸吨以下燃煤锅炉，逐一检查，严格登记，全镇 10 蒸吨以下燃煤锅炉共计 306 台，已全部拆除完毕。全镇范围内所有渣场、料场、搅拌站实现 100%苫盖。全面清理整顿露天烧烤，全镇 20 余家烧烤点实现了“烧烤零露天”。夏秋两季不间断巡查，保持高压态势，未发生一起秸秆焚烧行为。

【社会稳定】 坚持走群众工作路线，建立“多元化”的群众工作保障制度，全镇信访总量明显下降，同比件（批）次下降 56%、人次下降 42%。创新了约访、陪访、随访并加以思想疏导的“三访一疏”(约访、陪访、随访并加以思想疏导)工作机制，研究制定了“突发事件应急预案”，从群众中摸排矛盾根源，进行渗透性的“思想疏导”，继而有针对性的“对症下药”，最大限度地减少了信访事件扩大化。2016 年，全年累计约访、陪访、随访 1200 余人次，排查化解各类矛盾纠纷 35 件，办结积案 12 件，确保了全镇的和谐稳定。

【新农村建设】 坚持公平、公正、公开的原则，全力推进元庄村新民居回迁，2016 年，元庄村签订置换补偿协议，并完成选房、结算和领取新居楼房钥匙的户数占全村比例的 83%。

以元庄村为示范，研究规划其他村街新民居建设工程。目前，亿鑫置地有限公司已中标钱旺镇大高坨村新民居改造项目，并与村委会签订了协议；香河万联房地产开发有限公司已中标义井村新民居建设项目。镇党委、政府正在与投资开发企业协商回迁社区选址、村庄整理置换、拆迁、安置方案。

【社会保障】 积极推行新型农村养老保险和合作医疗，坚持把惠农政策落到实处。按照上级要求，圆满完成 2016 年的保费收缴工作，并及时为群众发放养老金，月发放养老金 60 余万元；按时发放低保金，为困难群众进行了危房改造和修缮，为残疾人发放轮椅和申请免费治疗。全年，累计发放医疗救助金 7 万余元，为 360 户困难群众发放了米面油，发放临时救助 4 万余元，有效解决困难群众看病难、生活难问题。

【计划生育】 全面实施计划生育家庭奖扶政策和惠民工程，共发放计划生育奖扶补助金 311040 元，办理中、高考加分 28 个，全年实施各类避孕节育措施 400 多例，发放免费避孕工具药具 1000 余人次，做好了计划生育技术服务，为 54 例生育夫妇进行了免费的优生检测，计生信息补充工作在全省名列前茅。

（张艺馨）

蒋辛屯镇

【概况】 镇政府驻地：蒋辛屯村，位于县城北 10 公里。全镇总面积 28.8 平方公里，辖 18 个行政村，王店子、苍头、岭子、梁家务、河北吴村、闻庄、北三百户、北六百户、北头百户、大窑上、杨簸箕庄、北李庄、北五百户、大马坊、小马坊、后场、小祁庄、蒋辛屯。2016年，全镇人口15360人，从业人员6874人，耕地面积2024公顷，粮食播种面积2182.6公顷，粮食总产量14210吨，农林牧渔总产值12367万元，财政总收入1.16亿元，占全年总任务的269.4%。辖区一般预算收入5635万元，总人口15893人，占地面积1.39平方公里。

【获得荣誉】 蒋辛屯镇荣获“2016年度统计工作先进集体”；被廊坊市统计局评为“2016年度廊坊市建设领域统计工作先进集体”；荣获“2015年香河县农村公路养护工作优秀单位”荣誉称号；被廊坊市妇女联合会评为“廊坊市三八红旗集体”荣誉称号；荣获香河县2016年“药安食美”杯广场舞大赛“最佳组织奖”；镇团委荣获“2015年度县五四红旗团委”；镇武装部被香河县国防教育办公室授予“弘扬伟大抗战精神、同心共筑强大国防先进单位”，同时荣获“表彰2015年征兵工作先进单位”；潮北新城社区被司法部、民政部评为“全国民主法治示范社区”；社会事务办公室被授予“村委会换届选举工作先进单位”“优秀工作先进单位”“医疗救助工作先进单位”；同时河北吴村还被廊坊市委、市政府评为“廊坊市2014—2015年度文明村”。

【基层组织建设】 蒋辛屯镇党委下属22个党支部，其中村街党支部18个，还设有机关党支部、人才支部、老干部支部、教联支部，共有党员834人。2016年，蒋辛屯镇坚持以“两学一做”为抓手，以增强党性、提高素质为重点，加强和改进党员队伍教育管理，建立健全党员“长期受教育，永葆先进性”教育管理机制，推动广大党员发挥先锋模范作用。并且不断加强基层组织阵地建设，升级软硬件设施，做到学习、活动、作用发挥经常化。与此同时，结合美丽乡村建设，按照“三全四高”标准，在持续巩固“4+1”党建示范区的基础上，着力打造时代特色鲜明、示范带动作用突出、党员群众公认的精品示范区。村街“两委”班子选举工作坚持“分类指导、试点先行、整体推进”的原则。通过选举把一大批政治素质高、发展意识强、办事公道、能带领群众致富的人选进村街“两委”班子，为农村各项工作开展提供坚强有力的组织保证。制定下发《蒋辛屯镇基层党组织建设工作实施方案》《蒋辛屯镇关于制定农村“两委”干部任期承诺目标并推行“361千分考核办法”的意见》《蒋辛屯镇党委议事规则》《蒋辛屯镇村务管理工作手册（试行）》等制度，促使新任村“两委”班子尽快进入角色，逐步确立“靠制度干事、用纪律管人”的原则。

【民主法治建设】 加强民主法制建设，强化社会治安综合治理，治安形势明显好转。加强安全生产监管，安全形势持续稳定。加强信访工作，强化镇村调解中心建设，构建“三位一体”调解格局，有效化解了各类社会不稳定因素，促进了社会和谐稳定。

【农业基础设施建设】 全镇累计新建镇村公路95公里,完成村内道路硬化24.55万平方米，铺设天然气主管网33500米，水电线路入地119000米，植树3万棵近10000亩，路侧绿化164000万平方米，安装路灯2100盏，建成节点公园10个，改造旱厕1906个，安装分散式污水处理设施1080套，投资1800万元建设占地200亩的潮北新城公园，有效提升了镇域东部整体形象和百姓生活品质。同时，220千伏变电站工程主体完工，打机井80眼，铺设防渗管道16万米，农田水利条件得到明显改善。

【路网工程】 密涿高速穿越领子、仓头、李庄、梁家务四村街，全长4.014公里,2016年底已通车，并在梁务村北设有收费站一座，即将投入运营；京唐高铁穿越岭子、王店子、河北吴村3个村街，即将开工建设。同时，全面推进密涿引线、堤顶路北延、梁务至苍头、梁务至岭子、蒋北路、纬一路、经一路等骨干路网建设，拉开内通外联的整体发展框架，为蒋辛屯的跨越崛起奠定基础。

【美丽乡村建设】 着力办好15件实事，在全县率先打造出美丽乡村精品片区。北吴村、王店子2个村街的美丽乡村建设各项工程皆已完工，并于年底顺利通过验收，获批省级美丽乡村。仓头、领子、三百户、李庄4个村街各项创建工程也已基本完工。杨百庄村原址重建工程目前已完成规划方案、前期宣传和二轮入户摸排，村民满意率达到90%。

【农村环境卫生管理】 采取“政府主导，群众参与，分级负责，市场运作，规范运行”的工作办法，建立镇、村、户垃圾处理三级组织管理网络。全镇聘用保洁员60名，建地埋式垃圾池50个，购置垃圾箱460个、专业的道路湿扫车1台、洒水车5台，配发家庭式清洁车1200辆。实现定人清扫、定时清运、定点深埋。安排专人对全镇域各级路网进行分段分包式整洁维护，加大主干道路清洁保养力度，努力减少道路扬尘。

【大气污染防治】 采取措施关停辖区内的所有加工企业；24台10蒸吨及以下燃煤锅炉全部整改到位；投资20余万元，27家餐饮企业全部统一加装净化设备；对落叶进行集中清理、清运，防止焚烧现象；取消辖区内生产经营性场所燃煤取暖；集中治理重点区域、主干路段的生活垃圾和裸露土层，实现全清理、全苫盖；重点路段的大型工程车辆采取禁行管理；抽调精干力量充实巡查队伍，紧盯重点区域，开展24小时不间断巡查监管。同时，全力推进村街煤改气工程及清洁煤炭替代工作，已完成北三百户、领子、仓头、北李庄4个村街共1070户村民的“煤改气”管网铺设工程，安装壁挂炉1000余个，发放清洁燃煤600余吨，北三百户于10月1日正式通气使用，是香河县天然气进村入户的第一村，接受全市“气代煤”工作观摩；同时重点关注经营性场所留守员工的取暖情况，已累计发放电褥子、电暖器等取暖设备40台。

【信访稳定】 蒋辛屯镇提前分析当前镇域信访形势，梳理隐患苗头，针对上访当事人逐一制定问题处置方案和应急预案，明确包案责任人，全程负责案件的化解及当事人稳控工作。成立包村工作组，协同村街“两委”，开展驻村办公，第一时间摸排信访隐患，并在各个村街精心挑选信息员共55名，每日反馈信访动态，确保第一时间发现处置信访苗头。加强村街、镇域内部稳控，立足村街实际，开展小案化解工作，第一时间开展小访、新访、初访等苗头性案件化解工作，避免小事拖大。针对群众正当诉求问题，依据“困难帮扶，分步解决、思想稳控”的工作思路，加大处理力度，提速问题办理；依法依规加强对非访行为治理，安排专人做好当事人日常稳控工作，确保不出纰漏。

【新农村建设】 积极推进新民居建设，潮北新城全部建成，六百户、小马坊、小祁庄、后场、蒋辛屯、大马坊6个村街全部实现回迁，形成了既有城市生活品质，又有农村文化味道的新社区。

【社会保障】 全镇新型农村合作医疗制度运行良好，覆盖率达95%；完善低保运行机制，全镇低保154人，发放低保金38.75万元；全面启动危房改造工作，为23户贫困户改造危房；全方位实施救助活动，累计救助困难户54人，救助春蕾女童15人，共发放救助款30余万元；发放2016年度计划生育独生子女费及“三新一补”(三新一补指的是新型农村合作医疗、新型社会保险、新居民和农村孕产妇住院分娩补助。)资金108080元；发放高龄老人补贴15.89万元、义务兵优待金11.34万元；辖区内各企业及村街党员群众自发组织成立了蒋辛屯镇“爱心济民”互助协会，开启了新时期下蒋辛屯镇扶危济困民间善举的新篇章。

【计划生育】 蒋辛屯镇辖18个行政村，全镇总人口15360人，已婚育龄妇女3264人，其中一孩1910人，二孩931人，多孩53人，无孩370人，综合避孕率90.84％。

【乡村旅游】 聘请壹城（香河）建筑设计咨询有限公司经过逐村实地调研和论证，编制完成了《香河县潮白河区域旅游产业规划（初稿)》，充分利用潮白河得天独厚的自然禀赋和文化底蕴，重点打造潮白河北段休闲观光滨水带、锦秀潮白生态农业示范区和香居小筑，在潮白河畔打造户外体验、休闲垂钓、果园采摘、生态湿地四大功能片区和滨河木栈道、渡船路口、游船码头、滨水垂钓采摘、花镜花圃、生态湿地等众多景观节点。同时引进北京锦绣潮白旅游发展公司，对现有的悠然庄园、锦鲤农庄、古渡口等旅游资源进行重新包装，整体提升改造，整合为锦绣潮白生态观光旅游，整体向外推介，打响“锦绣潮白”这个品牌。其中，首期已完成“香居小筑”的乡韵茶情、民俗馆两个主题工作室，已接待2016年国际青年组织论坛暨北京友好城市青年交流营一行30个国家160人的参观、全省现代公共文化服务体系建设工作会议的参观以及CCTV-7《农民春晚》的分会场录制。

【潮北新城社区】 镇域东部新民居建设潮北新城社区，涉及北六百户、后场、大马坊、小马坊、小祁庄、蒋辛屯村6个村街，952户，3200口人，村庄面积1794.51亩，已全部实现回迁。该社区占地348.99亩建设六层住宅楼56栋，房屋2916套，总投资8亿元。累计投资500余万元，对总建筑面积3888平方米的社区服务中心进行了装修和综合配套，健全完善了规划展厅、综合办公大厅、警务室、电教室、图书室、夕阳红活动中心、计划生育服务中心、卫生服务站、村街办公室等各类场所，使群众进一道门办“多家事”，社区服务品质显著提高。以潮白河大堤为界，西部以美丽乡村建设为统揽，以北吴村、王店子村为中心带动，南北纵向延伸，纳入仓头、杨百庄、领子、北三百户、北李庄，连片打造，上品质，深内涵，建成田园风格浓郁、乡愁•香韵突出的精品乡村，着力打造“美丽乡村示范区”。

【重点企业】 香河县强力封头有限公司位于蒋辛屯镇梁家务村，公司占地20亩，建筑面积6060平方米。公司拥有WT6500-40和3500-30大型旋压机，5000T、1200T、630T、200T油压机。可加工直径89—6500毫米厚度2—200米的各种封头。其中，包括椭圆封头、蝶形封头、锅炉用平管板、拱形管板U形圈、冲孔封头、波纹炉胆、钢包底、大型高炉炉帽、炉体、各种大型重型瓜瓣封头。是中国锻压协会会员单位，中国特种设备协会的成员单位，锅炉压力容器协会会员单位，公司拥有先进的检测设备，保证出厂的产品质量。公司产品销往全国。2016年，销售收入1013万元，税收53万元。

（阮思琪）

新开街道办事处

【概况】 新开街道办事处位于新开大街中段路北（原驻军院内），辖区范围：新华大街以南、夏安路以东的城南、城东区，总面积10.2平方公里。总人口75078人，辖7个社区居委会：新开社区、新绣社区、安抚社区、段庄社区、永泰社区、康宁社区、秀水社区；8个村街：西南街、东南街、南台、闫庄、安抚寨、周元、段庄、前店子。2016年，街道共完成财政收入40478万元，其中，国税系统完成10405万元，地税系统完成30073万元；占预期任务的125%。经委下辖民营经济2278家，其中个体户2119家，民营企业159家，规模以上工业企业1家，共完成总产值28亿元，增加值完成6亿元，利润完成2.3亿元，累计完成固定资产投资8.6亿元。

【惠民工程】 一是路网工程建设。大力推进迎宾路南延、建新路西延、建新路拓宽改造三项县重点路网工程建设，2016年共新建、扩建道路总长3600余米，总投资3000余万元，二是“五小三幼”配套设施。“五小三幼”配套工程前期勘测、规划设计、地面附着物清除等准备工作已全部完成，共迁出坟墓数百座，挪移树木千余棵；东干渠桥梁建设及护坡工程基本完工；南北两侧区间路路面硬化、桥梁、护坡建设已完成，市场北侧道路已完成前期拆迁工作。三是小街小巷改造升级。投资200余万元，对原淑阳派出所北侧路、县社小区东侧路、周村元主路（康平路）北段路、家具城市场进段庄村路、红星美凯龙西北闫庄村路和前店子鑫砖东西侧路等17条群众反映强烈、破损严重的道路及小街小巷进行升级改造，共修复路面4700余平方米。四是老旧小区上档提质。在民政小区粉刷文化墙和宣传画1000余平方米，新建节点公园1000余平方米，配置凉亭、健身器材，安装了路灯；在司法局西侧新建休闲公园800余平方米，安装健身器材。对辖区内88个存在绿化面积不达标、绿化结构不合理、后期养护管理不到位的小区进行摸底调查，对不达标小区下发整改通知，涉及有物业的38个小区由物业公司负责整治，无物业的50个小区由街道补助进行整治。

【环境整治】 一是拆除违建工作。以违建严重的段庄村为切入点，共走访群众300余人次，收集意见50条，完善相关制度10项，张贴标语100处，出动人员200人次，大型机械10余台，拆除侵街占道违法建筑126余处，共2700余平方米。此外，2016年辖区共有50余户翻建房屋，查处违规建筑11处，已强制拆除7处。二是环境卫生整治。建立环境卫生长效管理机制，完善垃圾收集、运输、处理设施，逐步推行“户集中、村收集、街道处理”的垃圾一体化处理模式。重点清理了辖区内8个村街主路及小巷生活垃圾700余吨，清理质监局东侧建筑、生活垃圾100余吨。全面清理香五公路主路两侧、水渠东西路面两侧及河沟内积存垃圾100余吨。三是绿化工作。春季植树造林50亩，充分整合利用闲散用地，见缝插绿，见缝补绿，种植樱花、海棠、樱桃树等绿化树木，完成民政局小区、县社小区和花园小区3个小区的绿化任务。并对原有绿地进行养护，以增加辖区绿化面积。

【大气污染防治】 抽调200余人组成13支大气污染防治巡逻队，出动车辆近千辆次，实行24小时制巡查监管模式，利用手机短信、微信平台、宣传橱窗等载体广泛宣传，发放《大气污染防治倡议书》《大气污染防治明白纸》6000余份、悬挂条幅100余条；“煤改气”工作燃气管网铺设全部完成，已安装814户宅室内挂、采暖炉，但因各种原因导致村街无法正常通气供暖，街道又为各村街、居民区发放清洁型煤，辖区涉及“煤改气”的6个村街、6个居民区“型煤”发放工作已经完毕，共计2227户，发放“型煤”1587吨、蓝碳100余吨；辖区内商铺门脸的10蒸吨及以下燃煤锅炉完成审计的共有61台，彻底完成拆改的有31台，淘汰补贴手续正在办理中；加班加点开展商户、门脸的“型煤”替换工作，已完成“型煤”替换工作的有107户，共计替换清洁煤90余吨；辖区原有污染企业22家，经过整治，剩余20家，联合公安、综合执法、电力、环保部门对该20家污染企业进行彻底查封关停、断电；在京汉君庭楼顶、富泰家园楼顶、天琴湾楼顶设立3个火点监测点，加强对空气质量的监测；对辖区内各类施工工地以及村街路边土堆和闲置、裸露的空地全部苫盖，共计700余亩，村街闲置空地用毛毡进行苫盖，共计2400米。

【社区建设】 一是新社区建设。前后共投入资金上百万元，在京汉君庭小区打造了建筑面积560平方米，功能完善、设施齐备的绣水社区，从街道其他社区和部门抽调6名熟悉社区工作的骨干到绣水社区，统一着装、挂牌上岗，为社区建设注入了新的活力。

二是社区数字化网络平台建设。成立社区建设考察团赴杭州、嘉兴等地参观学习，融会贯通，积极探索社区数字化网络平台建设，前后投入十余万元，完成人口信息、电子办公、电子台账等三大功能板块建设。三是社区活动丰富多彩。9月13日，安抚社区与县疾控中心共同开展“健康进社区”活动，现场发放宣传图册、购物袋数百个，测量血压和答疑解惑200余人次，深得辖区居民好评。国庆节前夕，新开社区携手华联香百超市开展“迎国庆暨纪念红军长征胜利80周年书画展”活动，展出的60余幅书画作品。重阳节之际，绣水社区携手乐生活物业、县医院开展九九重阳节浓浓敬老情—义诊进社区、免费理发、慰问残疾和空巢老人活动，现场义诊100余人，发放健康图册500余份，并对京汉君庭小区11户残疾和空巢老人家庭进行了慰问，送去米面油等慰问品。

【基层党建】 一是完善基层组织活动场所。全面打造绣水社区新“两室”，通过设立红色育民厅、橙色亲民厅、青色安民厅、蓝色乐民厅四个窗口，着力发挥一室多用功能。同时，对现有村级活动场所进行统筹规划，统一布局，高标准、高起点、高档次规范村级活动场所，优化服务条件，提升服务效能。全面推行村干部轮流坐班制和“一站式”服务群众，进一步改善服务功能的软指标和硬指标，突显阵地作用，提升群众满意度。二是深化“网格化”党建模式。通过落实党员谈心、走访慰问、重点帮扶等制度，广泛开展和谐网格、和谐楼栋、和谐邻里、和谐家庭创建活动，特别是针对社区困难群体，通过实施定人、定时、定点、定项的重点帮扶，让辖区群众切实感受到党的温暖和社会的关爱。

【安全生产】 开展一系列专项检查活动，共检查了各类生产经营单位2000余家，仓储、物流、沿街门店400余家，发现并整改安全隐患100余处，下发《消防安全隐患整改通知书》50余份，责令停业整顿20家，查封1家，其中，有3家幼儿园存在严重消防安全隐患但因使用非实体结构造成整改困难。在京汉君庭小区和云天国际广场举行了消防演练宣传活动，通过社区居民参与消防实践和消防员模拟火灾现场演练的形式向社区居民普及消防知识，使群众掌握最基本的家庭防火、使用灭火器等知识，提升安全意识。通过设立咨询台、悬挂条幅、展出宣传展板、发放宣传资料等方式，开展各类宣传教育活动，共悬挂宣传条幅37条、警示教育图片展板24块，发放各类宣传资料3000份，进一步强化了全民安全生产意识，确保了辖区安全生产形势稳定。

【信访工作】 打造了面积达150余平方米的高标准群众工作中心，配齐配足软硬件设施，建立和完善群众来访接待、分流登记、信访事项督查督办等12项工作制度，并将法律服务、民事调解、群众诉求等所有民生服务项目，全部纳入群众工作中心，让群众办事不再多跑“冤枉路”，努力实现信访管理的全方位、全覆盖。共接待各类来访395件次，重复访240件次，解决案件300件，其中重点案件25件，解决17件。

【村级组织及文化建设】 新建、改扩建了辖区所有村街（社区）“两室”阵地和文化活动室。在西南街新建数百平方米的高标准文化活动室，在东南街打造了500平方米的村委会和文化活动室，其余村街也在原地改建了高标准文化活动室，已全部完工。投入帮扶资金数万元，购置了服装、乐器等，扶持村街文化队伍，南台、段庄、新开、安抚等村街、社区建起了秧歌队、广场舞队伍，西南街村建成小车会，成立了“香河戏迷协会”，帮助每个村街、社区建成两支以上文体队伍。街道办还着重打造新开荷花文艺社，下设诗词、书画、戏曲、演唱等各小组，定期开展活动。

【民生工程】 计生工作：共为18名60周岁以上的符合计划生育奖励扶助政策的群众办理了手续，为1名符合计划生育特别奖励扶助政策的群众办理了手续；完成2016年独生子女高考及独生子女、双女户中、高考加分工作；为68名可以享受一次性3000元奖励的退休人员办理了相关手续；为1户计生特扶家庭申请救助公益金；共为辖区133名年龄在15到27周岁的独生子女办理了保险；为辖区602人发放独生子女费；为辖区172人发放农村新农保补贴；为5户计生特困家庭发放住院医疗护工补贴和养老补贴；为辖区居民办理居民健康卡，共完善1826个人员信息；共办理一胎证204个，二胎证156个，独生子女证91个。劳动保障工作：圆满完成村街、城镇居民养老保险参保工作，共参保3374人，为1851名居民办理了城镇居民医疗保险，并为60周岁以上农村老人每月按时发放基本养老金，共发放2192327.75元，实现了老有所养；为街道1503名企业离退休人员完成认证，共征缴保金263250元。民政工作：4月至9月，对符合城镇困难家庭进行申报核查审批，经过入户、邻里走访将符合低保要求的16户纳入审批，同时对西南街村1户符合农村低保条件的困难家庭进行申报核查审批；对农村60周岁参军人员进行填报认证，为参战军人及烈士更换新证件；统计核查街道80周岁以上高龄老人并申报高龄老人补贴；为段庄低保残疾人王慧军重建危房；为辖区10名困难群众发放医疗救助及困难救助款。残联工作：为社区和村街的6户贫困残疾人发放了应急救助款3万余元；办理村街及社区残疾人证 35 个；对重度残疾人和困难残疾人分别进行申报护理补贴和生活补贴。团委工作：联合廊坊市安次区众意青年志愿者协会，在辖区内设置衣物捐赠箱 20 余个，长期资助周元村一名孤寡老人。同时，联合团县委，共资助贫困大学生 2 名，共计 4000 元。武装工作：通过发动宣传、入户走访，在村街及社区张贴征兵宣传公告 45 张、悬挂条幅 40 条、发放宣传手册 1000 份、宣传口袋 1000 份、明白卡 2000 余张，完成 194 名适龄青年网上兵役登记及《2016 年男性公民兵役登记入户调查表》的统计工作，最终为部队输送优秀士兵 6 名。

（谢宏伟）

新华街道办事处

【概况】 新华街道办事处位于新华大街北侧，五一路东侧。辖区范围：东至白庙村、西至西外环路、南至淑阳大街、北至潮白河南堤，面积 4.6 平方公里，辖 4 个社区居民委员会（新华、永兴、迎宾和城西社区居民委员会）、8 个村街（白庙、胡庄子、万福新村、北岗子、刘庄、西北街、东北街和西店）；2016 年，总人口 36583 人；完成社会总产值 58672 万元，同比增长 4.01%；利润 5717 万元，同比增长 2.17%；增加值 14668 万元，同比增长 4.1%；全社会固定资产投资完成 42520 万元，同比增长 17%；全年财政收入 34861 万元，同比增长 10.4%。农民人均收入 14198 元，同比增长 10%。

【安全稳定】 2016 年，集体访、越级访、非正常访、重复访等各类案件与去年同期相比，信访总量实现了大幅度下降。圆满完成 2016 年全国“两会”安保、5.18 廊坊经济洽谈会安保，“信访攻坚月”北京值班，六中全会安保，“廊坊信访攻坚月”等安保工作。街道党委、政府领导累计坐班接访 300 余次、约访 270 余人次，直接督办化解信访事项 50 余件次。

【环境卫生】 先后投资 46 万元，为劳动小区修建一条长 600 米，宽 6 米的石灰路。在卫计局路口北侧，新建节点公园，种植各种乔灌木、花草。还投资 100 余万元将北岗子一条长 1600 米，宽 6 米的进村主路进行了翻修，将堤顶路进行硬化、绿化和亮化。

【大气污染防治】 制定了《新华街道办大气污染综合整治工作方案》，成立了以主任为总指挥、主管副职为副总指挥长，各包村干部为成员的大气污染综合整治工作领导小组，实行“属地管理”责任和班子成员包村、包治理“双向责任”，将大气污染防治工作任务目标逐项分解，责任到人，层层落实，在全办迅速掀起大气污染综合整治工作高潮。

【计划生育】 按照《人口和计划生育管理人员职业道德规范》，制定出台了《计生服务窗口工作人员文明服务规范》《计生服务窗口管理和考核制度》等规章制度，规范了办证行为，并发挥社会监督的力量，每一名育龄妇女都是计生服务窗口的监督员，对办证服务实施监督。设立专门的办证服务地点，在服务厅显著位置悬挂各种办事指南，并制作成宣传折页，通过计生专干发放到群众手中。积极开展办证工作人员培训工作，着力提高办证人员的服务能力和服务水平。共办理第一个子女生育证 134 个，再生育子女生育证 119 个，独生子女父母光荣证 13 个。办理农村计划生育家庭奖励扶助 19 人。中、高考加分 9 人。计生 3000 元一次性奖励 83 人。对农村 15—30 周岁未婚独生子女投保摸底155人。

【综合治理】 由街道综治办牵头，建立了街道办综治维稳中心，成员单位除司法所、派出所单位外，还有纪委、土地所、民政所、计生办、团委、妇联、农业站等单位负责人为维稳中心成员，做到小的纠纷归口调解，大的疑难纠纷由司法所等单位配合共同调解。形成了领导重视，部门配合，人人参与的良好氛围。新华街道办事处共有4个社区8个村街，分别成立了综治维稳工作站，小村由3人组成，大村由5人组成，交叉任职，各负其责，村级民调、治保组织人员全街道办事处共12人。年初与各社区、各村分别签订了《社会治安综合治理责任状》，并且与工资挂钩，奖惩分明，此项工作纳入年终综治考核，占考核工资20%，此外，组织成立了10户义务调解员，成员由村里的老党员、村民代表或在村里威望高的人兼任，全街道共有义务调解员30人，有效化解各类矛盾纠纷达10余起，全街道民调工作真正做到了小纠纷不出组，大纠纷不出村，疑难纠纷不出街道。根据不同季节所发生的纠纷，除每月进行大排查外，还将排查出的疑难纠纷及时在工作会议进行讨论，研究制定解决方案，组成若干调解小组将所排查出的纠纷分解到组，责任到人，规定在一定期限内完成。辖区原邪教“法轮功”习练者19名，针对这些人员，我们坚持每月一见面，了解思想状况和现实表现情况，并随时掌握这些人员的动向，做到心中有数，确保不发生重新犯罪和聚众闹事事件。

（马丽娜）

平安街道办事处

【概况】 香河县平安街道办事处成立于2012年9月份，办事处与河北香河经济技术开发区同楼办公（位于平安大街南侧），街道办事处辖区四至：东至北运河，南至县界，西至县界，北至龙凤碱河、县界，面积18.43平方公里，辖区下设4个社区居委会：民安社区居委会、新城社区居委会、正阳社区居委会、安泰社区居委会。有万通、京御、盛达置地、鸿坤、国元、香河佳龙、香河城镇房地产、隆盛、博远等多家房地产开发公司。已建成小区19个，其中平安小区、医院小区、平安丽景A区、平安丽景B区、福源小区、京津花园一期、共青社、阳光优势、燕都鑫城、花香小镇属于民安居委会；京津花园二期、京津花园三期、京津花园四期、福安城、罗纳河谷属于新城居委会；孔雀城、天悦小区、香汐小区属于正阳居委会；紫藤堡属于安泰居委会。已建成小区总建筑面积350万平方米，入住户数2.4万户，人口5.8人，其中常住人口3.5万。

【基层党建】 坚持以建立健全基层党组织为方向，创新“网格+”管理模式。在辖区内推行“网格+党员、网格+服务、网格+信访、网格+安全、网格+文化”管理模式，有效改善社区服务功能，确保辖区各项事业和谐有序发展。加强流动党员管理。建立流动党员联系卡，开展组织找党员、党员找组织、党员找党员的活动。深化党员培育工作。结合“两学一做”开展了一系列的学习培训活动，一方面在各小区内悬挂宣传条幅200余条、张贴宣传画300余张，发放宣传资料近千份，使“两学一做”内容深入人心；另一方面，组织机关党员和社区党员进行集中学习，有效加强了党员意识观念，提高了思想觉悟。

【社区管理】 在硬件方面，落实正阳居委会500平方米和民安居委会700平方米的社区用房，按照社区实际需要进行了装修，并配置健身器材、图书、电脑、棋牌等各类文体用品，夯实了社区工作基础。在软件方面，加强制度建设，先后推出了岗位责任、机关效能、流动党员管理、全程协办、亲情代办等 15 项工作制度，保证了机关作风硬朗，为居民服务热情高涨。

【惠民工程】 救助困难家庭 6 户，办理低保 2 份，办理残疾证 9 个，办理残疾人补贴 9 人次，共发放救助款 2 万余元。深入社区进行基础数据采集，并将健康、生育融入社区建设中。进行卫计方面宣传 15 次，发宣传资料 5000 余份，办理流动人口婚育证明、第一个子女生育服务登记卡、二胎生育服务证等证明 500 余份。全员人口管理信息系统录入 3370 人，考核年度出生 176 人，人口出生率 5.2%，符合政策生育率为 100%。本年新增特扶家庭 1 户，发放特扶家庭一次性救助金 2 万元，发放特扶人员生活补贴 1.32 万元。

【街道文化】 新筹建两个社区文化活动室，购置了各类图书和健身器材。组建多支文化团体，开展读书、讲演、歌舞、书画等各种文体活动。目前，辖区有书画、摄影、象棋、乒乓球、羽毛球、舞蹈、老年模特等 12 支文体活动团体，总人数达 260 余人。平安街道协同北京、天津周边区县共同举办书画、棋类、摄影等各类文体活动 16 场，组织广场舞、回春操、红歌行合唱等文艺演出 13 场，极大地丰富了社区间的文化交流。特别是 5 月份，邀请北京通州书画界知名人士、廊坊老年书画研究会共同开展社区京冀书画交流活动，有效促进区域间的交流，提高辖区社区书画创作水平，受到社会广泛关注。

【环境整治】 成立垃圾清扫队，采取社会化运营方式，每天对街道和社区进行全面清扫，实现垃圾日产日清。严格执行大气污染防治各项措施。一方面加大力度进行宣传，在各社区和主要街道悬挂宣传条幅，印制和发放宣传资料，摆放宣传展板，并利用社区广播系统、流动宣传车、微信公众号和城市细胞网络服务平台进行宣传；另一方面加大力量对社区内进行 24 小时巡查、督导，杜绝社区内烧垃圾、落叶，严禁燃放烟花爆竹，确保辖区内不着火不冒烟。在罗纳河谷、香汐、阳光优势等小区进行补栽补种，使整体环境得到绿化美化。截至 2016 年底，辖区已有 5 个小区被评为市级园林式小区。

（崔向明）

人　物

孝老爱亲　道德模范

——记香河县环保产业园区黄院村支委妇联主任顾娟

顾娟，女，1975 年 7 月出生，中共党员，现任环保产业园区黄院村支部委员兼村妇联主任。她的家是一个四代同堂的家庭，上有年迈的祖母、母亲，下有正在上学的一儿一女。多年来，她用自己的爱心操持着整个家庭，她通情达理、持家有道、尊敬长辈、团结邻里，家庭和睦的事广为邻里所称道，她用家庭妇女特有的勤劳、善良、纯朴，用她全身心地爱让这个家庭始终保持着一种祥和的气氛。为老人提供了一个舒适安逸的生活环境，为孩子营造了一个宽松、和谐的生活氛围。在邻居眼中是一位随和的好邻里，在丈夫面前是一位体贴的好妻子，在婆婆眼中更是一位体贴孝顺的好媳妇，在她的孩子面前是一位慈爱的好妈妈。

顾娟与丈夫结婚近 20 年来，一直与祖母、父母一起吃住。祖母今年 104 岁，身体健康，脾气却不太好，时常闹小孩子脾气，她也感到委屈，但是想到老人的心中也充满了苦与痛，她就不那么委屈了，反而更加的关心老人，陪老人说话。每天，她除了安排好丈夫和孩子的生活外，还要妥善安排好老人的起居饮食。平时，老人提出的要求她都尽力给予满足。逢年过节她总不忘给老人买点礼物，天冷了，她总是早早为老人烧上暖气，让老人从心里觉得暖烘烘的。

顾娟经常说："百善孝为先，尊敬老人、爱护老人、关心老人，是我们应该保持的优良传统。"朴实的语言中，说出了最真实的道理。耳濡目染，孩子们也争着孝顺老人，有好吃的总忘不了爷爷奶奶，逢年过节也都要给爷爷奶奶带来老人爱吃的食品和喜爱的衣物。

无论是家庭还是工作，顾娟都打理的井井有条，上得厅堂，下得厨房，她的善良，朴实，让她获得了精神的力量源泉，她的宽容，大方，让她享受人生的平实和幸福，她的勤劳、踏实，让她赢得生活的富足。她将会感染更多的人在平平淡淡中体味真、弘扬善、享受美。

不忘初心　砥砺前行

——记香河县人民法院李芳

李芳，女，汉族，1978 年 3 月出生，中共党员，本科学历，1997 年 7 月参加工作，在农村小学从事了十年美术教师及幼儿教师工作，于 2008 年 2 月调入香河县人民法院，现任香河县人民法院政治处副主任、审判员。八年来，她多次被院里评为先进个人和岗位标兵，获得两次县委嘉奖，多次被评为县优秀共产党员、优秀党务工作者、市县政法系统先进个人等荣誉称号，多次荣立个人三等功、二等功，并于 2016 年 1 月被最高院评为全国法院先进个人。

李芳主要负责全院人事管理、干警职级晋升、法官及警衔晋升、工资调整、司法档案、人民陪审员和老干部管理以及各项主题活动等等，日常工作繁杂琐碎。为了提高工作效率，她利用了一切可以利用的时间，每天八小时之外及假日里，总能看到她在单位加班的身影，能今天完成的工作她绝不拖到明天。在政治处工作期间，因为所负责的各项工作成效显著，香河法院被县直工委评为星级机关，连续六年被评为市级文明单位、县级先进基层党组织，2015 年被省高院确定为全省法院文化建设示范单位，两次被最高院确定为全国法院人民陪审员制度改革试点单位。

同时，李芳同志作为审判员，也办理民事审判案件。在审判工作中，她不是简单地就案办案，而是注重办案效果，处处为当事人着想。有一起离婚案件，双方均为 80 岁以上的老人，再婚已近 20 年，因种种原因男方起诉离婚。李芳像对待自己爷爷奶奶一般的态度对待双方当事人，最后此案圆满调解，老人很感激，可是她看到分开的二位老人却有些惆怅。她常说："看到每一个离开法院的身影，偶尔会想他们现在怎么样了，可是又不愿他们再次出现在法院。但只要他们走到我面前，我就会用法律的武器来最大限度地维护他们的合法利益，让每个人都没有遗憾！"

扎根村小，矢志奉献

——记香河县蒋辛屯镇北吴村小学梁艳清

梁艳清，女，53 岁，香河县蒋辛屯镇北吴村小学高级教师，大专学历，自 1988 年 4 月参加工作，一直在农村小学任教至今。28 年来一直担任语文、数学教学和班主任工作。在从事教育工作的 28 年中，她一直站在教育工作的前沿。"让每一位学生在我的课堂上都有所收获"是她事业追求的目标；"学高为师，德高为范"是她的自律信条。她热爱本职工作，认真学习新的教育理论，广泛学习各种知识，形成比较完整的知识结构。

一、思想品德方面：

梁艳清老师作为一名长期在农村小学教学第一线任教的老师，她始终坚持把坚定正确的政治方向放在首位，全面贯彻党和国家的教育方针，忠诚于党和人民的教育事业。她工作上服从组织的工作安排，与同事团结协作，始终恪守"学高为师，身正为范"的原则。

二、教学工作方面：

1．她自参加工作以来，一直担任 1--6 年级的语文、数学教学和班主任工作。作为小学教师，她具备扎实的教学基本功，能胜任小学教学工作。工作中，兢兢业业，刻苦钻研，认真备好每节课，从不上无准备之课。

2．班主任工作方面：

作为农村小学一名班主任，她的工作主旨是：让每一位学生都快乐地度过在学校的每一天。她常教育孩子们回家要为父母做力所能及的家务活。对于后进生，她采取多鼓励少批评的方法，以宽容的心态去对待他们的每一次过失；用欣赏的目光去关注他们的每一个闪光点。多年来，她所教授班级在各方面的表现中都表现突出，在学校组织的各项竞赛中，她所在班级的学生都能赛出风格，赛出好成绩，捷报频传。

3．教科研工作方面：

梁艳清老师是一个追求全新教育理念的教师。在新一轮的基础教育改革中，她自己认真学习新课程理念的基础上，积极转变教育观念，并结合自己所教的学科，积极探索有效的教学方法。她还克服年龄大的缺点，全学校第一个使用多媒体电子白板教学，把计算机和网络当作新的教学工具，进一步将语文课堂进行延伸到更广阔的空间去。

4．指导培养青年教师及学生：

为了能让青年教师尽快成为学校教学的主力，梁艳清老师主动承担学校培训青年教师的任务，积极扶持青年教师成长。经过努力，她指导的青年教师均在从事班主任工作，在班主任管理方面形成了一些独特的方法，管理水平不断提高，取得了较好的成绩。

三、考勤方面：

梁艳清老师在做好各项教学工作的同时，严格遵守学校的各项规章制度，从不迟到早退，从未因为私事耽误学生的功课和学校的工作。北吴村小学地处偏僻，家长们一般都外出到香河城内打工，梁老师看到每天放学后孩子们没有人管，就自己主动和每一位家长沟通，每天在放学后让孩子们在学校延长一节课的时间，梁老师就这样一直坚持了这些年，没有和家长、学校要过一分钱，得到了家长和学校的认可。

四、成绩方面：

一分耕耘一分收获。2006年她撰写的论文《浅析小学班主任的爱心》在香河县中小学论文评比中获得优秀奖；多次荣获香河县人民政府嘉奖奖励；2016年被评为河北省乡村优秀教师，他的事迹被廊坊电台教师节系类节目中被报道。即使这样，53岁的她现如今依然战斗在教育教学的第一线，但她精神饱满，丝毫没有怨言。

二十多年来，梁艳清老师把自己融入教育事业中，融入所喜爱的孩子们中间。用她自己的言行实践着那句老话：“一切为了孩子，为了孩子的一切。”

情系城管　默默奉献

——记香河县城市管理行政执法局张学忠

张学忠，是一名城管队员， 2010年进入执法局，在城管的工作岗位上干了6年，虽然只是短短的6年，但他连续4年获得县政府嘉奖，在2015年更是被评为“优秀共产党员”，荣誉的背后是他默默的坚守、辛苦的耕耘。

自参加工作以来，他一直以干练踏实的工作作风、勇于奉献的工作精神、敢于创新的工作思路，战斗在城市管理工作第一线。张学忠的工作就是随时和百姓打交道，说到在工作中遇到的“麻烦事儿”，他总说：“接触多了，人也被磨得没有脾气了。这都是工作的收获。”

在执法局开展小广告专项治理时，队员们需要对城区主次干道及背街小巷内建筑物、构筑物及灯杆、电表箱、果皮箱等公共设施上张贴、喷涂的小广告进行彻底清除。为了抓时间、抢速度、出效率，张学忠带头充当起了保洁员、粉刷匠的角色，手握着铲刀、刷子，不畏酷暑，一下下不停地铲着小广告，一遍遍认真地粉刷着墙体。十几天下来，他每天工作都在12个小时以上，身子累的酸疼、皮肤晒的冒油，可他没有一丝怨言。在孩子生日当天，他没有请假，直到晚上9点加完班后，才急匆匆去为孩子买蛋糕，等自己到家时，孩子却已经睡着了，在孩子眼里，他成了一个不守诺言的爸爸。

在查处违法建筑时，面对当事人的暴力抗法，张学忠坚持严格执法和文明执法，组织队员开展不间断、全方位、高频度的巡查，严防突击抢建行为的发生，对新增的违法建筑做到“第一时间发现、第一时间查处、第一时间拆除”，做到以防为主、防拆并举。

永明路、向阳街，人口居住密集，占道经营和流动摊点较多，狭小的街道脏乱不堪，严重影响周边居民的生活环境。为此，张学忠带领队员，对该区域采取疏堵结合与人员定时定点盯守的方法，及时查处违法行为，对当事人耐心教育劝导，每天连续18小时严格管控，使市场周边占道经营行为得到了有效控制。为了防止反弹，他制定长效管理方案：一点一人一岗一责，对违法行为及时发现、及时取缔，确保管理落到实处。经过不懈努力，市场的占道经营摊贩没有了，占道经营没有了，道路畅通了，老百姓的心通畅了。

在为民服务中，张学忠总结了三件法宝：

一是兜里装个本子，二是桌上放张条子，三是心里有把尺子。兜里装个本子是为了及时记录自己调查了解和群众反映的热点难点问题，时刻考虑和研究解决的办法。桌上放张条子是为了把当天要干的工作和要解决的问题写在纸条上、放在桌子上，时刻提醒自己不能忘记。心里有把尺子是为了时刻衡量自己在执法过程中是否一视同仁、是否公正公平。6个春夏秋冬，6年的风霜雪雨，抽屉里的本子变得越来越多，桌子上的条子变得越来越厚，唯有心中的那把尺子没有变，还是那么张弛有度，还是那么毫厘不差！

这就是张学忠，每天都把城市的道路当作自己的办公桌，主动去发现百姓身边的问题，真正做到了用脚步丈量民情，用真心听取民意，用真情解决民忧。他没有什么轰轰烈烈的事，也没有豪言壮语，他只是在平凡的岗位上做着他应做的工作，用自己的行动书写着城管人的担当。

身残志坚　爱岗敬业

——记香河县广播电视台董万水

在香河广播电视台有这样一个“怪人 ”，他的上半身与地面呈平行状态，每走一步路都要扶着楼梯扶手或者借助他那辆没打过气的老旧自行车。是的，他是一名残疾人，类风湿性关节炎导致的并发症——强直性脊柱炎和股骨头坏死已经折磨了他三十余年，即便如此，他从未向命运妥协过，不论严寒酷暑、刮风下雨，每天准时出现在工作岗位上，任劳任怨，踏实工作。

踏实肯干、工作扎实、积极面对生活

董万水，1991年7月从廊坊师专毕业被分配到香河广播电视台工作。自工作以来，倾情工作岗位，争创一流业绩，坚持用自己的一贯忠诚，热爱本职工作的精神，本着“扎扎实实工作、老老实实做人”的人生信条，身残志坚、勇挑重担、兢兢业业、默默耕耘，积极面对生活，在平凡的岗位上，平凡的工作中实践着“全心全意为人民服务”的崇高宗旨，体现着自我人生的价值。

在工作中他注重学习，虚心向其他有经验的同志请教，不懂就问，熟练掌握相关的政策法规、规定及相关的业务知识，能够保质保量地完成编辑工作。积极做好电影、电视剧、文艺、广告等工作。特别能够注意所做工作的细微之处，一丝不苟、高质量完成工作。记得有一次，广告部送来一份停电通知，其中说到某条线路几号刀闸以下停电，而刀闸的“闸”字，打成了阐述的“阐”字，由于他认真仔细，及时改正了过来，避免一次错字的播出。

在工作中，他主动克服工作繁杂、工作量大的困难，勤勤恳恳、任劳任怨，要求及时播出的节目，加班加点，毫无怨言。今年五一劳动节休假期间，由于电视台需要按时播出一台晚会，在时间紧，任务重的情况下，各部门积极配合，即便如此，片子送到他手中等待编审时，已经到了快下班的时间了，为了保证晚上节目的准时播出，他加班加点，终于在播出之前圆满审查完毕，使晚会准时播出。这种积极主动的工作态度受到了领导和同事的一致好评。

工作吃苦耐劳、方法灵活得当

他在编辑工作岗位上，明确自己各个阶段的工作方法和目标任务的同时，树立“编辑工作无小事”的思想，认真完成领导交办的每一个节目的编审工作，不敷衍、不误事，积极配合各个部门的工作，及时完成编审工作环节。7月20日香河普降大雨，他上班路上有一段积水很深，对一个残疾人来说，这样的路无疑是艰难险阻，但是想到当天是做节目预告的时间，为了不耽误工作，他还是推起了那辆老旧自行车，坚定地向单位走去。到单位后，由于关节炎本来就怕凉，他疼的满身是汗。

严于律己、宽以待人，思想品质优秀

他虽然身患严重疾病，但是积极肯干、宽宏大度，不计较个人得失，待人诚恳、友善。不论是在电台还是在电视台工作，都能够尊敬领导，团结同志，不以病恃娇，能够较好地处理与领导和同事的关系。对人热情周到、积极向上，在遇到自己拿不准的事情，从来不会推脱责任、敷衍了事。既能坚持原则，又能主动解决遇到的困难和问题，展现出了良好的工作作风和精神风貌。

类风湿性关节炎，平时各个关节就是很疼的，特别是变天时，疼痛更加剧烈。2016 年 6 月份，有几天他的脚疼痛非常厉害，脚都肿了，上楼梯非常痛苦，每上一层都要休息一下，但是，他依然坚持上班，领导看到后，为了让他在上下那几层没有扶手的台阶时不摔倒，特别在墙上装了扶手，使他上下台阶更加安全舒适。

模范遵守法纪和法规

他认真学习相关法纪、条规，筑牢思想防线，无论是工作中，还是在生活中，始终严格要求自己，严格遵守各项规定，自觉维护广电人形象，编审的节目自觉接受观众的监督，时刻自律、字形、自警、自励，为了广电事业的良性发展，做出自己的应有贡献。

爱岗敬业　和睦家庭

——记香河县涉阳镇政府石印坤

石印坤，男，41 岁，香河县人，1999 年参加工作。现家中有四口人，分别是妻子，儿子，女儿。事迹如下：

在生活中能够做到尊老爱幼，努力工作：

他出生在一个普通的农村家庭，在其 23 岁刚刚毕业那年，父亲因糖尿病并发症不幸去世，母亲也在次年由于劳累和悲伤过度得了帕金森氏综合征，行动不便。由于身体原因，母亲夜里经常起夜好几次，他都不厌其烦的随叫随到，家里的农活和照顾老人的担子就压在了他的肩上。2005 年，由于种种原因他的婚姻也走到了尽头，接二连三的打击并没有击垮他的意志，为了支撑起这个家庭，照顾好老人孩子，他每天都是上班前就把家里的一切都准备好，帮助母亲穿衣服，洗漱，喂饭，拉尿，照顾完母亲，再照顾孩子起床，吃饭，上学。母亲吃饭时，由于患上严重的帕金森氏综合症，手不听使唤，找不着方向，经常掉落在地上和桌子上，他就用勺子一勺一勺地喂给她，母亲的胃不好，很多按照年轻人饮食习惯做的饭菜他都不能吃，就调整自己和儿子的饮食习惯，水果切成小片，肉食大多都是清炖或者做成丸子，尽量让老人吃饱吃好。忙完这些，他才能安心的出门上班，下班没有特殊情况，就赶紧赶回家看看母亲是否摔着了，是否饿了，是否有什么不方便需要帮助的。这一天里里外外忙下来，经常是累得腰酸背痛，但是他并没有因为自己个人的辛苦，而产生放弃的念头，也从未埋怨过任何人，反而将整个家照顾得非常周到。他打心里一直鼓励自己要“不离不弃，作母亲永远孝顺的儿子，做儿子永远称职的父亲”。 因为他知道尊老爱老是中华的传统美德，照顾好老人和孩子是作为一个儿子和一个父亲应尽的义务！父母亲苦了一辈子，孝敬老人、赡养父母是为人子女最起码的标准，人人都要有一颗孝敬父母的心。孝顺不仅仅要记在心里，更要落实在行动上。当然在这段困难期间，姐姐无微不至的帮助和关怀也给了他极大的支撑。

在工作中，他踏实肯干，积极进取。主动克服办公室人员少，工作量大的困难，在工作中勤勤恳恳，任劳任怨，经常加班加点毫无怨言，这种积极主动的工作态度受到领导和同事们的一致好评。

奉献自己　美丽香河

——记香河县环境卫生局王海龙

王海龙，是香河环卫一名清运司机。他是领导眼中的好职工，工友眼中的好队长，是香河环卫队伍中一颗螺丝钉，虽然平凡、渺小、不起眼，却永远坚守在自己的岗位上发挥着属于自己的光和热。

坚持让付出从一开始就变成收获

2007年，王海龙21岁，正式加入环卫队伍，成为一名环卫工人。有人会说21岁的大小伙子干什么不好，偏偏选了这份又脏又累的底层工作。当时的他只是觉得自己还年轻，想着多试试不同的工作没什么坏处。而干了环卫之后，他发现这项工作对县城环境的优化和精神文明建设有着至关重要的作用，要干好也绝非一件容易的事。这一发现，让他一干就是9年。9年里，他一直坚守在环卫的岗位上，做一颗小小的螺丝钉，默默地履行着自己的职责。从不抱怨、从不诉苦。

初来环卫局，由于司机人手不够，他兼顾压缩车和金刚车两车的司机。每天面对最多的就是臭气熏天的垃圾，最初的好几天他都吃不下去饭，好在慢慢习惯了，对“臭垃圾”形成了免疫。2010年，环卫局为了实现垃圾“日产日清、夜产夜清”，而且夜间工作效率高，能够减少第二天上午的工作压力，增加了夜间清运工作。当时很多司机都不愿意上夜班，觉得辛苦而且危险。当领导问到王海龙时，他十分痛快的就答应了，说自己本来也是个夜猫子，白班晚班的无所谓。为此，也有人背后说他“只会在领导面前臭显摆”。他并没有去在乎别人的闲言碎语，而是把更多的时间精力放在工作上。自改为夜班司机后，他工作时比白班时更集中注意力，更加认真负责。他说，一定要让大家看到夜班清运的效果，不能让人觉得夜班可有可无。

正是由于他认真地工作态度和出色的工作成果。局领导讨论决定让他担任夜班压缩车队队长。对此他并没有沾沾自喜，而是感到责任的担子更重了。他每天都是提前上岗，对一天的工作进行梳理，提前安排好人员调度，争取把工作做到尽善尽美。他用实践证明了，是他的坚持让付出从一开始就变成收获。

千辛万苦不言苦，只为换来尊重和认可

环卫工作都是社会底层最不受人待见的工作，而21岁的王海龙干环卫在当时被人看来是“没出息”的选择。当开始的时候，家人朋友都劝他别干这个了，不仅挣钱少，夜间工作实在是太危险了。而且以后讨老婆说是装垃圾的环卫工人也不好听呀。但他坚持自己的想法，觉得干这个没什么不好的，也没什么可丢人的。作为夜间压缩车司机，他每天晚上都要收50多家饭店，30多个垃圾桶。起初，也有门店老板开玩笑问他“年纪轻轻怎么就干这个呀，多脏呀，还不如来我这当服务员呢。”对此他总是笑着回答“我要不干了，谁每天晚上来给您收垃圾呀。”

垃圾上门收集工作都是和门店沟通好的定时定点收，所以他从来不敢迟到，前一家如果耽误时间了，他会急忙赶去下一家。担心因为他的迟到饭店会把垃圾直接倒到外面。好在这么多年他从未迟到过。9年来，因为他突出的工作表现，获得了商户的一致表扬，大家也都亲切地叫他小王，也再也没有人说过“你怎么干这个”，这种话。每次他上门收集的时候，饭店老板都喜欢出来和他聊聊天，有的饭店老板开玩笑地说：“小王，你这时间点踩得可真准呀，比我们家表还准时。”局机关也经常接到群众电话，表扬王海龙上门收集准时，工作认真负责。他的付出群众看在眼里，局领导同样记在心里。2013 年 12 月，经机关支部大会讨论，一致通过王海龙加入中国共产党。成为党员的他更加意识到工作责任和岗位责任的重要。他说，“成了党员就不能只想把工作干好就行了，要把‘为人民服务’作为今后工作的行动指南。”

每天“夜不归宿”无暇顾及家里

每天晚上老婆还没下班，孩子还未放学，他就已经开着压缩车工作了，早上他还在熟睡的时候，老婆孩子已经洗漱出门。这就是王海龙一家生活的真实写照，也是王海龙黑白颠倒的工作的写照。每天晚五点上班，凌晨一点下班，下班到家后，洗洗涮涮睡觉就快两点了，生物钟都乱了。不要说陪陪老婆孩子，他们连正常的交流都没有。很多时候他都想好好陪孩子出去玩上一天，但是如果白天休息不够，晚上开车会很危险。所以即便是孩子生病了，他也很少陪伴在身边照顾。现在的他，对得起每一个他负责上门收集的门店，对得起每一条街区，对得起环卫工作，唯一对不起的就是妻子孩子。好在家人的理解和支持成为他最强精神支柱。

王海龙就是这样的一颗小小的螺丝钉，他没有强大的背景，没有很高的学历，有的只是全心全意、坚持到底的工作态度。他这颗螺丝钉虽然很小，但是却为环卫工作的开展默默卯着一股子劲，为“美丽香河”默默奉献着自己的力量。

助人为乐　大爱无疆

——记香河县志愿者协会副会长王宏伟

王宏伟是香河志愿者协会副会长，主管“爱心公益商店”和捐赠物资代收点的工作。

作为副会长，服从协会安排，尽职尽责。他把所有的业余时间都投入到爱心衣物的整理工作中。多次组织志愿者为邢台等灾区送关爱，为本地 4 家敬老院、廊坊儿童村、本县近 20 家低保户、孤寡老人送温暖。为河北蔚县、河间县、平安养老院、四川大凉山贫困小学、四川阿坝藏族贫困地区及涞源等地共发放衣物、桌椅、文具等物资 40 多次、50 多车、4 万多件，组织义演义卖 30 次、300 多人次。

他为人温和、谦虚大度，不为名、不图利，只想让更多需要帮助的人得到温暖。他把他的团队管理的有章有序，财务透明，人员团结。不仅得到社会各界的好评，还被“廊坊市都市频道”等栏目关注和报道，得到一致认可。

2016 年，邢台受灾，他和同伴推掉个人的所有事情，接受协会交给的任务，轮流开车 20 多小时，把大家的捐款捐物送到邢台受灾严重的一个村子，得到政府和村民的热烈欢迎。

为了发展协会的代收点，他奔忙于县城内外 40 多家代收点，对其监督、规范、更新，因此也经常在很晚的时候还能在乡间的公路上看到他那辆挂着协会标志的小汽车。无论何时，只要掀开他汽车的后备箱，看见的一定是捐赠的大包小包；打开公文包，最醒目的一定是那一张张协会简介的名片；翻一翻手机通讯录，满满标注的都是代收点、义工的字样。因为住在城内，一年 365 天几乎每天都能参与协会的事情、必路过爱心商店查看物资情况，这已经成为他每天的必修课了。在他的辛勤付出下，一个无人问津的爱心捐赠商店已经发展成全县闻名的机构，也成为环卫工人、农民工、贫困户等有需要的人经常光顾的爱心单位了。商店也因此被授予了“廊坊市第一家爱心公益商店”的称号。

作为一名志愿者，他拥护中国共产党，认真贯彻和执行政府的方针政策。他为人善良，爱心满满，每年都会捐款捐物，并且利用一切时间关爱协会、参与协会其他志愿活动。为爱心餐厅拉赞助、捐冰箱……80%的饭局都安排在爱心餐厅，为餐厅增加收入贡献力量。

王宏伟忙碌但快乐地度过每一天。他用“心”爱家庭、爱亲人、爱工作、爱协会，是个有责任、有担当的好青年，是一名优秀的志愿者。

公婆最爱　患者最亲

——记香河县中医院骨伤科甄静

“白衣天使”是人们对护士的美称，然而护理工作却是平凡、坚守的工作，要用我们真诚的爱心抚平患者身体的病痛；用诚挚的情感慰藉患者心灵的创伤；用火一样的热情去点燃患者战胜疾病的信心和勇气。

甄静——香河县中医医院骨伤科护士，责任组长，她在平凡的岗位上做着平凡又伟大的事。她始终保持着良好的心理素质，有着爱岗敬业、任劳任怨的专业精神。从不计较个人得失，主动配合护士长搞好科室管理工作，做好一、二级护士及实习生的带教工作，不仅从技术上带和教，还从做人的基本道理，做人的准则给护士们讲解、言传身教，使护士们不仅学到了护理技术，还树立了正确的世界观，人生观，价值观。

脏活累活冲在前面

在科室的一次全科大查房时，左股骨转子间粉碎性骨折的 72 岁老人李连芳握着主任和护士长的手，满含感激地说：“我要表扬甄静护士这么悉心照顾我，不仅护理各个方面到位，而且经常鼓励安慰我，每天都来看我好多遍，陪我聊天、解闷，让我感觉就像在自己家中一样。尤其是今天，我的大便干解不出来，费了半天劲还是不行，把我急坏了，是甄静，不嫌脏不嫌臭不怕累，比亲闺女还亲，亲自用手把大便给我扣出来了……”，这样的表扬数不胜数。病区里的病人她都尽自己最大的能力去照顾，她不但具有优秀扎实的专业素养，不怕脏不怕累，更视病人如亲人，科里的脏活累活都抢在前面，每天早早来到病房，却要干完所有的工作才能离开，往往都已经过了下班时间一个小时了。

用心交流关爱患者

她似一朵雪白的莲花开在病人的心里，通过自己的一言一行，抚慰那些受伤的心灵，架起护患沟通的桥梁。病人的情绪变化快，护士需要更努力，也要更加用心才能打开病人心结，鼓励他们面对病魔。

科室曾收治一位 92 岁的老年髋部骨折患者，一次，甄静巡视病房跟老人交流时，对方一声不应，原来老人尿床了，并且不吃不喝不让换床单。甄静来到床边拉起老人的手说：“爷爷，我知道您很想回家，但也要收拾干净做完手术才能回家呀。”老人听了她的话哭着说：“闺女呀，我就是想回家，得了这个病动也动不了，活着还有什么意思呀。”甄静安慰说：“爷爷，现在医学技术发展得快，百岁老人还能做完手术下地走路呢，我保证让您能手术成功，自己扶着助行器回家，但您要听我的。”就这样她俯下身给老人换了床单、褥子，还为他擦洗了身体，看着老人情绪好转吃了饭，甄静才离开了病房。

患者眼中最美的护士

“我每天看到她在病房里忙碌，衣服脏了、头发乱了，但她是最美的护士！比我的亲女儿还亲啊！”曾有一位患者家属在表扬信中这样写道，这些平凡的字眼包含了多少汗水和泪水只有甄静自己知道。还有病房里一面面的锦旗，都满含着患者和家属的感激之情。这些褒奖是对她的信任和认可，是护士价值的充分体现。护士的工作是琐碎而辛苦的，可是南丁格尔的提灯女神形象却是美丽天使的化身。在患者的眼中甄静就是最美的。

年轻护士的榜样和骄傲

作为护理责任组长，不仅自己要有娴熟的技术操作和一丝不苟的责任心，还要带领年轻的护士一起成长，教会她们专业知识和与病人沟通的技巧，一起给病人翻身，一起协助患者下床，指导功能锻炼，年轻护士在她的带领下飞速成长。骨伤科护士李欣芳就曾以一篇题目为“优质护理服务工作中的佼佼者——平凡工作中绽放人格魅力”的文章发表在中医院院报上，来展现她的日常工作，表达年轻护士在她的带领下工作的干劲和热情。

公婆的好儿媳，同事的好姐妹

在生活中，一提起甄静，她的公公婆婆就竖起大拇指赞不绝口：“她的工作非常繁忙，但是她几乎把所有的私人时间全部留给了家庭。我们老两口身体不太好，孩子又小，她下班后就会以一个家庭主妇的身份一直工作到深夜（做饭、洗衣、整理家务，陪孩子读书、写字），等到夜深人静家人都进入梦乡时，她才完成一天的工作，拖着疲惫的身体休息。”

在同事们心中，甄静是一位能让人放心信赖的好同志，她有句话常挂在嘴边：交给我，让我来。凡是交给她的事情，她总能保质保量地完成。她特别热心，凡事都抢着干，不仅本职工作做得好，而且给别人的工作带来便利，跟她一起上班感觉特别得心应手。

日出日落，不知道她给多少患者留下过美好的记忆，让多少患者感受过爱的温暖，为多少患者增强过战胜疾病和重新生活的勇气；更不知道她为此洒下了多少汗水，多少心血，她以奉献为宗旨，用勤勉敬业、热心和爱心，打造了自己闪亮的青春。一切为了病人，为了病人的一切，为了一切病人，她牢记这一无尚的服务宗旨，一如既往全心全意地为病人服务，她是平凡的，也是优秀的，让我们衷心地祝福她一路收获幸福！

展巾帼风采　舞幸福香河

——记香河舞蹈家协会主席、香河华鑫集团总经理胡秀清

作为香河华鑫集团总经理的胡秀清在汹涌澎湃的经济大潮中，劈波斩浪，不断前进，是一位非常成功的女企业家。她在注重企业发展的同时，更是时刻不忘社会责任，热心公益事业，积极回报社会，努力为家乡的精神文明建设贡献自己的力量。

2015年初，在县有关领导和业务主管部门的推荐下，胡秀清女士担任了香河舞蹈家协会主席。上任伊始，胡秀清女士既兴奋又深感肩上的担子重、责任大，兴奋的是可以有机会为家乡舞蹈文化事业的发展做出贡献，而感到有压力则是因为这些年虽然时刻关注和支持着家乡文化事业的发展，对舞蹈事业充满热情，但在组织舞蹈活动的经验方面仍有不足。

胡秀清深知，组织保证是推动香河舞蹈事业健康有序发展的重要前提，建立一个强有力的领导班子是做好这项工作的前提。为此，她发挥自身优势，在县文联的帮助下亲自联系李海燕、徐凤荣等女企业家和县里各类舞蹈专家，经过县民政局的批准，成立了新一届香河舞蹈家协会领导班子。舞协班子成立后，胡秀清与领导班子一班人，专门到北京、廊坊及周边各县学习取经，找专业舞蹈老师请教，并多次召开会议与班子成员共同商讨，明确了各阶段的工作任务，制定出舞协年度工作计划和未来五年发展规划。

在与领导班子成员深入社区、乡镇进行实地考察，走访舞蹈爱好者并与之交谈后，胡秀

清发现，随着群众对精神文化生活需求的日益增长，大众的舞蹈活动越来越多，广场舞队伍不断壮大，但这些活动大多由爱好者自发组织，由于缺少专业老师的指导，许多舞蹈在内容与动作方面都缺乏合理性、不够规范，不光导致舞蹈队伍的水平得不到提高，而且有可能因为不得要领而损害身体健康。她意识到要想推动舞协各项工作顺利开展，就必须培养一支由专门舞蹈人才组成的专业强、素质高的骨干队伍。县舞协聘请4名专家老师在我县青少年活动中心举办为期4天的专业舞蹈知识培训，对全县各舞蹈队领队及业务骨干进行了免费培训，使全县每个舞蹈队都有了自己的指导教员。同时县舞协还不定期将这些业务骨干召集在一起进行艺术交流，共同探讨。胡秀清及舞协一班人把树立良好社会风气、促进社会和谐发展、引导人们健康生活、引领全民健身风潮作为工作的出发点和落脚点，目的是使舞蹈在全县范围内得到进一步的推广普及，繁荣香河的舞蹈艺术事业，提升香河人民的幸福指数。为此，县舞协积极参加县内组织的各项活动，在香河县总工会主办的“幸福跳起来”全县职工广场舞大赛中，县舞协多次组织舞蹈经验丰富的老师下到乡镇，为参赛队伍进行免费艺术指导，同时县舞协多位专家应邀出任大赛评委；2016年春节到来之际，县舞协积极组织专家原创出舞蹈《幸福香河》参加由县委宣传部、县文联、县电视台主办的香河2016年春节联欢晚会，节目主题鲜明、积极向上、有很强的感染力，受到观众们的一致好评，获得县委宣传部颁发的春晚节目“优秀奖”；2016年4月，为全面检验舞协工作效果，吸引更多舞蹈人才加入到舞协当中来，香河舞蹈家协会举办了一场声势浩大的全民广场舞比赛，经过前期筹备，各镇的舞蹈爱好者踊跃报名，全县共96支队伍、1056名队员参加报名。大赛历时两个月，经过五场初赛、两场复赛和一场决赛，最终评选出了一、二、三等奖并给予各获奖队伍物质上和精神上的奖励。2016年，县舞协各项活动的开展极大丰富了全县城乡人民群众文化生活，推动了群众文化繁荣发展及全民健身运动深入发展，促进了群众广场舞队伍水平的整体提高，使香河舞蹈家协会为全县舞蹈爱好者和百姓所熟知，切实提高了舞协在全县的知名度和权威性。

从无组织无场地无设备无指导，到专业的舞者之家；从乡亲们纷纷点赞到全民健身在香河的全面普及，胡秀清及其领导下的香河县舞蹈家协会在为香河人民打造丰富的业余文化生活、强健体魄、陶冶情操方面做出了有目共睹的贡献。充分展现了香河群众朝气蓬勃、奋发向上的精神面貌，提升了香河人民的幸福指数。现在，无论是在社区还是乡镇，热爱舞蹈的群众一提起胡秀清和舞蹈家协会都要竖起大拇指：“胡主席带领下的舞协，让我们真正有了家的感觉，不仅舞蹈得到了专业的技术指导，而且遇到困难时舞协总是及时给予支持，帮我们渡过难关。县舞协的各项活动既丰富了业余生活，提高了文化层次，又促进了身体健康和社会的和谐。”

多年来，担任香河华鑫集团总经理的胡秀清女士在发展企业的同时不忘关爱家乡、回报社会，积极投身于公益事业。从为香河孤儿院、敬老院捐赠资金到捐建甘肃的母亲水窖再到对青海贫困县的藏族孤儿进行助学助养，她的爱心遍布全国各个角落。作为一名有责任感和使命感的女企业家，她主动参加社会各类公益活动，将公益当成自己的第二事业，不遗余力地奔走，矢志不渝地付出，把爱心化作对社会、对职工的责任，真正做到了尽己所能、回馈社会。

2016年专业副高职及以上人员情况表

表7

姓名	性别	民族	出生年月	工作单位	职务	职称	评定日期	聘用日期
潘 密	男	汉族	1958.7	香河县人民医院	科主任	主任中医师	2000.9	2014.7
李和祥	男	汉族	1967.9	香河县人民医院	科主任	主任医师	2014.12	2014.7
白连营	男	汉族	1965.11	香河县人民医院	党总支书记	副主任医师	2001.3	2014.7
崔建国	男	汉族	1974.10	香河县人民医院	副院长	副主任医师	2013.12	2014.7
窦建宏	女	汉族	1965.6	香河县人民医院	科主任	副主任医师	2008.12	2014.7
张万海	男	汉族	1966.7	香河县人民医院	科主任	副主任中医师	2011.12	2014.7
李文成	男	汉族	1967.10	香河县人民医院	科主任	副主任药师	2003.12	2014.7
安 新	男	满族	1968.6	香河县人民医院	科主任	副主任医师	2012.12	2014.7
张秋香	女	汉族	1971.8	香河县人民医院	科主任	副主任中医师	2008.12	2014.7
张惠明	男	汉族	1976.9	香河县人民医院	科主任	副主任医师	2013.12	2014.7
仇艳春	女	汉族	1963.4	香河县人民医院	科副主任	副主任医师	2001.3	2014.7
郭玉侠	女	汉族	1963.8	香河县人民医院	科副主任	副主任医师	2003.12	2014.7
丁云青	女	汉族	1964.1	香河县人民医院	科副主任	副主任医师	2013.12	2014.7
张国茹	女	汉族	1973.10	香河县人民医院	科副主任	副主任医师	2013.12	2014.7
杨春林	男	汉族	1977.7	香河县人民医院	科副主任	副主任医师	2012.12	2014.7
论洛红	女	汉族	1974.9	香河县人民医院	科副主任	副主任医师	2014.12	2015.1
金永钢	男	汉族	1977.4	香河县人民医院	副院长	副主任医师	2014.12	2015.1
高福君	男	汉族	1972.4	香河县人民医院	科主任	副主任医师	2015.11	2015.12
王维明	男	汉族	1974.1	香河县人民医院	科主任	副主任医师	2015.11	2015.12
邱继宇	男	汉族	1974.5	香河县人民医院	工会主席	副主任医师	2015.11	2015.12
陈宏宝	男	汉族	1970.6	香河县人民医院	科主任	副主任医师	2016.12	—
田秀芬	女	汉族	1963.3	香河县人民医院	总护理部主任	副主任护师	2016.12	—
赵秀玲	女	汉族	1962.10	香河县人民医院	科护士长	副主任护师	2016.12	—
贾凤华	女	汉族	1974.3	香河县人民医院	科主任	副主任医师	2016.12	—
宁军宏	男	汉族	1975.10	香河县人民医院	科主任	副主任医师	2016.12	—
刘可玲	女	汉族	1974.1	香河县人民医院	科副主任	副主任医师	2016.12	—
赵永萍	女	汉族	1975.1	香河县人民医院	科副主任	副主任医师	2016.12	—
程连塞	男	汉	1975.4	香河县人民医院	科副主任	副主任医师	2016.12	—
王敬波	女	汉族	1976.9	香河县人民医院	科副主任	副主任医师	2016.12	—
时玉华	女	汉族	1977.1	香河县人民医院	科副主任	副主任医师	2016.12	—
武永胜	男	汉族	1977.1	香河县人民医院	科副主任	副主任医师	2016.12	—

续表 7

姓名	性别	民族	出生年月	工作单位	职务	职称	评定日期	聘用日期
勾健媛	女	汉族	1977.12	香河县人民医院	科副主任	副主任医师	2016.12	—
王　涛	男	汉族	1979.6	香河县人民医院	科副主任	副主任医师	2016.12	—
张　雷	男	汉族	1980.3	香河县人民医院	科副主任	副主任医师	2016.12	—
雷会贤	女	汉族	1975.1	香河县第四中学	教师	高级教师	2016.12	—
刘新宇	男	汉族	1977.12	香河县第四中学	教师	高级教师	2016.12	—
沈　明	女	汉族	1982.2	香河县第四中学	教师	高级教师	2016.12	—
高　晋	女	汉族	1982.8	香河县第四中学	教师	高级教师	2016.12	—
刘金霞	女	汉	1978.11	香河县第五中学	教师	高级教师	2016.12	—
周玉净	女	汉	1980.12	香河县第五中学	教师	高级教师	2016.12	—
赵金霞	女	汉	1979.8	香河县城内第四小学	教师	高级教师	2016.12	—
金秀荣	女	汉	1969.3	香河县幼儿园	教师	高级教师	2016.12	—
何爱杰	男	汉	1970.5	香河县安平镇中心总校	业务主任	高级教师	2016.12	—
贾玉娟	女	汉	1979.1	香河县安平镇中心总校	业务副主任	高级教师	2016.12	—
邱起凤	女	汉	1977.9	香河县安平镇中心总校	教师	高级教师	2016.12	—
王彦军	男	汉	1968.9	香河县安平镇第一小学	校长	高级教师	2016.12	—
王大为	男	汉	1980.4	香河县安平镇第一小学	副校长	高级教师	2016.12	—
张志莲	女	汉	1979.10	香河县安平镇第一小学	法制主任	高级教师	2016.12	—
刘秀红	女	汉	1967.8	安平镇王指挥庄小学	教师	高级教师	2016.12	—
韩　峰	男	汉	1972.5	安平镇王指挥庄小学	校长	高级教师	2016.12	—
陈玉清	女	汉	1970.3	香河县安平镇第三小学	副校长	高级教师	2016.12	—
邱素娟	女	汉	1979.7	香河县安平镇第三小学	教师	高级教师	2016.12	—

续表 7

姓名	性别	民族	出生年月	工作单位	职务	职称	评定日期	聘用日期
李树艳	女	汉	1968.10	安平镇鲁家务小学	幼儿园长	高级教师	2016.12	—
孙艳静	女	汉	1977.7	安平镇鲁家务小学	教师	高级教师	2016.12	—
高四海	男	汉	1970.5	安平镇王家摆小学	教师	高级教师	2016.12	—
高春荣	女	汉族	1977.12	香河县钱旺乡中心总校	教师	高级教师	2016.12.20	—
韩淑丽	女	汉族	1972.11	钱旺乡钱旺村小学	教师	高级教师	2016.12.20	—
岳凤华	女	汉族	1978.9	钱旺乡西马家窝小学	教师	高级教师	2016.12.20	—
梁建峰	男	汉	1973.8	蒋辛屯中心小学	校长	高级教师	2016.12.28	—
成国旺	男	汉	1979.12	蒋辛屯镇梁家务小学	校长	高级教师	2016.12.28	—
高海波	男	汉	1979.2	蒋辛屯镇北吴村小学	校长	高级教师	2016.12.28	—
赵文继	男	汉	1971.11	蒋辛屯镇大窑上小学	校长	高级教师	2016.12.28	—
董宝存	男	汉	1980.7	蒋辛屯中心总校	教师	高级教师	2016.12.28	—
于彩莲	女	汉	1966.6	蒋辛屯中心小学	教师	高级教师	2016.12.28	—
高　军	男	汉	1975.9	刘宋镇刘宋中心小学	校长	高级教师	2016.12	—
张春光	男	汉	1977.11	刘宋镇刘宋中心小学	副校长	高级教师	2016.12	—
高翠莲	女	汉	1978.1	刘宋镇中营小学	副校长	高级教师	2016.12	—
王俊霞	女	汉	1976.7	刘宋镇北务屯小学	副校长	高级教师	2016.12	—
高立新	女	汉	1967.10	刘宋镇北务屯小学	教师	高级教师	2016.12	—
张宏玲	女	汉	1979.8	刘宋镇张庄中心小学	教师	高级教师	2016.12	—
罗志茹	女	汉	1973.2	刘宋镇张庄中心小学	教师	高级教师	2016.12	—
刘金玲	女	汉族	1973.9	钳屯乡钳屯中心小学	副校长	高级教师	2016.12	—
高春娟	女	汉族	1976.4	钳屯乡钳屯中心小学	幼教主任	高级教师	2016.12	—

续表 7

姓名	性别	民族	出生年月	工作单位	职务	职称	评定日期	聘用日期
张雪松	男	汉族	1978.7	钳屯乡池屯完全小学	校长	高级教师	2016.12	—
陈书巧	女	汉族	1973.5	钳屯乡红草湾完全小学	副校长	高级教师	2016.12	—
刘金霞	女	汉族	1971.4	钳屯乡西延寺完全小学	教师	高级教师	2016.12	—
石志祥	男	汉族	1978.4	香河县钳屯乡中心总校	校长	高级教师	2016.12	—
田卫峰	男	汉族	1978.3	渠口镇大鲁口中心小学	校长	高级教师	2016.12	—
杨坤	男	汉族	1980.1	渠口镇大鲁口中心小学	副校长	高级教师	2016.12	—
薛秀敏	女	汉族	1977.5	渠口镇大鲁口中心小学	教师	高级教师	2016.12	—
薛志	男	汉族	1980.4	渠口镇大鲁口中心小学	教师	高级教师	2016.12	—
胡淑静	女	汉族	1978.5	渠口镇店子务中心小学	教师	高级教师	2016.12	—
赵会云	女	汉族	1972.7	渠口镇店子务中心小学	教师	高级教师	2016.12	—
李宝铁	男	汉族	1969.11	渠口镇牛济河小学	校长	高级教师	2016.12	—
樊树怀	男	汉族	1959.8	渠口镇东梨园小学	教师	高级教师	2016.12	—
韩卫芹	女	汉族	1980.11	渠口镇东梨园小学	教师	高级教师	2016.12	—
路志	男	汉族	1981.11	香河县渠口镇中心总校	业务主任	高级教师	2016.12	—
王磊	男	汉族	1974.3	五百户镇中心总校	校长	高级教师	2016.12.1	—
张文军	男	汉族	1973.5	五百户镇成人学校	校长	高级教师	2016.12.1	—
周尚云	女	汉族	1970.8	五百户镇李庄小学	教师	高级教师	2016.12.1	—
邵雪梅	女	汉族	1979.1	五百户镇荒庄小学	教师	高级教师	2016.12.1	—
李春燕	女	汉族	1976.1	五百户镇五百户小学	教师	高级教师	2016.12.1	—
高红艳	女	汉族	1978.1	五百户镇五百户小学	主任	高级教师	2016.12.1	—

续表 7

姓名	性别	民族	出生年月	工作单位	职务	职称	评定日期	聘用日期
王慧敏	女	汉族	1979.3	五百户镇五百户小学	教师	高级教师	2016.12.1	—
赵丽环	女	汉族	1970.8	五百户镇五百户小学	教师	高级教师	2016.12.1	—
杜艳英	女	汉族	1980.7	五百户镇第二小学	主任	高级教师	2016.12.1	—
孙凤鲜	女	汉族	1975.7	安头屯镇中心总校	副主任	高级教师	2016.12.28	—
杨晓靓	女	汉族	1978.11	安头屯镇安头屯小学	主任	高级教师	2016.12.28	—
刘洪英	女	汉族	1979.5	安头屯镇安头屯小学	教师	高级教师	2016.12.28	—
黄　华	女	汉族	1972.10	安头屯镇铁佛堂小学	副校长	高级教师	2016.12.28	—
宋宝光	男	汉族	1974.8	安头屯镇东口头小学	校长	高级教师		2016.12
艾金茹	女	汉	1974.12	香河一中	教师	副高级	2008.12	2014.11.15
安会云	女	汉	1976.8	香河一中	教师	副高级	2012.12	2014.11.15
白永芹	女	汉	1966.5	香河一中	教师	副高级	2006.12	2014.11.15
曹颖悟	男	汉	1974.1	香河一中	教师	副高级	2013.12	2014.11.15
常国华	女	汉	1968.9	香河一中	教师	副高级	2006.12	2014.11.15
陈凤君	女	汉	1965.7	香河一中	教师	副高级	2003.12	2014.11.15
陈桂茹	女	汉	1966.9	香河一中	教师	副高级	2007.11	2014.11.15
陈立华	女	汉	1966.8	香河一中	教师	副高级	2012.12	2014.11.15
陈少华	女	汉	1973.2	香河一中	教师	副高级	2010.12	2014.11.15
陈亚英	女	汉	1967.5	香河一中	教师	副高级	2013.12	2014.11.15
成立文	女	汉	1965.6	香河一中	教师	副高级	2005.11	2014.11.15
程凤云	女	汉	1970.10	香河一中	教师	副高级	2009.12	2014.11.15
程秀清	女	汉	1965.1	香河一中	校医	副主任医师	2005.12	2014.11.15
崔文伟	男	汉	1976.6	香河一中	主任	副高级	2010.12	2014.11.15
崔文彦	女	汉	1969.4	香河一中	教师	副高级	2008.12	2014.11.15
崔长瑞	男	汉	1965.3	香河一中	教师	副高级	2001.12	2014.11.15
邓桂红	女	汉	1971.10	香河一中	教师	副高级	2009.12	2014.11.15
丁文宇	女	汉	1978.7	香河一中	教师	副高级	2014.12	2016.08.19
窦云霞	女	汉	1973.5	香河一中	教师	副高级	2009.12	2014.11.15

续表7

姓名	性别	民族	出生年月	工作单位	职务	职称	评定日期	聘用日期
杜劲华	女	汉	1970.11	香河一中	教师	副高级	2007.12	2014.11.15
段桂颖	女	汉	1965.10	香河一中	教师	副高级	2008.12	2014.11.15
高国栋	男	汉	1972.8	香河一中	教师	副高级	2008.12	2014.11.15
高振清	男	汉	1963.9	香河一中	主任	副高级	2003.12	2014.11.15
勾建伟	男	汉	1973.8	香河一中	教师	副高级	2008.12	2014.11.15
郭　宇	女	汉	1977.12	香河一中	教师	副高级	2011.11	2014.11.15
郭占和	男	汉	1966.3	香河一中	教师	副高级	2008.12	2014.11.15
果艳青	女	汉	1975.10	香河一中	副校长	副高级	2014.12	2016.8.19
韩洪艳	女	汉	1972.7	香河一中	教师	副高级	2010.12	2014.11.15
韩艳君	女	汉	1965.8	香河一中	教师	副高级	2005.11	2014.11.15
郝颖光	女	汉	1974.11	香河一中	教师	副高级	2011.11	2014.11.15
黄春营	男	汉	1962.2	香河一中	教师	副高级	2012.12	2014.11.15
黄淑伟	女	汉	1979.8	香河一中	教师	副高级	2014.12	2016.8.19
黄志政	男	汉	1969.10	香河一中	教师	副高级	2011.11	2014.11.15
金春静	女	汉	1971.3	香河一中	教师	副高级	2012.12	2014.11.15
金春荣	女	汉	1973.4	香河一中	教师	副高级	2011.11	2014.11.15
晋红岩	女	汉	1966.6	香河一中	教师	副高级	2012.12	2014.11.15
靳洪波	男	汉	1963.5	香河一中	副校长	副高级	2002.12	2014.11.15
荆爱军	女	汉	1968.2	香河一中	教师	副高级	2008.12	2014.11.15
景卫恒	男	汉	1973.2	香河一中	教师	副高级	2010.12	2014.11.15
李爱萍	女	汉	1976.2	香河一中	教师	副高级	2011.11	2014.11.15
李桂玲	女	汉	1966.3	香河一中	教师	副高级	2008.12	2014.11.15
李桂新	女	汉	1965.4	香河一中	教师	副高级	2005.11	2014.11.15
李洪利	男	汉	1969.5	香河一中	教师	副高级	2012.12	2014.11.15
李建国	男	汉	1973.9	香河一中	教师	副高级	2012.12	2014.11.15
李静波	男	汉	1970.4	香河一中	教师	副高级	2007.11	2014.11.15
李少芳	女	汉	1964.3	香河一中	教师	副高级	2004.12	2014.11.15
李树峰	男	汉	1964.11	香河一中	校长	副高级	2003.12	2014.11.15
李永春	女	汉	1967.12	香河一中	教师	副高级	2008.12	2014.11.15
李玉荣	女	汉	1973.5	香河一中	教师	副高级	2009.12	2014.11.15
李长春	男	汉	1965.3	香河一中	教师	副高级	2009.12	2014.11.15
李智超	女	汉	1973.1	香河一中	教师	副高级	2010.12	2014.11.15
梁　岩	男	汉	1973.7	香河一中	教师	副高级	2010.12	2014.11.15

续表 7

姓名	性别	民族	出生年月	工作单位	职务	职称	评定日期	聘用日期
凌怀丽	女	满	1970.11	香河一中	教师	副高级	2006.12	2014.11.15
刘海红	女	汉	1968.11	香河一中	教师	副高级	2008.12	2014.11.15
刘　红	女	汉	1968.11	香河一中	教师	副高级	2009.12	2014.11.15
刘金花	女	汉	1973.5	香河一中	教师	副高级	2012.12	2014.11.15
吕学丰	男	汉	1964.2	香河一中	主任	副高级	2005.11	2014.11.15
马　辉	男	汉	1966.6	香河一中	工会主席	副高级	2002.12	2014.11.15
马丽平	女	汉	1967.3	香河一中	教师	副高级	2006.12	2014.11.15
钱玉红	女	汉	1970.7	香河一中	教师	副高级	2009.12	2014.11.15
钳立锋	男	汉	1978.11	香河一中	教师	副高级	2011.11	2014.11.15
秦淑霞	女	汉	1969.3	香河一中	教师	副高级	2008.12	2014.11.15
任术杰	女	汉	1975.8	香河一中	教师	副高级	2012.12	2014.11.15
石燕华	男	汉	1966.7	香河一中	教师	副高级	2008.12	2014.11.15
史广和	男	汉	1962.1	香河一中	副校长	副高级	2005.11	2014.11.15
宋文龙	男	汉	1962.6	香河一中	副校长	副高级	2003.12	2014.11.15
隋玉珊	女	汉	1973.3	香河一中	教师	副高级	2013.12	2014.11.15
孙孟红	女	汉	1970.7	香河一中	教师	副高级	2011.11	2014.11.15
田术兴	男	汉	1973.12	香河一中	教师	副高级	2009.12	2014.11.15
田志仙	女	汉	1972.4	香河一中	教师	副高级	2010.12	2014.11.15
庹振华	男	汉	1969.11	香河一中	教师	副高级	2007.11	2014.11.15
汪　鸿	女	汉	1966.1	香河一中	教师	副高级	2004.12	2014.11.15
王春明	男	汉	1973.12	香河一中	副校长	副高级	2008.12	2014.11.15
王国红	女	汉	1972.11	香河一中	教师	副高级	2011.11	2014.11.15
王会秋	女	汉	1966.11	香河一中	教师	副高级	2003.09	2014.11.15
王加森	男	汉	1965.2	香河一中	教师	副高级	2003.12	2014.11.15
王　进	男	汉	1970.2	香河一中	教师	副高级	2012.12	2014.11.15
王连茳	男	汉	1960.2	香河一中	教师	副高级	2002.12	2014.11.15
王汝涛	男	汉	1974.10	香河一中	教师	副高级	2008.12	2014.11.15
王书艳	女	汉	1970.4	香河一中	教师	副高级	2009.12	2014.11.15
王素芳	女	汉	1971.8	香河一中	教师	副高级	2010.12	2014.11.15
王维山	男	汉	1964.12	香河一中	主任	副高级	2005.11	2014.11.15
王　玮	女	汉	1968.2	香河一中	教师	副高级	2007.11	2014.11.15
王晓蔷	女	汉	1972.8	香河一中	教师	副高级	2008.12	2014.11.15
王晓云	女	汉	1973.10	香河一中	教师	副高级	2011.11	2014.11.15

续表7

姓名	性别	民族	出生年月	工作单位	职务	职称	评定日期	聘用日期
王亚静	女	汉	1973.10	香河一中	教师	副高级	2010.12	2014.11.15
王　艳	女	汉	1977.1	香河一中	教师	副高级	2012.12	2014.11.15
王艳红	女	汉	1969.9	香河一中	教师	副高级	2009.12	2014.11.15
王玉国	男	汉	1973.8	香河一中	教师	副高级	2011.11	2014.11.15
王占海	男	回	1971.12	香河一中	教师	副高级	2010.12	2014.11.15
魏志刚	男	汉	1979.4	香河一中	主任	副高级	2014.12	2016.8.19
温卫国	男	汉	1975.10	香河一中	主任	副高级	2010.12	2014.11.15
吴德中	男	汉	1963.11	香河一中	教师	副高级	2001.2	2014.11.15
吴桂兰	女	汉	1966.9	香河一中	教师	副高级	2008.12	2014.11.15
吴建东	男	汉	1972.7	香河一中	教师	副高级	2013.12	2014.11.15
吴孟秋	女	汉	1972.10	香河一中	妇联主任	副高级	2012.12	2014.11.15
吴欣杰	女	汉	1979.4	香河一中	教师	副高级	2012.12	2014.11.15
武海燕	女	汉	1970.5	香河一中	教师	副高级	2009.12	2014.11.15
修玉红	女	汉	1974.7	香河一中	教师	副高级	2009.12	2014.11.15
徐宝珍	女	汉	1971.6	香河一中	教师	副高级	2008.12	2014.11.15
许国华	男	汉	1965.7	香河一中	教师	副高级	2008.12	2014.11.15
薛　承	男	汉	1977.4	香河一中	教师	副高级	2014.12	2016.8.19
薛亚茹	女	汉	1971.8	香河一中	教师	副高级	2009.12	2014.11.15
闫春艳	女	汉	1968.3	香河一中	教师	副高级	2008.12	2014.11.15
闫兆怀	男	汉	1957.3	香河一中	教师	副高级	2010.12	2014.11.15
杨丽华	女	汉	1969.1	香河一中	教师	副高级	2007.11	2014.11.15
杨全利	男	汉	1971.2	香河一中	教师	副高级	2008.12	2014.11.15
杨瑞华	女	汉	1969.1	香河一中	教师	副高级	2012.12	2014.11.15
杨艳芳	女	汉	1970.6	香河一中	教师	副高级	2009.12	2014.11.15
杨永平	女	汉	1964.7	香河一中	教师	副高级	2009.12	2014.11.15
杨占岭	男	汉	1967.8	香河一中	教师	副高级	2008.12	2014.11.15
杨志国	男	汉	1972.1	香河一中	主任	副高级	2009.12	2014.11.15
殷中革	男	汉	1962.10	香河一中	教师	副高级	2001.12	2014.11.15
翟　艳	女	汉	1974.7	香河一中	副校长	副高级	2012.12	2014.11.15
张宝清	女	汉	1966.3	香河一中	教师	副高级	2009.12	2014.11.15
张宝霞	女	汉	1975.5	香河一中	教师	副高级	2010.12	2014.11.15
张春来	男	汉	1971.2	香河一中	教师	副高级	2008.12	2014.11.15
张翠玲	女	汉	1968.6	香河一中	教师	副高级	2010.12	2014.11.15

续表 7

姓名	性别	民族	出生年月	工作单位	职务	职称	评定日期	聘用日期
张凤芹	女	汉	1977.4	香河一中	教师	副高级	2013.12	2014.11.15
张凤芸	女	汉	1969.4	香河一中	副书记	副高级	2006.12	2014.11.15
张海清	女	汉	1966.5	香河一中	教师	副高级	2005.11	2014.11.15
张浩江	男	汉	1974.12	香河一中	副校长	副高级	2012.12	2014.11.15
张会英	女	汉	1963.8	香河一中	教师	副高级	2005.11	2014.11.15
张继芬	女	汉	1964.9	香河一中	教师	副高级	2008.12	2014.11.15
张建军	男	汉	1974.6	香河一中	副校长	副高级	2008.12	2014.11.15
张金威	女	汉	1971.12	香河一中	教师	副高级	2010.12	2014.11.15
张　静	女	汉	1975.7	香河一中	教师	副高级	2013.12	2014.11.15
张丽秋	女	汉	1979.8	香河一中	教师	副高级	2012.12	2014.11.15
张淑颖	女	汉	1967.1	香河一中	教师	副高级	2010.12	2014.11.15
张秀娜	女	汉	1975.4	香河一中	教师	副高级	2013.12	2014.11.15
张雪峰	男	汉	1966.2	香河一中	教师	副高级	2012.12	2014.11.15
张永东	男	汉	1975.9	香河一中	教师	副高级	2010.12	2014.11.15
赵福顺	男	汉	1971.5	香河一中	主任	副高级	2010.12	2014.11.15
路宝全	男	汉	1957.10	香河一中	副校长	副高级	1997.8	2014.11.15
赵海霞	女	汉	1976.3	香河一中	教师	副高级	2011.11	2014.11.15
赵建强	男	汉	1967.4	香河一中	副校长	副高级	2005.11	2014.11.15
赵庆顺	男	汉	1971.5	香河一中	教师	副高级	2008.12	2014.11.15
赵晓红	女	汉	1970.11	香河一中	教师	副高级	2008.12	2014.11.15
赵秀荣	女	汉	1968.7	香河一中	教师	副高级	2009.12	2014.11.15
赵永生	男	汉	1973.4	香河一中	教师	副高级	2012.12	2014.11.15
周红燕	女	汉	1974.9	香河一中	教师	副高级	2014.12	2016.8.19
周龙江	男	汉	1972.3	香河一中	教师	副高级	2010.12	2014.11.15
周绍魁	男	汉	1975.2	香河一中	主任	副高级	2013.12	2014.11.15
周玉凤	女	汉	1965.11	香河一中	教师	副高级	2007.11	2014.11.15
周增智	男	汉	1969.12	香河一中	教师	副高级	2011.11	2014.11.15
周志坚	男	汉	1974.6	香河一中	教师	副高级	2011.11	2014.11.15
朱建民	男	汉	1971.9	香河一中	教师	副高级	2010.12	2014.11.15
赵艳红	女	汉	1968.4	香河一中	教师	正高级	2016.12.1	未聘
张振岭	男	汉	1962.11	香河县教师进修学校	副校长离岗	高级讲师	2010.12.01	2014.11.15

续表 7

姓名	性别	民族	出生年月	工作单位	职务	职称	评定日期	聘用日期
张爱华	女	汉	1977.3	香河县教师进修学校	教师	高级讲师	2012.12.1	2014.11.15
李志良	男	汉	1968.7	香河县教师进修学校	副校长	高级讲师	2012.12.1	2014.11.15
翟维奕	女	汉	1967.8	香河县教师进修学校	教师	高级讲师	2010.5.1	2014.11.15
孙淑颖	女	汉	1967.10	香河县教师进修学校	教师	高级讲师	2012.12.1	2014.11.15
马学民	女	汉	1969.7	香河县教师进修学校	教师	高级讲师	2012.12.1	2014.11.15
陈　静	女	汉	1972.11	香河县教师进修学校	教师	高级讲师	2009.11.1	2014.11.15
王冬梅	女	汉	1978.4	香河县教师进修学校	教师	高级讲师	2015.12.1	2016.9.1
张连起	女	汉	1958.4	香河县教师进修学校	副校长离岗	中学高级	2000.1.1	2000.2.1
贺　海	男	汉	1958.8	香河县教师进修学校	教师	中学高级	2010.5.1	2010.6.1
张玉琴	女	汉	1963.1	香河县教师进修学校	教师	中学高级	2010.5.1	2010.6.1
杨万海	男	汉	1963.7	香河县畜牧兽医局	畜牧兽医股股长	高级兽医师	2002.12	2014.5
蔡恩利	男	汉	1968.7	香河县畜牧兽医局	化验室主任	高级兽医师	2003.11	2014.5
沙廷英	女	汉	1966.10	香河县畜牧兽医局	畜牧兽医股科员	高级兽医师	2001.1	2014.5
吴春英	女	汉	1972.4	香河县畜牧兽医局	办公室主任	高级兽医师	2016.12	—
王士军	男	汉	1973.6	香河县畜牧兽医局	改良站站长	高级兽医师	2016.12	—

2016年受市政府以上表彰先进人物表

表8

姓名	性别	民族	出生年月	工作单位	荣誉称号	授奖单位	授奖时间
张　凛	女	汉	1981.2	蒋辛屯镇人民政府	廊坊市优秀妇联干部	廊坊市妇女联合会	2016.3
郑海宁	女	汉	1983.11	蒋辛屯镇人民政府	廊坊市1%人口抽样调查先进个人	廊坊市1%人口抽样调查工作协调小组	2016.12.20
刘会宾	男	汉	1975.8	蒋辛屯镇人民政府	廊坊市1%人口抽样调查先进个人	廊坊市1%人口抽样调查工作协调小组	2016.12.20
邢忠海	男	汉	1982.5	蒋辛屯镇人民政府	廊坊市优秀团务工作者	共青团廊坊市委	2016.4
吴瑞臣	男	汉	1982.2	蒋辛屯镇人民政府	廊坊市优秀工会工作者	廊坊市总工会	2016.3
赵冬梅	女	汉	1976.10	新开街道办	2016年度廊坊市建设领域统计工作先进个人	廊坊市统计局	2016.12.18
金永钢	男	汉	1977.4	香河县人民医院	2015年度优秀学会工作者	廊坊市医学会	2016.3
张万海	男	汉	1966.7	香河县人民医院	河北省首届“白求恩式的好医生”	河北省名医协会	2016.4
门德志	男	汉	1950.2	香河县人民医院	2015年度廊坊“十大新闻人物”	廊坊日报社	2016.5
李　萍	女	汉	1981.2	香河县人民医院	河北省职工文化优秀骨干	河北省总工会 河北省职工文化体育协会	2016.8
李小会	女	汉	1987.10	香河县人民医院	河北省职工文化优秀骨干	河北省总工会 河北省职工文化体育协会	2016.8
王立新	男	汉	1970.11	香河县人民医院	河北省职工文化优秀骨干	河北省总工会 河北省职工文化体育协会	2016.8
付桂珍	女	汉	1975.1	香河县人民医院	河北省职工文化优秀骨干	河北省总工会 河北省职工文化体育协会	2016.8
张治君	女	汉	1983.12	香河县人民医院	河北省职工文化优秀骨干	河北省总工会 河北省职工文化体育协会	2016.8

续表 8

姓名	性别	民族	出生年月	工作单位	荣誉称号	授奖单位	授奖时间
李　萍	女	汉	1981.2	香河县人民医院	廊坊市基层卫生岗位练兵和技能竞赛主持人大赛一等奖	廊坊市卫计委 廊坊市总工会	2016.10
张国荣	男	汉	1956.11	香河县人民医院	廊坊名医	市委组织部、宣传部、市直工委、人社局、财政局、物价局、总工会、卫计委	2016.11
窦建宏	女	汉	1965.6	香河县人民医院	优秀医生	市委组织部、宣传部、市直工委、人社局、财政局、物价局、总工会、卫计委	2016.11
赵秀玲	女	汉	1962.10	香河县人民医院	优秀护士	市委组织部、宣传部、市直工委、人社局、财政局、物价局、总工会、卫计委	2016.11
李德春	女	汉	1963.3	香河县人民医院	优秀护士	市委组织部、宣传部、市直工委、人社局、财政局、物价局、总工会、卫计委	2016.11
梁艳清	女	汉	1963.9	蒋辛屯北吴村小学	河北省优秀乡村教师	河北省教育厅、财政厅、人力资源和社会保障厅	2016.8.11
王春侠	女	汉	1975.3	香河县第五中学	河北省优秀乡村教师	河北省教育厅、财政厅、人力资源和社会保障厅	2016.8.11
赵艳红	女	汉	1968.4	香河县第一中学	河北省特级教师	河北省人民政府	2016.9
李颖	女	汉	1979.4	香河县第十一中学	河北省中小学学科名师	河北省教育厅	2017.1
王加森	男	汉	1965.2	香河县第一中学	美丽河北·幸福廊坊·最美教师	廊坊市委宣传部、廊坊市教育局	2017.2.15
李孟超	男	汉	1988.1	安头屯镇政府	2015 年度廊坊市组织系统优秀网宣员	中共廊坊市委组织部	2016.5
刘怀龄	男	汉	1948.5	安头屯镇安二村	第九届“廊坊文艺繁荣奖”	廊坊市文学艺术界联合会	2016.12.21

续表 8

姓名	性别	民族	出生年月	工作单位	荣誉称号	授奖单位	授奖时间
任振宇	男	汉	1978.8	安平镇政府	廊坊市创建国家级公共文化服务体系示范区工作先进个人	廊坊市创建国家公共文化服务体系示范区工作领导小组	2017.1
赵丽媛	女	汉	1980.3	安平镇政府	廊坊市三八红旗手标兵荣誉称号	廊坊市妇女联合会	2017.3
王小伟	男	汉	1982.10	安平镇政府	廊坊市 1%人口抽样调查先进个人	廊坊市 1%人口抽样调查工作协调小组	2016.12
闫明杰	男	汉	1979.6	香河县政府	2015 年度河北省“三农”工作先进个人	省委省政府农村工作领导小组	2016.1
宁学军	男	汉	1965.7	香河县公安局	环京检查站落实常态勤务先进个人	河北省公安厅	2016.1
吴志国	男	汉	1977.3	香河县公安局	环京检查站落实常态勤务先进个人	河北省公安厅	2016.1
康　凯	男	汉	1982.10	香河县公安局	全省公安机关百名“110 之星”	河北省公安厅	2016.1
吴树刚	男	汉	1973.7	香河县公安局	全国“两会”安保环京“护城河”行动成绩突出个人	河北省公安厅	2016.3
黄建生	男	汉	1981.4	香河县公安局	全省巡特警工作成绩突出个人	河北省公安厅	2016.4
张国利	男	汉	1979.9	香河县公安局	全省巡特警工作成绩突出个人	河北省公安厅	2016.4
刘建光	男	汉	1970.9	香河县公安局	全省交警系统暑期安全保卫工作先进个人	河北省公安厅	2016.8
杜铁城	男	汉	1975.2	香河县公安局	记个人二等功	河北省公安厅	2016.9
张　涛	男	汉	1977.4	香河县公安局	警务实战化训练大比武交管部门 A 组团体第一名	河北省公安厅	2016.11
李永会	男	汉	1972.1	香河县公安局	被聘为技能战术高级教官	河北省公安厅政治部	2016.12
屈殿军	男	汉	1977.6	香河县公安局	微课程《社会认知中的心理学效应》荣获省公安厅个人一等奖	河北省公安厅政治部	2016.12

续表 8

姓名	性别	民族	出生年月	工作单位	荣誉称号	授奖单位	授奖时间
汪槊非	男	汉	1982.3	香河县公安局	打击传销工作先进个人	廊坊市打击传销办公室	2016.3
庞国华	男	汉	1976.5	香河县公安局	先进个人	廊坊市流动人口管理办公室	2016.4
王雪松	男	汉	1976.12	香河县公安局	先进个人	廊坊市流动人口管理办公室	2016.4
刘春永	男	汉	1979.3	香河县公安局	先进个人	廊坊市流动人口管理办公室	2016.4
孙志国	男	汉	1974.11	香河县公安局	先进个人	廊坊市流动人口管理办公室	2016.4
李春生	男	汉	1984.2	香河县公安局	先进个人	廊坊市流动人口管理办公室	2016.4
李长军	男	汉	1997.10	香河县公安局	先进个人	廊坊市流动人口管理办公室	2016.4
刘春永	男	汉	1979.3	香河县公安局	先进信息宣传员	廊坊市流动人口管理办公室	2016.4
黄艳华	女	汉族	1974.8	香河县人民检察院	先进个人	廊坊市政法委	2016.2
李　锐	女	汉族	1985.8	香河县人民检察院	廊坊市档案先进个人	廊坊市档案局	2016.12
杜长文	男	汉族	1976.10	香河县人民检察院	优秀领导干部	廊坊市人民检察院	2016.2
杜长文	男	汉族	1976.10	香河县人民检察院	优秀县领导班子成员	廊坊市人民检察院	2016.4